《东南周末讲坛选粹13》编委会

主　任：林蔚芬
副主任：郑东育
编　委：林蔚芬　郑东育　康蓉晖
　　　　叶建勤　陈　顺　刘兴宏
　　　　廖艳萍　李培锏

东南周末讲坛

选粹 13

《东南周末讲坛选粹》编委会 编

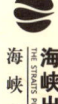

图书在版编目(CIP)数据

东南周末讲坛选粹. 13/《东南周末讲坛选粹》编委会编. —福州:海峡文艺出版社,2024.8
ISBN 978-7-5550-3484-1

Ⅰ.①东… Ⅱ.①东… Ⅲ.①社会科学—文集 Ⅳ.①C53

中国国家版本馆 CIP 数据核字(2023)第 194181 号

东南周末讲坛选粹 13

《东南周末讲坛选粹》编委会 编

出 版 人	林　滨
责任编辑	刘徐霖
出版发行	海峡文艺出版社
经　　销	福建新华发行(集团)有限责任公司
社　　址	福州市东水路 76 号 14 层
发 行 部	0591—87536797
印　　刷	福州凯达印务有限公司
地　　址	福州市金山红江路 2 号浦上工业园 B 区 47 号楼
开　　本	787 毫米×1092 毫米　1/16
字　　数	400 千字
印　　张	24.5
版　　次	2024 年 8 月第 1 版
印　　次	2024 年 8 月第 1 次印刷
书　　号	ISBN 978-7-5550-3484-1
定　　价	48.00 元

如发现印装质量问题,请寄承印厂调换

目　录

高举旗帜的政治宣言　伟大复兴的行动纲领
　　——党的二十大报告形成及解读　　　　　　　　刘有升 / 1
深刻理解和把握党的二十大报告的核心要义　　　　马照南 / 13
以中国式现代化全面推进中华民族伟大复兴
　　——党的二十大报告精神解读　　　　　　　　郑　镇 / 24
《习近平谈治国理政》第四卷精要解读　　　　　　杨小冬 / 41
学习习近平总书记在省部级主要领导干部专题研讨班上的重要讲话精神
　　　　　　　　　　　　　　　　　　　　　　　林建华 / 56
习近平法治思想对中华传统法文化的汲养及"两创"　陈荣文 / 69

学"四史"，悟思想，讲好新时代的中国故事　　　　刘晓楠 / 87
传承弘扬"晋江经验"，促进新时代民营经济高质量发展　林昌华 / 102
守护"绿水青山"，绘就福建高质量发展美丽底色　　郑冬梅 / 116
数字经济助力福建经济腾飞　　　　　　　　　　　李碧珍 / 133
向海图强：从"海上福州"到"海丝福建"　　　　　蔡勇志 / 146

福山福水福人居
　　——福建福文化漫谈　　　　　　　　　　　　林尉文 / 162
为有源头活水来
　　——谈谈朱子的经典阅读法　　　　　　　　　方　遥 / 180

舌尖上的闽味文化
　　——二十四节气中的闽菜药膳　　　　　　　黄秋云 / 198
武夷岩茶"岩韵"的美学解读　　　　　　　　　齐学东 / 210
传承非遗技艺，弘扬乌龙茶文化　　　　　　　　吴全金 / 222

《西厢记》何以成为经典？　　　　　　　　　　王　兵 / 240
王安石诗歌的思想与艺术
　　——以其绝句小诗为例　　　　　　　　　　邹自振 / 252
一种风流吾最爱
　　——《世说新语》中的魏晋人物　　　　　　蔡彦峰 / 270
千年医著"千金方"里的养生智慧　　　　　　　马少丹 / 285
针灸穴名中的传统文化内涵　　　　　　　　　　林　栋 / 296

科学运动　健康一生　　　　　　　　　　　　　刘一平 / 312
一起向未来
　　——冰雪运动和冬奥会的历史与展望　　　　王润斌 / 328
体育圈儿　法律事儿
　　——体育活动中的法理　　　　　　　　　　李　智 / 342

民法典与生活同行：侵权责任编重点条文解读　　杨垠红 / 356
积极应对人口老龄化：国家战略与个人行动　　　严志兰 / 370
"双减"政策下，如何给孩子高质量的家庭教育　　郑晓生 / 381

后　记　　　　　　　　　　　　　　　　　　　　　 / 389

高举旗帜的政治宣言 伟大复兴的行动纲领
——党的二十大报告形成及解读

◎刘有升

作者简介：刘有升，福州大学马克思主义学院副院长、教授，英国雷丁大学访问学者，福建省青少年研究会会长、省直机关工委讲师团特聘教授。3篇决策咨询报告获中央领导同志、省领导批示。主持国家社科基金项目1项，省社科重大等省级项目11项，发表论文50多篇。获全国高校思政课教学展示二等奖、省优秀理论宣讲报告等。

一、党的二十大的准备工作和报告逻辑

（一）党的二十大的准备工作

2021年11月，党的十九届六中全会作出决定，于2022年下半年在北京召开党的二十大。为此，党中央进行了非常周密的准备工作，主要包括：

报告起草。2022年1月，二十大文件起草组成立，习近平总书记担任组长，在中央政治局、中央政治局常委会直接领导下开展工作。党中央把该工作部署为26个重点课题，由中央和国家机关54家单位形成80份调研报告，总共132.7万字。课题组召开了1501场座谈会，18场视频座谈会，参会19022人次；咨询访谈1847人次。党中央也发挥了网络问政的功能，网络征求意见留言854.2万多条、2.9亿字。报告起草工作始终牵挂着习近平总书记

的心，他亲自召开了6场以上的座谈会。

党章修改。2022年1月，各地区各部门普遍建议在党的二十大期间对党章进行修改。2022年5月，党中央印发通知，征求各方意见。在综合上述意见基础上，中央政治局会议决定适当修改党章，成立党章修改小组。在2022年6月上旬到八月下旬，习近平总书记主持召开了5场座谈会。中央强调，把党的二十大报告确立的重大理论观点和重大战略思想写入党章。

党的二十大代表选举。自2021年11月启动，各选举单位基层党组织参与全覆盖，党员参与率平均99.5%，全国38个选举单位召开党代表大会或党代表会议。确认2296名代表资格有效，他们代表了全党493.6万个基层党组织和9671.2万名党员。按惯例，党中央还确定部分已退出领导岗位的老党员作为特邀代表。

为选举新一届中央委员会和中央纪律检查委员会所做的准备。党中央成立了专门的工作班子，习近平总书记作为领导小组组长，在中央政治局常委会领导下开展工作。据二十大有关新闻发布会介绍，中央把领导干部的个人有关事项报告制度作为从严治党治吏的利器。抽查比例由每年3%-5%提高到10%。对领导班子换届提名人选全部查核，二十大前对中管干部全覆盖查核一遍。

（二）党的二十大报告逻辑

二十大报告总体分为导语、结束语加上中间的十五个部分。在三万多字的篇幅中，包含了300多个新提法。报告的内容完整科学、浑然一体、自成体系。

在导语中，主要是强调这个大会重要性，大会主题以及"三个牢记"。第一部分，主要强调了过去五年的工作、十年前的形势、十年变革的"三件大事""十六个"主要成就。第二部分，主要强调马克思主义中国化时代化的经验。第三部分，强调了中心任务和需要牢牢把握的重大原则。从第四到第十五部分是这个报告的主体部分。讲的是十二个大方面的战略部署。结束语强调的是团结奋斗和抓好青年工作。

二、党的二十大主题

（一）旗帜和思想

党的二十大主题中第一句话就是"高举中国特色社会主义伟大旗帜"。旗帜代表方向、形象，凝聚力量。方向决定道路，道路决定命运。我们党和人民历尽千辛万苦、付出巨大代价，才探索出来了今天的道路。它的基本要求就在于在我们党的领导下，立足基本国情，以经济建设为中心，坚持四项基本原则，坚持改革开放，解放和发展社会生产力，建设经济、政治、文化、社会、生态文明，也就是"五位一体"的总体布局，促进人的全面发展，逐步实现全体人民共同富裕，建成富强民主文明和谐美丽的社会主义现代化强国。只有坚持道路自信，才能确保中国特色社会主义实现路径的科学，既不走邪路，也不走老路。

"全面贯彻新时代中国特色社会主义思想"，为我们进一步明确了党的指导思想和行动指南。习近平新时代中国特色社会主义思想是当代中国马克思主义、二十一世纪马克思主义，是中华文化和中国精神的时代精华。十八大以来，党确立习近平同志党中央的核心、全党的核心地位，确立习近平新时代中国特色社会主义思想的指导地位，对新时代党和国家事业发展、对推进中华民族伟大复兴历史进程具有决定性意义。"两个确立"是党在新时代取得的重大政治成果，是战胜一切艰难险阻、应对一切不确定性的最大确定性、最大底气、最大保证。

（二）弘扬伟大建党精神

"坚持真理、坚守理想，践行初心、担当使命，不怕牺牲、英勇斗争，对党忠诚、不负人民。"这是习近平总书记在2021年我们党成立100周年庆祝大会上第一次提出来的建党精神内涵。在2021年9月底，中央又公布了第一批精神谱系，共包括46种具体精神。尽管我们党各种精神的表现形式不一样，但其内核和灵魂都可以从伟大建党精神中找到答案，所以这也是我们党的精神之源。坚持好"弘扬伟大建党精神"这一重要要求，以党创建时那种精神劲头干好一切工作，走好新的赶考之路，实现新的使命任务，永葆党的青春活力。

（三）精神状态

一是自信自强：把这一点列于前列，意味深长，这表明我们应更加自觉地增强"四个自信"。二是守正创新：既要具有新时代底蕴的创新思维，又要有对传承和弘扬党的历史经验的坚守，续写新的历史篇章，是高度历史自觉和历史自信的反映。三是勇毅前行：勇敢坚毅向前行走，不断开创中国发展的新境界，书写新时代的新篇章。四是踔厉奋发：这是我们中华儿女血脉里不变的文化基因，在任何困难和风险面前不屈不挠、砥砺奋进。

（四）奋斗目标

关于目标任务，报告提出：从现在起，我们党的中心任务就是团结带领全国各族人民全面建成社会主义现代化强国，实现第二个百年奋斗目标，以中国式现代化全面推进中华民族伟大复兴。

关于使命任务，是"两个全面"：一个是全面建设社会主义现代化国家，第二个是全面推进中华民族伟大复兴，为了实现这"两个全面"而团结奋斗。我们党立志于中华民族千秋伟业，千秋伟业不是字面上的理解，是由无数个百年构成的。这表明我们党是一个很有抱负和担当的大党。

大会报告首次提出了"三个务必"。第一是务必不忘初心、牢记使命。2019年党的十九届四中全会时提出要建立不忘初心、牢记使命的制度，我们党专门进行了这一主题教育。第二是务必谦虚谨慎、艰苦奋斗。这就基本上囊括了1949年3月毛主席在七届二中全会提出的"两个务必"。第三是务必敢于斗争、善于斗争。斗争实际上也是我们党能够顺利走到今天的一个重要法宝。外交部新闻发言人华春莹曾在记者招待会上对外国记者讲："要了解中国，要了解共产党，首先要了解共产党100多年的斗争史。她是怎么样一步一步顽强地走到今天的。"习近平总书记把斗争作为我们党员干部一个非常重要的本领。

报告还强调，要坚定历史自信，增强历史主动。要有使命承担的价值主动、问题导向的意识主动、把握规律的理论主动、谋篇布局的规划主动、贯彻落实的实践主动。

（五）团结奋斗

我们党历来珍惜党的团结，认为国家的统一、人民的团结、各民族的团结，是党的各项事业取得胜利的基本保证。在以往党的全国代表大会主题表述中，"为……奋斗"较为常见。以进入新世纪以来的其他4次党的全国代表大会的主题为例：党的十六大主题含"为开创中国特色社会主义事业新局面而奋斗"；党的十七大主题含"为夺取全面建设小康社会新胜利而奋斗"；党的十八大主题含"为全面建成小康社会而奋斗"；党的十九大主题含"为实现中华民族伟大复兴的中国梦不懈奋斗"。可见，强调"团结奋斗"及"团结"，是党的二十大主题的鲜明特色。如今，实现中华民族伟大复兴已经进入了不可逆转的历史进程。站在新的历史起点上，我们必须紧密团结在以习近平同志为核心的党中央周围，牢记空谈误国、实干兴邦，为全面建设社会主义现代化国家、全面推进中华民族伟大复兴而团结奋斗。

三、过去五年的工作和新时代十年的伟大变革

报告提出，十九大以来的五年，是极不寻常、极不平凡的五年。十九大指出十八大以来的五年是极不平凡的五年，为什么要在"极不平凡"基础上加上"极不寻常"呢？一方面是"两个一百年"奋斗目标的历史交汇期，另一方面是世界百年未有之大变局和2020年开始的新冠疫情的叠加碰撞，2022年俄乌冲突更是让整个人类充满了更多的未知数。

（一）"四个面对"

一是面对突如其来的新冠疫情。新冠疫情暴发以来，我们党坚持人民至上、生命至上，开展了抗击疫情的人民战争、总体战和阻击战。人民战争说的就是这个战争打赢要依靠人民，打赢的目的也是为了人民。最大限度保护了人民生命安全和身体健康，统筹疫情防控和经济社会发展取得重大积极成果。

二是面对香港局势动荡变化。2019年2月15日，特首林郑月娥推动立法会修例，社会各界普遍支持。但是，"港独"分子企图破坏"一国两制"，颠覆"一国两制、港人治港"的制度。中央先后出了两招，起到了出奇制胜的效果。第一招是2020年5月底通过的《中华人民共和国香港特别行政区维护国家安全法》（以下简称"香港国安法"），第二招就是2021年修改了香港的选举制度。中央把"港人治港"优化为"爱国者治港"，确保了香港的管理不会落到"港独"分子的手中，推动了香港局势实现由乱到治的重大转折，还推进了粤港澳大湾区建设。

三是面对"台独"势力分裂活动和外部势力干涉台湾事务的严重挑衅。2022年8月，时任美国众议院议长佩洛西窜访台湾。党中央坚决开展反分裂、反干涉重大斗争尤其是解放军围岛军事行动，展示了我们维护国家主权和领土完整、反对"台独"的坚强决心和强大能力，让我们进一步掌握了实现祖国统一的战略主动，进一步巩固了国际社会坚持一个中国原则的格局。

四是面对国际局势急剧变化，特别是面对外部讹诈、遏制、封锁和极限施压。坚持国家利益为重、国内政治优先，保持战略定力，发扬斗争精神，在斗争中维护国家尊严和核心利益，牢牢掌握我国发展和安全主动权。

五年来，我们党团结带领人民，攻克了许多长期没有解决的难题。办成了许多事关长远的大事要事，推动党和国家事业取得举世瞩目的重大成就。那么这一块，又跟十九大对十八大以来的五年的表述"解决了许多长期想解决而没有解决的难题，办成了许多过去想办而没有办成的大事"，有一定区别。

（二）"三件大事"

第一，迎来了中国共产党成立100周年，这就回应了我们党为什么能够永葆青春。截至2021年6月，全球拥有百年政党66个，分布在22个国家或地区。但是，历史长不代表一定成熟，现在绝大多数政党面临自我革新动力弱化、党群联系疏远、民意下滑严重等问题。比如，印度的国大党被认为是"家族王国""王朝政治"，不少高层集体辞职。历史长固然重要，更重要的是要在漫长的历史中能够不断成熟，不断从胜利走向胜利。

第二，中国特色社会主义进入新时代，这就回答了科学社会主义为什么能够在二十一世纪的中国焕发蓬勃生机。如果不是中国的社会主义实践这么成功，科学社会主义的真理力量就不可能像今天这么明显地展示出来。

第三，完成脱贫攻坚、全面建成小康社会历史任务，实现第一个百年奋斗目标，这就回应了中国为什么能够创造彪炳史册的人间奇迹。中国以占世界9%的耕地，养活了占世界19%的人口。改革开放40多年来，7.5亿人脱贫。十八大以来，9899万人脱贫，832个贫困县摘帽，960多万人易地搬迁，历史性地解决了绝对贫困问题。2000多年前的《诗经》所说的"民亦劳止，汔可小康"，也就是老百姓日出而作、日落而息，也只能够接近温饱富足的生活。因此，我们党带领人民在中华大地上历史性地解决绝对贫困问题是非常不容易的。基于新冠大流行、全球极贫人口还新增数千万的背景，我们脱贫的"含金量"更足。

（三）"两个答案"

新时代十年的历史性变革体现在改革发展稳定、内政外交国防、治党治国治军各方面，是全方位、根本性、格局性的。二十大报告从创立了习近平新时代中国特色社会主义思想、全面加强党的领导等16个方面总结概括了新时代十年在新的赶考之路上向历史和人民交出的优异答卷。新时代十年的伟大变革来之不易，根本在于破解治乱兴衰历史周期率的"两个答案"相辅相成。延安时期，杨家岭是毛主席居住时间最长的地方。著名的"窑洞对"就是在这里提出来的。1945年7月4日，抗战胜利前夕，著名的爱国民主人士黄炎培先生跟毛主席有个对话。黄炎培先生说："我生六十多年间耳闻的不说，但说亲眼见到的真可谓'其兴也勃焉，其亡也忽焉'。"毛主席的回答斩钉截铁，他说："我们已经找到新路，我们能跳出这周期率。这条新路，就是民主。只有让人民来监督政府，政府才不敢松懈。"这就是如何跳出治乱兴衰历史周期率的第一个答案，让人民监督政府。十八大以来，党中央给出了第二个答案，那就是党的自我革命。在2022年党的二十大刚刚结束的四天左右，习近平总书记就率领其他常委来到了杨家岭，这非常有意义的，体现了我们党要赓续红色血脉、红色基因。

四、马克思主义中国化时代化和中国共产党的使命任务

（一）开辟马克思主义中国化时代化新境界

1938年，毛主席第一次提出了马克思主义中国化。在2021年6月25日中央政治局集体学习上，习近平总书记系统地提出了"中国共产党为什么能，中国特色社会主义为什么好，归根到底是因为马克思主义行！"。二十大报告加了一个"行"，那就是中国化时代化马克思主义行。这就进一步回应了"能""好""行"的内在逻辑。首先，马克思主义揭示了客观世界特别是人类社会发展的一般规律，提供科学的世界观和方法论。2020年以来，大学生入党的意愿不断增强，因为他们进一步理解了共产党真是为民。其次，中国化时代化马克思主义赋予普遍真理新的生命力。在中国，马克思主义的发展并非一帆风顺，也碰到了一些曲折，但是在挫折中不断进步、发扬光大。再次，我们党用百年探索中一个个"当惊世界殊"胜利，回应了"马克思主义没有辜负中国，中国也没有辜负马克思主义"。

报告提出，我们首先要把握好习近平新时代中国特色社会主义思想的世界观和方法论，坚持好、运用好贯穿其中的立场观点方法，也就是"六个必须"：必须坚持人民至上，必须坚持自信自立，必须坚持守正创新，必须坚持问题导向，必须坚持系统观念，必须坚持胸怀天下。这"六个必须坚持"分别对应的是人民观、国情观、创新观、问题观、系统观和天下观。

报告还回应了中华优秀传统文化关于天下为公、民为邦本、为政以德、革故鼎新、任人唯贤、天人合一、自强不息、厚德载物、讲信修睦、亲仁善邻等十个方面，这其实也是中国人宇宙观、天下观、社会观、道德观的重要

体现，同科学社会主义价值观主张具有高度契合性。

（二）新时代新征程中国共产党的使命任务

党的中心任务就是团结带领全国各族人民全面建成社会主义现代化强国、实现第二个百年奋斗目标，以中国式现代化全面推进中华民族伟大复兴。中心任务由主要矛盾决定。党的百年奋斗历程告诉我们，党和人民事业能不能沿着正确方向前进，取决于我们能否准确认识和把握社会主要矛盾、确定中心任务。我国社会的主要矛盾在2017年党的十九大进行了调整，因此中心任务也是在变化的。

我们党领导的是社会主义现代化，既有各国现代化的共同特征，更有基于自己国情的中国特色。

中国式现代化是人口规模巨大的现代化。14亿多人口，今天所有发达国家加在一起人口也就10.9亿左右，西方发达国家很难接受一个拥有14亿多人口的大国也实现现代化。因为，他们奉行的是零和博弈。

中国式现代化是全体人民共同富裕的现代化。当然，共同富裕不是同步富裕，不是劫富济贫，因为每个人的聪明才智不同，每个人的努力程度不同，每个人承担的风险压力也不同。

中国式现代化是物质文明和精神文明相协调的现代化。"两个文明"也就是既要富了钱袋，也要能够让脑袋不断充实起来。

中国式现代化是人与自然和谐共生的现代化。这既是因为我们正确认识了人与自然的关系，也是高质量发展的要求。

中国式现代化是走和平发展道路的现代化。西方一直把现代化作为一个公式、作为一个模式，不允许其它模式的存在。我们国家对于人类的一个重大贡献，就是开拓出了一个现代化的新模式，给世界上那些既希望加快发展又希望保持自身独立性的国家和民族，提供了全新的选择。

我们国家为了全面建成社会主义现代化强国，战略安排分成两步走，也就是把2020年到本世纪中叶的30年分成两个15年。未来五年是全面建设社会主义现代化国家开局起步的关键时期，这边讲的是起步阶段，不是建成强国，因为强国是到本世纪中叶才实现，到2035年是基本实现现代化。

前进道路上，必须牢牢把握五个原则：坚持和加强党的全面领导，坚持中国特色社会主义道路，坚持以人民为中心的发展思想，坚持深化改革开放，坚持发扬斗争精神。比如，发扬斗争精神就要增强忧患意识，坚持底线思维，准备经受风高浪急甚至惊涛骇浪的重大考验；还要增强志气、骨气、底气，不信邪、不怕鬼、不怕压，依靠顽强斗争打开事业发展新天地。

五、全面建设社会主义现代化国家的战略部署

这一块也就是报告的第四到第十五部分，我们来逐一概述。

（一）推动高质量发展。具体分为五个方面：构建高水平社会主义市场经济体制，建设现代化产业体系，全面推进乡村振兴，促进区域协调发展，推进高水平对外开放。

高质量跟高水平是有区别的。高质量层次更高，是指高质量发展；高水平针对的是对外开放、社会主义市场经济等某个具体的方面。我们说发展是党执政兴国第一要务，现在我们提的是科学发展、高质量发展，而不是以往的靠人口红利、靠资源消耗。回看过往的情况，可以看到我们的经济发展非常快，国内生产总值从十八大前的54万亿增加到二十大前的114万亿，增加了60万亿，总量从占全世界11.3%提升到18.5%，提高了7.2个百分点。

习近平总书记在二十大期间参加广西代表团讨论时说："我们的现代化既是最难的，也是最伟大的。从这个角度看，紧紧依靠工人阶级是必不可少的，工人阶级代表先进生产力。"他还说，技术工人队伍很重要。不能瞧不起产业工人，一定要看实际贡献。他还说："真正在添砖加瓦建设中国特色社会主义现代化强国大厦的人，他们都是值得我们尊敬的。"可以说，这句话讲得非常温情。

（二）科教兴国。将教育、科技、人才并提，独立一部分，放到非常靠前的位置，可以说达到了前所未有的高度。

把教育、科技、人才作为我们全面建设社会主义现代化国家的基础性、战略性支撑。什么是基础性？什么是战略性？一个逻辑就在于，我们要全面建成社会主义现代化强国靠什么呢？靠科技。科技要靠谁呢？靠人才。人才要靠谁呢？靠教育。

要坚持"三个第一"：科技是第一生产力、人才是第一资源、创新是第一动力。深入实施科教兴国战略、人才强国战略、创新驱动发展战略，加快实现高水平科技自立自强，以国家战略需求为导向，也就是说教育科研工作者要把自己的兴趣建立在国家的需求基础上，党和国家呼唤你做什么，我们就努力往这个方向去冲，坚决打赢关键核心技术攻坚战。

坚持创新在我国现代化建设全局中的核心地位，健全新型举国体制。实际上，党中央历来非常注重创新。十八大正式提出了实施创新驱动发展的战略；十九大提出创新是引领发展的第一动力。现在全社会的研发经费支出很高，研发人数更高。但是，我们在全球创新指数排名中，仍然只能排十几名。这就跟我们的经济体量、人口体量非常不匹配。

（三）发展全过程人民民主，保障人民当家作主。人民民主是社会主义的生命，是全面建设社会主义现代化国家的应有之义。全过程人民民主是社会主义民主政治的本质属性，是最广泛、最真实、最管用的民主。

2019年，习近平总书记在上海一个街道考察时提出"人民民主是一种全过程的民主"，创造性地提出了全过程人民民主的重大理念。西方经常认为，党争等西方制度才是最好的民主。比如英国六年出现五任首相。要警惕一些别有用心的人想把我们党同人民分割开来、对立起来的企图。

（四）全面依法治国。与"四个全面"战略布局相呼应。二十大报告提出，在法治轨道上全面建设社会主义现代化国家。2020年下半年，习近平法治思想正式提出，该思想强调全面依法治国是国家治理的一场深刻革命。

法治具有固根本、稳预期、利长远的保障作用。二十大新闻发布会显示，我国是命案发生率最低、刑事犯罪率最低、枪暴案件最少的国家之一，每10万人口的命案是0.5起。2021年，八类主要刑事犯罪（杀人、强奸等）较2012年下降了64%，抢劫抢夺案件比2012年下降了96.1%。这些数据，都充分说明了我们整个社会的安全感在不断提高。

（五）推进文化自信自强，铸就社会主义文化新辉煌。"四个自信"中文化自信是更基础、更深层的自信，要增强实现中华民族伟大复兴的精神力量。时任美国总统尼克松说过："当有一天，中国的年轻人已经不再相信他们老祖宗的教导和他们的传统文化，我们美国人就不战而胜了。"这话，对我们是很有警醒意义的，我们需要增进文化自信。

（六）增进民生福祉，提高人民生活品质。二十大报告提出，为民造福是立党为公、执政为民的本质要求。中国共产党可以用三个"最"来概括，那就是最本质特征、最大优势和最高政治领导力量，党从来不代表任何利益集团、任何权势团体、任何特权阶层的利益。习近平总书记在十九届六中全会二次会议上强调要向党内被这些集团、团体、阶层所裹挟的人开刀。

马克思、恩格斯指出，无产阶级的运动是绝大多数人的，为绝大多数人谋利益的独立的运动。人民立场是中国共产党人的根本立场，是中国共产党区别于其他一切政党的根本标志。但是这个立场不是抽象的，而是具体的，就是帮助人民过上好日子。因此，要促进机会公平，扩大中等收入群体，规范收入分配秩序，规范财富积累机制，完善住房制度，建立生育支持政策体系。

（七）推动绿色发展，促进人与自然和谐共生。习近平总书记在福建工作期间，就非常重视环保，比如长汀水土流失治理、木兰溪治理等。二十大提出要立足能源资源禀赋，有计划分步骤实施碳达峰行动。现在，有些西方国家想放弃这个行动，我们中国还要不要继续呢？当然要，一方面，共产党讲究说到做到。另一方面，对于14亿人口的大国来讲，节能减排是我们的国策，我们经不起铺张浪费，尤其我们不少资源都要进口。十八大首次把"绿色发展"作为实现"美丽中国"的重要手段。十九大把"坚持人与自然和谐共生"作为新思想十四个基本方略之一。

（八）推进国家安全体系和能力现代化，坚决维护国家安全和社会稳定。国家安全单列，放在百年未有之大变局这个背景下来理解非常有意义。要以新安全格局保障新发展格局，包括坚定维护国家政权安全、制度安全、意识形态安全，确保粮食安全、能源资源、重要产业链供应链安全，筑牢国家安全人民防线。习近平总书记经常提"要把饭碗牢牢端在自己的手上"，二十大报告基于民族复兴的高度，把2014年提出的总体国家安全观不断升华。

（九）如期实现建军一百年奋斗目标，加快把人民军队建成世界一流军队。这是全面建设社会主义现代化国家的战略要求。要坚持党对人民军队的绝对领导，坚持政治建军、改革强军、科技强军、人才强军、依法治军，加快军事理论、军队组织形态、军事人员、武器装备现代化，提高捍卫国家主权、安全、发展利益战略能力。提高打赢能力，打造强大战略威慑力量体系，深入推进实战化军事训练。

（十）坚持和完善"一国两制"，推进祖国统一。"一国两制"是中国特色社会主义的伟大创举，是香港、澳门回归后保持长期繁荣稳定的最佳制度安排。尤其是澳门，是"一国两制"的成功样板。二十大报告提出，解决台湾问题是中国人自己的事，要由中国人来决定，要牢牢把握两岸关系的主导权和主动权。当总书记在报告中提到祖国完全统一定要实现，也一定能够实现的时候，会场中的掌声非常响亮、持久。在2022年8月，佩洛西窜台事件中，全球有170多个国家以及大量国际组织支持中国的立场和行动，我们进一步巩固了国际社会中"一个中国"的意识。

（十一）**促进世界和平与发展，推动构建人类命运共同体。**二十大报告提出两个"永远不"，永远不称霸、永远不搞扩张，深化拓展平等、开放、合作的全球伙伴关系。毛主席过去告诫我们："谁是我们的敌人？谁是我们的朋友？这个问题是革命的首要问题。""所谓政治，就是把朋友搞得多多的，敌人搞得少少的。"所以，这也是我们构建人类命运共同体的一个非常重要的考量。习近平总书记强调："人心是最大的政治。"政党强不强，主要还是看能不能凝聚人。

（十二）**坚定不移全面从严治党，深入推进新时代党的建设新的伟大工程。**必须时刻保持解决大党独有难题的清醒和坚定，尤其是"两个长期存在"：四大考验、四大风险都是长期存在的。二十大报告又提出了"两个永远在路上"，全面从严治党永远在路上、党的自我革命永远在路上，以党的自我革命引领社会革命。

"大党独有难题"是我们这个百年大党在破解"历史周期率"难题之外需要着力解决的，体现了忧患意识。习近平总书记强调："政治问题，任何时候都是根本性的大问题。"反腐败是最彻底的自我革命。从十八大以来至二十大前，全国共立案审查调查中管干部553人，这个力度非常大。二十大报告强调八项规定要长期坚持下去，这也可以从习近平总书记当年在宁德担任地委书记期间提出来的宁德廉政十七条看出来。因为，在十八大结束之后仅仅20天，中央就出台了八项规定，从高级干部抓起，坚持领导带头、从上到下发挥示范引领作用。

深刻理解和把握党的二十大报告的核心要义

◎马照南

作者简介：马照南，中共福建省委宣传部原副部长兼省委文明办主任，现任福建省关工委副主任、报告团团长、理论委主任，福建省炎黄文化研究会常务副会长，福建省教育工委高校思想政治理论课特聘教授，福州大学客座教授。武夷学院研究员，全国社会科学普及优秀专家，东南周末讲坛十佳（红色）宣讲人。主持多项全省社会科学课题研究，作辅导报告百余场，发表学术论文等100多篇。

学习党的二十大精神，关键是在全面学习的基础上，深刻理解和把握党的二十大报告的核心要义，领会其精神实质。

一、深刻认识二十大召开的时代背景

一是中华民族伟大复兴与百年未有之大变局。"百年未有之大变局"这一判断，最早由习近平总书记在2017年12月份接见驻外使节工作会议上提出。什么是百年未有之大变局？百年前第一次世界大战结束，战后形成雅尔塔格局。第二次世界大战结束后形成两极格局，苏联解体后形成"一超多强"的格局。随后又经过几十年发展，世界格局又发生变化。我国到2014年（按购买力平价计算）已经超过美国成为世界第一大经济体。中国现在是全球120多个国家最大的贸易伙伴，是70多个国家的第二大贸易伙伴，这意味着对全世界95%的国家而言，中国不是第一大贸易伙伴就是第二大贸易伙伴。

当前，世界百年未有之大变局加速演进，新一轮科技革命和产业变革深入发展，国际力量对比深刻调整。同时，世纪疫情影响深远，逆全球化思潮抬头，单边主义、霸权主义、保护主义明显上升，世界经济复苏乏力，局部冲突和动荡频发，全球性问题加剧，世界进入新的动荡变革期。

特别是，技术领域已成为大国竞争的重要战略阵地，大国抢占科技制高点的竞争日趋激烈。美国等西方国家以维护国家安全为名，不惜动用国家力量打击我国科技企业，对我国实施封锁和打压。其次，大国围绕信息和网络安全的博弈迅速升温。网络空间还为各种传统威胁和非传统威胁彼此交织、相互传导提供了条件和媒介，催化和放大安全事件，给信息时代的国家安全带来全新挑战。最后，能源技术创新可能引发世界能源格局的深度调整。

二是中美关系持续演变，俄乌战争的爆发造成世界不确定性持续叠加。过去五十年，全球国际关系最重要的事件，是中美关系恢复和发展；未来五十年，国际关系中最重要的，是中美两个大国必须找到正确的相处之道。中美关系攸关世界前途命运，能否处理好彼此关系，是两国必须回答好的世纪之问。一个时期以来，中美关系急剧恶化。美国政客对我实施讹诈、遏制、封锁、极限施压。去年10月12日，美国发布了《国家安全战略报告》。报告47次提到中国，把中国列入仅次于冷战中苏联的地位——"优先考虑的、唯一的全球竞争对手"。

美国挑火拱火俄乌战争，加剧世界动荡。我们正处在历史性转折关头。我们即将面对的可能是自二战结束以来最危险、最无法预测、同时也是至关重要的十年。

三是我国持续稳定发展，中华民族伟大复兴进入不可逆转的伟大进程。世界之变、时代之变、历史之变正以前所未有的方式展开，这是改革开放以来从未遇到过的。我国发展前景光明，挑战十分严峻。1900年八国联军攻打北京，当时他们科技先进，武器先进，GDP总量占世界总量的50.4%。现在八国集团，2000年，GDP总量占世界总量的47%，其中实力最强的美国占21.9%。到了2018年，八国集团GDP总量占世界总量的比重下降至34.7%。美国在世界范围内炒作"中国威胁"，鼓吹并实施"对华脱钩断链"。中美战略博弈正在进入相持阶段。我国持续稳定发展，中华民族伟大复兴进入不可逆转的伟大进程。

二、深刻认识理解和把握二十大报告的核心要义

核心要义之一：大会主题

大会主题是最重要的，是大会的纲领，灵魂，是贯穿二十大报告的主线，主脉，是报告的"纲"。

我们回顾十年前党的十八大报告题目是《坚定不移沿着中国特色社会主义道路前进　为全面建成小康社会而奋斗》，十九大报告题目是《决胜全面建成小康社会　夺取新时代中国特色社会主义伟大胜利》。二十大报告题目是《坚定不移沿着中国特色社会主义道路前进　为全面建设社会主义现代化国家而奋斗》。

二十大主题是高举中国特色社会主义伟大旗帜，全面贯彻新时代中国特色社会主义思想，弘扬伟大建党精神，自信自强、守正创新，踔厉奋发、勇毅前行，为全面建设社会主义现代化国家、全面推进中华民族伟大复兴而团结奋斗。

主题，明确宣示党在新时代新征程上举什么旗、走什么路、以什么样的精神状态、朝着什么样的目标继续前进。

旗帜代表方向，旗帜代表形象，旗帜凝聚力量。一个政党、一个国家、一个民族只有确立起正确的旗帜，全党和全国人民才能聚集在这面旗帜下整齐前进。我们要进行伟大斗争、建设伟大工程、推进伟大事业、实现伟大梦想，最核心、最关键的一条就是要继续坚定不移地高举中国特色社会主义伟大旗帜。

方向决定道路，道路决定命运。中国特色社会主义道路是我们党和人民历尽千辛万苦、付出巨大代价探索出来的。报告指出"中国式现代化，是中国共产党领导的社会主义现代化，既有各国现代化的共同特征，更有基于自己国情的中国特色"。

我们的目标任务，就是开启全面建设社会主义现代化国家新征程，实现中华民族伟大复兴，为全面建设社会主义现代化国家、全面推进中华民族伟大复兴而团结奋斗。

我们要弘扬伟大建党精神，就是"坚持真理、坚守理想，践行初心、担

当使命，不怕牺牲、英勇斗争，对党忠诚、不负人民"。这是中国共产党的精神之源。二十大报告第一次提出"自信自强、守正创新，踔厉奋发、勇毅前行"意义重大。习近平总书记进一步提出"三个务必"：全党同志务必不忘初心、牢记使命，务必谦虚谨慎、艰苦奋斗，务必敢于斗争、善于斗争，坚定历史自信，增强历史主动，进入新时代，我们应该有这样的精神状态。

核心要义之二：开辟马克思主义中国化时代化新境界

二十大报告的第二部分专门论述理论创新。突出讲"两个结合""六个坚持"。马克思主义是我们立党立国、兴党兴国的根本指导思想。习近平新时代中国特色社会主义思想是当代中国的马克思主义、二十一世纪的马克思主义，是中华文化和中国精神的时代精华，实现了马克思主义中国化时代化新的飞跃。

这次报告论述了"两个结合"，就是把马克思主义基本原理同中国具体实际相结合，同中华优秀传统文化相结合。这"两个结合"极大地深化了我们党对坚持和发展马克思主义的规律性认识，也是我们理解和把握习近平新时代中国特色社会主义思想的关键。

第一个结合，就是马克思主义同中国具体实际相结合。这是我们党在中国百年历史中一条最宝贵的经验，也是我们党事业不断成功的法宝。习近平总书记在报告中强调"不能把马克思主义当成一成不变的教条"，强调"我们必须坚持解放思想、实事求是、与时俱进、求真务实，一切从实际出发"。

第二个结合，就是马克思主义同中华优秀传统文化相结合。这是习近平总书记2021年3月在考察武夷山朱熹园时首先提出的。之后在中国共产党成立100年庆祝大会阐述，二十大报告又作了深入阐述。这是党的理论的重大创新，开拓了党的理论新视野、新格局。习近平总书记指出，中华优秀传统文化是我们党理论创新的"根"。我们的制度、道路与我们党的路线方针政策一直都体现着中华优秀传统文化，但在理论上一直没有明确概括过。

习近平总书记第一次明确提出这个结合，意义重大。这是对历史的深刻总结，是对规律的深刻揭示，也是对未来理论发展的正确引领，代表了中国共产党人新的觉悟、新的认识高度，也体现了我们党和人民强烈的文化自信与文化自觉。马克思主义同中华优秀传统文化有高度契合性。我们党在马克思主义中国化时代化进程中，以马克思主义真理力量激活了源远流长的中华文明，使中华文明再次焕发出蓬勃的生机与活力。同时，中华优秀传统文化也使马克思主义获得丰富的文化滋养，所以中国化马克思主义具有鲜明的中国风格、中国气派。植根本国、本民族历史文化沃土的马克思主义真理之树生机勃勃，根深叶茂。

这次报告还阐述了习近平新时代中国特色社会主义思想的世界观和方法论，也就是"六个必须坚持"：坚持人民至上、坚持自信自立、坚持守正创新、坚持问题导向、坚持系统观念、坚持胸怀天下。

这"六个坚持"深刻揭示了这一科学思想的理论品格和鲜明特质，展现了习近平总书记的人民立场情怀、民族自信自尊、守正创新的勇气、强烈的问题意识、全面系统的观念和海纳百川的胸怀。

"六个坚持"告诉我们，理论创新的价值取向是什么？基本立足点是什么？原则方向是什么？主要着力点是什么？思想方法是什么？应有的胸怀格局是什么？

"六个坚持"，首位的是必须坚持人民至上。习近平总书记指出，古人讲："与天下同利者，天下持之；擅天下之利者，天下谋之。"党章明确规定，我们党没有自己特殊的利益，党在任何时候都把群众利益放在第一位。习近平总书记说："一切脱离人民的理论都是苍白无力的，一切不为人民造福的理论都是没有生命力的。我们要站稳人民立场、把握人民愿望、尊重人民创造、集中人民智慧，形成为人民所喜爱、所认同、所拥有的理论。"人民至上，可以说是党的初心使命，是最为重要，最为强调的理念，是习近平总书记中国特色社会主义所有的理论创新和实践活动的根本出发点、落脚点。

中国人民大学校长、党委副书记林尚立说："必须坚持自信自立，就是要做到必须把我们的发展的基点放在自己的力量上面，寻求自立自强；

必须坚持守正创新，也就是我们不忘本来，但要面向未来，不断开拓进取；

必须坚持问题导向，我们的一切理论和实践必须能够解决实际的问题，必须能够在不断解决问题当中去提升理论的力量，去丰富实践的可能；

必须坚持系统观念，也就说我们必须从历史与现实、局部与全局、现在与未来来考虑问题，把握问题，我们使得我们所有问题的解决，都能够形成良性联动；

必须坚持胸怀天下，今天的中国已经站到世界的舞台，我们必须把中华民族伟大复兴的战略全局，与世界百年未有之大变局，必须把中华民族的复兴与人类进步事业统一起来。"

古人云：授人以鱼不如授人以渔。做到了'六个坚持'，我们就能够对真理的认知更加深入，就能知其然，知其所以然，才能真正把握好习近平新时代中国特色社会主义思想的世界观和方法论，坚持好、运用好贯穿其中的立场观点方法，才能更好贯彻二十大精神，做好各项工作。一个拥有科学理论的政党，才拥有真理的力量；一个拥有科学世界观和方法论指导的事业，才拥有光明前途。

核心要义之三：十九大以来成就与新时代十年伟大变革

三件大事：一是迎来中国共产党成立100周年，二是中国特色社会主义进入新时代，三是完成脱贫攻坚、全面建成小康社会的历史任务，实现第一个百年奋斗目标。

三件大事在新时代十年的伟大变革，在党史、新中国史、改革开放史、社会主义发展史、中华民族发展史上都具有重要的里程碑意义。

习近平总书记指出，过去5年和新时代以来的10年，在党和国家发展进程中极不寻常、极不平凡。事非经过不知难，成如容易却艰辛。

新时代十年的伟大变革，是全方位、根本性、格局性的，体现在改革发展稳定、内政外交国防、治党治国治军各个方面。报告从16个方面总结概括了十年来的伟大变革，全面展示了新时代伟大变革的壮阔历程和宏伟气象。最具标志性意义的有6个方面：

一是取得了"两个确立"的重大政治成果。"两个确立"是党的十八大以来我们党作出的重大政治抉择，是具有决定性意义的最重要的政治成果，也是取得伟大变革的根本原因。

二是中国共产党在革命性锻造中更加坚强有力。经过十年来全面从严治党实践的锤炼，管党治党宽松软状况得到根本扭转，党、国家、军队内部存在的严重隐患得到消除，党同人民群众的血肉联系更加紧密，党的面貌和气象发生深刻变化，对于确保党永远不变质、不变色、不变味，确保党始终成为中国特色社会主义事业的坚强领导核心，具有极其重大而深远的意义。

三是胜利实现全面建成小康社会目标。十年来，我们贯彻新发展理念，坚持高质量发展，深化供给侧结构性改革，加快构建新发展格局，举全国之力打赢了脱贫攻坚战，历史性解决了绝对贫困问题，如期全面建成小康社会，开创了中华民族有史以来未曾有过的经济社会全面进步、全体人民共同受惠的好时代，为实现第二个百年奋斗目标、实现中华民族伟大复兴奠定了更为坚实的物质基础。

四是维护国家安全能力显著提高。十年来，我们贯彻总体国家安全观，统筹发展和安全，完善国家安全体系，在原则问题上寸步不让，有效应对外部势力在台湾、香港、新疆、西藏、南海等方向的挑衅破坏，以坚定的意志品质维护国家主权、安全、发展利益，国家安全得到全面加强。

五是我国国际地位显著提升。十年来，我们全面推进中国特色大国外交，推动构建人类命运共同体，坚定维护国际公平正义，倡导践行真正的多边主义，旗帜鲜明反对一切霸权主义和强权政治，毫不动摇反对任何单边主义、保护主义、霸凌行径，积极参与全球治理体系改革和建设，我国国际影响力、感召力、塑造力显著提升。

六是我国制度优势更加彰显。十年来，我们以巨大政治勇气全面深化改革，坚决破除各方面体制机制弊端，各领域基础性制度框架基本建立，许多领域实现历史性变革、系统性重塑、整体性重构，中国特色社会主义制度更加成熟更加定型，国家治理体系和治理能力现代化水平明显提高，为党和国家长治久安、为实现中华民族伟大复兴奠定了更为完善的制度保证。

党的十八大以来党中央的大政方针和工作部署是完全正确的，中国特色社会主义道路是符合中国实际、反映中国人民意愿、适应时代发展要求的，不仅走得对、走得通，而且走得稳、走得好。

深刻认识核心要义之四：以中国式现代化全面推进中华民族伟大复兴

新时代新征程中国共产党的使命任务，就是团结带领全国各族人民全面建成社会主义现代化强国、实现第二个百年奋斗目标，以中国式现代化全面推进中华民族伟大复兴。

中国式现代化的五个特色。既有各国现代化的共同特征，更有基于自己国情的中国特色。

一是人口规模巨大的现代化；

二是全体人民共同富裕的现代化；

三是物质文明和精神文明相协调的现代化；

四是人与自然和谐共生的现代化；

五是走和平发展道路的现代化。

中国式现代化的本质要求是：坚持中国共产党领导，坚持中国特色社会主义，实现高质量发展，发展全过程人民民主，丰富人民精神世界，实现全体人民共同富裕，促进人与自然和谐共生，推动构建人类命运共同体，创造人类文明新形态。

牢牢把握五个重大原则，一是坚持和加强党的全面领导，二是坚持中国特色社会主义道路，三是坚持以人民为中心的发展思想，四是坚持深化改革开放，五是坚持发扬斗争精神。

要增强全党全国各族人民的志气、骨气、底气，不信邪、不怕鬼、不怕压，知难而进、迎难而上，统筹发展和安全，全力战胜前进道路上各种困难和挑战，依靠顽强斗争打开事业发展新天地。

核心要义之五：社会主义经济建设、政治建设、文化建设、社会建设、生态文明建设等方面的重大部署

在经济建设上，要完整、准确、全面贯彻新发展理念，加快构建新发展格局，着力推动高质量发展。构建高水平社会主义市场经济体制，建设现代化产业体系，全面推进乡村振兴，促进区域协调发展，推进高水平对外开放，推动经济实现质的有效提升和量的合理增长。

在政治建设上，要发展全过程人民民主，加强人民当家作主制度保障，全面发展协商民主，积极发展基层民主，巩固和发展最广泛的爱国统一战线。我国全过程人民民主"民主含量高、民主成色足"与西方资本民主不同。

习近平总书记指出，"民主不是装饰品，不是用来做摆设的，而是要用来解决人民需要解决的问题的。如果人民只有在投票时被唤醒、投票后就进入了休眠期，只有竞选时聆听天花乱坠的口号、竞选后毫无发言权，只有拉票时受宠、选举后就被冷落，这样的民主不是真正的民主。"我国全过程人民民主是一个完整的制度链条，包括选举民主、协商民主、社会民主、基层民主、公民民主等民主政治的全部要素，涵盖了民主选举、民主协商、民主决策、民主管理、民主监督等民主过程的一切领域，不仅有完整的制度程序，而且有完整的参与实践，实现了过程民主和成果民主、程序民主和实质民主、直接民主和间接民主、人民民主和国家意志相统一，是全链条、全方位、全覆盖的民主，是最广泛、最真实、最管用的社会主义民主。

在文化建设上，要推进文化自信自强，建设社会主义文化强国，建设具有强大凝聚力和引领力的社会主义意识形态，广泛践行社会主义核心价值观，提高全社会文明程度，繁荣发展文化事业和文化产业，增强中华文明传播力影响力，铸就社会主义文化新辉煌。

在社会建设上，要坚持在发展中保障和改善民生，扎实推进共同富裕，完善分配制度，实施就业优先战略，健全社会保障体系，推进健康中国建设，不断实现人民对美好生活的向往。

在生态文明建设上，要推进美丽中国建设，加快发展方式绿色转型，深入推进环境污染防治，提升生态系统多样性、稳定性、持续性，积极稳妥推进碳达峰碳中和，促进人与自然和谐共生。全面建设社会主义现代化国家的首要任务

核心要义之六：对党和国家事业的新部署新要求

教育、科技、人才是全面建设社会主义现代化国家的基础性、战略性支撑。必须坚持科技是第一生产力、人才是第一资源、创新是第一动力，深入实施科教兴国战略、人才强国战略、创新驱动发展战略，开辟发展新领域新赛道，不断塑造发展新动能新优势。

二十大报告鲜明提出"以新安全格局保障新发展格局"。"要实现中国式现代化，实现中华民族伟大复兴、构建新发展格局，越来越需要新安全格局的保障作用，换言之，更高质量的发展需要更高水平的安全来托底。"要统筹外部安全和内部安全、国土安全和国民安全、传统安全和非传统安全、自身安全和共同安全，统筹维护和塑造国家安全。

有人对十八大、十九大、二十大关键词词频的变化做了统计，"斗争"从5次增加到22次，"安全"从36次增加到91次，"科技"从16次增加到43次，"强国"从13次增加到34次，"开放"从39次减少到29次，"改革"从88次减少到51次，"发展"从304次减少为237次。变化最强烈的是"中国式"（从0到11）和"新时代"（从1到39）。也说明安全问题的紧迫性和极端重要性。

核心要义之七：党和国家对国防和军队建设、港澳台工作、外交工作等方面的重大部署

要坚持党对人民军队的绝对领导，全面加强人民军队党的建设，全面加强练兵备战，全面加强军事治理，巩固提高一体化国家战略体系和能力，如期实现建军一百年奋斗目标，加快把人民军队建成世界一流军队。

要坚持和完善"一国两制"制度体系，坚持贯彻新时代党解决台湾问题的总体方略，牢牢把握两岸关系主导权和主动权，坚持一个中国原则和"九二共识"，团结广大台湾同胞共同推动两岸关系和平发展、推进祖国和平统一

进程,坚定反"独"促统。

要始终坚持维护世界和平、促进共同发展的外交政策宗旨,致力于推动构建人类命运共同体,弘扬全人类共同价值。

核心要义之八:坚持党的全面领导和全面从严治党的重大部署

这部分内容的主要特点是"4个突出"。

一是突出以党的政治建设为统领。党的政治建设是党的根本性建设。报告强调坚持党中央集中统一领导是最高政治原则,将"坚持和加强党中央集中统一领导"作为党的建设第一项任务加以部署,彰显了新征程上持续加强党的政治建设的极端重要性。

二是突出思想建党和制度治党相结合。加强理想信念教育,用党的创新理论武装全党,完善党的自我革命制度规范体系。坚持制度治党、依规治党,完善党内法规制度体系,增强党内法规权威性和执行力。以党内监督为主导,促进各类监督贯通协调,让权力在阳光下运行。增强对"一把手"和领导班子监督实效。发挥政治巡视利剑作用,加强巡视整改和成果运用。

三是突出党的自我革命。勇于自我革命是我们党的鲜明品格和显著标志,是党在新时代全面从严治党实践中找到的跳出治乱兴衰历史周期率的第二个答案。报告充分彰显党的自我革命精神,直面矛盾问题和风险挑战,强调党的自我革命永远在路上,围绕全面推进党的自我净化、自我完善、自我革新、自我提高,对党的各方面建设提出针对性强的任务措施。

四是突出以严的基调强化正风肃纪。新时代全面从严治党从制定和落实中央八项规定开局破题,十年查处违反中央八项规定精神问题76.1万件,党纪政务处分68.3万人。党风问题关系执政党的生死存亡,必须密切党同人民群众的血肉联系,党员干部要深入调查研究,扑下身子干实事、谋实招、求实效;必须锲而不舍落实中央八项规定精神,要抓住反复出现的"四风"问题,抓住形式主义、官僚主义新特点深化整治。

全党要把青年工作作为战略性工作来抓,用党的科学理论武装青年,用党的初心使命感召青年,做青年朋友的知心人、青年工作的热心人、青年群众的引路人。

我们要始终推进党的自我革命。一个饱经沧桑而初心不改的党,才能基业长青;一个铸就辉煌仍勇于自我革命的党,才能无坚不摧。百年栉风沐雨、淬火成钢,特别是新时代十年革命性锻造,中国共产党更加坚强有力、更加充满活力。

三、认真学习、全面贯彻党的二十大精神

我们的党,是最重视学习的党。学习贯彻党的二十大精神,要做到"五个牢牢把握":一是牢牢把握过去五年工作和新时代十年伟大变革的重大意义,二是牢牢把握新时代中国特色社会主义思想的世界观和方法论,三是牢牢把握以中国式现代化推进中华民族伟大复兴的使命任务,四是牢牢把握以伟大自我革命引领伟大社会革命的重要要求,五是牢牢把握团结奋斗的时代要求。

怎样学习?首先,全面学习。只有全面、系统、深入学习,才能完整、准确、全面领会党的二十大精神,对是什么、干什么、怎么干了然于胸,为贯彻落实打下坚实基础。要读原文、悟原理。要原原本本学习报告,同时要把学习大会报告同学习大会系列讲话和相关文件结合起来,同学习党的十八大报告、十九大报告精神结合起来学。

其次,全面把握。要有坚持历史和现实、理论和实践、国际和国内相结合的办法,从整体到局部、再从局部到整体进行反复揣摩,才能全面掌握党的二十大精神,避免知其一而不知其二,知其然而不知其所以然。

最后,全面落实。真抓实干、埋头苦干,实化细化贯彻落实举措,推动党的二十大精神付诸于行、见之于效。把担负的任务不折不扣落到实处。

新征程是充满光荣和梦想的远征。唯其艰巨,所以伟大;唯其艰巨,更显荣光。道阻且长,行则将至。蓝图已经绘就,号角已经吹响。我们要踔厉奋发、勇毅前行,努力创造更加灿烂的明天。

以中国式现代化全面推进中华民族伟大复兴
——党的二十大报告精神解读

◎郑 镇

作者简介：郑镇，中共福建省委党校福建行政学院教授，福建省哲学学会顾问，东南周末讲坛十佳（红色）宣讲人。主要研究方向：马克思主义哲学原理、中国特色社会主义理论体系。在国家报刊以及在省级核心期刊上发表论文百余篇。

一、学习与理解二十大报告的基本精神

（一）二十大报告的框架结构

党的二十大报告一共有三万多字，十五个问题，按其主题与内在逻辑，可分为三个板块来学习与把握。

第一板块是总论，包括导语和第一至第三问题：一、过去五年的工作和新时代十年的伟大变革；二、开辟马克思主义中国化时代新境界；三、新时代新征程中国共产党的使命任务。

这一板块要理解以下三个问题：一是过去五年和从十八大代以来十年，党和国家实行了那些伟大变革问题；二是关于马克思主义"中国化"和"时代化"的问题；三是关于当代中国共产党人新使命问题。

在这里，我想重点解读为什么马克思主义要"中国化"和"时代化"的

问题。

马克思主义中国化是针对"俄国化"提出来的。20世纪初,俄国十月革命一声炮响,给我们送来了马克思列宁主义。"以俄为师",搞社会主义,是我们的选择。但苏共以及第三国际在指导中国革命过程中,把其"俄国化"的"马克思列宁主义原则"定为圭臬,把俄国的经验与做法强加于中国,对中国革命产生负面作用。在历经失败与挫折后,以毛泽东为代表的中国共产党人提出马克思主义"中国化"问题,即要把马克思列宁主义普遍原理与中国具体实际相结合,为中国革命胜利创造了正确的思想方法论的指导。

在革命斗争中,以毛泽东同志为主要代表的中国共产党人,把马克思列宁主义基本原理同中国具体实际相结合,对经过艰苦探索、付出巨大牺牲积累的一系列独创性经验作了理解概括,开辟了农村包围城市、武装夺取政权的正确革命道路,创立了毛泽东思想,为夺取新民主主义革命胜利指明了正确方向;在完成社会主义革命和推进社会主义建设时期,毛泽东同志提出把马克思列宁主义基本原理同中国具体实际进行"第二次结合",以毛泽东同志为主要代表的中国共产党人,结合新的实际丰富和发展毛泽东思想,提出关于社会主义建设的一系列重要思想,这些独创性理论成果至今仍有重要指导意义;党的十八大以来,中国特色社会主义进入新时代。以习近平同志为主要代表的中国共产党人,坚持把马克思主义基本原理同中国具体实际相结合、同中华优秀传统文化相结合,科学回答了新时代坚持和发展什么样的中国特色社会主义、怎样坚持和发展中国特色社会主义等重大时代课题,创立了习近平新时代中国特色社会主义思想。

习近平总书记在报告中指出:"实践告诉我们,中国共产党为什么能,中国特色社会主义为什么好,归根到底是马克思主义行,是中国化时代化的马克思主义行。"这句话原先是习近平总书记在庆祝中国共产党成立100周年大会上说的。其中"是中国化时代化的马克思主义行",是二十大报告新增加的。这是对一百多年来中国化时代化的马克思主义——毛泽东思想、邓小平理论、"三个代表"重要思想、科学发展观和习近平新时代中国特色社会主义思想——引领中国革命和建设作出伟大的历史性贡献,作出的历史性评价。

第二板块讲今后五年我们党和国家各项工作的部署,包括第四到第十四个问题。

这一板块要理解以下五个问题:

1.关于全面推进"五位一体"建设的问题。一是经济建设。请详读报告的"四、加快构建新发展格局,着力推动高质量发展"和"五、实施科教兴国战略,强化现代化建设人才支撑";二是政治建设。请详读报告的"六、发展全过程人民民主,保障人民当家作主"和"七、坚持全面依法治国,推进法治中国建设";三是文化建设。请详读报告的"八、推进文化自信自强,铸就社会主义文化新辉煌";四是社会建设。请详读报告的"九、增进民生福祉,提高人民生活品质";五是生态文明建设。请详读报告的"十、推动绿色发展,促进人与自然和谐共生"。

2.实现国家稳定与社会安全问题。请详读报告的"十一、推进国家安全体系和能力现代化,坚决维护国家安全和社会稳定"。

3.关于军队建设问题。请详读报告的"十二、实现建军一百年奋斗目标,开创国防和军队现代新化局面"。在这里,我们注意到习近平总书记指出,到2027年,在我军建军一百周年的时候,实现国防和军队现代化的问题。

4.关于国家统一问题。请详读报告的"十三、坚持和完善'一国两制',推进祖国统一"。

5.关于推进和平外交和推动构建人类命运共同体问题。请详读报告的"十四、促进世界和平与发展,推动构建人类命运共同体"。

对第二板块,我想重点解读两个问题:

一是构建新发展格局和推进高质量发展的问题。

首先谈谈在今天,我国为什么要加快构建新发展格局的问题。

我们知道,自改革开放以来,我国是经济主要靠投资、消费、出口"三驾马车"来拉动的。其中,国内消费和对外贸易被称为国内国际经济"双循环"。但是,当我国经济做大以后,却遭到了一些国家的遏制,特别近些年来美国发起贸易战,中美关系紧张,中国对美国以及对欧洲国家出口贸易受阻,严重影响我国经济发展。好在我们国家地广人多,国内就是个巨大的消费市场。所以,在当前对外贸易渠道不顺畅的情况下,我们不能过高倚重国际经济循环,而必须实行以国内大循环为主体,国内国际双循环相互促进的新发展格局,来推动我国经济快速稳定发展。

其次谈谈在今天,我国为什么特别强调推进高质量发展的问题。

一个国家的经济发展,不但有量的要求,而且有质的要求。党的十八大以来,习近平总书记十分重视经济发展的质量问题。在党的十九大上,他首次提出"我国经济由高速增长阶段转向高质量发展阶段"的问题。2020年10月召开的十九届五中全会指出,"我国已经转向高质量发展阶段"。在这里我们注意到,二十大报告对这句话做了新的改动,即在"高质量发展"前面的定语,从"我国经济"变成"我国",表明在今天,"高质量发展"的要求必须拓展到我国经济社会建设工作的方方面面去。

然而,我国经济社会建设工作,特别一些经济产品的质量并不能令人满意。在对外贸易中,因产品质量不过关被人退货,甚至波及外交关系,不是个案。就连国内民众,他们对本国产品都不那么信任,宁可花大钱购买国外的商品。如,前些年国人到日本旅游时,花高价格购买马桶盖。但回来后发现这马桶盖竟是杭州某地的日资企业制造的。这说明,中国制造业不缺乏设备硬件,不缺乏制作技能,而是缺乏管理软件,缺乏质量意识。

二是实施科教兴国战略,强化现代化建设人才支撑的问题。

科教兴国、人才强国,这是一个"老话题",然而在今天,老话题却有新的要求。

第一,我们对当今世界高科技发展状况要有一个清醒的认识。科学技术是第一生产力。现在,世界经济竞争在本质上是科技之争,谁占领科技高地,谁就在经济竞争中拔得头筹。然而当今世界科技越来越尖端,难度非同寻常。就以芯片制造来说,它的零件极其细小,是以纳米为计量单位的。一纳米的长度相当于一根头发丝直径的五万分之一。一个指甲片大小芯片内部有上百亿个晶体管。可见制造的难度非常之大。然而,国人对这一高精尖的科技产品却缺乏基本的认知。比如,有一个企业家说,投资500亿,我就不信搞不出芯片来!而更多人则认为搞芯片没什么了不起,当年我们导弹都可以造出来,为什么一个小小芯片造不出来?这些论调大体反映出国人对芯片的认知水平。实际上,芯片不是有钱就可以搞出来的,也不是想搞就可以搞出来的。人们不知道,导弹虽然是高科技的产物,但它的制造难度甚至比不上飞机。我们知道,钱学森是世界一流的空气动力专家。1955年他冲破重重阻力从美国回来,中央领导人非常高兴,对他说,我们造飞机吧。钱学森回答说,造飞机难度很大,我们还是先造导弹吧。

第二,知识分子,特别是科技专家、学者在研发我国高科技产品发挥自己应有的作用。自改革开放以来,我国大多数知识分子、专家、学者在国家实施科教兴国发展战略中发挥主力军的作用,但在学界和科技界存在浮躁风、虚假风令人大跌眼镜。这里最集中的表现就是夸大成果的重要性和影响力。这样做不仅会误导公众认知，又影响学术风气，不利于年轻科研人员成长。因此我们应该遏制学界与科技界的浮躁虚假之风，还它们一个风清气正的环境。全体科学研究人员都应具有脚踏实地、求真务实的学术态度。

第三，发展高科技，关键是要健全更加适应国际科技竞争和应对风险挑战的科技管理体制机制。健全符合科研规律的科技管理体制和政策体系，从体制上增强科技创新和应急应变能力，改变一些关键核心技术受制于人的局面。

第三板块讲党建问题。请详读"十五、坚定不移全面从严治党，深入推进新时代党的建设伟大工程"。

（二）必须把握的主要问题

2022年10月25日，习近平主持中央政治局第一次集体学习，并作重要讲话。根据习总书记的讲话精神，学习二十大报告应主要把握如下四个方面的精神（四个"要"）。

第一个"要"：要全面认识和把握中国特色社会主义思想的世界观、方法论。

这个问题主要把握两个方面的内容：

一是首先理解中国特色社会主义的核心内容是马克思主义中国化，而马克思主义中国化，要做到"两个结合"：第一个结合是把马克思主义的基本原理与中国具体实际相结合。这是我们党从毛泽东以来的一贯的理论作风。第二个结合是马克思主义的基本原理与中国优秀文化相结合。这是习近平同志的新发展。中国文化有5000年的文明，文化思想非常丰富，非常深刻。在二十大报告中出现许多中国优秀传统文化的话语，如，天下为公、民为邦本、为政以德、革故鼎新、任人唯贤、天人合一、自强不息、厚德载物、讲信修睦、亲仁善邦等，是中国人民在长期生产生活中积累的"宇宙观、天下观、社会观、道德观"。这些优秀的传统文化是现代化建设宝贵的思想资源，越是现代化，越要注意发挥我们传统文化的优秀思想的作用。

二是把握中国特色社会主义思想世界观方法论（"六个坚持"）。一要坚持人民至上，二要坚持自信自立，三要坚持守正创新，四要坚持问题导向，五要坚持系统观念，六要胸怀天下。

第二个"要"：要全面把握新时代十年伟大变革的深刻内涵和重大意义。

首先，我们要全面了解自十九大以来的五年和十八大以来的十年，我们党做了哪些事。

关于十九大以来的五年成就，报告用三句话概括：我们迎来了中国共产党成立一百周年；我们进入到中国特色社会主义新时代；我们完成脱贫攻坚，全面建成小康社会的历史任务，实现第一个百年奋斗目标。

关于党的十八大以来的伟大变革，报告概括了十六个方面内容，如，创立习近平新时代中国特色社会主义思想；全面加强党的建设；全面建成小康社会的历史任务等等。

其次，我们要理解新时代十年伟大变革的重大意义。

关于这个问题，报告用四个"里程碑式意义"来概括：一是党自身在革命性的锻造中更加坚强有力，我们党更坚强；二是人民群众面貌更加焕发一新，更加有历史的自觉和主动性；三是实现中华民族伟大复兴成为不可逆转的历史进程；四是科学社会主义在21世纪中国焕发出新的蓬勃生机。

第三个"要"：要全面把握中国式现代化的中国特色、本质要求和必须牢牢把握的重大原则。

这个"要"的内容我们在以上第二个问题中已经详细解读了，这里就不重复了。

第四个"要"：要全面把握党的二十大做出的各项战略部署。

首先，我们要坚决贯彻落实以习近平同志为核心的党中央作出的"五位一体"的总体布局和"四个全面"的战略布局：即经济建设、政治建设、文化建设、社会建设、生态文明建设的总体布局和全面建设社会主义现代化国家、全面深化改革、全面依法治国、全面从严治党的战略布局。

其次，我们要领悟"两个确立"，即确立习近平同志党中央的核心、全党核心地位，确立习近平新时代中国特色社会主义思想的指导地位。

第三，我们要增强"四个意识"，即政治意识、大局意识、核心意识、看齐意识；坚定"四个自信"，即道路自信、理论自信、制度自信、文化自信。

最后，归根到底，我们做到"两个维护"，即维护习近平同志党中央核心、全党核心地位，维护党中央权威和集中统一。

（三）党的二十大报告的重大意义

党的二十大报告解决了我们在新的征途上举什么旗，走什么路，以什么样的精神状态、朝着什么样的目标继续前进的重大问题。即我们要高举中国特色社会主义伟大旗帜,坚定不移地走中国特色社会主义道路,弘扬伟大建党精神,自信自强、守正创新,踔厉奋发、勇毅前行,为全面建设社会主义现代化国家、全面推进中华民族伟大复兴而团结奋斗。

二、全面认识中国式现代化丰富内涵与本质要求

习近平同志在二十大报告中向全党向全国宣示,从现在起中国共产党中心任务是团结全国各族人民全面建成社会主义现代化强国、实现第二个百年奋斗目标,以中国式现代化推进中华民族伟大复兴。为了实现这一雄伟的奋斗目标,我们首先要明白什么是"中国式现代化"。

(一)中国式现代化,是以习近平同志为核心的党中央对党的现代化思想的继承与发展

中国现代化的源头最早可以追溯到晚清时期的"洋务运动",但当时人们称这一运动为"西化""欧化""变法""立宪"等,直至"五四"新文化时期报章才偶尔出现"现代化"概念,到20世纪30年代国内学界开展了一场关于"现代化"问题的讨论,但这场讨论后因抗战而中断。

那时,中国共产党人身居边远的陕甘宁一隅,基本上没有参与这场学术讨论,但党的领导人对中国实现"工业化"却有紧迫的认识。1944年5月22日,毛泽东在中央办公厅招待职工代表会上的讲话中指出,日本帝国主义为什么敢于这样地欺负中国,就是因为中国没有强大的工业,欺负我们落后。老百姓拥护共产党,是因为我们代表了民族与人民的要求。如果我们不能建立新式工业,如果我们不能发展生产力,老百姓就不一定拥护我们。1945年召开的党的第七次代表大会上,毛泽东在政治报告中提出"使中国由农业国变为工业国"的建设纲领。新中国成立后,1953年党中央提出"一化三改"(逐步实现国家的社会主义工业化,逐步实现国家对农业、对手工业和对资本主义工商业的社会主义改造)的过渡时期总路线和"一五"计划,都是提实现"国家工业化",而不是"国家现代化"。

1954年9月,周恩来在全国第一届人大第一次会议上作的《政府工作报告》中根据党中央和毛泽东的思想,第一次明确出现"现代化"的概念:"建设起强大的现代化的工业、现代化的农业、现代化的交通运输业和现代化的国防"。1957年毛泽东在《关于正确处理人民内部矛盾的问题》一文中阐述了"中国工业化的道路":"这里所讲的工业化道路的问题,主要是指重工业、

轻工业和农业的发展关系问题。我国的经济建设是以重工业为中心，这一点必须肯定。但是同时必须充分注意发展农业和轻工业。""为了使我国变为工业国，我们必须认真学习苏联的先进经验"，但强调要与我国具体情况相适合，不要搞教条主义。1964年，周恩来在第三届全国人民代表大会上作的政府工作报告中正式提出"四个现代化"的概念："要在不太长的历史时期内，把我国建设成为一个具有现代农业、现代工业、现代国防和现代科学技术的社会主义强国，赶上和超过世界先进水平。"并提出分两步的发展规划："为了实现这个伟大的历史任务，从第三个五年计划开始，我国的国民经济发展，可以按两步来考虑：第一步，建立一个独立的比较完整的工业体系和国民经济体系；第二步，全面实现农业、工业、国防和科学技术的现代化，使我国经济走在世界的前列。"1975年第四届人大第一次会议，周恩来重提分两步走，实现四个现代化的设想。然而，由于受"四人帮"的干扰与破坏，"四个现代化"举步维艰，陷于停滞。

邓小平在"文革"后期搞整顿，重提"四个现代化"，被"四人帮"污蔑为"右倾翻案风"。粉碎"四人帮"后，邓小平重申实现"四个现代化"的伟大历史使命。1979年12月6日，邓小平在会见日本首相大平正芳时，第一次用"小康"概念来表达中国"四个现代化"在20世纪末所要达到的水平。同时又提出"分三步走"的发展战略，即第一步，使国民生产总值比1980年翻一番，解决人民温饱问题；第二步，到20世纪末，使国民生产总值再翻一番，人民生活达到"小康"水平；第三步，在21世纪中叶达到中等发展国家水平。

从党的十四大到十八大，"分三步走"发展战略得到进一步的丰富与发展。2012年，党的十八大明确提出"两个一百年奋斗目标"，其中把"全面建设小康社会"变成"全面建成小康社会"。从"建设"到"建成"，一字之差表明建设小康社会即将进入收官阶段。

党的十八大后，以习近平同志为核心的党中央在推进中国特色社会主义现代化事业中，逐步形成"中国式现代化"的概念。2012年11月29日，习近平带领新一届中央政治局领导参观《复兴之路》，首次提出实现中华民族伟大复兴的中国梦的口号。党的十九大，以习近平同志为核心的党中央提出"新三步走"的战略规划：第一步，（从2012年到）2020年全面建成小康社会。第二步，到新中国成立100周年的时候，即到2049年实现社会主义现代化，可再分"两步走"：一是从"全面建成小康社会"到"基本实现现代化"。二是从

2020年到2035年,在全面建成小康社会的基础上,再奋斗十五年,基本实现社会主义现代化。党的二十大对全面建成社会主义现代化强国作出进一步谋划,一是提出了2035年我国发展的总体目标:经济实力、科技实力、综合国力大幅跃升,人均生产总值迈上新的大台阶,达到中等发达国家水平。二是"基本实现现代化"到"全面建成社会主义现代化强国"。习近平总书记指出,从2035年到本世纪中叶,在基本实现现代化的基础上,再奋斗十五年,把我国建成富强民主文明和谐美丽的社会主义现代化强国。

习近平总书记"新三步走"战略是对邓小平"三步走"战略的进一步提升:一是习近平总书记提出的2035年基本实现现代化的战略目标,把邓小平提出的在21世纪中叶"基本实现现代化"的战略目标整整提前了十五年!二是到在21世纪中叶,邓小平提出的目标是达到中等发展国家水平,习近平提出的目标世界水平的现代化强国。

2021年,在庆祝中国共产党成立100周年大会上,正式提出"中国式现代化"的概念。在过去的表述中有"中国社会主义现代化""中国特色社会主义现代化"。二十大把它们统一到"中国式现代化"概念上来。

(二)全面认识中国式现代化丰富内涵

"中国式现代化"是中国特色社会主义的创新性的概念,所以,我们首先要了解它的丰富内涵。习近平总书记在二十大报告中指出:"中国式现代化,是中国共产党领导的社会主义现代化,既有各国现代化的共同特征,更有基于自己国情的中国特色。"这一论断清楚地揭示中国式现代化的主要内涵:一是中国式是现代化中国共产党领导的社会主义现代化;二是中国的基本特点。

中国式现代化既有各国现代化的共同特征,更有基于自己国情的中国特色,即中国式现代化一方面遵循世界现代化的一般规律,如搞工业化、城市化、市场化、民主化、法治化等等。这些内容发达国家先行搞过的,但不等于是属于西方发达国家固有东西,而是现代化共性内容。西方国家在现代化过程中,实现了工业化、城市化、市场化、民主化、法治化。它们的成功经验可以为我们所学习与借鉴,但不能照抄照办。我们要根据自己的国情,搞出有中国特色的社会主义现代化,即"中国式的现代化",而这一中国式现代化有如下五个方面特点:

第一,中国式现代化是人口规模巨大的现代化。英国是世界现代化的发源地，对人类现代文明作出开创性的贡献。然而，现代化是全人类共同的事业，各国都应该、也有责任对人类文明作出自己应有的贡献。作为一个后发展的现代化国家，中国一下子把全世界1/5人口带进现代化，同样是对人类文明作出不可估量的贡献。另一方面，中国共产党带领14亿人民为实现现代化努力奋斗，既有困难，也有优势。因为人多力量大，在中国共产党的正确领导下，一定会扬长避短，汇聚全体人民的力量，成为攻克现代化一切难题的伟力之源。

第二，中国式现代化是全体人民共同富裕的现代化。西方国家现代化曾经出现严重的两极分化，这是我们要避免的。邓小平指出，"社会主义最大的优越性就是共同富裕，这是体现社会主义本质的一个东西。""社会主义的本质，是解放生产力，发展生产力，消灭剥削，消除两极分化，最终实现共同富裕。"习近平总书记也强调："共同富裕是社会主义的本质要求，是人民群众的共同期盼。我们推动经济社会发展，归根结底是要实现全体人民共同富裕。"

第三，中国式现代化是物质文明和精神文明协调发展的现代化。现代化指标不单有经济的指标，还有精神文化的指标。习近平总书记在二十大报告中指出："中国式现代化是物质文明和精神文明相协调的现代化。物质富足、精神富有是社会主义现代化的根本要求。物质贫困不是社会主义，精神贫困也不是社会主义。"如果经济发展了，生活富裕了，人的精神颓废了，那就是失败的"现代化"。

第四，中国式现代化是人与自然的和谐共生的现代化。现代化如果以自然资源为代价，物质指标上去了，生态文明受到破坏，也是一个失败的"现代化"。西方国家早期以环境和资源为代价的现代化"经验"是不可取的。自改革开放以来，我们逐渐注意到保护自然环境与生态资源问题，特别党的十八大以后，习近平同志强调绿水青山就是金山银山，坚持可持续发展，坚持节约优先、自然恢复为主的方针，像保护眼睛一样保护自然和生态环境，人民生活富裕，环境优美，幸福感倍增。

第五，中国式现代化是和平发展道路的现代化。资本主义现代化在其发展过程中，战争、侵略、霸占外国市场、掠夺别国财富。中国是社会主义国家，决不走资本主义现代化的老路，要高举和平、发展、合作、共赢的旗帜，在维护世界和平中谋求自身的发展。

(三)深刻理解与把握中国式现代化本质要求及其重大原则

习近平总书记在二十大报告中指出:"中国式现代化的本质要求:坚持中国共产党领导,坚持中国特色社会主义,实现高质量发展,发展全过程人民民主,丰富人民精神世界,实现全体人民共同富裕,促进人与自然的和谐共生,推动构建人类命运共同体、创造人类文明新形态。"对此,我们必须深刻领会、准确把握、全面贯彻。

第一,这一论断强调坚持中国共产党领导和坚持社会主义道路,规定了中国式现代化的本质特征。中国近代一百年来历史经验证明,没有中国共产党的领导中国式现代化绝不会成功,不走社会主义道路根本无法实现中华民族伟大复兴的目标。

第二,这一论断所包含的"五位一体"的建设,集中概括了中国式现代化的基本内容与根本宗旨,即要把中国全面建成为一个富强文明美丽的现代化强国。

第三,这一论断申明中国的国际性义务,即中国不但要实现本国的现代化,而且以构建人类命运体的情怀,通过合作共赢实现和平发展、共同发展的模式,在坚定维护世界和平与发展中谋求自身发展,又以自身发展来维护和推动世界和平发展,创造人类文明的新形态,为世界现代化作出中国的贡献。

最后,习近平总书记指出,在以中国式现代化推进中华民族伟大复兴的前进道路上,我们必须把握以下重大原则:一是坚持和加强党的全面领导,二是坚持中国特色社会主义道路。既不走封闭僵化的老路,也不走改旗易帜的邪路,坚持把国家和民族发展放在自己力量的基点上,坚持把中国发展进步的命运牢牢掌握在自己手中;三是坚持以人民为中心的发展思想;四是坚持深化改革开放;五是坚持发展斗争精神。增强全党全国各族人民的志气、骨气、底气,不信邪、不怕鬼、不怕压,知难而上、迎难而上,统筹发展和安全,全力战胜前进道路上各种困难和挑战,依靠顽强斗争打开事业发展新天地。

三、实现中国式现代化:在机遇与挑战中的抉择

习近平总书记在二十大报告中指出:"当前,世界之变、时代之变、历史之变正以前所未有的方式展开。一方面,和平、发展、合作、共赢的历史潮

流不可阻挡，人心所向、大势所趋决定了人类前途终归光明。另一方面，恃强凌弱、巧取豪夺、零和博弈等霸权行径危害深重，和平赤字、发展赤字、安全赤字、治理赤字加重，人类社会面临前所未有的挑战。世界又一次站在历史的十字路口，何去何从取决于各国人民的抉择。"

根据习近平总书记这一讲话精神，我重点谈谈在当今"世界又一次站在历史的十字路口"的当儿，在机遇与挑战面前，我们应该如何作出正确的选择的问题。

自从19世纪中叶中国被西方强行推进世界现代化历史进程以来，由于各种复杂的原因，中国多次丧失了发展的机遇。其中最重要一次是在受西方冲击后，晚清统治阶级没有顺应世界潮流自觉变革，丧失了发展机遇。而在这一时期，日本实行自觉变革并取得成功，在甲午海战中打败中国，一跃跻进世界发达国家之列，而原先强大的中华帝国却一步步地陷入半殖民地半封建社会。对此，马克思曾经发表评论说，"中国，一个人口几乎占人类三分之一的大帝国，不顾时势，安于现状，人为地隔绝于世并因此竭力以天朝尽善尽美的幻想自欺。这样一个帝国注定最后要在一场殊死的决斗中被打垮：在这场决斗中，陈腐世界的代表是激于道义，而最现代的社会的代表却是为了获得贱买贵卖的特权——这真是任何诗人想也不敢想的一种奇异的对联式悲歌。"

但在现代化建设过程中，中国也有过成功选择的先例。如，毛泽东在领导中国现代化过程中，就做了一次很成功的选择。在20世纪60年代中苏关系恶化以后，苏联撕毁了与中国经济建设合同，中国几乎与世界大国没有多少联系。受极"左"思潮影响，"文革"初期，中国与蒙古、保加利亚、印度、缅甸、肯尼亚、捷克斯洛伐克、印尼、英国以及民主德国和苏联等十个国家发生严重外交冲突，与三十多个建交国家发生外交纠纷。

1969年3月中苏发生珍宝岛边界武装冲突事件，中国面对中美、中苏双重矛盾巨大压力。这时候，毛泽东委托叶剑英、陈毅、徐向前、聂荣臻四个老帅研究国际形势和战略问题。经研究，四个老帅向中央上报一份《对战争形势的初步估计》的报告。这份报告提出两个具有战略意义的判断：第一，"在可预见的时期内，美帝、苏联单独或联合发动大规模侵华战争的可能性不大"。第二，在美苏之间，苏联是对我国国家安全的主要威胁。依据这两个判断，我国成功地处理好中、美、苏"大三角"关系，取得了外交的主动。

1971年7月，基辛格秘密访问中国。1972年1月中国从美国进口化肥、化纤成套设备8套。以后，又从国外进口43亿美元成套设备，扩大了对外经济交流，开始打破长期以来闭关锁国的状态。

1972年2月21日，尼克松访问中国，签订中美《上海联合公报》。同年9月25日，日本首相田中角荣访华，签证中日两国政府联合声明，实现两国邦交正常化。

改革开放时期，邓小平对外交关系又做了重大调整，开创了对外开放的新局面。

邓小平不但主张搞大国外交，主要向西方开放，而且还身体力行，作出了很大贡献。如，1978年10月，邓小平访问日本——这可是中日两国两千多年交往中，中国首位国家领导人前往日本访问的。在日本访问，邓小平得到的感受是，"我懂得什么叫现代化了"。又如，1979年1月1日，中美正式建交。28天后，邓小平就访问美国。在访问期间，邓小平向美国，乃至向全世界展现中国开放的形象。再如，1980年，联合国两次投票，要求苏联无条件从阿富汗撤军，中国两次都投了赞成票。这两次，中国都选择了站在正义一边，站在大多数国家一边，为对外开放开了一个好局。

然而，中国最大一次利好的选择则是新世纪第一年的一次正确的选择。

2001年是人们期待的新世纪的千禧年。然而不幸的是新世纪第一年就发生震惊世界的"9·11"事件。

北京时间2001年9月11日晚上，美国纽约和华盛顿及其他一些城市相继遭受恐怖分子的袭击。时任国家主席江泽民得知这一惊人的消息时，就马上前往中南海，召开政治局常委会议研究对策。然后他打电话给小布什总统，对恐怖主义表示强烈谴责，并明确表示中国坚决支持美国反对恐怖主义。

在这里应该指出的是，"9·11"事件发生后，江泽民是全世界大国中第一个向美国总统打电话表示慰问与支持的国家领导人。这一下子就改变了刚上台的美国总统小布什在中国和台湾问题上犹豫不定的态度。他支持的天平瞬间倒向了中国大陆。2001年12月11日，美国支持中国以发展中国家的身份正式加入世贸组织。加入WTO后，中国获得了巨大发展。2000年，我国GDP只是美国的1/8。到2012年，我国GDP相当于美国的54.3%。这一转变我们只花了十年多一些的时间。二十年后，即2021年，美国的GDP总产值为23.04万亿美元，我国为17.7万亿美元，相当于美国的77.7%。近百年以来，世界上还没有哪个国家能在经济总量上如此接近美国。

但是，自从2010年中国成为世界第二大经济体后，中美关系开始紧张。美国频频在中美贸易中制造摩擦，即从经济领域入手，打断中国发展的进程，企图摧毁中国的制度及其意识形态，以维护自己的世界"霸主"地位。

奥巴马首先拉开中美贸易摩擦的序幕。奥巴马在上任不久，就签署了《2009年美国复兴与再投资法》。此法案虽然没直接点名中国，但主要矛头就是指向中国。随之，美国对来自中国的产品采取反补贴、反倾销措施，运用"特保条款"对中国产品征收惩罚性关税，即对从中国进口的汽车轮胎第一年为35%，第二年为30%，第三年为25%。

接着，特朗普发动对中国贸易战。2016年，特朗普在竞选中高调宣传中国"偷走"美国工人的工作，并将中国列为汇率操纵国，表示要将中国进口商品的关税大幅提高至45%。2018年3月23日，特朗普宣布将对中国价值高达500亿美元的商品征收惩罚性关税，打响了中美贸易战的第一枪。2017年12月，美国正式提出《国家安全战略报告》。该报告中最重要的战略结论，是把中国定位为美国首要威胁国和战略竞争对手，俄罗斯、伊朗、朝鲜、恐怖主义等都列在中国威胁之后。2017年12月18日，白宫发布新版《国家安全战略报告》，把中国和俄国定义为"修正主义的国家"。

最后，拜登上台后中美矛盾全面升级。与特朗普相比，作为民主党"建制派"的政治家，拜登在处理中美关系问题上，不但重视美国的经济利益，而且更重视双方意识形态方面的斗争。2021年1月拜登上任后，美国政府几乎全盘沿用了特朗普时期的强硬对华贸易政策，而且在一系列政治意识形态问题上向中国发起咄咄逼人的攻势。

那么，我们应该怎么应对这一挑战呢？

中美两国走出目前关系的困局，取决于双方的态度。自己的态度自己决定。我们不能决定美国应该怎么做，但可以决定我们自己应该怎么做。这就要求我们能够理性地看待当前中美关系问题，趋利避害，把握主动，使两国关系向好发展。

第一，我们要增强自信，坚定不移地向着中华民族伟大复兴的目标奋进。如前所述，进入21世纪，随着我国经济做大做强，我们便不断遭受堵截。究其原因，是因为中国迅速崛起动摇了美国在"冷战"后所形成的一国独霸的格局。从多年前一些美国政客提出的"中国崩溃论"的诅咒和"中国威胁论"的构陷，到近些年美国一些政治家提出"修昔底德陷阱"的无端猜测，都表现出美国想永久垄断世界"王者"地位的企图。这是毫无道理的。世界现代化运动犹如奥林匹克体育竞技，谁都没有垄断冠军宝座的权利。奥林匹克"游戏规则"主要有两个：一是守规则，二是强者胜。只要严格遵循运动规则，任何强者都有权利登上冠军的领奖台。同样，在今天，中国勇敢地加入世界经济全球化潮流，在世界现代化运动中"弄潮"，依靠自己的力量，与世界强国竞争，力争超越，没有什么输理的地方，没有什么见不得人的地方。

实现中华民族伟大复兴是中国人的百年梦想，超越世界先进水平，成为现代化强国，是中国人的雄心壮志。早在一百多年前，面对西方列强的侵略与欺凌，中国人就提出"振兴中华"的口号，就是要恢复中国在世界历史上的强国地位。而在20世纪50年代，毛泽东提出"赶英超美"的豪迈口号，只是那时经验不足，急于求成，使伟大的计划折戟沉沙，但却给我们留下一份赶超世界先进水平的伟大精神财富和宝贵经验。党的十一届三中全会后，以邓小平为代表的党的第二代领导集体认真总结历史经验教训，制定"分三步走"发展战略，规划在21世纪中叶在我国基本建成现代化。党的十八大以来，以习近平同志为核心的党中央带领全国各族人民全面建成小康社会，在这基础上制定新的发展规划，要求在2035年基本实现现代化，到2049年新中国成立100周年的时候把我国建成世界现代化强国，中华民族伟大复兴不可逆转。我们有充分理由相信，到本世纪中叶，中国一定会成为世界一流强国。

第二，美国与中国，作为世界第一大经济体和第二大经济体，和则两利，斗则两伤。所以中美关系"好也好不到哪里去，坏也坏不到哪里去"恐怕是一个"长态"。所以我们要理性对待中美关系出现的新问题，坚守三条底线，争取中美关系向好发展。

一是无论两国分歧多么严重，都须通过和平的方式去处理，不能诉诸战争。近些年在中美双方政治沟通不畅的情况下，双方国防部门仍保持密切接触。2017年8月，双方军队指挥系统签署了《中美两军联合参谋部对话机制框架文件》，这份文件对两军之间的危机管控发挥着重要作用。为了避免战争，美国必须恪守自己承诺的一个中国原则，不能支持"台独"。两国应当同其他相关国家共同努力，实现南海非军事化，维护朝鲜半岛的和平稳定。

二是保持一定规模的经贸合作，维护金融稳定。今天，美方在高技术领域与中国"脱钩"已成为现实，在可预见的将来，指望经贸合作重新成为双边关系中的"压舱石"和"推进器"是不现实的。但让双边经贸关系和技术合作彻底脱钩，不但不符合任何一方的利益，也是做不到的。中美双方利益已经深度融合，你中有我，我中有你，"一损俱损、一荣俱荣"，企图强行让中美企业脱钩，不得人心，也行不通。中国作为东亚产业链的枢纽，美国在与中国脱钩的同时，还意味着与整个东亚产业链的重组，这个成本可想而知。美国是从本轮国际劳动分工当中获利最大的，硬是与中国脱钩实际上是违背资本运行逻辑的。

三是坚决维护中美人文交流和社会交往。就美国而言，据有关人士估计，如今有超过36万名中国学生在美国各大学就读，仅他们每年在美国的生活费用就大约有150亿美元。仅就旅游业而言，中国赴美旅客每年达200万人，平均消费6700美元，比其他国际游客高50%。美国的GDP中服务业占比超过80%。以政治斗争手段强行阻止中美之间的人口流动和人文交流既给两国带来巨大的经济、文化损失，也是违反人道主义的。

习近平总书记说过："虽然我国面临的机遇和挑战之大都前所未有，但总体上机遇大于挑战，时与势在我们一边。"

党的二十大报告指出，中国坚持对外开放的基本国策，坚定奉行互利共赢的开放战略，"反对保护主义，反对'筑墙设垒''脱钩断链'，反对单边制裁、极限施压。中国愿加大对全球发展合作投入，致力于缩小南北差距，坚定支持和帮助广大发展中国家加快发展"。"我们真诚呼吁，世界各国弘扬和平、发展、公平、正义、民主、自由的全人类共同价值，促进各国人民相知相亲，尊重世界文明多样性，以文明交流超越文明隔阂、文明互鉴超越文明冲突、文明共存超越文明优越，共同应对各种全球性挑战。"

2022年11月4日，第五届中国国际进口博览会暨虹桥国际经济论坛在上海举行。在开幕式上习近平总书记致词指出：开放是当代中国的鲜明标识。自2018年兴办首届进博会以来，中国这个14亿人口的大市场已成为世界经济的增长之源、活力之源。展望未来，中国市场形成的力度将更大，惠及世界的程度会更深。

2022年11月14日，巴厘岛会议，习近平总书记与拜登会晤。习近平总书记指出："经济全球化是不可逆转的历史大势，为世界经济发展提供了强劲动力。说其是历史大势，就是其发展是不依人的意志为转移的。人类可以认识、顺应、运用历史规律，但无法阻止历史规律发生作用。历史大势必将浩荡前行。""纵观国际经贸发展史，深刻验证了'相通则共进，相闭则各退'的规律。各国削减壁垒、扩大开放，国际经贸就能打通血脉；如果以邻为壑、孤立封闭，国际经贸就会气滞血瘀，世界经济也难以健康发展。""我多次强调，中国开放的大门不会关闭，只会越开越大。中国推动更高水平开放的脚步不会停滞！中国推动建设开放型世界经济的脚步不会停滞！中国推动构建人类命运共同体的脚步不会停滞！"

拜登说，我来寻求的是竞争，不是冲突。所谓竞争与不冲突，就是说美国不想与中国完全对立，但它要与中国竞争，实际上还是要遏制中国的发展，如2023年1月10日，美国新任众议院议长麦卡锡一上台后第三天，就兑现对中国制裁的"承诺"，美国众议院以365票赞成、65票反对的压倒性投票通过一项议案，成立"美中战略竞争特设委员会"。所以，我们既不要与美国脱钩，也要与美国进行有理有节竞争，并争取在竞争中取胜。

《习近平谈治国理政》第四卷精要解读

◎杨小冬

作者简介：杨小冬，中共福建省委党校福建行政学院马克思主义研究院原院长、教授，中国科学社会主义学会常务理事，福建省干部教育培训师资库首批师资，福建省宣传文化系统第一批"四个一批"人才，福建省高校思想政治教育课特聘教授，福建省优秀教师，人民网福建频道专家库专家等。

2022年6月1日，经党中央批准，中宣部（国务院新闻办）会同中央党史和文献研究院、中国外文局，编辑出版了《习近平谈治国理政》第四卷。

2022年7月上旬，中央办公厅又转发了《中央宣传部、中央组织部关于认真组织学习〈习近平谈治国理政〉第四卷的通知》，要求各地区各部门结合实际认真贯彻落实。

2022年7月14日，福建省委办公厅转发《省委宣传部、省委组织部关于认真组织学习〈习近平谈治国理政〉第四卷的通知》。

《习近平谈治国理政》第四卷的出版发行，对于推动广大党员、干部和群众深入学习贯彻习近平新时代中国特色社会主义思想，深刻领会"两个确立"的决定性意义，增强"四个意识"、坚定"四个自信"、做到"两个维护"，在新时代新征程上团结奋斗、勇毅前行；对于帮助国际社会及时了解这一重要思想的最新发展，增进对中国共产党和中国人民过去为什么能够成功、未来怎样才能继续成功的认识，加深对中国之路、中国之治、中国之理的理解，具有重要意义。

认真学习《习近平谈治国理政》第四卷，是用习近平新时代中国特色社会主义思想武装全党、教育人民的重大政治任务。各级党委（党组）理论学习中心组要把《习近平谈治国理政》第四卷列入学习计划，在学懂弄通做实上下功夫，不断提高政治判断力、政治领悟力、政治执行力，切实把学习成果转化为奋进新征程、建功新时代的工作举措和实际成效。各级党校（行政学院）、干部学院要把《习近平谈治国理政》第四卷纳入培训教学重要内容，各高等学校要将其作为思想政治教育重要教材，各级党委讲师团以及新时代文明实践中心、县级融媒体中心、"学习强国"学习平台要创新开展对象化、分众化宣讲宣传，不断增强吸引力感染力。要坚持理论联系实际的马克思主义学风，结合全面做好改革发展稳定各方面工作、高效做好统筹疫情防控和经济社会发展工作，更好用习近平新时代中国特色社会主义思想把全党武装起来、把党中央决策部署的各项任务落实下去，凝聚起全面建设社会主义现代化国家的磅礴力量，以实际行动迎接党的二十大胜利召开。

一、第四卷的总体架构和鲜明特点

第四卷共109篇，21个专题，共574页。时间从2020年2月3日至2022年5月10日，包括讲话、谈话、演讲、致辞、指示、贺信等。

（一）总体架构

第一板块：实现奋斗目标的正确道路、领导核心、根本立场、精神力量，即（1）中国特色社会主义——走什么道路共4篇文章；（2）党的领导——由谁来领导共4篇文章；（3）人民至上——究竟为了谁共5篇文章；（4）斗争精神——怎样夺胜利共5篇文章。

第二板块：实现奋斗目标的"五位一体"建设和根本动力，即第一，经济建设共27篇文章，包括（5）统筹防疫和发展；（6）全面建成小康社会，开启全面建设社会主义现代化国家新征程；（7）新阶段新理念新格局（8）高质量发展。第二，根本动力共5篇文章，包括（9）全面深化改革开放。第三，政治建设共10篇文章，包括（10）发展全过程民主；（11）建设法治国家。第四，文化建设共6篇文章，包括（12）建设文化强国。第五，社会建设共5篇文章，包括（13）保障改善民生；第六，生态文明建设共5篇文章，包括（14）人与自然和谐共生。

第三板块：实现奋斗目标的各项保障——军队建设、国家安全、祖国统一、国际战略和党的建设，即（15）国防军队建设——建设一流军队共5篇文章；（16）总体国家安全——统筹发展和安全共4篇文章；（17）祖国统一方针——坚持一国两制共3篇文章；（18）构建命运共同体——共护人类家园共10篇文章；（19）完善全球治理——践行多边主义共6篇文章；（20）一带一路建设——打造合作之路共3篇文章；（21）加强党的建设——坚持自我革命共10篇文章。

（二）鲜明特点

1.论述精辟、分析透彻

例如，习近平总书记在第四卷《贯彻落实好新时代党的组织路线》一文中精辟指出："组织是'形'，思想是'魂'。加强党的组织建设，既要'造形'，更要'铸魂'"。

为了深刻领会把握习近平总书记这一论断的精辟透彻性，我们试以苏联解体为例对此加以说明。（注：为简化起见，下文凡举例说明，均省去此类衔接过渡语。）

《人民日报》2018年5月13日5版发文指出："20多年后再来分析苏联解体，其原因我们可以看得更加清楚，根本原因就是严重脱离人民群众、得不到人民群众的支持。有两组数据特别令人警醒：一是1990年，苏联一报刊曾以'苏共代表谁'为题在部分群众中进行问卷调查。统计结果显示，认为苏共代表劳动人民的只占7%，认为代表工人的只占4%，认为代表全体党员的只占11%；二是苏共拥有20万党员时夺取了政权，拥有200万党员时打败了德国法西斯，而拥有2000万党员时却失去了政权。"

苏联国歌作者谢尔盖·弗拉基米罗维奇·哈尔科夫则尖锐指出：苏联为什么解体，首先要明确"共产党员"和"共产党人"这两个概念。共产党员指的是加入了共产党、有党证的那些人。共产党人则是指信仰共产主义必然胜利并且为这一信仰流血牺牲的人。斯大林去世后的历届苏联领导人，虽然都是共产党员，但没有一个是共产党人。虽然普通人中拥护社会主义占绝对优势，但高层中自由派占绝对优势，使党和国家的解体不可避免。

又如，习近平总书记在第四卷《以科学理论为指导，为全面建设社会主义现代化国家提供有力法治保障》一文中严肃指出："'党大还是法大'是一个政治陷阱，是一个伪命题；对这个问题，我们不能含糊其辞，语焉不详，要明确予以回答。党的领导和依法治国不是对立的，而是统一的。……我们说不存在'党大还是法大'的问题，是把党作为一个执政整体而言的，是指党的执政地位和领导地位而言的，具体到每个党政组织、每个领导干部，就必须服从和遵守宪法法律。"

2. 语言生动，用典贴切

譬如，习近平总书记在第四卷《贯彻落实好新时代党的组织路线》一文中形象地比喻说："中央和国家机关是贯彻落实党中央决策部署的'最初一公里'，不能出现'拦路虎'……地方党委是贯彻落实党中央决策部署的'中间段'，不能出现'中梗阻'……基层党组织是贯彻落实党中央决策部署的'最后一公里'，不能出现'断头路'。"并特别强调提出要"抓好执政骨干队伍和人才队伍建设。古人说：'贤良之士众，则国家之治厚；贤良之士寡，则国家之治薄。'干部工作也好，人才工作也好，本质上都是用人问题。"

又如，习近平总书记在第四卷《坚持人民至上》一文中深刻指出："古人讲：'与天下同利者，天下持之；擅天下之利者，天下谋之。'党章明确规定，我们党没有自己特殊的利益，党在任何时候都把群众利益放在第一位。这是我们党作为马克思主义政党区别于其他政党的显著标志。"在谈到要紧紧依靠人民时，又说道："古人说：'能用众力，则无敌于天下矣；能用众智，则无畏于圣人矣。'我国社会主义民主是维护人民根本利益的最广泛、最真实、最管用的民主。我们要坚持人民民主，更好把人民的智慧和力量凝聚到党和人民事业中来。"

再如，习近平总书记在第四卷《开展党史学习教育要突出重点》一文中精辟提出："'虽有智慧，不如乘势。'了解历史才能看得远，理解历史才能走得远。"在谈到要"进一步增强党的团结和集中统一，确保全党步调一致向前进"这个问题时还强调指出："'壹引其纲，万目皆张。'党的十八大以来，我们全力推进党的政治建设，健全维护党中央权威和集中统一领导的各项制度，党的团结统一更加巩固。"

3. 为民情怀，亲切感人

例如，习近平总书记在第四卷《民之所忧我必念之，民之所盼我必行之》一文中满怀深情地说："民之所忧，我必念之；民之所盼，我必行之。我也是从农村出来的，对贫困有着切身感受……让大家过上更好生活，我们不能满足眼前的成绩，还有很长的路要走。"

又如，习近平总书记在第四卷《展示中国文艺新气象，铸就中华文化新辉煌》一文中强调指出："生活就是人民，人民就是生活。人民是真实的、现实的、朴实的，不能用虚构的形象虚构人民，不能用调侃的态度调侃人民，更不能用丑化的笔触丑化人民。"

4.问题导向，一针见血

例如，习近平总书记在第四卷《努力成为可堪大用能担重任的栋梁之材》一文中一针见血地指出："对共产党人来说，'好好先生'并不是真正的好人。奉行好人主义的人，没有公心、只有私心，没有正气、只有俗气，以为'坚持原则是非多、碰到硬茬麻烦多、平平稳稳好处多、拉拉扯扯朋友多'……中国是个人情社会……推进工作、解决问题时时都会面对原则和人情的选择。原则跟人情能够统一当然最好，但二者不能统一时我们要毫不犹豫坚持原则，决不能迁就人情。"

又如，习近平总书记在上文中还严肃指出："现在，有的干部只愿意待在'北上广'，不愿意到'新西兰'。这种态度就不能说是理想信念坚定、对党忠诚了……在党组织安排的工作面前犹犹豫豫、想这想那，这样的干部是不能重用的！到了关键时候是要出问题的！"

二、第四卷的重点所在和精要解读

（一）重点所在

1.坚持和发展中国特色社会主义；2.坚持和完善党的全面领导；3.坚持人民至上的根本立场；4.坚持敢于斗争的革命精神；5.把全面从严治党向纵深推进；6.抓建设促改革和做好各项保障。

《习近平谈治国理政》第四卷对上述问题都作了全面精辟的重要论述，因为授课时间有限，我们只能把前面五个重点问题做一些展开的叙述分析，至于"抓建设促改革和做好各项保障"这个问题，因为涉及的内容非常多，我们只能在前面谈《习近平谈治国理政》第四卷的鲜明特点和下文中对五个方面重点的解读中尽可能涉及。在此，我想向大家特别推荐一下《人民日报》2022年9月5日发表的《习近平谈治国理政》第四卷出版座谈会发言摘编，那里有李书磊、曲青山、杜占元、颜晓峰等不少同志的学习心得。

(二)精要解读

1.坚持和发展中国特色社会主义

(1)为什么要坚持和发展中国特色社会主义

第一,对中国共产党、中华民族、人类文明的伟大意义。

习近平总书记在第四卷《在庆祝中国共产党成立100周年大会上的讲话》一文中精辟指出:"走自己的路,是党的全部理论和实践立足点,更是党百年奋斗得出的历史结论。"中国特色社会主义是党和人民历经千辛万苦、付出巨大代价取得的根本成就,是实现中华民族伟大复兴的正确道路。我们坚持和发展中国特色社会主义,推动物质文明、政治文明、精神文明、社会文明、生态文明协调发展,创造了中国式现代化新道路,创造了人类文明新形态。

第二,对坚持科学社会主义、振兴世界社会主义的伟大意义。

习近平总书记在第四卷《不断增强进行伟大斗争的意志和本领》一文中语重心长地指出:"邓小平同志说:'只要中国社会主义不倒,社会主义在世界将始终站得住。'我也说过,如果中国共产党领导和我国社会主义制度也在那场多米诺骨牌式的变化中倒塌了,或者因为其他原因失败了,那社会主义实践就可能又要长期在黑暗中徘徊了,中华民族伟大复兴的进程也必然会被打断。"

习近平总书记还多次强调,中国特色社会主义正成为21世纪科学社会主义发展的旗帜,成为振兴世界社会主义的中流砥柱。

(2)怎样坚持和发展中国特色社会主义

第一,深刻总结和科学运用党百年奋斗基本经验,走好新时代奋进必由之路。

党的十九届六中全会通过的《中共中央关于党的百年奋斗重大成就和历史经验的决议》科学总结了中国共产党百年奋斗的最基本的十条历史经验。

习近平总书记在第四卷《新时代党和人民奋进的必由之路》一文中进一步指出,回顾新时代党和人民的奋进历程,我们更加坚定了以下重要认识。一是坚持党的全面领导是坚持和发展中国特色社会主义的必由之路。……二是中国特色社会主义是实现中华民族伟大复兴的必由之路……三是团结奋斗是中国人民创造历史伟业的必由之路……四是贯彻新发展理念是新时代我国发展壮大的必由之路……五是全面从严治党是党永葆生机活力、走好新的赶考之路的必由之路。

第二，坚持理论创新和实践创新，续写马克思主义中国化时代化新篇章。

习近平总书记在第四卷《在庆祝中国共产党成立100周年大会上的讲话》一文中极其精辟深刻地指出："中国共产党为什么能，中国特色社会主义为什么好，归根到底是因为马克思主义行！"

在第四卷《续写马克思主义中国化时代化新篇章》一文中，习近平总书记进一步指出："中国共产党为什么能，中国特色社会主义为什么好，归根到底是因为马克思主义行！马克思主义之所以行，就在于党不断推进马克思主义中国化时代化并用以指导实践。"

在第四卷《加强党对社会主义现代化建设的全面领导》一文中，习近平总书记还明确提出："中国特色社会主义，最本质的特征是中国共产党领导，最鲜明的特色是理论创新和实践创新、制度自信和文化自信紧密结合，在推动发展上拥有强大的政治优势、理论优势、制度优势、文化优势。"

2.坚持和完善党的全面领导

《习近平谈治国理政》第四卷对这个问题的论述是非常全面和精辟透彻的，有许多新提法新论断，限于篇幅，我们着重谈谈以下三个方面。

第一，加强党对现代化建设的领导。

习近平总书记在第四卷《加强党对社会主义现代化建设的全面领导》一文中强调指出："把坚持党的全面领导的政治优势、坚持中国特色社会主义制度的制度优势同坚持新发展理念的理论优势统一起来，推动党对社会主义现代化建设的全面领导在职能配置上更加科学合理，在体制机制上更加完备完善，在运行管理上更加高效。"

第二，领导干部要心怀"国之大者"。

对领导干部要心怀"国之大者"这个问题，习近平总书记在第四卷中谈了许多方面。诸如，增强"四个意识"，坚定"四个自信"，做到"两个维护"；胸怀全局，提高政治判断力、领悟力、执行力；风浪考验中立得住脚，诱惑围猎面前定得住神，等等。

譬如，习近平总书记在第四卷《心怀"国之大者"，切实把增强"四个意识"、坚定"四个自信"、做到"两个维护"落到行动上》一文中郑重提出："要自觉讲政治，对国之大者要心中有数，关注党中央在关心什么、强调什么，深刻领会什么是党和国家最重要的利益、什么是最需要坚定维护的立场，切实把增强'四个意识'、坚定'四个自信'、做到'两个维护'落到行动上，不能只停留在口号上。"

又如，习近平总书记在上文中还指出："各级领导干部特别是高级干部要不断提高政治判断力、领悟力、执行力，对'国之大者'了然于胸。"

再如，习近平总书记在第四卷《努力成为可堪大用能担重任的栋梁之材》一文中郑重提出："干部一定要知敬畏、存戒惧、守底线，敬畏党、敬畏人民、敬畏法纪，不能在'月黑风高无人见'的自欺欺人中乱了心智，不能在'你知我知天知地知'的花言巧语中迷了方向，不能在'富贵险中求'的侥幸心理中铤而走险，不能在'法不责众'的错误认识中恣意妄为。"

第三，要始终保持全党的团结统一。

例如，习近平总书记在第四卷《坚持党的政治建设，始终保持党的团结统一》一文中就指出，党的团结统一是党的生命……保持党的团结统一，要求全党必须做到对党忠诚……党中央提倡的坚决响应、党中央决定的坚决照办、党中央禁止的坚决不做，不讲条件、不搞变通，不掉队、不走偏，保证全党上下拧成一股绳，心往一处想、劲往一处使。

习近平总书记在第四卷《开展党史学习教育要突出重点》一文中还强调指出，要进一步增强党的团结和集中统一，确保全党步调一致向前进……遵义会议后，全党真正深刻认识到维护党中央权威和集中统一领导的重大意义并成为自觉行动还经历了一个过程。在该文中，他还特别提到了新民主主义革命时期我们党在长征途中张国焘的分裂活动以及抗战初期王明的拉帮结派、我行我素的活动。

3. 坚持人民至上的根本立场

第一，坚持人民至上。

习近平总书记在第四卷《在庆祝中国共产党成立100周年大会上的讲话》一文中极其深刻地指出："江山就是人民、人民就是江山，打江山、守江山，守的是人民的心。"

在第四卷《努力成为可堪大用能担重任的栋梁之材》一文中，习近平总书记还称赞原保山地委书记杨善洲是为民造福的楷模，说杨善洲讲过："如果说共产党人有职业病，这个病就是自讨苦吃。"

习近平总书记还一再强调，要把人民拥护不拥护、赞成不赞成、高兴不高兴、答应不答应作为衡量一切工作得失的根本标准。

第二，紧紧依靠人民。

习近平总书记在第四卷《坚持人民至上》一文中指出，人民是我们党执政的最大底气……古人说："能用众力，则无敌于天下矣；能用众智，则无畏于圣人矣。"在《民心是最大的政治》一文中又说，社会主义中国发展到今天，取得的成就不是天上掉下来的，更不是别人恩赐施舍的，而是广大人民群众在党的领导下用勤劳、智慧、勇气干出来的。在《打江山、守江山，守的是人民的心》一文中还说，人民是我们党的生命之根、执政之基、力量之源。

第三，不断造福人民。

习近平总书记在第四卷《坚持人民至上》一文中进一步指出，要把为民造福作为最重要的政绩……党员、干部特别是领导干部要清醒认识到，自己手中的权力、所处的岗位，是党和人民赋予的，是为党和人民做事用的，只能用来为民谋利。各级领导干部要树立正确的权力观、政绩观、事业观，不慕虚荣，不务虚功，不图虚名，切实做到为官一任、造福一方。

在第四卷《扎实推动共同富裕》一文中，习近平总书记还提出了促进共同富裕要把握好的四条原则，即鼓励勤劳创新致富、坚持基本经济制度、尽力而为量力而行、坚持循序渐进，并在明确概括了促进共同富裕的总思路的基础上，提出了六个方面的主要举措，即提高发展的平衡性、协调性、包容性、着力扩大中等收入群体规模、促进基本公共服务均等化、加强对高收入的规范和调节、促进人民精神生活共同富裕、促进农村农民共同富裕。在该文中，习近平总书记还明确指出：①现在，已经到了扎实推动共同富裕的历史阶段。②把促进全体人民共同富裕作为为人民谋幸福的着力点。③要抓紧制定促进共同富裕行动纲要。④要防止社会阶层固化，避免"内卷""躺平"。⑤防止落入"福利主义"养懒汉的陷阱。⑥提高技术工人工资待遇。⑦适当提高公务员特别是基层一线公务员及国有企事业单位基层职工工资待遇。⑧清理借改革之名变相增加高管收入等分配乱象。⑨反对资本无序扩张，对敏感领域准入划出负面清单，加强反垄断监管。⑩农村共同富裕工作要抓紧，但不宜像脱贫攻坚那样提出统一的量化指标。此外，习近平在上文中也指出，我国发展不平衡不充分问题仍然突出，城乡区域发展和收入分配差距较大。

习近平总书记在第四卷《真抓实干做好新发展阶段"三农"工作》一文中还特别讲到，城乡发展不平衡、农村发展不充分仍是社会主要矛盾的集中体现。……农民在城里没有彻底扎根之前，不要急着断了他们在农村的后路，让农民在城乡间可进可退。这就是中国城镇化道路的特色，也是我们应对风险挑战的回旋余地和特殊优势。

第四，牢牢植根人民。

习近平总书记在第四卷《在庆祝中国共产党成立100周年大会上的讲话》一文中精辟指出，中国共产党根基在人民、血脉在人民、力量在人民。新的征程上，我们必须紧紧依靠人民创造历史，坚持全心全意为人民服务的根本宗旨，站稳人民立场，贯彻党的群众路线，尊重人民首创精神，践行以人民为中心的发展思想，发展全过程人民民主，维护社会公平正义，着力解决发展不平衡不充分问题和人民群众急难愁盼问题，推动人的全面发展、全体人民共同富裕取得更为明显的实质性进展！

河南内乡县衙三省堂楹联："吃百姓之饭，穿百姓之衣，莫道百姓可欺，自己也是百姓；得一官不荣，失一官不辱，勿说一官无用，地方全靠一官。"很多中央领导同志对这个楹联都给予高度评价。2013年11月28日，习近平总书记到山东菏泽市考察时，对当地的一些干部，也专门念了这副对联予以指导教育。

习近平总书记在第四卷《努力成为可堪大用能担重任的栋梁之材》一文中还针对党内存在的形式主义、官僚主义的现象，严肃地批评指出，不能搞作秀式调研、盆景式调研、蜻蜓点水式调研，"无实事求是之意，有哗众取宠之心"是不行的！这就是严重的形式主义、官僚主义！

4.坚持敢于斗争的革命精神

《习近平谈治国理政》第四卷主要从以下三个方面对这个问题做了深刻论述。一是敢于斗争是我们党的鲜明风骨品质，是我们党不可战胜的强大精神力量。二是我们党依靠斗争创造历史，更要依靠斗争赢得未来。三是新时代斗争的本领、必要性、艰巨性、长期性、方向、方法以及传承和启示。

习近平总书记在第四卷《实现中华民族伟大复兴必须坚持斗争精神》一文中就指出："中国共产党和中国人民是在斗争中成长和壮大起来的，斗争精神贯穿于中国革命、建设、改革各个时期。"

在第四卷《依靠斗争赢得未来》一文中，习近平总书记又精辟指出："敢于斗争是我们党的鲜明品格。我们党依靠斗争走到今天，也必然要依靠斗争赢得未来。"

在第四卷《不断增强进行伟大斗争的意志和本领》一文中，他又语重心长地提出:"坚定担当责任,不断增强进行伟大斗争的意志和本领。'志不强者智不达,言不信者行不果。'我们党在内忧外患中诞生、在历经磨难中成长、在攻坚克难中壮大,锤炼了不畏强敌、不惧风险、敢于斗争、敢于胜利的风骨和品质。为了肩负历史重任,为了党和人民事业,无论敌人如何强大、道路如何艰险、挑战如何严峻,党总是绝不畏惧、绝不退缩,不怕牺牲、百折不挠。"

在该文中,习近平总书记还进一步指出:"新的征程上,我们面临的风险考验只会越来越复杂,甚至会遇到难以想象的惊涛骇浪。我们面临的各种斗争不是短期的而是长期的,将伴随实现第二个百年奋斗目标全过程。在重大风险、强大对手面前,总想过太平日子、不想斗争是不切实际的,得'软骨病'、患'恐惧症'是无济于事的。'善战者,立于不败之地,而不失敌之败也。'唯有主动迎战、坚决斗争才有生路出路,才能赢得尊严、求得发展,逃避退缩、妥协退让只会招致失败和屈辱,只能是死路一条。我们必须把握新的伟大斗争的历史特点,发扬斗争精神,把握斗争方向,把握斗争主动权,坚定斗争意志,掌握斗争规律,增强斗争本领,有效应对重大挑战、抵御重大风险、克服重大阻力、解决重大矛盾,战胜前进道路上的一切艰难险阻,不断夺取新时代伟大斗争的新胜利。"

在第四卷《实现中华民族伟大复兴必须坚持斗争精神》一文中,习近平总书记还对斗争的方向、立场、原则做了论述。他指出:"凡是危害中国共产党领导和我国社会主义制度的各种风险挑战,凡是危害我国主权、安全、发展利益的各种风险挑战,凡是危害我国核心利益和重大原则的各种风险挑战,凡是危害我国人民根本利益的各种风险挑战,凡是危害我国实现'两个一百年'奋斗目标、实现中华民族伟大复兴的各种风险挑战,只要来了,我们就必须进行坚决斗争,毫不动摇,毫不退缩,直至取得胜利。"

对于斗争的方法,习近平总书记在《谈治国理政》第三卷就做过许多精辟的论述,如他明确提出:"斗争是一门艺术,要善于斗争。在各种重大斗争中,我们要坚持增强忧患意识和保持战略定力相统一、坚持战略判断和战术决断相统一、坚持斗争过程和斗争实效相统一。注重策略方法,讲求斗争艺术。要抓主要矛盾、抓矛盾的主要方面,坚持有理有利有节,合理选择斗争方式、把握斗争火候,在原则问题上寸步不让,在策略问题上灵活机动。要根据形势需要,把握时、度、效,及时调整斗争策略,团结一切可以团结的力量，调动一切积极因素，在斗争中争取团结，在斗争中谋求合作，在斗争中争取共赢。"

在第四卷《依靠斗争赢得未来》一文中，习近平总书记不仅再次对年轻干部增强斗争意志和本领提出了要求，强调"年轻干部要自觉加强斗争历练，在斗争中学会斗争，在斗争中成长提高，努力成为敢于斗争、善于斗争的勇士。要坚定斗争意志，不屈不挠、一往无前，决不能碰到一点挫折就畏缩不前，一遇到困难就打退堂鼓"，而且还在此前对斗争方法重要论述的基础上，进一步指出："要善斗争、会斗争，提升见微知著的能力，透过现象看本质，准确识变、科学应变、主动求变，洞察先机、趋利避害。要加强战略谋划，把握大势大局，抓住主要矛盾和矛盾的主要方面，分清轻重缓急，科学排兵布阵，牢牢掌握斗争主动权。要增强底线思维，定期对风险因素进行全面排查。要善于经一事长一智，由此及彼、举一反三，练就斗争的真本领、真功夫。"

在第四卷《弘扬伟大抗美援朝精神，进行具有许多新的历史特点的伟大斗争》一文中，习近平总书记还对永续传承世代发扬伟大抗美援朝精神以进行具有许多新的历史特点的伟大斗争做了十分深刻精辟的论述，那就是无论时代如何发展，我们都要砥砺不畏强暴、反抗强权的民族风骨；汇聚万众一心、勠力同心的民族力量；锻造舍生忘死、向死而生的民族血性；激发守正创新、奋勇向前的民族智慧。

在第四卷《使伟大抗疫精神转化为实现中华民族伟大复兴的强大力量》一文中，习近平总书记还对伟大抗疫斗争的深刻启示作了全面科学的总结。他指出，中国共产党无比坚强的领导力，是风雨来袭时中国人民最可靠的主心骨。中国人民不屈不挠的意志力，是战胜前进道路上一切艰难险阻的力量源泉。中国特色社会主义制度的显著优势，是抵御风险挑战、提高国家治理效能的根本保证。新中国成立以来所积累的坚实国力，是从容应对惊涛骇浪的深厚底气。社会主义核心价值观、中华优秀传统文化的强大精神动力，是凝聚人心、汇聚民力的强大力量。构建人类命运共同体的广泛感召力，是应对人类共同挑战、建设更加繁荣美好世界的人间正道。

对党内斗争，习近平总书记也作了深刻透彻的阐述。他说："我们党历来提倡团结，但团结是通过积极健康的思想斗争达成的，不是无原则的一团和气。共产党人讲党性、讲原则，就要讲斗争。在原则问题上决不能含糊、决不能退让，否则就是对党和人民不负责任，甚至是犯罪。"

5.把全面从严治党向纵深推进

习近平总书记在第四卷《坚持不懈把全面从严治党向纵深推进》一文中就明确指出，全面从严治党是新时代党的自我革命的伟大实践，开辟了百年大党自我革命的新境界。

（1）自我革命是我们党跳出历史周期率的第二个答案。

在第四卷《自我革命是我们党跳出历史周期率的第二个答案》一文中，习近平总书记就非常精辟地指出："我们党历史这么长、规模这么大、执政这么久，如何跳出治乱兴衰的历史周期率？毛泽东同志在延安的窑洞里给出了第一个答案，这就是'只有让人民来监督政府，政府才不敢松懈'。经过百年奋斗特别是党的十八大以来新的实践，我们党又给出了第二个答案，这就是自我革命。"

（2）我们党没有任何自己特殊的利益，这是我们党敢于自我革命的勇气之源、底气所在。

习近平总书记在第四卷《在庆祝中国共产党成立100周年大会上的讲话》一文中就指出："中国共产党始终代表最广大人民根本利益，与人民休戚与共、生死相依，没有任何自己特殊的利益，从来不代表任何利益集团、任何权势团体、任何特权阶层的利益。"

在第四卷《自我革命是我们党跳出历史周期率的第二个答案》一文中，习近平总书记又提出："'不私，而天下自公。'我们党没有任何自己特殊的利益，这是我们党敢于自我革命的勇气之源、底气所在。正因为无私，我们党才能本着彻底的唯物主义精神经常检视自身、常思己过，才能摆脱一切利益集团、权势团体、特权阶层的围猎腐蚀，并向党内被这些集团、团体、阶层所裹挟的人开刀。"

在第四卷《坚持人民至上》一文中，他还专门提道："古人讲：'与天下同利者，天下持之；擅天下之利者，天下谋之。'党章明确规定，我们党没有自己特殊的利益，党在任何时候都把群众利益放在第一位。这是我们党作为马克思主义政党区别于其他政党的显著标志。"

（3）我们党之所以伟大，不在于不犯错误，而在于从不讳疾忌医，敢于直面问题，勇于自我革命。

习近平总书记在第四卷《自我革命是我们党跳出历史周期率的第二个答

案》一文中就指出:"中国共产党之所以伟大,不在于不犯错误,而在于从不讳疾忌医,敢于直面问题,勇于自我革命。……党的十八大以来,我们党以前所未有的勇气和定力全面从严治党,打了一套自我革命的'组合拳',形成了一整套党自我净化、自我完善、自我更新、自我提高的制度规范体系。"

在第四卷《坚持不懈把全面从严治党向纵深推进》一文中,总书记又进一步指出:"一百年来,党外靠全面从严治党、推进自我革命,内靠发展人民民主、接受人民监督,勇于坚持真理、修正错误,勇于刀刃向内、刮骨疗毒,保证了党长盛不衰、不断发展壮大。"

(4)全党同志要永葆自我革命精神,增强全面从严治党永远在路上的政治自觉,决不能滋生已经严到位、严到底的情绪!

习近平总书记在第四卷《自我革命是我们党跳出历史周期率的第二个答案》一文中就严肃指出:"我们党历经百年、成就辉煌,党内党外、国内国外赞扬声很多。越是这样越要发扬自我革命精神,千万不能在一片喝彩声中迷失自我。正所谓'不诱于誉,不恐于诽'。全党同志要永葆自我革命精神,增强全面从严治党永远在路上的政治自觉,决不能滋生已经严到位、严到底的情绪!"

在该文中,他还进一步指出:"从最近连续查处的大案要案看,党风廉政建设和反腐败斗争必须一刻也不放松抓、持之以恒抓!中央委员会的同志们、党的各级领导干部要保持头脑清醒,对全党的思想、组织、作风、廉洁等情况要有客观正确的认识和把握,以正视问题的勇气和刀刃向内的自觉推进党的自我革命。生了病就要及时医,该吃药就吃药,该开刀就开刀。不论什么问题,不论谁出问题,该出手时就出手,对腐败问题尤其要坚决查处,不断清除损害党的先进性和纯洁性的因素,不断清除侵蚀党的健康肌体的病毒。特别是对那些攫取国家和人民利益、侵蚀党的执政根基、动摇社会主义国家政权的人,对那些在党内搞政治团伙、小圈子、利益集团的人,要毫不手软、坚决查处!"

在第四卷《努力成为可堪大用能担重任的栋梁之材》一文中,习近平总书记还特别指出:"明代理学家薛瑄认为清廉自守有三种境界:见理明而不妄取者,上也;尚名节而不苟取者,其次也;畏法律、保禄位而不敢取者,为下也。我们共产党人为的是大公、守的是大义、求的是大我,更要正心明道、怀德自重,始终把党和人民放在心中最高位置,做一个一心为公、一身正气、一尘不染的人。"

（5）坚持"六个必须"，把全面从严治党向纵深推进。

这里所说的"六个必须"，就是第四卷《坚持不懈把全面从严治党向纵深推进》一文中的这样一段话，即"必须坚持以党的政治建设为统领，坚守自我革命根本政治方向；必须坚持把思想建设作为党的基础建设，淬炼自我革命锐利思想武器；必须坚决落实中央八项规定精神、以严明纪律整饬作风，丰富自我革命有效途径；必须坚持以雷霆之势反腐惩恶，打好自我革命攻坚战、持久战；必须坚持增强党组织政治功能和组织力凝聚力，锻造敢于善于斗争、勇于自我革命的干部队伍；必须坚持构建自我净化、自我完善、自我更新、自我提高的制度规范体系，为自我革命提供制度保障。"

在第四卷《自我革命是我们党跳出历史周期率的第二个答案》一文中，习近平总书记还语重心长地指出："我们要居安思危，时刻警惕我们这个百年大党会不会变得老态龙钟、疾病缠身。对党的历史上走过的弯路、经历的曲折不能健忘失忆，对中外政治史上那些安于现状、死于安乐的深刻教训不能健忘失忆；对自身存在的问题不能反应迟钝，处理动作慢腾腾、软绵绵，最终人亡政息！要以伟大自我革命引领伟大社会革命，以伟大社会革命促进伟大自我革命，确保党在新时代坚持和发展中国特色社会主义的历史进程中始终成为坚强领导核心。"

学习习近平总书记在省部级主要领导干部专题研讨班上的重要讲话精神

◎林建华

> **作者简介**：林建华，博士，中共福建省委党校福建行政学院哲学教研部教授，省直党工委特聘教授，省高校思政课特聘教授，东南周末讲坛十佳（红色）宣讲人。长期从事理论研究与教授工作，跟踪研究当代社会经济发展问题，发表了许多学术论文、专著。善于将研究心得与讲学相结合，经常在省直机关各单位和全省各地讲学，宣传党的路线方针政策。

在中国共产党第二十次全国代表大会召开之前，由习近平总书记发表重要讲话，对即将召开的党的二十大的一些主要的精神，做一个宣示，这是我们党多年来形成的一个惯例。2022年7月26日至27日电，省部级主要领导干部"学习习近平总书记重要讲话精神，迎接党的二十大"专题研讨班在京举行，习近平总书记发表了重要讲话。今天，让我们一起来学习习近平总书记这一重要讲话精神。

一、"三个事关"

党的全国代表大会，对我们国家来讲是政治生活中的一件大事，可以说国际国内万众瞩目，我们看到习近平总书记讲话里面讲到了即将召开的党的二十大的重大的意义，用了三个事关：事关党和国家事业继往开来，事关中国特色社会主义前途命运，事关中华民族的伟大复兴。也就是说从中国特色社会主义的伟大事业来讲、中华民族伟大复兴来讲、党的事业的继往开来来讲，我们今天实际上已经来到了一个前所未有的高度。回顾历史，中国共产党100年走过了辉煌的历程。但是在这100年过程中，也有它的曲折，甚至有过痛苦的失败。事非经过不知难。如果从三个事关来讲，其实有一段时期，甚至一个比较相当长的时期，比如说我们中华民族伟大复兴，曾经是很渺茫的事情。我们党成立以后，为中华民族做出了一个最伟大的贡献就是带领人民推翻了三座大山，挽救了中华民族坠入黑暗深渊的悲惨的命运。按照毛主席的说法就是占人类总数1/4的中国人从此站立起来了。另外从中国特色社会主义的伟大事业来讲，有一段时期的我们处在比较困难的阶段里，当时我们的一些办法和措施，盲目地学习苏联模式，束缚了生产力的发展。邓小平同志通过搞清楚什么是社会主义，如何建设社会主义这个首要的根本的问题，开创了中国特色社会主义伟大事业，取得了举世瞩目的成就。我们的人均可支配收入从1980年的200美元，到2021年已经达到12000美元。这就为中国特色社会主义伟大事业、中国特色社会主义道路，奠定了非常雄厚的基础。在今天这个历史时刻，跟过去的历史相比，中华民族伟大复兴也好，中国特色社会主义伟大事业也好，我们都迈上了一个很高的台阶，我们具备了非常雄厚的实力。就像习近平总书记说的，中国经济是一片大海，而不是一个小池塘。大海有风平浪静之时，也有风狂雨骤之时。没有风狂雨骤，那就不是大海了。狂风骤雨可以掀翻小池塘，但不能掀翻大海。

  今天我们又到了一个关键的历史时刻，可以从这么几个方面来理解：第一个方面就是我们今天遇到的问题跟以前时代遇到的问题不一样了。毛泽东时代、邓小平时代，解决了那个时代所面临的重大的课题，战胜了各种挑战，开辟了我们发展的广阔的道路。那么我们今天呢？就面临着新的历史课题。这个历史课题，比如说，经济发展的新的动力在哪里？经济发展的新的模式，新的路子怎么走？因为我们大家可能很明显地感觉到了，原来推动中国经济高速增长的那些强大的动力，现在正逐步减弱了它的力量，比如廉价的劳动力，曾经推动了我国经济的快速发展，但是现在人口红利期的作用在逐步减弱；比如我国大规模的出口，曾经强有力地拉动了经济的增长，但是2018年美国打了贸易战，我们的出口也面临着新的严峻的挑战；再比如说，我们通过大规模的基础设施的建设来拉动经济，被称作"基建狂魔"。我们基础设施建设的能力是世界领先的。我们有一些同志，现在富起来了，能够到全世界各地去旅游，看到像美国、欧洲等这些发达国家，有些基础设施还比不上我们，所以大规模基础设施的建设也是过去40多年我们中国经济高速发展的一个强大的动力。但是现在基建拉动经济的作用也在逐步下降了。

综上所述，拉动我国经济增长的三大动力：廉价劳动力、大规模出口、大规模基础设施的建设，现在都逐步减弱了，那新的动力在哪里？

第二个方面就是随着中国的不断发展，让美西方发达国家感到了压力，甚至感到了危机。因此，跟1980年中国刚开始改革开放的时候相比，他们对中国的态度就不一样了。20世纪80年代初，日本有个首相叫铃木，跟美国记者谈话的时候怎么讲呢？他说，我们日本和美国，要一起帮助中国来实现现代化。可是现在我们大家都感觉到什么？就是美西方国家千方百计、不遗余力地来打压、来遏制、来围堵中国的发展，其中最典型的就是利用美西方国家掌握的高端技术对中国"卡脖子"。

我国20世纪80年代发展时，属于后发国家。我们主要搞的什么产业？中低端产业，而西方发达国家，他们掌握的是高端产业。而一个产品，它既需要高端也需要中低端的部件。高端、中低端的部件结合，才能够形成一个产品。可是我们中国呢？大部分只能做中低端的产业链。那么高端产业链呢？掌握在美西方国家手里，其中比如说芯片，他不卖给你。美国通过了《芯片和科学法案》，规定很多芯片方面的技术不能给中国。这样一来，我们生产了很多中低端的产品出来，但是没有高端的产品结合，就难以形成一个最终的产品。这就被人家"卡脖子"了。

一个产品是中低端、高端的部件联合起来才能生产出来的，那大家可能讲他不卖高端给我们，我们也不卖中低端产品给他，不是可以跟他对着干？但是中低端产业链，他不一定要依靠中国。他可以转移到越南等其他的国家，因为中低端产业技术含量比较低。所以大家就经常听到"脱钩"的说法。所以说今天虽然中国特色社会主义伟大事业，中华民族已经站到了一个前所未有的新的台阶，但我们还面临着严峻的挑战。

第三方面我们还要看到，进入2020年以后，整个国际形势确实进入了多事之秋。新冠肺炎疫情突如其来，席卷整个世界。我们国家坚持动态清零的方针，保卫人民生命的健康安全，可以说交出了出色的答卷，但也付出非常大的代价，经济发展受到很大的影响。这个世界不像以前那么太平了，美西方对于我们发展的施压、围堵，可以说不遗余力。所以从"三个事关"来看，二十大注定具有重大的历史使命。我们一方面上了新台阶大台阶，另一方面又面临着新的挑战、新的风险，各种黑天鹅事件、灰犀牛事件随时都有可能发生，二十大将为我们迎接风高浪急甚至惊涛骇浪的重大考验并战而胜之指明方向。

从整个国家的宏伟蓝图来讲呢？二十大是一个新的起点，即全面建设社会主义现代化国家的新征程已经开启。在世纪之交，我们提出了"两个一百年"的奋斗目标，即2021年中国共产党成立100周年为第一个百年奋斗目标。这个目标已经顺利实现了。实现这个目标很不容易，为什么？因为要消灭中国的绝对贫困。以2021年全面建成小康社会、消灭绝对贫困为标志，我们就开启了全面建设社会主义现代化强国的新征程。党的十九大以及"十四五"规划专门对此做出了一个时间上的安排，就是未来30年分两个阶段，一个阶段到2035年基本建成社会主义现代化国家。在此之前，很长时间里，我们党的文献里面都是讲要到2049年才基本建成社会主义现代化国家。而现在因为我们国家快速的发展，整个综合国力快速增长，我们把基本建成现代化国家，提前了15年。剩下15年干什么？就是要建设社会主义现代化强国。所以从"十四五"规划到二十大，我们是全面开启建设社会主义现代化国家新征程。从这个意义上说，二十大的一个很重要的任务就是科学谋划未来五年乃至更长时期党和国家事业发展的目标任务和大政方针，为全面建设社会主义现代化强国开好局、起好步。我们一方面要坚持高质量发展、坚持绿色发展，另一方面要像小平同志讲的，坚持发展是硬道理，保持我们一定的增长速度。因为世界各个国家都有这个规律，那就是GDP总量发展得越来越高以后，就很难再有百分之八、九、百分之十这样的增长了，就慢慢地会降到百分之二、百分之三、百分之四这样的增长。

但我们速度过低还不行。以前朱镕基当总理的时候，他提出GDP每年要保八，其实就是保就业。而今天我们保就业的任务还很重。今年光大学毕业生就达到了1072万。所以，如果没有一定的经济增长，就难以保就业、保民生。另一方面，我们中国还有一个特点，没有一定的速度就难以应对未富先老的问题。这就要求我们在未来的五年乃至更长的时间里面，至少要保持GDP在5%—6%这样的一个区间来增长，这就极大的考验我们的智慧、能力和水平。二十大谋划的高质量发展，同时又有一定的增长速度，这些通过党代会召开，我们会更加深入的理解。

在这样一个关键的历史时刻，二十大就是要进一步明确宣示党在新征程上举什么旗、走什么路，以什么样的精神状态，朝着什么样的目标继续前进。这里的旗帜就是中国特色社会主义的伟大旗帜。

从1982年党的十二大以来到现在，我们每一次党代会的主题都是中国特色社会主义。每一届党代会的政治报告的标题都有中国特色社会主义这几个字，说明中国特色社会主义是唯一正确的道路。我们要继续高举中国特色社会主义这面伟大的旗帜，只有这一面伟大的旗帜、这条伟大的道路才能够指引我们走向中华民族伟大复兴。

通过以上分析，我们就能更深刻地体会习近平总书记重要讲话所指出的，谋划和推进党和国家各项工作，必须深入分析国际国内大势，科学把握我们面临的战略机遇和风险挑战。当前，世界百年未有之大变局加速演进，世界之变、时代之变、历史之变的特征更加明显。我国发展面临新的战略机遇、新的战略任务、新的战略阶段、新的战略要求、新的战略环境，需要应对的风险和挑战、需要解决的矛盾和问题比以往更加错综复杂。

二、最根本的是要把我们自己的事情做好

习近平总书记指出，全党必须增强忧患意识，坚持底线思维，坚定斗争意志，增强斗争本领，以正确的战略策略应变局、育新机、开新局，依靠顽强斗争打开事业发展新天地，最根本的是要把我们自己的事情做好。尽管当前美西方对我们围堵、像在台湾问题上，不断地挑衅、踩踏我们的红线和底线。但是我们一定要保持清醒的头脑，要把我们自己的事情做好，不能犯颠覆性的错误。要一步一个脚印向前走。党中央对当前的形势有一个重大的判断，叫作"面临百年未有之大变局"，而且还在加速演变。世界之变、时代之变、历史之变的特征更加明显了。这是值得我们高度重视的问题。我们要任凭风浪起，稳坐钓鱼台。只要始终坚持把我们自己的事情做好，不犯颠覆性的错误，我们这么强大的国家就能够在风浪中破浪前进。

三、新时代十年的伟大变革，在党史、新中国史、改革开放史、社会主义发展史、中华民族发展史上都具有里程碑的意义

党的十八大标志着中国特色社会主义进入新时代。新时代的十年中，我们攻克了许多多年、许多长期想解决而没有解决的难题；办成了许多事关长远的大事。

一是坚持加强党的全面领导和党中央集中统一领导。最重要的是提出了"两个维护"。有了党中央集中统一领导，有了习近平同志为核心的党中央的权威，就使得全党、全军和全国各族人民统一思想，步调一致，这样形成的力量是不可战胜的。

二是全面建成小康社会，完成第一个100年奋斗目标。这在整个中华民族发展史上，可以说是前所未有的成就。我们翻看中国二十四史，很多时候老百姓都是温饱不能解决。杜甫诗里讲"朱门酒肉臭，路有冻死骨"。我们建成全面的小康社会最重要的就是消灭绝对贫困。解决温饱问题，解决老百姓的基本的医疗问题，解决老百姓的基本的就业问题，不愁吃，不愁穿，这是几千年中国历史第一次实现的。

三是推动高质量发展。面对人口红利减少，基建投资的边际效益下降，外贸出口碰到贸易战，高端产业链被人家卡脖子等难题，我们旗帜鲜明地提出了推动高质量发展。近年来我国的环境污染问题也应该引起重视，特别是碳排放问题，都要求我们贯彻落实"创新、开放、协调、绿色、共享"的新发展理念，推动高质量发展。

四是扎实推进全过程人民民主。这是中国特色民主政治建设的新发展、新创造。西方表面上看起来非常民主。但是它是一次性民主，就是投票期间，民众投完票就没了。而我们全过程人民民主是什么？老百姓既参与投票选举，又参与协商决策，又参与监督。全过程的人民民主有我们独特的优势。

五是积极发展社会主义先进文化。十八大以来，我们在意识形态领域里面强调了意识形态责任制，强调了意识形态是党的一项极端重要的工作。

敢于亮剑解决了诸如历史虚无主义，低级红，高级黑等问题。另外，这十年我们的科学技术、文化教育各方面也是突飞猛进。

六是保障和改善民生。就业是民生之本。我们中国解决就业问题始终是第一位的，要花大力去解决。医疗保障要防范解决因病返贫的问题。我们辛辛苦苦地花了很大力气脱贫，但有些人会因为一场大病就重返贫困。十八大以来，习近平总书记提了一个非常有效的办法和措施，精准扶贫。真扶贫、扶真贫，扶到那个根子上，一家一策，一村一策，消灭绝对贫困，不仅在中国历史上，在人类发展史上也有重大的意义。联合国都给予高度的评价，自从1980年来，全世界消灭的贫困人口里中国占到了70%，也是具有里程碑的意义。

七是大力推进生态文明建设。20世纪80年代我国刚刚开始高速发展的时候，对生态文明的重要意义认识不清。有的地方在发展中污染了环境，破坏了生态。后来我们认识到必须绿色发展、必须要坚持"绿水青山就是金山银山"的科学理念。但是这里面有一个非常难的事情，即你要发展就需要能源。而石油煤炭碳排放非常严重，导致温室气体效应、极端气候，所以我们也需要减少碳排放。我们向全世界做出郑重的承诺，2030年前实现碳达峰，到2060年前实现碳中和。我们做出这个承诺有什么底气？就是绿色发展，采用绿色能源。绿色能源从哪里来？我们的风电、太阳能发电，这几年取得了重大的突破和进展。它的电价已经降到和用煤炭发电一样了。但是风电、太阳能发电和水电有个不稳定的问题——电网负荷太大，难以承受。怎么办？通过两个办法。一个是电池，把过多的电储存下来。另一个呢，用电解水制氢，氢气可以把它压缩成液态氢，具有非常强大的动能。因此，我们应该通过绿色能源革命来大力推进生态文明建设。

八是坚决维护国家安全，保持社会大局稳定，大力推进了国防和军队现代化建设。

通过科技强军，海军的力量、空军的力量、导弹的力量都在突飞猛进地发展。正是因为这样，我们维护台海和平稳定就有了底气。我们希望两岸人民走和平统一的道路，但解放军绝对有能力粉碎任何"台独"的图谋，捍卫祖国领土主权的完整。

九是党的建设方面，我们庆祝了中国共产党成立100周年，在中华人民共和国成立70周年大庆时在全党开展了党史学习教育。党的自我革命为我们党跳出历史周期率给出了第二个答案。经过新时代全面从严治党的革命性锻造，党的政治领导力进一步增强，百年征程波澜壮阔，百年初心历久弥坚，百年恰是风华正茂，作为百年大党，中国共产党焕发出更加强大的生机和活力。特别是面对突如其来的新冠肺炎疫情，我们坚持人民至上、生命至上，开展抗击疫情人民战争、总体战、阻击战，最大限度保护了人民生命安全和身体健康，统筹经济发展和疫情防控取得了良好的成果。

十是香港问题。我们依照宪法和基本法有效实施对特别行政区的全面管治权，制定实施香港特别行政区维护国家安全法，牢牢把握香港大局，恢复了香港正常的秩序。我们提出了爱国者治港，使得香港的稳定的有了重要的保证，"一国两制"在香港成功实施，保持了香港的繁荣稳定。

十一是面对变化的国际形势，我们牢牢地掌握了我国发展和安全的主动权。推动构建人类命运共同体，以胸怀天下的胸襟，推动建设持久和平、普遍安全、共同繁荣、开放包容、清洁美丽的世界，为人类发展作出贡献。

十二是铁腕反腐。从十八大到十九大，我们一共查处了440个中管干部，平均每四天查处一个。这么大力度的反腐败在《二十四史》里都找不到。同时出台"八项规定"，加强党风建设，提出来党风建设永远在路上。踏石留印，抓铁有痕。党内良好的政治生态不断地形成和发展，为党和国家各项事业的发展提供了坚强的政治保证。这一系列的事情做下来，我们就深深地感觉到新时代十年的伟大变革，在党史、新中国史、改革开放史、社会主义发展史、中华民族发展史上具有里程碑的意义。

四、在新时代伟大实践中不断开辟马克思主义中国化时代化新境界

我们中国共产党一个法宝是什么？为什么能够一直取得成功，一直取得胜利？说实话，大家如果了解党史，都知道我们共产党一开始的时候非常弱小，可以说是要钱没钱，要人没人，要枪没枪。中共一大的时候，我们党代表是13个，党员约50个人。那个时候党代会一年开一次。中共二大召开时年党员有多少？约90人。到"四·一二"反革命政变之前，我们共产党一支军队都没有，因为蒋介石大肆屠杀共产党人，我们知道只有用革命的武装才能反抗反革命的武装。这样的党为什么能够发展起来？关键就是不断地把马克思主义中国化，马克思主义行，为什么行？把它中国化时代化了。毛主席的贡献是开创性的，他摆脱了对马克思主义的那种教条主义的理解。你看马克思主义在什么地方诞生？在城市中。没有现代工业，就没有城市，更没有马克思主义，为什么呢？因为城市发展起来后才有资本家和工人阶级的对立，然后才有马克思理论的诞生。更巧合的是十月革命是在圣彼得堡大城市里面武装起义，搞成功了。所以传到中国来以后，中共早期的领导人都认为中国革命重点应该放在城市，这是对马克思主义教条主义的看法，但是毛主席发现城市里，我们的力量太弱了，敌人力量太强大了。必须到广阔的农村里面去，走农村包围城市的道路。

20世纪80年代邓小平搞改革开放，创立中国特色社会主义理论，认识到我们搞的是初级阶段的社会主义，人口多，底子薄，是不合格的社会主义。只能搞公有制为主体，多种经济成分共同发展。解决了什么是社会主义、怎样建设社会主义这一首要问题，充分的激发了整个社会的活力。中国特色社会主义的生机和活力体现出来了。这也是马克思主义中国化时代化的重大飞跃。

党的十八大以来，习近平新时代中国特色社会主义思想，回答坚持发展中国特色社会主义，怎样坚持发展中国特色社会主义，建设社会主义现代化强国，怎样建设社会主义现代化强国，建设一个长期执政的马克思主义政党，怎样建设长期执政的马克思主义政党等重大问题，提出马克思主义中国化时代化的两个结合，即马克思主义普遍真理同中国实际相结合，同中华优秀传统文化相结合。习近平新时代中国特色社会主义思想，给予我们的世界观和方法论，其中非常重要的就是人民立场。习近平总书记强调以人民为中心的发展理念，因为马克思重要的理论创造是历史唯物主义，非常强调人民是历史发展的动力。第一条就是人民是推动世界发展的最强大的力量，第二人民群众是最有智慧的。毛主席讲，群众是真正的英雄，而我们自己则往往是幼稚可笑的。我们要先当群众的学生，然后才能够当群众的先生。我们改革开放也好，革命建设也好，很多发明创造，都是从人民群众那里来的。

去年习近平总书记到福建来考察，他到了三明，看三明的医保改革。这个改革就是基层的人民群众搞出来的。因为他们发现了药价虚高的问题，所以取消药品在医院里面加价，通过集中采购把药品价格压下来。这解决了老百姓医疗负担重，医院通过卖药赚钱，财政负担重等一系列的问题，取得了很好的成效。这就是人民群众的首创。

第三，以人民为中心的发展理念，它讲究什么？要解决人民群众急难愁盼的问题，人民群众的利益。我们共产党一定要把它维护好，发展好。各级领导干部，每一个单位，每一个部门，每一个地区的领导都要深入群众，去解决人民群众的急难愁盼的问题。按照习近平总书记的讲法，叫民有所呼，我有所应，我有所为。当年习近平总书记担任福州市委书记的时候，还有一些老百姓住在闽江的船上。他们就跟福州市领导写信，我们要搬到岸上来住。习近平总书记听到了人民群众的呼声。他就有回应，专门到这些船上的住户去调查，发现他们生活很困难。然后就"我有所为"，马上把福州市的有关部门的领导叫来开现场会。最后把这些船上的居民都搬到岸上来居住了。中国共产党就是靠这个赢得人民的衷心的支持和拥护。世界观方法论非常重要的一条就是人民为中心的发展理念，依靠人民来发展，发展为了人民。

五、坚定不移走中国特色社会主义现代化的道路

现代化确实是一个非常艰难的事业，我国逐步走出一条中国式的现代化道路，是非常了不起的。

我们的这个现代化道路有哪些非常突出的特征呢？第一条，坚持走自己的路，明确指出来世界上既不存在定于一尊的现代化模式，也不存在放之四海而皆准的现代化标准。因为西方国家老是说他们的现代化是最标准的，所有的国家要实现现代化，就要走他们的路。但是二战以来的实践证明，所有跟着西方走的那些国家，包括印度、菲律宾、泰国等等一大批，这些原来的发展中国家，还没有一个实现现代化。而我们中国坚持走自己的路，成功地走出一条中国式的现代化道路。第二条，中国走这个现代化的路，我们成功在哪里？用短短的70年的时间，走完了西方国家300年现代化的路，这个速度也是全世界少有的。第三条，中国现代化是和平发展的现代化。这一条特别突出。因为美国西方国家现代化是通过发动对外战争，实现了现代化。一部世界近代史，就是西方帝国主义国家到全世界到处去烧杀抢掠的一部历史。英国那么小，但是它搞的殖民地，是它本土面积的150多倍。它通过全世界到处去烧杀抢掠，抢来自己现代化。但是我们中国式现代化没有去抢人家一分钱。这是我们中国式现代化道路非常了不起的一个特点。

再一个非常重要的现代化特点就是始终坚持党的领导。习近平总书记指出，中国特色社会主义本质特征是党的领导，最大的优势是党的领导。中国共产党领导的社会主义制度，在过去40多年的发展中，优越性充分体现出来了。在这样的情况下，今天中国和美西方的竞争，其实还是制度竞争。澳大利亚前总理陆克文，发表过一篇文章。他说美西方这些国家不要因为中国靠制度优势发展起来了，就心急火燎的，要去打压它，去围堵它，到底哪一个制度好，应该由历史来做结论。我们走中国式现代化道路的成功，其中最根本的就是中国共产党的领导，就是中国发展进步的命运要牢牢地掌握在我们中国自己手上。既不走老路，也不走邪路，要坚定不移走中国式现代化道路。

六、未来五年是全面建设社会主义现代化国家开局起步的关键时期

十九大对建设社会主义现代化强国做了战略部署。十四五规划又进一步地做了落实。总的战略就是2020年到2035年，15年基本实现社会主义现代化，2035年到2050年，建设成为社会主义现代化强国。中共十三大，邓小平在1980年提出两步走的战略目标，就是1980年人均收入200美元，1990年人均收入400美元，2000年人均收入800美元，实现总体小康。这两步走的战略目标之后，提出了第三步走的战略目标即从2000年开始到2049年，人均收入从800美元增长到3000美元。中国成为基本实现现代化的社会主义国家。结果到2010年，我们GDP总量超过日本，成为世界第二大经济体。现在全世界GDP总量上，十万亿美元以上的就是中、美两个大国。第三位的日本只有五万亿美元左右。今天能够提出这个奋斗目标，能够开启全面建设社会主义现代化国家的新征程是来之不易的。我们站在了新的历史起点上了。

但是就像我一上来跟大家讲我们面临的前进道路上的风险和挑战还有很多，所以二十大就是要对全面建成社会主义现代化强国两步走战略目标安排进行宏观展望，重点部署未来五年的战略任务和重大举措。

未来五年是全面建设社会主义现代化国家开局起步的关键时期。搞好这五年的发展，对于实现第二个百年奋斗目标至关重要。习近平总书记到福建来考察时讲了一句，奋力谱写全面建设社会主义现代国家的福建篇章。未来这五年，是谱写这个新篇章起步的五年，很重要。重点要聚焦什么问题？就是抓住主要矛盾。十九大讲的主要矛盾是什么？不平衡、不充分的发展问题。要在补短板、强弱项、固底板、扬优势等方面下功夫。比如说我们很大的一个短板就是高新技术被人家"卡脖子"，"卡脖子"这个说法非常形象。你有大量的中低端产业，但是没有高新技术，就很被动，所以要搞新的举国体制，打翻身战，摆脱被卡脖子的被动局面。

七、管党治党一刻也不能放松。我们国家要发展的好，一定要把共产党自身建设好

把党建设好，要有忧患意识。100年来，共产党取得了非常伟大的成就。但是这只说明过去，我们共产党始终要有一种赶考的意识。中国共产党这么强大，但我们要回答时代之问，世纪之问，人民之问，要把这个卷子写好。中国古人讲生于忧患，死于安乐。习近平总书记讲的三个时代课题，其中一个就是怎样建设一个长期执政的马克思主义政党。

我们的忧患意识，具体来讲就是四大考验，四大危险。执政的考验、改革开放的考验、市场经济的考验、外部环境的考验将长期存在。执政是好事。但是执政以后，党面临一个最大的危险，脱离群众。共产党的大官，各级领导干部执政以后，怎么保持我们党的初心？始终和人民群众保持血肉联系是执政的考验里面很重要的一条。改革开放的考验有哪些？一是当全球化和全世界融合在一起，各种各样的思潮都会融入中国时我们该如何应对。刚刚改革开放的时候，邓小平同志讲过这个话，窗户打开了，清新的空气进来了，同时苍蝇和蚊子也会进来，这是改革开放的一大考验；二是改革开放还有一个打硬仗的考验。每搞一个改革，都是利益关系的调整，都会引起社会的各个利益群体的反弹，甚至社会的波动，怎么把握？既推动一个政策落地，改革落地，又避免社会矛盾，是不容易的；三是市场经济的考验。市场经济会带来权钱交易，这对反腐败斗争提出了新的课题，另外市场它是波动的、有风险的；四是金融风险的考验；五是外部环境的考验。这里指的是美西方国家对中国的打压、围堵和经济和平演变等。对此，共产党人决不能有丝毫的精神懈怠，满足于当下所取得的成绩，应该始终要保持他那个精气神，不能因为100年来取得这么大的辉煌就忘乎所以；最后我们还面临执政党能力不足的危险。我们建的是社会主义现代化国家，面临着国际国内纷繁复杂的环境。共产党是掌舵人，那个舵如果掌不好，那个决策出问题，可以说"失之毫厘，谬以千里"。所以责任重于泰山。跟执政相联系的，还有消极腐败的危险。权力会腐蚀人。怎么把权力关进制度的笼子？使干部不能腐，没有腐败的土壤和机会？比如，随着数字技术的发展，现在我们买火车票只要通过网上订票就可以了，不要托任何人情关系。以前买火车票要找关系的，找关系就有腐败。现在这种现象少了很多，由于现在有了线上电子购票系统，腐败的土壤就铲除了。因此，我们要不断用这种高新技术，把权力关进制度的笼子。反腐败斗争永远在路上，反腐败斗争不能一阵紧一阵松，就像压弹簧。你用多大的力气把弹簧压下去，松开以后，它就有多大力气反弹出来。所以要始终在路上，始终持之以恒全面从严治党。

习近平总书记讲，江山就是人民，人民就是江山。江山就是人民，说明我们党的根基在人民，血脉在人民。共产党100多年来的奋斗，为什么能够一步一步取得成功？靠的是人民的支持和拥护，说明共产党的根，深深地扎到了中国亿万人民群众的心里。共产党的力量在这个地方，1949年以前28年浴血奋斗，中国共产党由小到大，由弱到强。推翻三座大山，是人民支持拥护的结果。人民就是江山，江山就是人民。我们打江山、坐江山、守江山，守的就是人民的心。习近平总书记这几句话，把党和人民的关系讲得非常清楚了。

共产党的初心也讲得非常清楚了，1921年中国共产党成立的时候，就那么几十个共产党员。他们的初心是什么？当然不是当官发财，不是个人的荣华富贵。而是要解救中国民族，解救中国于亡国灭种的危险的悲惨的命运之中，而是要让亿万中国人民站立起来，屹立在世界的东方，要让中华民族和世界上平等待我之民族共同团结来推动人类和平发展。这就是中国共产党人的雄心壮志。习近平新时代中国特色社会主义思想中一把金钥匙，即为中华人民谋幸福，为中华民族谋复兴，为世界谋大同。中国共产党的这种博大的胸怀来自人民，来自人民始终的支持和拥护，来自人民给我们提供的强大的力量和底气。不论当今世界局势发生多大的变化、不论当今世界进入了怎样的多事之秋，无论各种困难、矛盾、挑战、风险不断的接踵而至，只要紧紧依靠人民，按照习近平总书记讲的，一战接着一战的打，一步一个脚印向前走，行稳致远。在未来的30年里，坚持与发展中国特色社会主义，我们就一定能够攻坚克难，战胜各种各样的挑战、解决各种各样的难题，不断回答时代之问、人民之问、历史之问，不断开创中国之路，不断开辟马克思主义中国化时代化的新境界，守正创新走向2050年，以中国式现代化全面建设社会主义现代化强国，实现中华民族伟大复兴的宏伟的目标！

习近平法治思想对中华传统法文化的汲养及"两创"

◎陈荣文

> **作者简介**：陈荣文，政协第十三届福建省委员会委员，福建社会科学院习近平法治思想研究所所长、研究员。兼任中共福建省委法律专家库成员、福建省普法讲师团成员、福建省法学会民商法学研究会副会长等职务。获"福建省法学英才"荣誉称号。省社会科学优秀成果奖二、三等奖等。出版专、编、译著多部，发表论文百余篇。

一、习近平法治思想的新发展——党的二十大报告法治论述解读

党的二十大报告将法治建设单独列为一个部分进行专章论述、专门部署（第七章节"坚持全面依法治国，推进法治中国建设"），这在党的代表大会的历史上还是第一次。除了专章论述之外，报告还有二十多处提到法治。这充分体现了以习近平同志为核心的党中央对法治建设的高度重视，充分体现了中国共产党对法治的信仰与坚守，充分说明了全党全国对"坚持全面依法治国，推进法治中国建设"的高度共识，充分彰显了法治作为治国理政基本

方式，承载国家治理体系和治理能力的重要作用。二十大报告从关系党和国家长治久安的战略高度来定位法治、布局法治、厉行法治，把全面依法治国放在党和国家事业发展全局中来谋划，来推进，提出了一系列关于全面依法治国的新判断、新观点和新部署，是习近平法治思想的新发展，体现了习近平法治思想的新高度，在我国社会主义法治建设史上具有划时代的里程碑意义。

（一）报告对坚持全面依法治国，推进法治中国建设进行了新规划、新部署

一是报告指出了全面依法治国的重大意义：全面依法治国是国家治理的一场深刻革命，关系党执政兴国，关系人民幸福安康，关系党和国家长治久安。二是报告明确了全面依法治国的方向和目标：我们要坚持走中国特色社会主义法治道路，建设中国特色社会主义法治体系、建设社会主义法治国家。三是报告明确了全面依法治国的工作布局：坚持依法治国、依法执政、依法行政共同推进，坚持法治国家、法治政府、法治社会一体建设，全面推进科学立法、严格执法、公正司法、全民守法。核心是保障和促进社会公平正义，图景是全面推进国家各方面工作法治化。四是报告具体部署了推进法治中国建设的四个方面工作：完善以宪法为核心的中国特色社会主义法律体系、扎实推进依法行政、严格公正司法、加快建设法治社会。它们分别对应着依法治国新十六字方针的"科学立法""严格执法""公正司法""全民守法"，是这四个方面的新要求。其中的一些新提法、新理念，限于篇幅，就不一一列举了。

（二）报告对十八大以来法治中国建设取得的成就进行了新总结

这些成就包括：社会主义法治国家建设深入推进，全面依法治国总体格局基本形成，中国特色社会主义法治体系加快建设，司法体制改革取得重大进展，社会公平正义保障更为坚实，法治中国建设开创新局面。党的十八大以来，在党的历史上，第一次召开中央全会专题研究部署全面依法治国（2014年），第一次组建负责全面依法治国顶层设计的中央全面依法治国委员会（2018年），第一次召开中央全面依法治国工作会议（2020年），确立了习近平法治思想是全面推进依法治国的指导思想。制定了《法治中国建设规划（2020—2025年）》《法治政府建设实施纲要（2015—2020年）》《法治政府建设实施纲要（2021—2025年）》《法治社会建设实施纲要（2020—2025年）》

《关于加强社会主义法治文化建设的意见》等，依法治国、依法执政、依法行政共同推进，法治国家、法治政府、法治社会一体建设，全面依法治国的顶层设计不断完善，系统性、整体性、协同性不断增强。完备的法律规范体系、高效的法治实施体系、严密的法治监督体系、有力的法治保障体系、完善的党内法规体系加快形成。建立了合宪性审查制度、规范性文件备案审查制度、党内法规和规范性文件备案审查制度等，法律法规之间、法律和党内法规之间的一致性大大增强。司法体制机制实现了历史性变革、系统性重塑、整体性重构。

（三）报告提升了坚持全面依法治国，推进法治中国建设的新境界

党的二十大报告中提出"坚持全面依法治国，推进法治中国建设"的新目标，指出"必须更好发挥法治固根本、稳预期、利长远的保障作用，在法治轨道上全面建设社会主义现代化国家"，要"围绕保障和促进社会公平正义，……全面推进国家各方面工作法治化"，将法治与国家治理现代化联系起来，与全面建设社会主义现代化国家连接起来，与中国式现代化融通起来，成为依法治国这一治国基本方略在新时代的新发展。

二十大报告深化了我们对全面依法治国的方向、任务和举措的认识，为我们提供了思想指引和行动指南，增强了我们在法治轨道上全面建设社会主义现代化国家的志气、勇气和底气，增强了我们建成社会主义法治国家的信心。

二、习近平对中华文化和中华文明的炽热情感是习近平法治思想汲取中华传统法律文化精华的思想基础

（一）二十大报告将中华优秀传统文化提升到了前所未有新高度

报告从党的理论创新角度，从中华文明伟大复兴角度，多次提到要将马克思主义基本原理同中国具体实践相结合、同中华优秀传统文化相结合，指出这才是正确回答时代和实践提出的重大问题，始终保持马克思主义的蓬勃生机和旺盛活力的正确路径。报告指出："坚持和发展马克思主义，必须同中华优秀传统文化相结合。只有植根本国、本民族历史文化沃土，马克思主义真理之树才能根深叶茂。""我们必须坚定历史自信、文化自信，坚持古为今用、推陈出新，把马克思主义思想精髓同中华优秀传统文化精华贯通起来、同人民群众日用而不觉的共同价值观念融通起来，不断赋予科学理论鲜明的

中国特色，不断夯实马克思主义中国化时代化的历史基础和群众基础，让马克思主义在中国牢牢扎根。"

报告表明"两个结合"顺应了坚持和发展马克思主义的时代需要，揭示了中华优秀传统文化最重要的基本理念，揭示了这些理念的深厚思想与理论根源，揭示了其同科学社会主义价值观主张所具有的高度契合性，揭示了把马克思主义基本原理与中华优秀传统文化相结合的路径、方法与方向，指明了理论目标与实践目标。

研读报告，从体系解释角度，传承中华优秀传统文化不是为了发思古之幽情，而是为人民服务、为社会主义服务。传承中华优秀传统文化必须以"开辟马克思主义中国化时代化新境界"为基本纲领、基本遵循，坚持创造性转化、创新性发展，以社会主义核心价值观为引领，将发展社会主义先进文化、弘扬革命文化与传承中华优秀传统文化融贯起来，与中国式现代化的实践主题相辅相成，融入开辟马克思主义中国化时代化新境界的思想主题与理论主题当中去，在伟大进程中，发挥中华优秀传统文化源头活水作用。

（二）中华优秀传统文化是习近平新时代中国特色社会主义思想的重要渊源

习近平总书记在其系列讲话中充分阐明了对中华优秀传统文化的基本观点。一是中华优秀传统文化是中华民族的根和魂。中华优秀传统文化积淀着中华民族最深沉的精神追求，代表着中华民族独特的精神标识。根不能丢，魂不能失，否则国家、民族无以立。这是一个国家、一个民族传承和发展的根本，如果丢掉了，就割断了精神命脉。中华文化以其独一无二的理念、智慧、气度和神韵，增添了中国人民和中华民族内心深处的自信和自豪。文化自信，是更基础、更广泛、更深厚的自信，是更基本、更深沉、更持久的力量。坚定文化自信，事关国运兴衰、事关文化安全、事关民族精神独立性。坚定四个自信说到底是要坚定文化自信。二是中华优秀传统文化发挥着支撑中华民族生存与发展的强大作用。中华民族生生不息绵延发展、饱受挫折又不断浴火重生，都离不开中华文化的有力支撑。三是中华优秀传统文化赋予了中国特色社会主义制度和国家治理体系以深厚的历史底蕴。中华优秀传统文化中富有关于国家制度和国家治理的丰富思想。四是中华优秀传统文化是习近平新时代中国特色社会主义思想的重要思想来源。习近平新时代中国特色社会主义思想是中华文化和中国精神的时代精华。

（三）中华优秀传统文化代表着中华民族独特的精神标识，具有永不褪色的时代价值

中华优秀传统文化有其一脉相承的价值体系，涵养着我们中国人的独特精神世界。虽绵延数千年，但始终一脉相承，积淀着中华民族最深层的精神追求，代表着中华民族独特的精神标识，已经成为中华民族的基因，植根在中国人内心，有百姓日用而不觉的价值观，潜移默化影响着中国人的思想方式和行为方式。它们既随着时间推移和时代变迁而不断与时俱进，又保持着自身的连续性和稳定性。中华优秀传统文化中的一些思想和理念，蕴藏着解决当代人类面临的难题的重要启示，具有永不褪色的时代价值。可以为人们认识和改造世界提供有益启迪，可以为治国理政提供有益启示，也可以为道德建设提供有益启发，也为中华民族生生不息、发展壮大提供了丰厚滋养。

三、习近平法治思想中的中华优秀传统法律文化基因——对其法治论述用典的耙梳

习近平总书记在其法治论述中经常引经据典，充分彰显了习近平法治思想从传统法律文化中汲取着有益的养分，也充分彰显着习近平法治思想深厚的历史底蕴。归类分析，主要体现在以下几个方面：

（一）高度评价传承中华优秀传统法律文化的重要意义

习近平总书记在讲话中指出，中华法系积淀了深厚的法律文化，不仅拥有较为完备的法制，也拥有十分丰富的法制思想，这里面蕴含着十分丰富的智慧和资源。对我们先人所留下的优秀传统法律文化，我们不能妄自菲薄、数典忘祖，而应该研究我国古代法制传统和成败得失，挖掘和传承中华法律文化精华，汲取营养，择善而用。历史和现实告诉我们，只有传承中华优秀传统法律文化，从我国革命、建设、改革的实践中探索适合自己的法治道路，同时借鉴国外法治有益成果，才能为全面建设社会主义现代化国家、实现中华民族伟大复兴夯实法治基础。

（二）高度重视法治在国家治理中的重要地位与作用

1.用典"立善法于天下，则天下治；立善法于一国，则一国治。"该句话出自北宋王安石《王临川集》（卷六十四）。原文为"子产听郑国之政，以其乘舆济人于溱洧，孟子曰：'惠而不知为政。'盖君子之为政，立善法于天下，则天下治，立善法于一国，则一国治，如其不能立法，而欲人人悦之，则日

亦不足矣。使周公知为政，则宜立学校之法于天下矣，不知立学校而徒能劳身以待天下之士，则不唯力有所不足，而势亦有所不得也。"习近平总书记引用这句话阐述推进国家治理体系和治理能力现代化必须高度重视法治问题，采取有力措施全面推进依法治国，建设社会主义法治国家，建设法治中国。引用这句话阐释全面依法治国的重要性和紧迫性，指出治理一个国家、一个社会，关键是要立规矩、讲规矩、守规矩，而法律就是治国理政最重要的规矩，强调加快完善中国特色社会主义法律体系，以良法促进发展、保障善治。指明法治兴则国家兴，法治衰则国家乱；什么时候重视法治、法治昌明，什么时候就国泰民安；什么时候忽视法治、法治松弛，什么时候国乱民怨。引用这句话论证加快重点领域立法，健全国家治理急需、满足人民日益增长的美好生活需要必备的法律制度。

2.用典"国无常强，无常弱。奉法者强则国强，奉法者弱则国弱。"这句话出自《韩非子·有度》。原文为"国无常强，无常弱。奉法者强，则国强；奉法者弱，则国弱。……故当今之时，能去私曲就公法者，民安而国治；能去私行行公法者，则兵强而敌弱。……故明主使法择人，不自举也；使法量功，不自度也。能者不可弊，败者不可饰，誉者不能进，非者弗能退，则君臣之间明辩而易治，故主仇法则可也。……"习近平总书记引用这句话后指出，我们必须把依法治国摆在更加突出的位置，把党和国家工作纳入法治化轨道，坚持在法治轨道上统筹社会力量、平衡社会利益、调节社会关系、规范社会行为，依靠法治解决各种社会矛盾和问题，确保我国社会在深刻变革中既生机勃勃又井然有序。习近平总书记还引用这句话来阐释加强和改进立法工作。指出，经过长期努力，中国特色社会主义法律体系已经形成，我们国家和社会生活各方面总体上实现了有法可依，这是我们取得的重大成就，也是我们继续前进的新起点。形势在发展，时代在前进，法律体系必须随着时代和实践发展而不断发展。

3.用典"法度者，正之至也。"这句话出自《黄帝四经·经法·君正》。原文为："法度者，正之至也。而以法度治者，不可乱也。而生法度者，不可乱也。精公无私而赏罚信，所以治也。"习近平总书记引用这句话强调我们党自成立之日起就高度重视法治建设。

4.用典"经国序民，正其制度。"这句话出自汉荀悦《前汉纪》，另见宋司马光《资治通鉴》。原文："是以圣王在上，经国序民，正其制度；善恶要于功罪而不淫于毁誉，听其言而责其事，举其名而指其实。故实不应其声者谓之虚，情不覆其貌者谓之伪，毁誉失其真者谓之诬，言事失其类者谓之罔……"习近平总书记引用这句话来阐明：治理国家，使人民安然有序，就要健全各项制度。新中国成立70年来，我们党领导人民不断探索实践，逐步形成了中国特色社会主义国家制度和法律制度，为当代中国发展进步提供了根本保障，也为新时代推进国家制度和法律制度建设提供了重要经验。

5.用典 "法令既行，纪律自正，则无不治之国，无不化之民。"这句话出自北宋包拯《上殿劄子》。原文："臣闻法令者，人主之大柄而国家治乱安危之所系焉，不可不慎。缘近岁以来，赏罚之典或尚因循，且人知法令之不足信，则赏罚何以沮劝乎……伏望陛下临决大政，信任正人，赏者必当其功，不可以恩进。罚者必当其罪，不可以幸免。邪佞者虽近必黜，忠直者虽远必收。法令既行，纪律自正，则无不治之国，无不化之民……"习近平总书记引用这句话以进一步论述为官之义在于明法。指出现在有些领导干部事事老好人主义。老好人主义从本质来说，就是没有为官之义。没有为官之义，使法度变得模糊不清，纪纲变得松懈无力。没有为官之义的原因在于私蔽心窍。因此，只有为官者"寸心不昧"，方能使"万法皆明"。法度明，纪纲正，大治之势必成。事实证明，哪里的领导秉公办事，不畏权贵，执法严明，那里的正气就上升，事情就好办。

6.用典 "凡将立国，制度不可不察也。"这句话出自《商君书·壹言》。原文："凡将立国，制度不可不察也，治法不可不慎也，国务不可不谨也，事本不可不抟也。制度时，则国俗可化，而民从制；治法明，则官无邪；国务壹，则民应用；事本抟，则民喜农而乐战……"习近平总书记引用这句话来加强阐释制度优势是一个国家的最大优势，制度竞争是国家间最根本的竞争，制度稳则国家稳。新中国成立70年来，中华民族之所以能迎来从站起来、富起来到强起来的伟大飞跃，最根本的是因为党领导人民建立和完善了中国特色社会主义制度，形成和发展了党的领导和经济、政治、文化、社会、生态文明、军事、外事等各方面制度，不断加强和完善国家治理。并指出，一个国家选择什么样的国家制度和国家治理体系，是由这个国家的历史文化、社会性质、经济发展水平决定的。中国特色社会主义制度和国家治理体系不是从天上掉下来的，而是在中国的社会土壤中生长起来的，是经过革命、建设、改革长期实践形成的，是马克思主义基本原理同中国具体实际相结合的产物，是理论创新、实践创新、制度创新相统一的成果，凝结着党和人民的智慧，具有深刻的历史逻辑、理论逻辑、实践逻辑。

7.用典"法者，国之权衡也，时之准绳也。"这句话出自唐吴兢《贞观政要·论公平》。原文："……且法，国之权衡也，时之准绳也。权衡所以定轻重，准绳所以正曲直，今作法贵其宽平，罪人欲其严酷，喜怒肆志，高下在心，是则舍准绳以正曲直，弃权衡而定轻重者也，不亦惑哉？……"习近平总书记引用这句话来阐释全面贯彻实施宪法，维护宪法权威和尊严的重要意义。指出，宪法是国家的根本法，是党和人民意志的集中体现，具有最高的法律地位、法律权威、法律效力。维护宪法权威，就是维护党和人民共同意志的权威；捍卫宪法尊严，就是捍卫党和人民共同意志的尊严；保证宪法实施，就是保证人民根本利益的实现。全国各族人民、一切国家机关和武装力量、各政党和各社会团体、各企业事业组织，都必须以宪法为根本活动准则，并且负有维护宪法尊严、保证宪法实施的职责。任何组织和个人都不得有超越宪法法律的特权，一切违反宪法法律的行为都必须予以追究和纠正。

8.用典"治国无其法则乱，守法而不变则衰。"这句话出自《慎子·佚文》。原文："法之功，莫大使私不行；……今立法而行私，是私与法争，其乱甚于无法；……有权衡者，不可欺以轻重；有尺寸者，不可差以长短；有法度者，不可巧以诈伪。故治国无其法，则乱；守法而不变，则衰；有法而行私，谓之不法。以力役法者，百姓也；以死守法者，有司也；以道变法者，君长也。法非从天下，非从地出，发于人间，合乎人心而已。治水者，茨防决塞，九州四海，相似如一。学之于水，不学之于禹也……"习近平总书记引用这句话来阐述要加快完善中国特色社会主义法律体系，使之更加科学完备、统一权威。

9.用典"道私者乱，道法者治。"这句话出自《韩非子·诡使》。原文："夫立法令者，以废私也。法令行而私道废矣。私者，所以乱法也。……故曰：道私者乱，道法者治……"习近平总书记引用这句话来申明严明党的纪律。纪律不严，从严治党就无从谈起。

从上述引经据典中可以看出，习近平非常善于从历史经验中，从中华优秀传统法律文化中汲取思想养分，从中领悟到法治在国家治理中所具有的极其重要的地位与作用。对此，习近平总书记在讲话中做过总结，他说："历史和现实都告诉我们，法治兴则国兴，法治强则国强。从我国古代看，凡属盛世都是法制相对健全的时期。从世界历史看，国家强盛往往同法治相伴而生。"

（三）申明法律应反映人民心声体现人民意志

用典"法非从天下，非从地出，发于人间，合乎人心而已。"和"法不察民之情而立，而不成。"前一句话出自《慎子·佚文》，后一句话出自《商君书·壹言》。原文："法非从天下，非从地出，发于人间，合乎人心而已。治水者，茨防决塞，九州四海，相似如一。学之于水，不学之于禹也。""是上法古而得其塞，下修令而不时移，而不明世俗之变，不察治民之情，故多赏以致刑，轻刑以去赏。夫上设刑而民不服，赏匮而奸益多。故民之于上也，先刑而后赏。故圣人之为国也，不法古，不修今，因世而为之治，度俗而为之法。故法不察民之情而立之，则不成；治宜于时而行之，则不干。故圣王之治也，慎为、察务，归心于壹而已矣。"习近平总书记引用这两句话来阐释法律的人民性，并将其与马克思主义法律理论相融合，指出宪法的根基在于人民发自内心的拥护，宪法的伟力在于人民出自真诚的信仰。

（四）申明法治道路要适宜国情

1.用典"为国也，观俗立法则治，察国事本则宜。不观时俗，不察国本，则其法立而民乱，事剧而功寡。"这句话出自《商君书·算地》。习近平总书记引用这句话来阐明走什么样的法治道路，建设什么样的法治体系，是由一个国家的基本国情决定的。全面推进依法治国，必须从我国实际出发，同推进国家治理体系和治理能力现代化相适应，既不能罔顾国情、超越阶段，也不能因循守旧、墨守成规。我们需要借鉴国外政治文明有益成果，但绝不能放弃中国政治制度的根本。对丰富多彩的世界，我们应该秉持兼容并蓄的态度，虚心学习他人的好东西，在独立自主的立场上把他人的好东西加以消化吸收，化成我们自己的好东西，但决不能囫囵吞枣、决不能邯郸学步。照抄照搬他国的政治制度行不通，会水土不服，会画虎不成反类犬，甚至会把国家前途命运葬送掉。只有扎根本国土壤、汲取充沛养分的制度，才最可靠、也最管用。

2.用典"物之不齐，物之情也。"这句话出自《孟子·滕文公上》。原文："夫物之不齐，物之情也；或相倍蓰，或相什百，或相千万。子比而同之，是乱天下也。巨屦小屦同贾，人岂为之哉？从许子之道，相率而为伪者也，恶能治国家？"习近平总书记引用这句话来说明世界上不存在完全相同的政治制度，也不存在适用于一切国家的政治制度模式。各国国情不同，每个国家的政治制度都是独特的，都是由这个国家的人民决定的，都是在这个国家历史传承、文化传统、经济社会发展的基础上长期发展、渐进改进、内生性演化的结果。中国特色社会主义政治制度之所以行得通、有生命力、有效率，就是因为它是从中国的社会土壤中生长起来的。中国特色社会主义政治制度过去和现在一直生长在中国的社会土壤之中，未来要继续茁壮成长，也必须深深扎根于中国的社会土壤。

（五）主张德法合治，法治与德治相辅相成

用典"道之以政，齐之以刑，民免而无耻；道之以德，齐之以礼，有耻且格"这句话出自《论语·为政》，另见司马迁《史记·酷吏列传序》。习近平总书记引用这句话来例证我国历史上有十分丰富的礼法并重、德法合治思想，指出尽管古人对德法的地位和作用认识不尽相同，但绝大多数都主张德法并用。通观我国古代历史，法治和德法运用得当的时期，大多能出现较好的治理和发展局面。

就法律与道德之间的相辅相成关系，习近平总书记有着十分丰富的论述，他指出，要坚持依法治国和以德治国相结合。法律是成文的道德，道德是内心的法律。法安天下，德润人心。古往今来，法治和德治都是治国理政不可或缺的重要手段。法律和道德都具有规范社会行为、调节社会关系、维护社会秩序的作用，在国家治理中都有其地位和功能。法律有效实施有赖于道德支持，道德践行也离不开法律约束。法治和德治不可分离、不可偏废，国家治理需要法律和道德协同发力。在实践路径上，一是要强化道德对法治的支撑作用，要在道德体系中体现法治要求，发挥道德对法治的滋养作用，努力使道德体系同社会主义法律规范相衔接、相协调、相促进。要在道德教育中突出法治内涵，注重培育人们的法律信仰、法治观念、规则意识，引导人们自觉履行法定义务、社会责任、家庭责任，营造全社会都讲法治、守法治的文化环境。二是要把道德要求贯彻到法治建设中。法律法规要树立鲜明道德导向，弘扬美德义行，立法、执法、司法都要体现社会主义道德要求，都要把社会主义核心价值观贯穿其中，使社会主义法治成为良法善治。要把实践中广泛认同、较为成熟、操作性强的道德要求及时上升为法律规范，引导全社会崇德向善。三是要运用法治手段解决道德领域突出问题，完善守法诚信褒奖机制和违法失信惩戒机制，明确对失德失信行为的惩戒措施，依法加强对群众反映强烈的失德失信行为的整治,让败德违法者受到惩治、付出代价。

(六)申明法律要适应社会需要

1.用典"观时而立法,因事而制礼"。这句话出自《战国策·赵策二》,另见《商君书·更法》。原文:"……及至三王,观时而制法,因事而制礼,法度制令,各顺其宜;衣服器械,各便其用。故礼世不必一其道,便国不必法古……""……及至文、武,各当时而立法,因事而制礼。礼、法以时而定;制、令各顺其宜;兵甲器备,各便其用。臣故曰:治世不一道,便国不必法古。汤、武之王也,不脩古而兴;殷、夏之灭也,不易礼而亡……"习近平总书记引用这句话来阐释修改宪法的必要性,指出党中央考虑启动这次宪法修改的一个重要因素,就是深化国家监察体制改革的需要。

2.用典"法与时转则治,治与世宜则有功"。这句话出自《韩非子·心度》。原文:"……故治民无常,唯治为法。法与时转则治,法与世宜则有功。故民朴而禁之以名则治,世知维之以刑则从。时移而治不易者乱,能治众而禁不变者削。故圣人之治民也,法与时移而禁与能变。"习近平总书记引用"法与时移""法与时转则治,治与世宜则有功""观时而制法,因事而制礼"等来阐明,宪法作为上层建筑,一定要适应经济基础的变化,任何国家都不可能制定一部永远适用的宪法。我国宪法是治国理政的总章程,必须体现党和人民事业的历史进步,必须随着党领导人民建设中国特色社会主义实践的发展而不断完善发展;习近平总书记引用这句话来阐明新形势下加强和规范党内政治生活,既要坚持过去行之有效的制度和规定,也要结合新的时代特点与时俱进,拿出新的办法和规定。我们制定和颁布新准则,不是要替代1980年准则,而是要在坚持其主要原则和规定的基础上,针对新情况新问题作出新规定;习近平总书记引用这句话来阐明,随着经济社会不断发展、经济社会生活中各种利益关系不断变化,民法典在实施过程中必然会遇到一些新情况新问题。民事立法要坚持问题导向,适应技术发展进步新需要,在新的实践基础上推动民法典不断完善和发展。

(七)申明法律重在实施

1.用典"天下之事,不难于立法,而难于法之必行。"这句话出自明张居正《请稽查章奏随事考成以修实政疏》。原文:"盖天下之事,不难于立法,而难于法之必行;不难于听言,而难于言之必效。若询事而不考其终,兴事而不加屡省，上无综核之明，人怀苟且之念，虽使尧舜为君，禹皋为佐，亦恐难以底绩而有成也。"习近平总书记引用这句话强调法律的生命力在于实施，法律的权威也在于实施。如果有了法律而不实施，束之高阁，或者实施不力、做表面文章，那制定再多法律也无济于事。全面推进依法治国的重点应该是保证法律严格实施，做到"法立，有犯而必施；令出，唯行而不返。"各级国家行政机关、审判机关、检察机关是法律实施的重要主体，必须担负法律实施的法定职责，坚决纠正有法不依、执法不严、违法不究现象，坚决整治以权谋私、以权压法、徇私枉法问题。强调推进法治体系建设，重点和难点在于通过严格执法、公正司法、全民守法，推进法律正确实施，把"纸上的法律"变为"行动中的法律"。

2.用典"纵有良法美意，非其人而行之，反成弊政。"这句话出自明胡居仁《居业录》。"圣人无一事不从道理出来，如礼乐刑政皆道也，后世道不明，礼乐刑政与道判为二物，故礼乐废而刑政倚于一偏也。凡事有则循其则，即理也。裁而制之，则为法度。法度立，则弊可革，然行之则在得人。久或弊生，又可变而通之，以适于宜。苟非其人，道不虚行。纵有良法美意，非其人而行之，反成弊政。虽非良法，得贤才行之，亦救得一半。人法皆善，治道成矣。"习近平总书记引用这句话阐明制度的生命力在于执行。指出：现在，有的人对制度缺乏敬畏，根本不按制度行事，甚至随意更改制度；有的人千方百计钻制度空子、打擦边球；有的人不敢也不愿遵守制度，极力逃避制度的约束和监管，等等。强调要强化制度执行力，加强制度执行的监督，切实把我国制度优势转化为治理效能。各级党委和政府以及领导干部要增强制度意识，善于在制度的轨道上推进各项事业。广大党员、干部要做制度执行的表率，引领全社会增强制度意识，自觉维护制度权威。

3.用典"得其人而不得其法，则事必不能行；得其法而不得其人，则法必不能济。人法兼资，而天下治成。"这句话出自明海瑞《治黎策》。原文："天下之事图之。固贵于有其法。而尤在于得其人。何谓法。经画而条理之。卓有成绪可考者。法之谓也。何谓人。所以经画而条理之。卓以成绩自许者。人之谓也。得其人而不得其法。则事必不能行。得其法而不得其人。则法必不能济。人法兼资。而天下之治成则。"习近平总书记引用这句话来说明实施依法治国基本方略，建设社会主义法治国家，必须有一支高素质队伍。要求按照政治过硬、业务过硬、责任过硬、纪律过硬、作风过硬的要求，努力建设一支信念坚定、执法为民、敢于担当、清正廉洁的政法队伍。

（八）申明法治应以公正为圭臬

1.用典"法不阿贵、绳不挠曲。"这句话出自《韩非子·有度》。原文："故先王立司南以端朝夕。故明主使其群臣不游意于法之外，不为惠于法之内，动无非法。峻法，所以遏灭外私也；严刑，所以遂令惩下也。威不贰错，制不共门。威、制共，则众邪彰矣；法不信，则君行危矣；刑不断，则邪不胜矣。故曰：巧匠目意中绳，然必先以规矩为度；上智捷举中事，必以先王之法为比。故绳直而枉木斫，准夷而高科削，权衡县而重益轻，斗石设而多益少。故以法治国，举措而已矣。法不阿贵，绳不挠曲。法之所加，智者弗能辞，勇者弗敢争。刑过不避大臣，赏善不遗匹夫。故矫上之失，诘下之邪，治乱决缪，绌羡齐非，一民之轨，莫如法。厉官威民，退淫殆，止诈伪，莫如刑。刑重，则不敢以贵易贱；法审，则上尊而不侵。上尊而不侵，则主强而守要，故先王贵之而传之。人主释法用私，则上下不别矣。"习近平总书记引用这句话来阐释法治精神，阐明做到严格执法、公正司法，就要信仰法治、坚守法治。

2.用典"举直错诸枉，则民服；举枉错诸直，则民不服。"这句话出自《论语·为政》。原文："哀公问曰：'何为则民服？'孔子对曰：'举直错诸枉，则民服；举枉错诸直，则民不服。'"习近平总书记引用这句话来阐明各级党组织和领导干部都要旗帜鲜明支持司法机关依法独立行使职权，绝不容许利用职权干预司法。司法人员要刚正不阿，勇于担当，敢于依法排除来自司法机关内部和外部的干扰，坚守公正司法的底线。

（九）申明领导干部应带头尊法守法

1.用典"善禁者，先禁其身而后人；不善禁者，先禁人而后身。"这句话出自东汉荀悦《申鉴·政体》。原文："……善禁者，先禁其身而后人；不善禁者，先禁人而后身。善禁之至于不禁，令亦如之。若乃肆情于身而绳欲于众，行诈于官而矜实于民，求己之所有余，夺下之所不足，舍己之所易，责人之所难，怨之本也……"习近平总书记引用这句话来强调领导干部要牢记法律红线不可逾越、法律底线不可触碰，带头遵守法律、执行法律，带头营造办事依法、遇事找法、解决问题用法、化解矛盾靠法的法治环境。引用这句话来强调各级领导干部要以身作则、率先垂范，说到的就要做到，承诺的就要兑现。八项规定既不是最高标准，更不是最终目的，只是我们改进作风的第一步，是我们作为共产党人应该做到的基本要求。引用这句话来要求纪检监察干部,指出纪检监察干部处在正风肃纪反腐第一线,时刻面临着腐蚀和反腐蚀的考验,很容易被"围猎"。要求其他国家机关和公职人员做到的,纪检监察机关和纪检监察干部必须首先做到,坚决不能滥用职权、以权谋私,特别是不能搞选择性监督、随意执纪调查、任性问责处置。

2.用典 "人不率则不从,身不先则不信。"这句话出自《宋史·宋祁传》(《宋史·列传卷四十三》)。原文:"臣又闻之,人不率则不从,身不先则不信。陛下能躬服至俭,风示四方,衣服起居,无踰旧规,后宫锦绣珠玉,不得妄费,则天下响应,民业日丰,人心不摇,师役可举,风行电照,饮马西河。蠢尔戎首,在吾掌中矣!"习近平总书记引用这句话来阐明,领导机关和领导干部带头冲在前、干在先,是我们党走向成功的关键。

(十)科学诠释法治精神培育的关键性作用

用典 "国皆有法,而无使法必行之法"。这句话出自《商君书·画策(第十八)》。原文:"国之乱也,非其法乱也,非法不用也。国皆有法,而无使法必行之法。国皆有禁奸邪、刑盗贼之法,而无使奸邪、盗贼必得之法,为奸邪、盗贼者死刑,而奸邪、盗贼不止者,不必得。必得而尚有奸邪、盗贼者,刑轻也,刑轻者,不得诛也;必得者,刑者众也。故善治者,刑不善而不赏善,故不刑而民善。不刑而民善,刑重也。刑重者,民不敢犯,故无刑也;而民莫敢为非,是一国皆善也,故不赏善而民善。赏善之不可也,犹赏不盗。故善治者,使跖可信,而况伯夷乎?不能治者,使伯夷可疑,而况跖乎?势不能为奸,虽跖可信也;势得为奸,虽伯夷可疑也。"习近平总书记引用这句话来彰显法治精神,认为"使法必行之法"就是法治精神。指出:法治精神是法治的灵魂。人们没有法治精神,社会没有法治风尚,法治只能是无本之木、无根之花、无源之水。他还精辟地指出:从客观上说,法治也并不体现于普通民众对法律条文有多么深透的了解,而在于努力把法治精神、法治意识、法治观念熔铸到人们的头脑之中,体现于人们的日常行为之中。

(十一)申明必须发挥惩治腐败的警示作用

用典 "锄一害而众苗成,刑一恶而万民悦。"这句话出自《盐铁论·卷六》(后刑第三十四)。原文:"古之君子,善善而恶恶。人君不畜恶民,农夫不畜无用之苗。无用之苗,苗之害也;无用之民,民之贼也。鉏一害而众苗成,刑一恶而万民悦。虽周公、孔子不能释刑而用恶。家之有姐子,器皿不居,况姐民乎!民者敖于爱而听刑。故刑所以正民,鉏所以别苗也。"习近平总书记引用这句话来申明，我们坚持有腐必惩、有贪必肃。同时，我们着力解决发生在基层和群众身边的不正之风和腐败问题，让正风反腐给老百姓带来更多获得感。

（十二）指明法治需要有正确的统领

用典 "有道以统之，法虽少，足以化矣；无道以行之，法虽众，足以乱矣。"这句话出自《淮南子·泰族训》。原文："不言而信，不施而仁，不怒而威，是以天心动化者也。施而仁，言而信，怒而威，是以精诚感之者也。施而不仁，言而不信，怒而不威，是以外貌为之者也。故有道以统之，法虽少，虽以化矣；无道以行之，法虽众，足以乱矣。"习近平引用这句话来阐明全面推进依法治国，方向要正确，政治保证要坚强。指出，"党大还是法大"是一个政治陷阱，是一个伪命题。对这个问题，我们不能含糊其辞、语焉不详，要明确予以回答。

四、习近平法治思想对中华传统法文化的创造性转化和创新性发展

（一）中华优秀传统法律文化是中华优秀传统文化的重要组成部分，是全面依法治国的重要思想渊源

中华优秀传统法律文化，为中国特色社会主义法治思想、法治观念、法治原则提供了丰富启迪。比如，"法"须"道"统的"道""法"关系论，为坚持党对全面依法治国的领导这一首要原则，明确全面依法治国的方向提供了有益启迪；"民为邦本，本固邦宁"的民本思想，为坚持以人民为中心的法治目的提供了历史借鉴；"观俗立法"的法治经验，为坚持中国特色社会主义法治道路，明晰法治道路应该建立在自己的国情基础之上提供了历史智慧；"经国序民，正其制度"的治国方略，为坚持依宪治国、依宪执政，坚持在法治轨道上推进国家治理体系和治理能力现代化提供了重要经验；"法与时转""治与世宜"的法治保障观点，为坚持建设中国特色社会主义法治体系提供了思想素材；"法立，有犯而必施"的宣誓和"难于法之必行"的感叹，为坚持全面推进科学立法、严格执法、公正司法、全民守法提供了有力依据；"得其法"与"得其人"并重，"人法兼资，而天下治成"的法治实施思想，为坚持建设德才兼备的高素质法治工作队伍，积蓄全面依法治国的重要力量提供了思想基础；"人不率则不从，身不先则不信""善禁者，先禁其身而后人"正

反两方面的强调,为坚持抓住领导干部这个"关键少数"贡献了历史渊源;"锄一害而众苗成,刑一恶而万民悦"的治吏思想,为坚持全面从严治党、找到自我革命这一跳出治乱兴衰历史周期率的第二个答案注入了传统法律文化基因。中华优秀传统法律文化,经由习近平法治思想的创造性转化和创新性发展,成为全面依法治国理论支撑的重要组成部分,为坚持中国特色社会主义法治道路,发展中国特色社会主义法治理论,建设中国特色社会主义法治体系发挥了不可或缺的重要作用。

(二)中华优秀传统法律文化通过创造性转化、创新性发展,在推动全面依法治国取得历史性成就中发挥了重要作用

习近平总书记指出:"历史和现实告诉我们,只有传承中华优秀传统法律文化,从我国革命、建设、改革的实践中探索适合自己的法治道路,同时借鉴国外法治有益成果,才能为全面建设社会主义现代化国家、实现中华民族伟大复兴夯实法治基础"。在指导推动全面依法治国进程中,习近平总书记经常引用传统法律文化中的经典名句来揭示法治建设的历史底蕴、民族特色和文化血脉。比如,他用"法者,国之权衡也,时之准绳也""国无常强,无常弱。奉法者强则国强,奉法者弱则国弱"来宣示在法治轨道上全面建设社会主义现代化国家的基本国策;用"立善法于天下,则天下治;立善法于一国,则一国治"来阐释以良法促进发展、保障善治的重要意义;用"法不察民之情而立,而不成""法非从天下,非从地出,发于人间,合乎人心而已"来揭示树立以人民为中心、反映人民意志、体现人民利益的法治理念的重要性;用"天下之事,不难于立法,而难于法之必行"来强调法治建设的重点和难点在于法律的实施,在于通过严格执法、公正司法、全民守法,推进法律正确实施,把"纸上的法律"变为"行动中的法律",等等。这些画龙点睛的精彩用典,生动诠释了中华优秀传统法律文化与中国特色社会主义法治道路之间的渊源关系,赋予了中华优秀传统法律文化鲜活的当代价值。习近平法治思想就是在融通马克思主义法治理论、中华优秀传统法律文化、党领导人民进行法治探索成功实践、人类法治文明的思想精华的基础上形成的,成为新时代推进全面依法治国的根本遵循和行动指南。党的十八大以来,在习近平法治思想指引下,我国社会主义法治国家建设深入推进,全面依法治国总体格局基本形成,中国特色社会主义法治体系加快建设,司法体制改革取得重大进展,社会公平正义保障更加有力,法治中国建设开创新局面,充分彰显了中华优秀传统法律文化在丰润和滋养中国特色社会主义法治建设中所具有的重要作用。

（三）推动中华优秀传统法律文化创造性转化、创新性发展，为全面依法治国提供丰厚文化滋养

习近平新时代中国特色社会主义思想是中国文化和中国精神的时代精华，是中国化时代化的马克思主义。习近平法治思想是习近平新时代中国特色社会主义思想在法治领域的重要理论成果，是习近平新时代中国特色社会主义思想的重要组成部分。党的二十大精神为我们推动中华优秀传统法律文化创造性转化、创新性发展，推动中华优秀传统法律文化与中国特色社会主义法治精神融通结合提供了根本遵循。

推动中华优秀传统法律文化创造性转化、创新性发展，要坚定法律文化自信，赓续法律文化精神血脉，弘扬法律文化民族品格，挖掘中华优秀传统法律文化永不褪色的时代价值，结合新时代的伟大变革、伟大实践、历史使命和时代要求，赋予其新的时代内涵，为回答新时代全面依法治国的中国之问、世界之问、时代之问、人民之问提供历史经验、提供有益启迪。要全面、系统地梳理中华优秀传统法律文化的起源、发展、流变、实践，对不同时代不同流派的法律思想、法律理念兼收并蓄，理顺传统法律文化的发展脉络，提炼出中华优秀传统法律文化一脉相承的内在精神，整理好中华优秀传统法律文化在各个领域各个层面的丰富表达，正本清源，凝练中华民族法律制度、法律思想、法律文化、法律心理的精神标识。要全面、系统地对律、令、格、式等成文法源进行收集、整理与分析，对判词、契约、民俗、家规家训、族规族训等司法守法行为规训进行法律文化的挖掘、耙梳与拓展。要加强对法律文化典籍、文物和历史遗迹的保护和整理，让书写在古籍里、蕴藏在文物中、显现于遗迹处的法律文化彰显出来、鲜活起来、传承下去。要研究、总结中华传统文化之"道统"与古代中国"礼乐政刑"之"治统"的关系，确立中华优秀传统法律文化在"礼法"之治中的重要地位。研究、总结中国传统法律文化对中国古代法制的引领机制；研究、总结中国古代法制的整体架构、核心内容、内在逻辑、实施效果；研究、总结其成败得失，以史为鉴，不蹈覆辙，汲其精华，开创未来。要在中华优秀传统法律文化的研究、阐释、宣传上下功夫，使中华优秀传统法律文化入眼入耳，入脑入心，化为人们日用而不觉的法律理念、法律意识，让对中华优秀传统法律文化的创造性转化、创新性发展有源有本，具有广泛而深厚的社会基础、心理基础。要在继承中发展，在发展中继承，学古而不泥古，破法而不悖法，"以古人之规矩，开自己之生面"，让中华优秀传统法律文化为中国特色社会主义法治道路永续源头活水，为全面依法治国建设作出新的更大贡献。

（四）以习近平法治思想为指导，不断从中华优秀传统法律文化中汲取营养，不断推动实践基础上的理论创新

习近平法治思想内涵丰富、论述深刻、逻辑严密、系统完备，从历史和现实相贯通、国际和国内相关联、理论和实际相结合上深刻回答了新时代为什么实行全面依法治国、怎样实行全面依法治国等一系列重大问题。习近平法治思想是顺应实现中华民族伟大复兴时代要求而生的重大理论创新成果，是我们党百年来提出的最全面、最系统、最科学的法治思想体系。习近平法治思想是马克思主义法治理论中国化时代化最新成果，开辟了马克思主义法治理论新境界，拓展了中国特色社会主义法治新道路，赋予了中华法治文明新内涵，贡献了维护国际法治秩序新智慧，是最具原创性的当代中国马克思主义法治理论。习近平法治思想是习近平新时代中国特色社会主义思想的重要组成部分，是马克思主义法治理论同中国法治实践的具体实际相结合、同中华优秀传统法文化相结合的时代结晶。马克思主义法治理论中国化的百年历程，就是马克思主义法治理论基本原理同中华优秀传统法律文化相结合的过程。中华民族有着悠久的法律文化传统。在延绵经久的中华文明发展过程中，中华民族创造了体现独特的民族法律品格的博大精深的法律文化。中华传统法律文化作为一种文化的力量，深深地嵌入中国法治现代化进程之中，并且对这一进程产生持续久远的深刻影响，铸就着中国法治发展民族禀赋，为马克思主义法治理论中国化进程提供了深厚土壤。中国共产党人在推进马克思主义法治理论中国化的过程中，深入发掘、传承和弘扬中华优秀传统法律文化精华，用马克思主义法治理论的真理力量激活了中华民族历经几千年创造的伟大文明，使中华法制文明再次焕发出蓬勃生机和魅力。习近平法治思想深耕于中华优秀传统法律文化土壤，汲取中华民族法文化的思想养分，使中华优秀传统法文化的精髓得到传承和弘扬，使法治的中国精神和民族特色得以彰显。对习近平法治思想中的传统法文化基因进行耙梳，能够更加深入地理解习近平法治思想形成发展的"所以然"，更好地诠释习近平法治思想的理论创造力与历史解释力。

学"四史"，悟思想，讲好新时代的中国故事

◎刘晓楠

作者简介：刘晓楠，现为福建省社会主义学院教授，刘晓楠专家工作室导师，福建"福文化"工作专家、省人社厅师资专家、省政协特约研究员、东南周末讲坛十佳（红色）宣讲人、省直机关工委讲师团特聘教授。

研究方向为习近平新时代中国特色社会主义思想、统战理论、中华文化、两岸关系等。主讲课程连续三届荣获中央社会主义学院主办的全国社会主义学院优秀教学成果奖和优秀科研成果奖；获海峡西岸统战文化论坛优秀论文一等奖、多次获福建省统战调研课题优秀成果一等奖、获"中华文明与人类共同价值"国际研讨会论文奖等，在全国核心刊物发表多篇论文、编著多部，主持各级课题二十多项，成果获省部级领导批示。

今天学习的"四史"是哪四史呢？就是党史、新中国史、改革开放史和社会主义发展史，它不是割裂开来的，它是一个整体。习近平总书记强调，从中国共产党的百年奋斗中看清楚过去我们为什么能够成功，弄明白未来我们怎样才能继续成功。

从大历史观的角度来说，从1911年终结帝制迄今不过100多年，经过中国人民的浴血奋斗，在中国共产党的领导下，中国已经建设成为社会主义大国。而中国故事的最大亮点是什么呢？那就是中国共产党的诞生。这是开天辟地的大事件，以及中国特色社会主义进入新时代。不管你是不是中共党员，但是你生活在这个时代，就应该了解中国共产党的故事。

讲好中国故事，就要理解中国共产党，才能够真正理解中国。中国问题专家、中国改革友谊奖章获得者罗伯特·劳伦斯·库恩曾说过，在对中国的所有误解中，有关中国共产党的问题被列为首位。许多人不了解中国共产党，特别是不了解中国共产党从一个"革命党"到"执政党"的角色转变过程。现在，世界对中国的兴趣正不断增加，只有理解了中国共产党，才能真正理解中国。

接下来我从三个大方面来讲，一是学习"四史"的现实意义，二是讲好新时代的中国故事，三是如何讲好新时代中国故事的一些思考。

一、学习"四史"的现实意义

中国共产党最擅长的是什么？就是总结经验，毛泽东说："我是靠总结经验吃饭的。"越是重大历史关头，毛泽东越重视读史、鉴史，他曾说："如果要看前途，一定要看历史。"他在《如何研究中共党史》一文中，更加明确地提出："如果不把党的历史搞清楚，不把党的历史上所走的路搞清楚，便不能把事情办得更好。"毛泽东的大多数著作都是在总结了古今中外历史经验特别是中国共产党领导的革命和社会主义建设历史经验的基础上写成的，如《中国社会各阶级的分析》《中国革命战争的战略问题》《实践论》《矛盾论》《论持久战》《新民主主义论》《论十大关系》《关于正确处理人民内部矛盾的问题》，等等。

通过总结经验，我们就要从中国共产党的辉煌的成就、艰辛的历程、历史的经验、优良的传统中去汲取这个智慧和力量。

（一）学史明理：我们要"明"的是哪些"理"？

1. 弄明白中国共产党为什么"能"的基本道理

中华民族是世界上古老而伟大的民族，创造了绵延五千多年的灿烂文明，为人类文明进步作出了不可磨灭的贡献。但近代以来，我们面对数千年未有之大变局，特别是鸦片战争之后，伴随着列强的坚船利炮，中国被迫打开国门，逐步成为半殖民地半封建社会。从1840年到1919年的80年间，中国被迫与列强签订了900多个丧权辱国的不平等条约，那时候的中国，国家蒙辱、人民蒙难、文明蒙尘。为了拯救民族危亡，中国人民奋起反抗，仁人志士奔走呐喊，进行了可歌可泣的斗争。太平天国运动、洋务运动、戊戌变法、义和团运动接连而起，各种救国方案轮番出台，但都以失败告终。孙中山先生领导的辛亥革命推翻了统治中国几千年的君主专制制度，但也不能改变中国半殖民地半封建的社会性质和中国人民的悲惨命运。

中国共产党的诞生，是中国历史上"开天辟地的大事变"。1921年7月23日，中国共产党第一次全国代表大会在上海法租界望志路106号召开（现兴业路76号）。13名党员，代表了全国50多名党员，选举陈独秀任书记。

1938年5月毛泽东在延安抗日战争研究会上的讲演中正式提出："7月1日，是中国共产党建立十七周年的纪念日。"从中国共产党创立到新中国成立的二十八年间，中国共产党团结带领中国人民，创造了新民主主义革命的伟大成就，"彻底结束了旧中国半殖民地半封建社会的历史，彻底结束了旧中国一盘散沙的局面，彻底废除了列强强加给中国的不平等条约和帝国主义在中国的一切特权"。中华民族任人宰割、饱受欺凌的时代一去不复返了！习近平总书记在中国共产党成立100周年大会上强调，中国共产党和中国人民以英勇顽强的奋斗向世界庄严宣告，中华民族迎来了从站起来、富起来到强起来的伟大飞跃，实现中华民族伟大复兴进入了不可逆转的历史进程！

截至2021年6月5日，中国共产党党员总数为9514.8万名，党的基层组织总数为486.4万个。党的十八大以来，全国平均每年约有390万人向党组织递交入党申请。中国共产党已成为世界上第一大党。

下面我们一起来看一段小视频，里面的内容是《我宣誓》。如果是中共党员的话，肯定对这个入党誓词特别的熟悉，不是党员的也没关系，我们来听一听，就是用歌曲的形式把入党誓词表达出来：

我宣誓……

我志愿加入中国共产党/拥护党的纲领/遵守党的章程/履行党员义务/执行党的决定/严守党的纪律/保守党的秘密/对党忠诚/积极工作/为共产主义奋斗终身/随时准备为党和人民牺牲一切/永不叛党/永不叛党……

从激昂雄壮的歌曲旋律中我们可以感受到中国共产党为什么说他的初心和使命是为民族谋复兴、为人民谋幸福的这样一种信念。这种植根在心里的理想和信念，从中国共产党的成立之初就有了。

在党的百年征程中有四个时期和四大事件，第一个时期是"开天辟地"，就是中国共产党团结带领中国人民，通过浴血奋战，百折不挠，在新民主主义革命时期完成了救国大业；第二个时期是"改天换地"，就是中国共产党团结带领中国人民通过自力更生，发奋图强，在社会主义革命和建设时期完成了兴国大业；第三个时期是"翻天覆地"，就是中国共产党团结带领中国人民通过解放思想，锐意进取，在改革开放和社会主义现代化时期推进了富国大业；第四个时期是"惊天动地"，就是中国共产党团结带领中国人民通过自信自强，守正创新，在中国特色的社会主义新时代，推进全面建成小康社会和开启社会主义现代化新征程，要实现这个强国大业，就是在本世纪中叶，我们要建成富强民主文明和谐美丽的社会主义现代化强国。

2. 弄明白马克思主义为什么"行"的基本道理

今天我们所取得的成就就在于我们始终坚持把马克思主义基本原理同中国具体实际相结合、同中华优秀传统文化相结合。习近平总书记指出：如果没有中华五千年文明，哪里有什么中国特色？如果不是中国特色，哪有我们今天这么成功的中国特色社会主义道路？

《共产党宣言》明确了共产党人为民的矢志初心，指出"每个人的自由发展是一切人的自由发展的条件"。人的解放和自由全面发展是全部马克思主义学说的主题，也是马克思主义追求的最高的价值目标。要不要坚持马克思主义，最核心最本质的问题就是要不要实现劳动者的解放，要不要让老百姓过上好日子。中国共产党人是马克思主义最忠实的学生，也是马克思主义最聪慧的学生。在新民主主义革命与社会主义革命和建设时期"两个结合"的初步探索中，实现了以"毛泽东思想"为标志的马克思主义中国化的第一次历史性飞跃，引领中华民族真正的站起来；在改革开放和社会主义现代化建设时期"两个结合"的深入拓展中，实现了以"中国特色社会主义理论体系"为标志的马克思主义中国化新的飞跃，推动中华民族从站起来到富起来；在中国特色社会主义进入新时代"两个结合"的深化发展中，实现了以"习近平新时代中国特色社会主义思想"为标志的马克思主义中国化新的飞跃，推动中华民族从站起来、富起来到强起来。

（二）学史增信：鼓起奋进新时代精气神

学史可以从中汲取智慧力量，能够增强我们胜利的信心、克服困难的信心。

120年前（1901），八国联军入侵，因为我们落后所以被迫签订不平等条约，赔地赔款；120年后（2021），中美高层战略对话，一个重要原则是：必须相互尊重才能平等对话。对美国人及其"五眼联盟"的盟友来说，虽然身子进入了21世纪的第二个10年，对中国，脑子还停留在19世纪末的晚清，他们显然不了解中国，不了解世界。这是一种傲慢和偏见，那么这种傲慢和偏见会导致他们的一种思维，叫作"信息茧房"，就是只关注自己眼前的利益或者自认为愉悦的事情，而不看到别人好的地方。"你们没有资格在中国面前说，你们从实力的地位出发同中国谈话。""中国已经不是120年前的中国！"中国外交官的铿锵话语令我们充满信心。

中国共产党百年辉煌的历程，是学史增信的丰厚的历史滋养，比如党的理论的发展，是学史增信的重要的思想源泉。思想源泉就是我们经常讲的一句话叫坚持真理。我们党的这个理论的创新发展，开始有毛泽东思想、邓小平理论、"三个代表"重要思想，然后还有科学发展观，新时代有习近平新时代中国特色社会主义思想，说明党的创新理论在不断发展，也是马克思主义中国化一个了不起的成果。

（三）学史崇德：提升精神境界

据不完全统计，近代以来，为中国革命和建设事业献出宝贵生命的烈士约有2000万。1949年9月30日，人民英雄纪念碑奠基礼在天安门广场隆重举行。毛泽东宣读了他亲自起草的碑文："三年以来，在人民解放战争和人民革命中牺牲的人民英雄们永垂不朽！三十年以来，在人民解放战争和人民革命中牺牲的人民英雄们永垂不朽！由此上溯到1840年，从那时起，为了反对内外敌人，争取民族独立和人民自由幸福，在历次斗争中牺牲的人民英雄们永垂不朽！"

今天，我们依然深切怀念为建立、捍卫、建设新中国英勇牺牲的革命先烈；深切怀念为改革开放和社会主义现代化建设英勇献身的革命烈士；深切怀念近代以来为民族独立和人民解放顽强奋斗的所有仁人志士。

习近平总书记指出，在一百年的非凡奋斗历程中，一代代中国共产党人顽强拼搏、不懈奋斗，涌现了一大批视死如归的革命烈士、一大批顽强奋斗的英雄人物、一大批忘我奉献的先进模范，形成了井冈山精神、长征精神、遵义会议精神、延安精神、西柏坡精神、红岩精神、抗美援朝精神、"两弹一星"精神、特区精神、抗洪、抗震救灾精神、抗疫精神等伟大精神，构筑起了中国共产党人的精神谱系。

而坚持真理、坚守理想，践行初心、担当使命，不怕牺牲、英勇斗争，对党忠诚、不负人民的伟大建党精神，就是中国共产党的精神之源。

结合福建实际看，我们的党史事件很多，红色资源很多，革命先辈很多，所以开展党史学习教育，就有很多独特的资源。福建人民在百年历史中，在中国共产党的领导下，先后形成了"思想建党、政治建军；实事求是、群众路线；敢于斗争、团结统一"的古田会议精神；"深入群众、实事求是、执政为民、勇于探索"的才溪乡调查精神；"坚定信念、求真务实、一心为民、清正廉洁、艰苦奋斗、争创一流、无私奉献"的苏区精神；"不带私心搞革命、一心一意为人民、求真务实勇担责、百折不挠干事业、保护自然谋发展、克己奉公树正气"的谷文昌精神；"艰苦创业、开拓创新、团结协作、勇于担当"的三钢精神；"敢为天下先，爱拼才会赢"的晋江精神；"弱鸟先飞、滴水穿石"的闽东精神；"马上就办、真抓实干"的"马真"精神；"人民至上、科学决策、生态优先、久久为功、实事求是、共建共享"的木兰溪治理精神；包括"嘉庚爱国报国精神、海堤创新奋斗精神、英雄三岛军民奉献精神、鼓浪屿好八连文明先锋精神和马塘进取拼搏精神"在内的厦门精神；漳州"110"精神、"忠诚、干事、担当"的廖俊波精神等。通过学习、领会这些精神，就可以提升我们的精神境界。

（四）学史力行：落到办实事开新局上

习近平总书记指出，学史力行是党史学习教育的落脚点，要把学史明理、学史增信、学史崇德的成果转化为改造主观世界和客观世界的实际行动。

作为共产党员来说，首先始终坚持党的全面领导。要从党的非凡历程中汲取丰富的历史经验，深刻认识坚持党的全面领导的历史必然性，增强"四个意识"、坚定"四个自信"、做到"两个维护"。其次不断锤炼共产党人的政治品格。从党的奋斗历程和伟大成就、光荣传统和优良作风、实践创造和历史经验中筑牢信仰之基、补足精神之钙。再有严格修身律己。共产党人无论是想问题、搞研究，还是作决策、办事情，都必须站在党和人民立场上，这是共产党人的党性原则。最后，在推动发展上解决问题。我们党领导人民干革命、搞建设、抓改革，从来都是为了解决中国的现实问题。今天，党团结带领中国人民踏上了实现第二个百年奋斗目标新的赶考之路。学习党的历史，就要把学习党史同推动工作、推动发展结合起来，坚持求真务实、担当作为，创造性落实党中央决策部署，着力破解发展难题，努力做出无愧于党和人民、无愧于历史和时代的新业绩。

二、讲好新时代的中国故事

中国特色社会主义进入新时代，党和国家的事业取得了历史性的成就。从六个方面讲一讲中国共产党的故事。

（一）人民至上：摆脱贫困，实现小康

新中国成立之初是世界上最贫穷落后的国家之一。当时国内一些资本家扬言，"共产党军事上100分，政治上80分，经济上0分"。时任美国国务卿艾奇逊断言，中国历朝历代都没有解决老百姓的吃饭问题，中国共产党也解决不了。在中共八大期间，毛泽东在会见南斯拉夫共产主义者联盟代表团时说：要使中国变成富强的国家，需要50年到100年的时光。

73年过去了，中国共产党交出了一份出色的答卷，创造了世所罕见的"三大奇迹"：一是经济快速发展奇迹，仅仅用几十年时间就走完了西方发达国家几百年走过的工业化历程，建立了世界上门类最全的现代工业体系，成为世界第二大经济体；二是社会长期稳定奇迹，中国社会实现长期稳定，既建立在快速发展的基础上，也建立在持续推进公平正义的基础上；三是和平崛起奇迹，无论发展到哪一步，中国都永远不称霸、永远不搞扩张，永远不会把自身曾经经历过的悲惨遭遇强加给其他民族。

在摆脱贫困、全面建成小康社会的过程中，中国共产党人始终坚持以人民为中心的思想。习近平总书记在"2015减贫与发展高层论坛"讲话中的一段话令人印象深刻："40多年来，我先后在中国县、市、省、中央工作，扶贫始终是我工作的一个重要内容，我花的精力最多。""25年前，我在中国福建省宁德地区工作，我记住了中国古人的一句话：'善为国者，遇民如父母之爱子，兄之爱弟，闻其饥寒为之哀，见其劳苦为之悲。'至今，这句话依然在我心中。"

在《摆脱贫困》一书中，习近平总书记写道："我推崇滴水穿石的景观，实在是推崇一种前仆后继，甘于为总体成功牺牲的完美人格；推崇一种胸有

宏图、扎扎实实、持之以恒、至死不渝的精神。"这是以习近平同志为核心的党中央破解我国发展难题的艰辛探索，体现了推动高质量发展和实现高品质生活的雄心壮志。

记得1998年12月，时任福建省委副书记的习近平在福建宁德福安主持召开连家船民上岸定居现场会曾说"没有连家船民的小康就没有全省的小康。"今天连家船民搬上来、住下来、富起来。从他们朴实的笑脸中可以感受到他们的日子越过越红火、越过越甜蜜。

（1984年）海上漂泊 祈盼脱贫
（1998年）造福工程 上岸定居
（2008年）发展养殖 脱贫增收
（2018年）人兴家旺 幸福生活
（2020年）转型升级 生态致富

霞浦县溪南镇虾塘村岱溪头自然村连家船民林阿柱一家的幸福生活嬗变。

习近平总书记动情地说过："老百姓是天，老百姓是地。忘记了人民，脱离了人民，我们就会成为无源之水、无本之木，就会一事无成。"党的根基在人民、血脉在人民、力量在人民。

在建成全面小康及现代化的路上，科技创新功不可没。从嫦娥五号"上九天"，到"奋斗者"号"下五洋"，从高铁、5G培育新增长极，到大数据、人工智能赋能高质量发展，从量子、干细胞研究深入"无人区"，到"中国路""中国桥""中国核电"不断走出去……无论是基础研究、高新技术，还是成果转化、工程应用，重大创新竞相涌现。党的十八大以来，我国整体创新能力大幅提升。2020年全社会研发支出达2.4万亿元，占GDP比重为2.4%；科技进步贡献率估计超过60%。许多科学家放弃国外优渥的条件，回国搞科研，为中国式现代化发展作出突出贡献。中国科技大学的"80后"教授陆朝阳，28岁从剑桥大学博士毕业后回国投身量子领域前沿研究。2020年12月

4日，他担当主力的团队成功研发量子计算原型机"九章"，居于全球领先位置。

福建在现代化的道路上，做好数字、海洋、绿色、文旅经济四大文章，加快科技自立自强步伐，努力建设高水平创新型省份；力争在碳达峰碳中和工作中走在全国前列。

（二）中国精神：疫情大考，中国之治

突如其来的新冠疫情，是对我国政府、社会和个人的综合考试。一方面考验我们的治理能力和治理水平（国家的制度建设），另一方面考验我们应对困难挑战的定力和韧劲（考验的是人的文化、精神、素养等建设）。从疫情防控可以看出中国制度的优势，包括党领导一切的政治优势、全国一盘棋的体制优势、以人民为中心的价值优势、群防群治防线的治理优势。举个例子：在武汉确诊的2500多位80岁以上高龄患者中，救治成功率达70%，年纪最长者为108岁。据统计，确诊住院患者人均医疗费用达到2.15万元，重症患者超过15万元，少数危重症患者达到几十万元，甚至超过百万元，医保均按规定予以报销。所以我们说，一个国家对生命的态度是最有说服力的标尺。有张"2020年最美的照片"火遍全网。夕阳洒在街道上、高楼间，印在马路上，穿着防护服的年轻医生和躺在病床上的老人沐浴在余晖中。老人微微抬起头，右手指着即将缓缓落入汉江的太阳，推着床的医生微微侧着身体昂着头看向老人指向的地方……多么温馨的一幅场景，令人感受到温暖的力量、爱的力量、希望的力量。

美国前国务卿基辛格在《论中国》一书中说过："中国人总是被他们之中最勇敢的人保护得很好。"从84岁的钟南山、73岁的李兰娟以及王辰、张伯礼、陈薇等院士身上，我们看到了院士的专业、战士的勇猛和国士的担当；从那些平凡但却无畏的医护人员、记者、快递小哥、社区工作者等身上，我

们看到了一个个最美逆行者义无反顾的奉献和牺牲，体会到什么是真正的"家国情怀"。

一方有难八方支援。成千上万企事业单位和人民群众自发捐资捐物；大量新冠肺炎康复者踊跃献血；众多港澳台同胞、海外侨胞心系祖国、慷慨解囊；无数志愿者不计报酬、不辞辛劳；更有耄耋老者、幼稚儿童倾其所有，大量夫妻档、父子兵、师徒配一同参战、无私奉献。许许多多的故事体现了中国人怀"友爱之心"、行"大善之德"，谱写了一曲曲感天动地的大爱之歌。

（三）精神力量：敢于斗争，敢于胜利

习近平总书记强调，共产党人的斗争是有方向、有立场、有原则的，大方向就是坚持中国共产党领导和我国社会主义制度不动摇。

凡是危害中国共产党领导和我国社会主义制度的各种风险挑战、凡是危害我国主权、安全、发展利益的各种风险挑战、凡是危害我国核心利益和重大原则的各种风险挑战、凡是危害我国人民根本利益的各种风险挑战、凡是危害我国实现"两个一百年"奋斗目标、实现中华民族伟大复兴的各种风险挑战的，只要来了，我们就必须进行坚决斗争，而且必须取得斗争胜利！

从认识层面看，和合价值观认为，事物存在着多样性的统一。对于非对抗性的矛盾要尽量用协商、协调、平衡的方法去处理，使不协调达到协调、不平衡达到平衡。"和"绝不是求妥协、退让。中国有句老话："人不犯我我不犯人，人若犯我我必犯人"。

从实践层面看，在不涉及我国核心利益的问题上不直接对抗，合作时有效合作，协商时充满诚意，斗争时积极斗争，既让合作获得共赢，协商达成共识，又使斗争抵御风险，确保中国的发展利益与安全利益。如果威胁中国的政治安全，损害中国的核心利益，我们就坚决地不妥协地进行斗争。

我们积极学习借鉴人类文明的一切有益成果，欢迎一切有益的建议和善意的批评，但我们绝不接受教师爷般颐指气使的说教。

（四）祖国统一：反对"台独"，两岸融合

1949年以来，中国共产党、中国政府、中国人民始终把解决台湾问题、实现祖国完全统一作为矢志不渝的历史任务。

习近平总书记指出，"从根本上说，决定两岸关系走向的关键因素是祖国大陆发展进步。""我们所追求的国家统一不仅是形式上的统一，更重要的是两岸同胞的心灵契合。"2021年政府工作报告提出，有信心、有决心、有能力来发展两岸关系。

按照习近平总书记的重要讲话重要指示批示精神，福建在对台方面，要扎实推动经贸合作畅通、基础设施联通、能源资源互通、行业标准共通；加快实现与金门、马祖通水、通电、通气、通桥；加大文化交流力度，把工作做到广大台湾同胞的心里；像为大陆百姓服务那样造福台湾同胞；进一步提升基本公共服务均等化、普惠化、便捷化水平。福建在《关于探索海峡两岸融合发展新路的实施意见》中提出，坚持以"通"促融，率先实现应通尽通；坚持以"惠"促融，提升台湾同胞获得感；坚持以"情"促融，增进两岸人民心灵契合。

举个例子。推进金门、马祖同福建沿海地区"通水、通电、通气、通桥"。2018年8月5日，福建向金门供水，金门乡亲期待了23年的梦想终于成为现实。两岸应通尽通不仅是水电气桥等看得见的物质相通、利益相通，更要追求心灵相通。从水通、电通、气通、桥通，再到心灵相通，这才是海峡两岸融合发展的崭新境界。围头半岛、金门岛，这两个地方曾是战火纷飞的军事前线，而今变成百业兴旺的两岸交流合作前沿。

（五）从严治党：自我革命，反腐倡廉

中国共产党在历史上的六次自我革命包括：

第一次是1927年八七会议（批判大革命后期右倾机会主义错误）；第二次是1935年遵义会议（以毛泽东同志为核心）；第三次是延安整风运动（从思想上批判以王明为代表的"左"倾教条主义错误）；第四次是新中国成立初期践行"两个务必"思想的整风整党运动；第五次是粉碎"四人帮"的胜利和党的十一届三中全会开始的全面拨乱反正；第六次是党的十八大以来开启的全面从严治党新征程。这是中国特色社会主义进入新时代的伟大自我革命。

以习近平同志为核心的党中央提出全面从严治党，以雷霆万钧之势开展反腐败斗争，标本兼治，坚持"打虎""拍蝇""猎狐"无禁区、全覆盖、零容忍。党中央严肃查处从中央到地方一帮腐败变质的领导干部和一批重大案件，反腐败斗争取得压倒性胜利。全面从严治党这场伟大的自我革命，校正了党和国家前进的航向，解决了党和国家事业发展带有全局性、根本性、方向性的问题。

据中纪委介绍，从十八大结束，从2012年12月到今年（2021年）5月份，在党中央坚强领导下，纪检监察机关共立案审查调查省部级以上领导干部

392人、厅局级干部2.2万人、县处级干部17万余人、乡科级干部61.6万人；查处落实中央八项规定精神不力问题、"四风"问题62.65万起。

习近平总书记说，真正把忠诚党和人民事业，做人堂堂正正，干事干干净净的干部选拔出来，让不作为的人坐不稳，让忽悠的人没前途，让跑官要官的人没市场，让买官卖官的人受严惩，形成风清气正的良好政治生态。

三、讲好新时代中国故事的一些思考

讲好中国故事，传播好中国声音，不只关注怎么讲，还要思考讲什么。一个中国人走出去有时候就是代表一个国家，所以你想传达的理念和价值是什么？不只关注讲故事的技巧和策略，还要思考故事传达的理念与价值；另外一个就是不只关注讲中国自己的故事，还要思考中国的故事和人类故事的交集。

（一）学习榜样精神，讲好中国故事

我这里推荐大家一本书，叫作《红星照耀中国》，是由一位叫斯诺的美国人写的，即使今天我们再看这本书，都还能够从中得到很多的启发。斯诺是一名记者，他是第一个报道我们这个红色政权的外国记者。毛泽东也是非常赞赏他的，后来斯诺临去世之前，留下一句话："我的心永远属于中国。"刚开始他并不了解中国共产党，也有很多的疑问，他就带着这些疑问，以记者的敏锐性写了很多关于红军的文章，所以我觉得斯诺真的是一个很了不起的人，《红星照耀中国》是一本非常了不起的书。他以记者的敏锐思考，通过红军长征的史实，讲清楚中国共产党是什么样的人，回应了当时很多人对于中国、对于中国共产党的一些疑问，比如，当时参加中国共产党肯定有很大风险的，但是为什么还有千千万万的人心甘情愿地去冒这个风险？为什么有这个千千万万的农民工人学生士兵去加入红军、反对独裁的南京政府？为什么会有一种不屈不挠的力量在推动他们不畏牺牲去拥护红色政权？此外，斯诺另一个很厉害的地方就是，他懂得西方读者的语言习惯和接受心理，因此他能通过中国的故事表达关于人类共同命运的关切与思考，将故事背后的意义唤起了西方普通读者的情感共鸣。

范长江是我国现当代新闻史上赫赫有名的人物，是第一个从白区进入延安，向全国报道红色区域情况的记者。他在20世纪30年代发表的《中国的西北角》首次向全国广大读者公开报道了红军和两万五千里长征。他强烈的时

代感、正义感、生动形象的描写、旁征博引妙趣横生的笔法，给后来者留下了一笔宝贵的财富。斯诺、范长江都是讲好中国故事的杰出代表，是我们学习的榜样。

（二）增强三种素养

讲好中国故事，需要提高三个素养。

1.提高哲学素养

哲学是关于世界观的学问，即看待问题要用哲学的思维去看问题。古人说，以铜为镜，可以正衣冠；以史为镜，可以知兴替；以人为镜，可以明得失。任何历史都是当代史，是当代人对历史的认识和借鉴。历史是民族的根，倘若忘记了历史，我们的心灵将会是一片荒芜。

今天在这里讲到哲学思维的时候，就是要用马克思主义的辩证唯物主义的思想，因为我们中国共产党，就是按照马克思主义的思想，他是马克思主义最忠实的学生，也是马克思主义最聪慧的学生。为什么说最聪慧？因为他会懂得把马克思主义的基本原理和中国的实际相结合，与中华优秀传统相结合。我们在讲历史时，要树立正确党史观，反对历史虚无主义。网络上有些东西炒作夸大或者娱乐化，庸俗化。这些东西大家一定要注意了，所以为什么我今天的题目叫作学四史，悟思想，你只有学习好党的这个历史，你才能够悟通思想，你才不会被网络上那些人云亦云的东西所左右。习近平总书记指出："现在，一些错误倾向要引起警惕：有的夸大党史上的失误和曲折，肆意抹黑歪曲党的历史、攻击党的领导；有的将党史事件同现实问题刻意勾连、恶意炒作；有的不信正史信野史，将党史庸俗化、娱乐化，热衷传播八卦轶闻，对非法境外出版物津津乐道，等等。"因此，对于历史虚无主义等错误倾向我们要坚决反对、抵制。

2.提高政治素养

政治素养主要指在政治立场、政治品质、政治水平等政治素质方面的修养。

习近平总书记反复强调，要深入学习党的创新理论，加强党史学习教育，同时学习新中国史、改革开放史、社会主义发展史，不断提高政治判断力、政治领悟力、政治执行力。党史里藏有"富矿"，就是要通过学习从历史中汲取智慧力量，因为历史就是最好的教科书，是最好的营养剂，那你就可以学到，学到你就会判断现实的一些情况问题，最重要就是要提高"政治三力"。

像对福建的发展来说，我们说提高政治素养，就是要以习近平总书记的重要讲话重要指示批示精神来推动福建的发展，而且福建这几年来也正是按照总书记的要求去推动全方位高质量发展，现在是越来越好。

3.提高文化素养

中华传统文化中有很多理念值得我们去学习的，比如著名的"横渠四句"讲道："为天地立心，为生民立命，为往圣继绝学，为万世开太平。"还有林觉民《与妻书》中说"吾充吾爱汝之心，助天下人爱其所爱，所以敢先汝而死，不顾汝也。汝体吾此心，于啼泣之余，亦以天下人为念，当亦乐牺牲吾身与汝身之福利，为天下人谋永福也。汝其悲！"这种"为天下人谋永福"的精神值得我们今天发扬光大。中华传统文化里对于理想人格的这种追求，叫作内圣外王。"内圣"：指的是加强自我修养，践行君子人格，修身养德，做一个有德性的人；"外王"：指的是经世济民，治国理政，注重政绩，做一个有事功的人。就是对于我们的人格要如切如磋，如琢如磨，不断自我完善。中国古人，有很多的人格修养之道，比如说慎独，比如说求诸己，就是你不要老是怪别人，要首先反思自己的问题，还要磨炼，要自省，经常要三省吾身，这些都是自我修身的一个很重要的方面。

中华文明中的"苟日新，日日新，又日新"的创新改革精神，中华文明中"和而不同"的文明多元共生理论，中华文明的"天人合一"中的人与自然、社会与生态的和谐精神，以及中华文明和平世界主义的天下世界观，中华文明中"修身，齐家，治国，平天下"的伟大理想，都是要我们去学习和践行的。

在习近平总书记一系列重要讲话和文章中，闪耀着中华民族优秀传统文化博大精深的智慧光芒，尤其是所引用的古典名句（不完全统计300多句），寓意深邃，生动传神，极具启迪意义。推荐给大家一本书《习近平用典》，是提升我们修养的重要"宝典"。

（三）提高国际话语权、创新话语方式

提高国际话语权、创新话语方式包括认知层面的养成和技能层面的训练。

1.认知层面的养成和技能层面的训练

认知层面的养成，就是要在看见的基础上，读懂中国，对社会产生深刻的认同和深厚的情感，才能立定脚跟，从价值观出发，形成牢固的中国立场。

技能层面的训练，就是要在看见、读懂中国的基础上创新话语，讲好中国故事。

2.中西方价值观交流互鉴

中西方核心价值观存在"不同"表现为：

责任先于自由：西方价值观强调个人自由至上，中华价值观强调个人对群体、社会甚至自然界的责任要优先于个人的自由。

义务先于权力：西方价值观非常强调个人权利的优先性，而中华价值观特别是儒家价值观更强调义务的优先性。

群体高于个人：中西方都强调以人为本，但西方人本主义更多强调的是以个人为本，而中华价值观则是强调以群体为本，群体利益高于个人利益。

和谐高于冲突：中华价值观推崇社会和谐、以和为贵，和而不同。西方价值观强调冲突不可避免，总想用自己的力量主宰他人。

由于中西方价值观有很大不同，因此我们不要亦步亦趋地照搬外国人的东西，可以借鉴他们好的东西，但是我们中国人本身就有很多好的东西，所以中国的立场要用国际的方式来表达，就是要围绕兴趣点，积极的讲好中国故事；要打造共情点，对外推广中华文化；要探索创新点，助力构建中国的话语。有一句话叫作价值观的主动表达，是一种姿态，也是一种能力，就是你表达一种价值观，不仅是一种姿态，更是你的能力的体现。弱国无外交，现在国家强大了，我们给外国人讲中国故事，要找准大家的这种兴趣点、共情点。然后积极探索一种新的话语方式，才能让外国人听懂我们的故事，我们中国的整体形象，才会越来越能够得到更多人的了解，得到更多人的认可。

传承弘扬"晋江经验",促进新时代民营经济高质量发展

◎林昌华

作者简介：林昌华，法学博士，福建社会科学院综合协调处副处长、研究员，主要从事中国特色社会主义经济理论与实践、民营经济等领域研究。福建省高层次人才C类，主持参与省部级以上课题20余项，荣获福建省社会科学优秀成果奖二等奖1项，三等奖2项。出版著作4部，发表论文50余篇。

近年来，中国民营经济的发展取得了举世瞩目的成就，受到国内外的高度的关注。主要是表现在三个方面：第一个是前几年社会上出现了一些错误的社会思潮，包括国进民退、民营经济离场论、公私合营论、民企党建控制论等。这些错误的言论，在社会上引发了一些争论和担忧。第二个方面是经过多年的发展培育和力量蓄积，中国民营经济开始强势崛起，尤其是出现一批例如华为、阿里巴巴、腾讯等代表性的民营企业引人瞩目，这些企业在国际国内崭露头角发挥重要影响，迅速引起全社会广泛关注。第三个方面是伴随着民营经济的发展，民营经济在国民经济当中的地位和作用日益凸显出来，尤其是呈现出的"五六七八九"的重要特征让全社会家喻户晓。总之，民营经济引发了我们整个社会，包括政界、学界、商界的强烈关注，开始成为经济社会研究的一个热点问题。

一、党和国家对民营经济的整体支持政策概括

近年来,在我国经济快速发展进程中,社会上出现了"国进民退""私营经济离场论""原罪论"等一些错误社会思潮,引发了民营企业家和非公经济人士一定程度的担忧,造成了一些不必要的社会困扰;加上当前以华为、腾讯等为代表的一批民营企业在国内国际市场强势崛起崭露头角,民营经济发展开始受到社会各界的广泛关注;此外,伴随我国经济社会快速发展,民营经济的地位越来越突出,"整个国家的经济体系中,我国民营经济贡献了50%以上的税收、60%以上的国内生产总值、70%以上的技术创新成果、80%以上的城镇劳动就业、90%以上的企业数量。"[①]也即所谓的民营经济"五六七八九",这充分体现了其在我国国民经济发展中扮演着至关重要的作用。因此,党中央始终高度关注民营经济健康发展问题,习近平总书记在多个场地就民营经济问题发表多次谈话进行了专门阐述。其中,《2015年5月18日在中央统战工作会议上的讲话》《2016年3月4日在参加全国政协民建工商联联组会时的讲话》和《2018年11月1日在民营企业座谈会上的讲话》等讲话精神明确重申了党中央对鼓励、支持、引导非公有制经济发展政策的一贯性,着眼于全局开始对民营经济发展环境进行全方位深层次的布局创新。总体上看,目前我国民营经济政策发生了全方位深层次的变化,开始步入顶层设计、整体推进的发展阶段。

当前,在世界经济复苏乏力和我国经济进入新常态的内外部环境交织变化的背景下,民营经济发展面临着一些新问题、新需求和新挑战,尤其是新时期挡在民营经济面前的"市场冰山、融资高山、转型火山"这三座无形大山严重阻碍了民营经济持续健康发展的方向。伴随着中国特色社会主义进入了新时代,党中央面对复杂严峻的时代挑战,审时度势牢牢掌控着中国特色社会主义事业的发展脉搏,习近平新时代中国特色社会主义经济思想为民营经济发展提供了根本遵循,尤其是习近平关于非公有制经济的系列重要论述为正确对待民营经济和民营企业家提供了重要指引,它系统回答了"新时代怎么正确看待民营经济和民营企业家的地位和作用,未来怎样引领民营经济健康发展、非公经济人士健康成长"等一系列重大理论和现实问题,从根本上

---

① 习近平:《在民营企业座谈会上的讲话》,2018年11月1日。

明晰了党对民营经济政策的整体设计和宏观长远导向，开始逐渐形成新的民营经济阶段性时代特征：

（一）党的民营经济政策格局更加宏大

党的十八大以来，我国的民营经济政策开始从本位利益和局部范围内考虑问题的传统思维中跳跃出来，探索从国家经济发展大局和社会治理全局的高度，把民营经济纳入"四个全面"战略布局中来统筹考虑非公经济领域的"两个健康"问题，即一体推进非公有制经济健康发展和非公有制人士健康成长，政策格局和覆盖面更加全面，民营经济的政策内容也更加丰富包容。主要表现在：一是从民营经济发展所引发的"国进民退"还是"民进国退"问题的论争中跳跃出来，转向既关心民营经济发展的转型升级与高质量发展，也关心国有经济改革的突破创新；而且在政策目标层面更加重视推动民营与国有两个经济板块之间取长补短，一并统一到社会主义市场经济中去，以此来促进民营和国有两大经济领域的互动融合实现共同发展，推动形成经济内部格局的良性循环以此打造中国经济升级版。二是从以前普遍注重"安商招商护商"的理念和习惯性传统发展思维方式，转向积极引导民营企业勇于承担社会责任，鼓励支持民营企业主动回馈和服务社会，例如在国家精准脱贫攻坚战中推动民营企业实施"万企帮万村"行动计划，这是充分践行了中国特色社会主义共同富裕的发展导向，进一步丰富了社会各界对民营经济发展的思想认识境界，更加全面准确地看待民营经济的地位和作用问题。三是从简单看待民营经济自身发展与市场竞争模式的传统视野，转向推进涵盖民营经济在内的多元主体构建共建共治共享的国家社会经济治理格局，进而上升至国家治理体系和治理能力现代化高度的政治思考来布局民营经济政策导向。尤其是习近平总书记提出探索构建"亲""清"新型政商关系，透彻分析政府作为与企业行为的规范，从根本上厘清政府和市场之间的边界，进而推动政治经济体制改革全面深化，逐步形成经济发展与政治治理的良性互动局面。

（二）党的民营经济政策站位更加高远

面对我国经济发展进入新常态的新形势和新要求，党中央的民营经济政策布局视野不断扩宽，形成了尊重企业家、尊重纳税人、尊重创新创业者的系统性政策举措，着重对非公经济的"两个健康"进行全方位的政策支持，全面增强了民营企业发展的预期和信心，为民营经济长远发展指出了光明前景。主要表现在：一是从过去重视企业运行发展而较少注意到企业家成长，转变为现在重视企业健康持续发展的同时更注重激发和保护企业家精神，对做好民营企业家思想教育引导提出了明确要求。这也符合马克思主义关于人是生产力中最活跃最革命的因素理论，党的政策开始重新审视企业家在推动改革和建设中的突出作用。二是从过去关注制约民营企业发展的现实生产经营问题，转变为现在更关注营造有利于民营经济创新创业创造的整体发展环境，探索从根本上破除体制机制障碍。党的民营经济政策开始谋划解决管长远的经济生态优化升级和新发展动能培育问题。三是从过去关注民营企业在国内投资兴业的内部循环，拓展到现在关注引导扶持企业走出去、主动参与"一带一路"倡议，全方位有效利用国内国外"两个市场、两种资源"，实现向国际化全球化站位延伸的内外大循环。党的民营经济政策视野获得了层次跃升，政策前瞻性顺应了时代潮流。

（三）党的民营经济政策含金量更足

新中国成立70年以来，党对非公有制经济发展的探索累积了丰富的理论和实践经验，对民营经济发展的政策举措和制度安排也日趋成熟，民营经济政策建构从以前的从无到有，到十八大侧重于政策方针的含金量，高度重视民营企业对政策的获得感，至目前已达到阶段性政策高峰，政策导向清晰明朗，这些都为民营经济持续健康发展提供了前所未有的历史机遇。民营经济政策主旨也从以前大输血强刺激的"大水漫灌"转变为现在针对性软调控的"喷灌滴灌"。从过去较少关注各类不同类型企业具体政策适用需求，所有民营企业都一样的政策"一刀切"转变为现在充分体现民营企业差异化发展要求的"精准施策"，甚至是"一企一策"；例如福建等沿海省份新近推出了"百位厅市长"结对帮扶百家民企行动方案，为重点民营企业发展提供了强有力的政策保障。从出台一些民营经济政策注重文件形式的"面子货"转变为针对民营企业更加实用实惠的政策手册式的"干货"。从过去阳光普照广泛适用的政策"撒胡椒面"转变为"集中火力"支持民营经济创新发展、激发市场主体活力的政策导向。总的来看，十八大以来，党的民营经济政策布局是致力于通过整体制度建构逐渐消除所有制的歧视和偏见，推动民营经济和国有经济得到一视同仁和平等对待，从而逐步实现"权利平等、机会平等、规则平等"的政策目标。

（四）党的民营经济政策根基更加牢固

在过去，鼓励、支持和引导民营经济发展的政策会不会变化，各界非公经济人士可能还存在些许不确定性。党的十八大以来，习近平总书记重申"两个毫不动摇""三个没有变"，明确指出公有制经济和非公有制经济都是社会主义市场经济的重要组成部分，都是我国经济社会发展的重要基础，彻底消除了民营经济和非公人士曾经存在的担忧和疑虑，为民营企业家吃下了定心丸。[1]同时党对民营经济的理论观点和制度安排也趋于成熟，民营经济政策更加扎实稳固，从根本上扎牢了民营经济健康持续发展的政策根基。主要表现在：一是习近平总书记2016年3月4日在参加全国政协民建、工商联联组会时的讲话和2018年在民营企业座谈会上的讲话再次明确了非公有制经济的地位和作用，民营经济成为我国经济制度的"内在要素"，意味着民营经济不再是可有可无、有益补充，不再是相互排斥、相互抵消，而是你中有我、我中有你的有机融合体；民营企业和民营企业家成为和国有经济一样的"我们自己人"，意味着民企和企业家不再是"被排斥的人"，不再是"被争取的人"，不再是"一般的朋友"，而是为实现中华民族伟大复兴的中国梦共同奋斗的社会主义事业的建设者。二是伴随着新时代中国特色社会主义"五位一体"总体布局和"四个全面"战略布局的逐步展开，以及供给侧结构性改革的深化，民营经济发展的体制机制束缚有望逐渐得到根除，坚持新发展理念的自觉性不断提升，为推动高质量发展提供了坚实保障，实现质量变革、效率变革和动力变革的活力日渐彰显，从而保障了我国民营经济发展的方向不会偏离。三是与经济政策相配套，党对非公有制经济人士的统一战线政策导向逐步深化，党的协商民主制度更广泛更成熟，与非公经济人士相关的制度性政治参与及安排不断创新完善，引导教育民营企业家的渠道逐步拓宽，非公有制企业党建工作正快速有序展开，民营经济政策与我国经济制度以及政治制度相统一的政策功能日益完备。总体上看，党的十八大以来，党中央通过多向发力系统布局，开始形成视野全面、内容丰富、功能比较完备的民营经济政策体系，政策着力点由治标向治本转换，由集中整治向综合长效治理转变，政策设计开始向全方位、深层次领域快速推进。

新中国经济发展的历史经验告诉我们，民营经济是我国社会主义市场经济的重要构成部分。在中国特色社会主义进入新时代的当下，我国要顺利实现全面建成小康社会，实现社会主义现代化建设，实现中华民族伟大复兴的

---

[1] 隗斌贤.新时代民营经济"两个健康"的理论与实践探索[J].治理研究.2019,（2）:19-30.

中国梦，不能没有民营经济的参与和贡献。[①]党的二十大报告指出："优化民营企业发展环境，依法保护民营企业产权和企业家权益，促进民营经济发展壮大。完善中国特色现代企业制度，弘扬企业家精神，加快建设世界一流企业。支持中小微企业发展。深化简政放权、放管结合、优化服务改革。"党的二十大新部署新要求必将对民营经济发展产生新的重大推动引领作用。我们要更加深入地研究和把握新时代民营经济发展的理论依据与实践内涵，更好地把民营经济发展置于中国特色社会主义伟大事业的视野中加以审视，持续推动不同所有制经济共同发展的良好格局，在马克思主义的引领下，充分发挥中国经济发展模式的特色与优势，为世界经济发展提供中国道路与中国方案。

二、"晋江经验"与福建民营经济发展

习近平总书记曾在福建工作了长达17年半的时间，他在福建工作期间，始终对民营经济发展高度重视，习近平总书记从1996年到2002年六年期间，六年七下晋江进行考察调研，总结了六个始终坚持和正确处理好五大关系为主要内容的晋江经验。晋江经验从此就成为引领福建加快改革、全面发展的一个概括，也成为民营经济发展经验的一个生动总结。晋江经验的具体表述体现为六个始终坚持和处理好五大关系。"六个始终坚持"即始终坚持以发展社会生产力为改革和发展的根本方向；始终坚持以市场为导向发展经济；始终坚持在顽强拼搏中取胜；始终坚持以诚信促进市场经济的健康发展；始终坚持立足本地优势和选择符合自身条件的最佳方式加快经济发展；始终坚持加强政府对市场经济的引导和服务。"处理好五大关系"即处理好有形通道和无形通道的关系；处理好发展中小企业和大企业之间的关系；处理好发展高新技术产业和传统产业的关系；处理好工业化和城市化的关系；处理好发展市场经济与建设新型服务型政府之间的关系。

（一）民营经济发展的晋江奇迹

晋江，面积仅占全省1/200的县级市，从改革开放之初的"高产穷县"，财政和人均收入均低于全国、全省平均水平的状态起步，1978年，晋江的生产总值仅1.45亿元，到2021年创造了GDP增长2060倍达到2986亿元（全国第四）、财政总收入增长1427倍达到257亿元的"晋江奇迹"；县域经济基本

---

① 王世勇.新时期非公有制经济政策的历史考察（1978-2003）[D].中共中央党校.2004.

竞争力连续21届位居全国前十，综合经济实力连续28年位居全省县域首位。福建省晋江市主要以民营经济为本，当地97%以上的企业是民营企业，全市拥有46家上市公司，是中国县域经济发展的成功典范。晋江从"三闲"起步（闲钱、闲人、闲房）、"三来一补"过渡（来料加工、来样加工、来件组装、补偿贸易）、"三资"企业迈大步（中外合资、中外合作、外商独资），到质量立市、品牌立市，晋江发展驶上快车道。晋江地区生产总值从1978年不足2亿元起步，分别用了11年突破10亿元（1989年），5年突破100亿元（1994年），12年突破500亿元（2006年）；在之后，用5年突破1000亿元（2011年），2018年突破2000亿元达到2229亿元。2021年为2986.4亿元。可以说，"晋江经验"是中国特色社会主义民营经济发展道路的探索和成功实践。

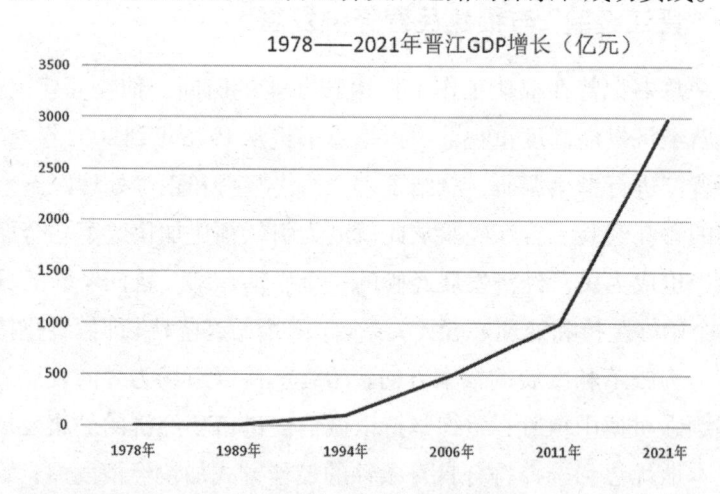

1978——2021年晋江GDP增长（亿元）

（二）"晋江经验"对民营经济发展的借鉴启示

晋江经验的成功，对于民营经济的发展是具有重要的借鉴意义的，它主要表现在两个方面，既有理论贡献，也有实践的价值。其借鉴启示主要体现在，以"六个始终坚持"和"正确处理好五大关系"为主要内涵的"晋江经验"是习近平总书记在福建关于中国特色社会主义发展道路的探索和成功实践。在"晋江经验"科学指引下，晋江走出了一条独具特色的民营经济发展道路。晋江由此成为福建省乃至全国民营经济发展最快、最具活力的地区之一。

1.大胆尝试放开手脚发展民营经济。改革开放以来，晋江始终将解放和发展生产力作为各项工作的立足点，在实践中大胆探索尝试，主动突破计划经济体制束缚，从利用"三闲"优势发展股份制乡镇企业，到实施产业集群、品牌打造、改制上市、创新驱动等一系列发展战略，极大调动经营者和劳动者积极性,创造出以市场经济、外向型经济、股份合作制为主,多种经济成分共同发展为特征的经济发展"晋江模式"。民营经济首当其冲,发挥着主力军作用。"晋江经验"高度概括了晋江生产力的成功经验,充分体现发展生产力的基本原则。"晋江经验"及其指引下晋江民营经济发展成就充分验证了民营经济是促进社会生产力发展的重要力量,是经济社会发展的重要基础。

2.发展民营经济必须紧紧依靠市场。发展初期,晋江民营企业充分发挥本地特色和比较优势,利用"三闲"起步,联户集资兴办乡镇企业,利用侨资嫁接外资发展"三资企业",探索发展"市场—原材料—技术"和"原材料—市场—技术"的经营道路,在开辟国内市场,形成国内销售网络的同时,大力发展外向型经济,积极参与国际产业分工,拓展国际市场。"晋江经验"揭示了民营经济是社会主义市场经济发展的重要成果。民营经济在市场中自主经营、自负盈亏、充分竞争、优胜劣汰,与市场经济天然相融。市场化改革打破准入限制,促进市场要素自由流动,为民营经济发展打开广阔空间,释放了发展活力。同时,民营经济具有要素市场配置资源和追求市场效率的本质属性,需要在充分发挥市场在资源配置决定性作用中生存发展,是推动和完善社会主义市场经济发展的重要力量。

3.尊重企业家精神激活民营经济活力。民营经济发展关键在企业家和企业家群体,民营企业要赢得市场竞争优势,民营企业家必须"始终坚持在顽强拼搏中取胜"。晋江在曾经严酷的生存斗争中,塑造了独特的侨乡文化和重商传统,培养起强烈经商意识、竞争意识、开放意识和创业意识,孕育出敢为天下先、爱拼才会赢的精神。晋江民营企业家群体凭借"敢拼、爱拼、善拼,敢为先下先"的企业家精神,解放思想,坚持改革开放,培育涌现出一大批具有鲜明时代特征、民族特色、世界水准的中国企业家队伍。

4.营造整体公平竞争的良好发展环境。"晋江经验"强调"始终坚持以诚信促进市场经济的健康发展",昭示了市场经济是信用经济,没有诚信市场经济就不可能健康发展。民营企业作为市场参与的主体,尤其要注重企业诚信建设,做到以诚信经营为本,形成民营企业健康运行和发展壮大的内在动力。

三、福建民营经济发展现状与对策

多年以来,福建民营经济实现了从无到有、从小到大、从弱到强的转变,以一串数字"67789"足以佐证:贡献了67.2%的地区生产总值、70%以上的税收收入、73%以上的科技成果、82%以上的就业、96.2%以上的企业数。在全省经济发展中，民营经济在稳定增长、促进创新、增加就业、改善民生等方面发挥重要作用，成为全省经济发展不可或缺的重要力量和创新创造创业的活水源头。在习近平同志的亲自关怀推动下，福建民营经济发展从稳步发展走向质量提升，取得了举世瞩目的重大成就。

（一）福建民营经济发展历程

福建民营经济的发展经历了波澜壮阔的历史进程，这离不开党和国家的政策引导，也包含着各级政府的全力支持，同时也蕴含着福建民营企业家拼搏进取的精神。总体上看，经历了以下几个时期的发展历程。

1.稳健壮大期的初期实践探索（1992—2001）

这一时期国家层面高度重视保障、引导非公有制经济发展。福建民营企业的投资和经营规模如雨后春笋成长迅猛。1992年民营经济发展的第二次创业浪潮，一批大专院校专家学者纷纷辞职创办企业；1997年民营经济发展的第三次创业浪潮，一批"海归"回国，并在互联网等新兴产业领域创业。这一阶段，我省民营经济发展领域也从原来的服务业、制造业扩展至金融等生产性服务业。据福建省统计局统计，到2002年全省民营经济国内生产总值占全省国内生产总值的比重达49.3%，其中实现工业增加值1480.9亿元，占全省总量的78.7%；实现社会消费品零售额1340.5亿元，占全省总量的80.6%，至2002年底全省乡镇企业已达78.7万户，职工575.2万人，实现总产值6781.6亿元，出口交货总值973.3亿元。①在这一时期，我省晋江市把运动鞋、服装、石材、建陶、玩具、视频、雨伞等产业引入了新的发展通道，涌现了一批龙头企业，如特步、七匹狼、鸿星尔克、劲霸、柒牌、利郎、九牧王等。

1996至2002年期间，先后担任福建省委副书记、省长的习近平同志7次深入晋江调研，他下乡村、走社区、进企业、访农户、看市场。2002年8月20日和10月5日，习近平同志分别在《人民日报》《福建日报》发表《研究借鉴晋江经验，加快县域经济发展》和《研究借鉴晋江经验，加快构建三条战略通道》的署名文章，总结了以"六个始终坚持"和"正确处理好五个关系"为核心内涵的"晋江经验"。②如今晋江已成为全国民营经济最活跃的地区之一，

---

① 数据来源：福建省2003年统计年鉴。

② 习近平总书记指出："晋江经验"是一条"以市场经济为主、外向型经济为主、股份合作制为主，多种经济成分共同发展"的经济发展道路。

连续17年跻身全国县域经济基本竞争力排行前十名。

2.快速提升期的决策部署优化（2002—2012）

福建民营经济在经历了20世纪80、90年代的积累和蓄势待发后，进入21世纪的前10年，已逐步走上科学发展的道路，无论是从发展战略、投资方向、经营规模、还是发展的专业程度、治理结构、现代管理方面都取得了巨大的进步。这一阶段福建民营经济发展的主要特征是从"继续鼓励、引导"到"毫不动摇地鼓励、支持和引导"，政策主要围绕增强民营经济发展信心、吸引国内外高层次人才、引导民营企业发展高科技、推进民营企业国际化、消除不平等待遇等。2004年外贸经营权放开后，福建省一大批民营企业开始进入对外贸易领域，迈上国际化的经营道路，逐步成为实施"走出去"战略的主力军。尤其在2008年国际金融危机后，福建省政府围绕金融危机带来的负面影响与民营企业转型升级任务，先后出台了《全面提升民营经济发展水平的若干意见》、《营造优良环境优质服务支持民营企业加快发展的若干意见》等一系列政策措施，不断改善投资环境、提高产业配套能力，积极鼓励和支持民营经济发展。福建民营企业审时度势、大胆出手、主动出击，有重点、有步骤地开展境外投资，利用"两种资源、两个市场"，以"国内经营、间接出口、直接出口、寻求国际资本合作、设立海外营销网络、并购国际品牌、建立海外公司跨国生产"等发展模式，开始将自身的发展与国家的发展战略有机地结合起来，在更大范围、更广空间、更高层次上实现对国内国际资源的有效配置，扩大了国际市场占有率。同时，福建省深入实施知识产权战略，将专利工作、品牌创建与促进企业自主创新、服务战略性新兴产业发展紧密结合。福建省民营企业日益重视技术创新并积极实施品牌战略，努力提高企业产品的知名度和附加值，在激烈的竞争中不断创造新的优势。据统计，2012年福建省专利综合实力居全国第9位；有效注册商标总数居全国第5位，[①]这些专利、商标大多由民营企业取得。其中福耀玻璃、紫金矿业、正兴车轮、万利达、龙工机械、三安钢铁、福大自动化、星网锐捷等一批规模大、竞争力强的民营骨干企业已成为行业的领头羊；九牧王、七匹狼、恒安、安踏、飞毛腿、龙净、凤竹等具有较强竞争力的知名品牌，深受国内外消费者喜爱。

---

① 数据来源：国家知识产权局《2012年全国专利实力状况报告》。

3.新时代发展跨越期的顶层设计引领（2013年至今）

在习近平总书记亲自关怀和推动下，从国家到地方都始终对福建民营企业发展高度重视，对民营企业家关怀备至、全心帮助。2014年习近平总书记给福建省30位企业家回信，强调各级政府加快转变职能、大力简政放权，让企业创新创造源泉更加充分涌流，鼓励广大企业家继续发扬"敢为天下先、爱拼才会赢"的闯劲，不断做大做强，为国家经济社会持续健康发展发挥更大作用。这让企业家们备受鼓舞，推动福建省民营经济发展上了一个新的台阶。2019年3月习近平总书记参加十三届全国人大二次会议福建代表团审议时，对民营企业家提出要"实实在在、心无旁骛做实业"的殷切希望，要营造有利于创新创业创造的良好发展环境。要坚持"两个毫不动摇"，落实鼓励引导支持民营经济发展的各项政策措施，为各类所有制企业营造公平、透明、法治的发展环境，营造有利于企业家健康成长的良好氛围，帮助民营企业实现创新发展，在市场竞争中打造一支有开拓精神、前瞻眼光、国际视野的企业家队伍。习近平总书记的重要讲话，让福建民营企业家们更加深刻认识发展民营经济的重大意义，进一步明确了方向、增强了信心、坚定了决心、鼓足了干劲。

（二）福建民营经济发展面临的主要问题

当前我们民营经济和民营企业仍然面临着一些困难和问题，尤其是中小企业普遍面临的一些发展困境问题。主要表现在"三山三门三荒两高一低"。"三山"就是民营经济普遍面临着"融资的高山""转型的火山"和"市场的冰山"。"三门"就是我们通常所说的民营经济面临的市场准入门槛仍然偏高，仍然存在"玻璃门""弹簧门""旋转门"问题。"三荒"主要表现在用工荒，用钱荒，用地荒问题，当前最主要是劳动力问题，还有就是资源要素的供应出现了一些瓶颈。"两高"，就是民营经济普遍面临成本高、税费高问题。"一低"主要是在激烈市场竞争环境下，利润普遍偏低。这些问题的出现主要是由于早期一些民营经济和民营企业急功近利和短期行为的影响，不重视长远的科技研发投入，不重视长远规划，而形成的后果。此外，福建民营企业发展存在的主要问题还表现在一是产业层次有待提高，传统产业比重仍然偏高，新兴产业比重还是比较低，附加值有待提升。低附加值的民营企业的占比仍然比较大；二是创新意识有待增强。民营企业创新能力比较薄弱，拥有自主知识产权、掌握核心技术、具备很强国际竞争力的民营企业还比较少；三是资源依赖的模式有待转换。众多民营企业,尤其是中小企业粗放经营的现象比较严重,粗加工的产品还比较多;四是民企融资难尚存。中小企业普遍遇到融资问题,民营企业以及中小企业普遍依靠民间借贷,在信贷政策环境偏紧的情况下,面临抽贷压贷的一些问题。

(三)福建民营企业发展的对策措施

1.全面落实惠企政策,激发民营经济焕发新活力

推进福建民营企业发展上新台阶,要推进打通政策落实"最后一公里"。一是支持民营企业发展不仅仅要体现在政策的制定上,更要体现在政策的执行过程中对不同所有制企业坚持公平、公开、公正的原则,促进公平竞争。要在实践中坚持"两个不动摇",坚持权利平等、机会平等、规则平等,切实解决不同所有制在政策待遇上存在的事实不平等问题。赋予民营经济民营企业与公有制经济国有企业相同的市场待遇,取消对民间资本单独设置的附加条件和歧视性条款,坚决破除不符合现代市场经济规律的行业壁垒、领域垄断以及各种隐性壁垒,完善市场准入负面清单制度,鼓励和规范民间资本参与政府和社会资本合作,会同有关部门不断推出有吸引力的项目引导民间资本参与竞争;二是要纵深推进"放管服"改革,营造一流的营商环境。围绕"简政放权、放管结合、优化服务"工作要求,行政审批和许可能取消的坚决取消,能下放的尽快下放,市场机制能有效调节的经济活动不再保留,让"放"的效果持续显现、"管"的制度不断健全、"服"的体系逐步完善,使市场需求与政府的服务实现无缝对接,着力打造便捷高效的营商环境,激发大众创业、万众创新热情,提振民营企业家的信心,从而促进民间投资持续增长;

三是全面落实支持民营企业的政策措施。继续减轻企业税费负担，不折不扣落实好国家和省里出台的税费减免政策，切实降低企业用电用气成本，推动企业生产经营成本进一步下降；四是必须推动民营经济绿色发展。高度重视环境保护、节能减排、用地效益、安全生产等问题，通过加快科技进步、发展循环经济、推广清洁能源、加强安全管理以及推行"节地发展""零地发展"等模式，不断提高资源集约利用水平和安全生产管理水平。

2.拓展民营实体融资渠道，切实降低民营经济融资压力

要积极推进金融供给侧结构性改革，着力解决民营企业融资难融资贵问题。民营企业融资难有民营企业信息不透明，信用观念薄弱和担保融资能力不足等原因，也有现有金融制度性供给不足原因。一是要对金融机构监管考核和内部激励机制加以改革和完善。将银行业绩考核同支持民营经济发展挂钩，拓宽民营经济融资途径。积极推进全省金融服务平台功能建设，努力打通民营企业融资增信缺失和信息不对称两大瓶颈，不断提升金融机构服务积极性和民营企业融资可得性。银行系统应采取不同于国有企业的相对比较宽松的评估指标体系，对民营企业进行信用等级评估，并据此来为民营企业提供相应比重的贷款额度，针对不同的信用等级，分别设置不同的贷款利率；二是支持民企上市融资。针对不同的民营企业，引导判断其最有可能适合的资本市场类型，进行有效挖掘，帮助其尽可能达到相关类型的资本市场；三是支持民企拓展债券融资，推动各地选择符合条件的国有企业和地方政府投融资平台发行"小微企业增信集合债券"；四是建立完善重大项目对接长效机制，引导银行、证券、保险、基金、融资租赁、信托等金融机构为民企提供综合金融服务。

3.提升民营经济内生动力，培育市场竞争优势

"优胜劣汰、适者生存"是市场经济的法则，作为独立的市场竞争主体，应遵循"自主经营、自担风险、自负盈亏、自我约束"企业经营的激励约束原则，我认为，在经济形势发生转变的背景下，碰到市场性困难解决根本出路是"找市场"，锤炼内功，从自身做起。一是民营企业应善于把握市场脉搏，要注重研究市场、贴近市场，经常审视所处行业和市场的特点，根据市场的潜在需求变化，迅速抢占市场，赢得先机；二是面对日渐饱和的市场和趋于同质化的竞争，民营企业要不断提升核心竞争力。加大研发投入，积极采用新技术、新工艺、新设备、新材料，努力形成和拥有更多的专利发明和自主

知识产权；三是提高资源整合水平，推进行业分工协作。通过引进战略投资者、实行强强联合、进行兼并重组等方式，实现优势互补和优化资源配置。同时不断细化产业链分工协作水平，形成龙头企业主要搞技术研发、品牌经营，中小企业搞协作加工、贴牌生产，相关机构专业分工、自主配套的格局；四是民营企业要善于挖掘管理潜力，向管理要生产力和竞争力。民营企业通过对管理理念和制度进行全方位变革，不仅有助于实现开源节流、成本降低、挖潜增效、效率提高，人员减少和收入增加，也是民营企业规范运营和长远发展的客观要求。融资难是中小企业普遍难题，民营企业要加快自身资金的周转，以提高资金的使用效率。

4.以创新驱动为关键，弘扬传承拼搏进取精神

创新是引领发展的第一动力。福建民营企业大多是从事传统产业，对传统产业的既有模式有着较深的路径依赖。因此，既要尊重企业发展规律，又要尊重产业发展规律，既要推进创新，但又不能完全抛弃传统优势产业。福建民营经济发展从数量扩展到质量提升再到品牌运作、资本运作的战略转变，靠的是扎实推进技术创新、制度创新、管理创新、经营创新，形成一大批规模大、辐射广的专业市场和综合市场，走出一条不断转型升级、发展壮大的民营经济发展路子。以改革创新为动力，坚持试点开路、创意引路、简政放权、招贤引才、以"互联网+"带动模式创新，激发企业创新创造的竞争实力和市场活力。目前福建民营企业大多在进行主动地转型升级，选择实现转型升级方向依次为向原有产业链高附加值环节转移、实现原有产业链前后一体化运营、扩大投资面实现主营业务多元化、综合化，向战略性新兴产业转移。这一经验表明，以守维成则成难继，因创兴业则业自达。唯有不断革新，民营企业才能实现高质量发展，才能勇立时代发展的潮头。当前，在国内外经济形势错综复杂、经济下行压力较大的背景下，习近平总书记在民营企业座谈会上说要让民营经济创新源泉充分涌流，提出的六大政策举措实打实地对准了民营企业创新发展中的"痛点"，给民营企业家们注入了"强心剂"。我们要牢牢坚持"两个毫不动摇"和"三个没有变"的基本方针，在转型发展中要始终坚持创新驱动发展战略，以制度创新为核心，以企业创新为主体，完善产权保护制度，加强政务诚信和营商环境建设，激发和保护企业家精神，强化创新体系建设，使经济总量的扩展和质量的提升同步推进。

守护"绿水青山",绘就福建高质量发展美丽底色

◎郑冬梅

作者简介：郑冬梅，中共福建省委党校福建行政学院二级教授、博士，校院省情与发展战略中心首席专家，省习近平新时代中国特色社会主义思想省委党校研究基地研究员，省乡村振兴研究会常务理事等。主讲《习近平生态文明思想》专题获评中组部好课程，《〈习近平生态文明思想〉宣讲报告文稿》获中宣部优秀理论宣讲报告。《关于区域协作提升海洋科技创新能力，助推海南自由贸易港建设》调研专报获国家领导肯定批示，获全国党校系统第十三届优秀决策咨询成果奖一等奖；获福建省第十四届社会科学优秀成果奖二等奖。

很高兴借省图书馆讲坛与大家专题探讨。我们都非常关注人与自然的关系，人与人、人与社会的关系。今天的主题是：守护"绿水青山"，绘就福建高质量发展美丽底色。"绿水青山"决定发展的成色，决定着我省高质量发展。党的二十大擘画了以中国式现代化全面推进中华民族伟大复兴的宏伟蓝图。习近平总书记明确指出："高质量发展是全面建设社会主义现代化国家的首要任务。"高质量发展是更高质量、更有效率、更加公平、更可持续、更为安全的发展。接下来我谈三个方面问题：一、绿色转型的时代命题与内在逻辑。二、福建绿色转型的目标挑战与应对。三、高质量发展超越的转型动力与途径。

一、绿色转型的时代命题与内在逻辑

在统筹中华民族伟大复兴战略全局与世界百年未有之大变局中，开启全面建设中国特色社会主义现代化新征程，建设人与自然和谐共生的现代化，推动构建人类命运共同体，是考察加快绿色转型、推动高质量发展超越的形与势。党的二十大报告指出：经济社会绿色化、低碳化是高质量发展的关键环节。我们在发展过程中要紧紧把握质的有效提升和量的合理增长，扎实推进福建高质量发展。

绿色转型是一个时代命题。从国内看，我国全面建成小康社会，实现第一个百年奋斗目标后，开启全面建设社会主义现代化国家新征程，向实现第二个百年奋斗目标进军的新发展阶段。立足新发展阶段，贯彻新发展理念，构建国内大循环为主，国际国内双循环相互促进的新发展格局。十四五时期至二〇三五年目标任务：科技创新、产业发展、国内市场；深化改革、乡村振兴、区域发展；文化建设、绿色发展、对外开放；社会建设、安全发展、国防建设。贯穿一个实践逻辑，即发展—改革—民生—安全—领导。从中华民族伟大复兴战略全局，提出统筹发展与安全。

党的二十大习近平总书记强调指出："中国式现代化是中国共产党领导的中国特色社会主义现代化，既有各国现代化的共同特征，更有基于国情的中国特色。第一，人口规模巨大的现代化。第二，全体人民共同富裕的现代化。第三，物质文明和精神文明协调的现代化。第四，人与自然和谐共生的现代化。第五，走和平发展道路的现代化。"历史地看，毛泽东、邓小平、江泽民、胡锦涛等党和国家领导人，致力民族复兴，不断推进马克思主义中国化时代化，实践以人民为中心的中国共产党人的初心使命。满足人民对美好生活需要的发展，就是促进人的全面发展和社会的全面进步。统筹发展与安全，安全是发展的前提，发展是安全的保障。国家总体安全观包括生态安全在内。"生态优先、绿色发展"是习近平总书记在浙江、陕西、山西考察时反复强调的重要内容，也是党的十八大以来习近平总书记在阐述"正确认识和处理生态环境保护与经济发展关系"时一以贯之的重要思想。

"生态优先"的目的和出发点是既要保护生态环境，又要推动经济发展，

"生态优先"的核心意涵是实现生态环境保护中的绿色发展。但也要看到，中国特色社会主义进入新时代，我国发展不平衡不充分以及由此带来的区域差别、城乡差别的问题仍然存在。因此，要以"两山论"为引领，在山水上做文章，探索一条生态减贫造富和后发地区的绿色高质量发展的新路子。以习近平同志为核心的中国共产党人的生态财富观为生态资源价值实现提供认识论、方法论和实践论。生态产品是生态系统为了维系生态安全、保障生态调节功能、提供良好人居环境而提供的产品。以"绿水青山"为代表的高质量森林、湿地、海域、岸线等生态资产，为人们的生产生活提供了必需的生态产品与服务。生态产品价值实现就是以人民为中心，实现生产、生活、生态的"三生"融合与美丽中国的统一。

统筹发展与安全，中国如此，世界亦应如此。当前以气候变化——温升为代表的全球危机，正日益威胁着人类安全与发展。绿色发展成为全人类可持续发展的重大议题和共同关切。回顾人类发展历史，可以清晰看到，自第一次工业革命以来，随着人类利用自然的能力不断提高，人类活动不断触及自然生态的边界和底线的种种危害，也越加显现出来。比如，对自然界的过度开发，导致生物多样性减少，迫使野生动物迁徙，增加野生动物体内病原的扩散传播，等等。进入新世纪以来，从非典、禽流感到中东呼吸综合征、埃博拉病毒，再到这次席卷全球的新冠肺炎疫情，人类生存和可持续发展所面临的现实威胁，已经越来越紧迫地摆在我们眼前。唯有更好平衡人与自然的关系，才能守护人类自身的健康；唯有更好促进经济社会发展全面绿色转型，才能有序形成人与自然和谐共生的格局。人与自然是生命共同体。建设人与自然和谐共生的现代化，首先必须真正做到尊重自然、顺应自然、保护自然，坚决守住自然生态安全边界。一方面，要坚持绿水青山就是金山银山理念，积极引导和促进经济社会发展全面绿色转型，在全社会深入开展爱国卫生运动，推动形成健康文明生产生活方式，在人们的思想上和头脑中构筑缜密的生态文明无形边界，增强全民族生态环保意识。另一方面，还要立足资源环境承载能力，强化国土空间规划和用途管控，强化绿色发展的法律和政策保障，构建生态文明体系，落实生态保护、基本农田、城镇开发等空间管控的有形边界，减少人类活动对自然空间的占用。

历史照亮未来，思想之树常青。马克思恩格斯的生态思想穿越时空的隧道而仍然鲜活闪耀。马克思恩格斯研究确立了以实践为中介的生态自然观，为人与自然的辩证统一提供科学基础。习近平生态文明思想作为马克思主义中国化的最新理论成果,守正创新性地提出人与自然生命共同体,并以宽广胸怀和全球视野提出构建人类命运共同体,正日益深入人心。两个共同体与一个发展观相统一,即人与自然生命共同体、人类命运共同体与科学发展相统一,是时代的呼唤、现实需求和人类文明必由之路。生态经济学家安东尼·吉登斯在所著的《气候变化的政治》一书中提出了"吉登斯悖论(Giddens Paradox)",它是指:尽管几乎所有的人都能直接、具体、可见地感知全球变暖给人类社会和日常生活所带来的危害,但是无论这种灾害的前景多么可怕,绝大部分人依然会袖手旁观,我行我素。吉登斯断言:"我们目前身处一个生态破坏、贫困、全面战争和极权政治的高风险社会,我们生活于其中的世界是一个可怕而危险的世界。"可见,在"吉登斯悖论"下,对于我国妥善处理生态保护与经济发展关系而言,不仅需要矫治存在着的公民行为失调,也必须矫治存在着的政府行为失调。马克思早就指出:"不以伟大的自然规律为依据的人类计划,只会带来灾难。"

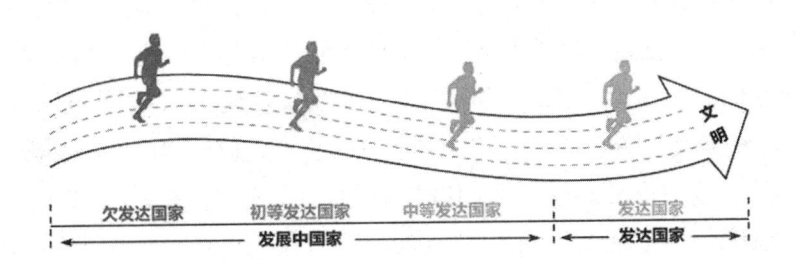

习近平总书记指出:"良好的生态环境是最公平的公共产品,是最普惠的民生福祉。""不重视生态的政府是不清醒的政府,不重视生态的领导是不称职的领导。"因此,生态环境保护是我国社会主义建设事业中一项永不褪色的主题。加快生态型政府建设、推进生态环境治理现代化是克服"吉登斯悖论"的必由之路。在战略全局与百年变局中:科技创新、绿色复苏是中国和平崛起的唯一赛道。国家主席习近平在北京以视频方式出席领导人气候峰会,并发表题为《共同构建人与自然生命共同体》的重要讲话指出:"中华文明历来崇尚天人合一、道法自然,追求人与自然和谐共生。中国将生态文明理念和生态文明建设写入《中华人民共和国宪法》,纳入中国特色社会主义总体布局。中国以生态文明思想为指导,贯彻新发展理念,以经济社会发展全面绿色转型为引领，以能源绿色低碳发展为关键，坚持走生态优先、绿色低碳的发展道路。去年，我正式宣布中国将力争2030年前实现碳达峰、2060年前实现碳中和。这是中国基于推动构建人类命运共同体的责任担当和实现可持续发展的内在要求作出的重大战略决策。中国承诺实现从碳达峰到碳中和的时间，远远短于发达国家所用时间，需要中方付出艰苦努力。"

碳泡沫、减碳零碳在宏观上改变一个国家政策方向，中观上表现为新的区域战略，微观上对领导干部、公民行为习惯、社会的重塑再造。我国作为发展中国家，GDP能耗是世界平均水平的1.3倍，发达国家的2~3倍，60%化石能源靠进口，石油与美元锚定，石油涨价降价人民币都被收割。碳达峰碳中和承诺既是压力也是动力，是倒逼绿色转型的重要抓手，实现双碳目标只有不到40年的时间窗口期。

绿色转型的内在逻辑是什么？就是经济社会发展与生态环境保护从矛盾对立到协调统一的转化逻辑。"两山论"本质体现生态价值论，蕴含转化逻辑、绿色发展新路。习近平总书记在地方工作时历来十分重视生态、历来重视抓生态文明建设，一以贯之坚持认识和探索"绿水青山"与"金山银山"的协调统一。勇于创新、勇于担当，善于理论思考和战略谋划。"两山论"经历了习近平同志在福建、浙江工作时期的孕育实践，到在中央工作时期的升华及其后续的延伸完善，"两山论"本质上体现生态价值论和绿色发展观。早在1989年，习近平总书记在宁德工作时撰写的《闽东的振兴在于"林"》一文提出："森林是水库、钱库、粮库。"2000年，时任福建省委副书记的习近平率先提出福建生态省建设，其中蕴含着绿水青山与金山银山的辩证关系认识、战略规划和生动实践。2005年，时任浙江省委书记的习近平在浙江安吉明确提出了"绿水青山就是金山银山"的科学论断。党的十八大以来，习近平总书记从战略高度更加重视生态文明建设。2013年习近平总书记在哈萨克斯坦纳扎尔巴耶夫大学发表题为《弘扬人民友谊共创美好未来》的重要演讲并回答关于环境保护的学生提问时指出："我们既要绿水青山，也要金山银山。宁要绿水青山，不要金山银山，而且绿水青山就是金山银山。"党的十九大把"两山"理念写入《中国共产党章程》，成为生态文明建设的行动指南。党的二十大通过的《中国共产党章程（修正案）》，在总纲原第十自然段中，必须坚持以人民为中心的发展思想，把握新发展阶段，贯彻创新、协调、绿色、开放、共享的发展理念。在发展理念前加上一个"新"字，有利于推动全党统一意志、统一行动，强调习近平新时代中国特色社会主义思想、生态文明思想的世界观方法论的应用。

习近平总书记在参加十二届全国人民代表大会四次会议黑龙江代表团审议时的讲话指出："绿水青山就是金山银山，黑龙江的冰天雪地也是金山银山。"从而把"绿水青山就是金山银山"延伸出"冰天雪地也是金山银山"。随着优质生态环境稀缺性的加剧及产权界定成本的降低，优质、独特的生态环境及其附加了优质生态环境的生态产品均可能通过市场进行交易，从而实现绿水青山、冰天雪地等生态环境的价值实现。谋发展与绿色转型并行不悖、相互促进，推动提质升级。从宏观看，"生态价值论"厘清了环境保护与经济发展的中长期路径。事实上，习近平"生态价值论"发展历程有三个阶段：第一，"既要绿水青山，也要金山银山"，重心在金山银山、在发展，发展仍然是党执政兴国的第一要务，核心在统筹兼顾，始终做到发展和保护并举并重；第二，"宁要绿水青山，不要金山银山"，重心在绿水青山、在保护，核心在决不以牺牲环境为代价去换取一时的经济增长，决不走"先污染后治理"的老路；第三，"绿水青山就是金山银山"，重心在和谐、在共生，核心在绿色发展、循环发展和低碳发展，通过现代化的绿色产业体系实现国民经济的绿色化。从微观看，"生态价值论"指出了生态和价值的辩证关系，明确了生态资源的交易属性与价值功能。基于可持续发展理念的角度，生态资源的价值体现在其有效性和稀缺性上，有效性是资源满足人类需求的效用，而稀缺性则是其经济价值体现的重要尺度。但由于生态环境和自然资源具有公共物品的外部属性，其本质是不存在交易价值的，仅具有使用价值。习近平创造性地提出"绿水青山就是金山银山"的科学论断，并基于经济与会计核算思维，做出编制自然资源资产负债表的决定，从理论上明确了生态资源就是资产。比如，2006年在世界银行的支持下，全球首个森林碳汇项目——中国广西珠江流域再造林项目在广西实施。首个监测期内，该项目成功签发了约13.2万吨碳汇减排量，收益51.9万美元，同时提供了数十万个临时就业机会，超过5000户农家从出售碳汇、木质和非木质林产品获得收益。

美国、日本、欧盟等大多数发达国家和地区的发展历程，总体上，它们都是通过不断严格环境保护法规、标准和各项政策措施，不仅有效改善了环境质量，而且优化了经济发展方式，产生了新的经济增长点。如，德国补贴风电绿色能源；新加坡污水处理项目给予贷款。这些国家和地区的实践经验值得借鉴：即不仅要创造物质财富，也要生态财富；不仅要物质投资，也要生态投资，包括对环境保护的投资，促进绿水青山与金山银山统一于绿色发展。"绿水青山就是金山银山"的"生态价值论"，阐明了发展与保护的辩证统一关系，明确了生态资源的交易属性与价值功能，充分体现了党对经济规律、社会规律及自然规律认识上的升华，回答了如何协调经济发展与生态保护的关系，也对党和政府的治理能力提出了更高的要求与更高的标准。历史和现实真切地告诉我们既不能竭泽而渔、亦不能缘木求鱼，必须坚持发展和保护相协调相统一，但现实中不少地方两者协调发展仍然受制于地理区位、资源禀赋、产业基础、现代科技金融和人才因素，制约着产业生态化和生态产业化为主体的绿色发展。

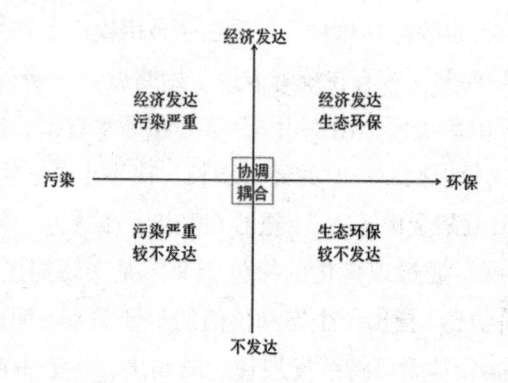

	经济发达	
经济发达 污染严重		经济发达 生态环保
污染	协调 耦合	环保
污染严重 较不发达		生态环保 较不发达
	不发达	

从党的十八大报告提出，"提供更多优质生态产品以满足人民日益增长的优美生态环境需要"。到十九大报告提出，"坚持人与自然和谐共生的基本方略"和美丽中国目标，再到党的二十大报告提出："推动绿色发展，促进人与自然和谐共生。"绿色发展逐渐从"大写意"到"工笔画"，为绿色转型制定了时间表、路线图。推动绿水青山向金山银山转化，以降碳为重要战略性方向，也是我省加快绿色转型发展的重中之重。

综上所述，绿色转型与高质量发展具有逻辑一致性，是人类文明自觉发展的潮流趋势，具有世界性、全面性、复杂性、开放性和紧迫性特征。这是加快绿色转型，推动高质量发展超越的形与势。

二、福建绿色转型的目标挑战与应对

从发展与安全、人类与自然、中国与世界的关系中认识什么是绿色转型、高质量发展的本质内涵。那么怎么看福建绿色转型？绿色转型遵循的型与道是什么？如何以系统观念方法应对困难挑战？福建时代方位决定了"绿色转型，全方位高质量发展超越"既是区域发展的目标也是肩负国家战略性任务。从福建特征看：兼备"山、海、亚、侨、台、特"六大特征，全国唯一。从四大维度看：自然维度、社会维度、经济维度、政策维度。需要资源整合、并联发展。从三个定位看：政治定位、开放定位、发展转型定位，也是全国唯一省份。

多区叠加获得经济社会全面发展的政策支持；先行先试，福建从生态省到国家生态文明试验区，为绿色转型铺下绿色底色，创造加快转型和高质量发展超越的基础和优势条件。初步研究表明，我省2018年经济增长8.3%，万元GDP能耗下降3.4%，就已实现发展与保护脱钩，是我国实现脱钩的少数省份之一，如浙江、江苏等。"十三五"时期，全省地区生产总值接连跃上三万亿元、四万亿元台阶，经济总量实现赶超目标，人均地区生产总值突破十万元，分别位居全国第八位和第五位；经济结构持续优化，高新技术产业、现代服务业、数字经济等比重持续上升，两大协同发展区建设稳步推进；高质量打赢脱贫攻坚战，提前一年实现现行扶贫标准下农村建档立卡贫困人口全部脱贫、二千二百零一个贫困村全部退出、二十三个省级扶贫开发工作重点县全部摘帽；污染防治攻坚战深入推进，主要污染物排放量持续下降，生态环境质量全国领先；省域治理体系和治理能力现代化"四梁八柱"基本确立，营商环境建设、重点领域改革取得重要阶段性成果；对外开放持续扩大，自由贸易试验区取得一批全国首创创新成果，二十一世纪海上丝绸之路核心区建设成效显著；闽台各领域融合不断深化，台胞台企同等待遇政策有效落实；文化事业和文化产业繁荣发展，民生社会事业领域短板加快补齐；人民生活水平显著提高，社会保障体系全面覆盖，社会安定有序、团结和谐、充满活力；全面从严治党向纵深推进，良好政治生态持续巩固发展。"十三五"规划主要目标全面完成，全面建成小康社会取得胜利，新时代新福建建设向前推进了一大步。福建发展取得重大成就，根本在于有习近平总书记掌舵领航，根本在于以习近平同志为核心的党中央坚强领导，根本在于习近平新时代中国特色社会主义思想科学指引，得益于全省广大党员干部群众真抓实干、团结奋斗。

新发展阶段福建发展的机遇和挑战。我省正全方位推动高质量发展超越、奋力谱写全面建设社会主义现代化国家福建篇章，具有扎实发展基础，拥有难得发展机遇。习近平总书记在福建工作期间的一系列重要理念和重大实践，亲自擘画的新福建建设宏伟蓝图，将继续引领我们攻坚克难、奋勇前行；党中央明确支持福建探索海峡两岸融合发展新路，多区叠加的政策优势持续显现；我省处于工业化提升期、数字化融合期、城市化转型期、市场化深化期、基本公共服务均等化提质期，各方面积极因素加速汇聚，完全有基础、有条件、有信心、有能力在新发展阶段取得更大突破。同时，也要清醒看到我省科技创新能力还不适应高质量发展要求、产业结构不优、产业链发展水平不高、重大项目接续不足、重点领域关键环节改革仍需突破、城乡区域发展不够平衡、居民收入水平有待提升、基本公共服务供给任务较重、生态环保和社会治理亟待加强等。我们必须胸怀"两个大局"，抢抓机遇、应对挑战，发扬充沛顽强的斗争精神，集中精力办好福建的事。所有这些基础和取得成效，使我省具备加快绿色转型的优势和可能，但转型不会自然而然地发生。分析我省肩负三大目标任务可以发现，既是目标任务同时在一定意义上也是三大困难挑战。一是全方位高质量发展超越。深化两岸融合发展、第一家园。二是服务国家重大战略关切：五位一体、五化同步、两区协同。三是满足人民美好生活需要。"活、优、富、美"的新时代新福建。靠什么实现超越？用什么竞争合作？如何满足人民新需要？三大目标任务的基础支撑是良好的生态环境及生态安全。从多目标实现的角度看，我省三大方面目标也意味着新挑战。福建高质量发展超越需要经济增长速度高于全国，而万元国民生产总值排放低于全国均线。对福建绿色转型、高质量发展超越进行系统思考、学理分析，把握践行"两山"理念、切实推进产业生态化和生态产业化的应对挑战之道。中共福建省委《关于制定福建省国民经济和社会发展第十四个五年规划和二〇三五年远景目标的建议》提出："十四五"时期，要努力实现经济实力更强、改革开放更深入、社会文明程度更高、生态环境更优美、人民生活更幸福、治理体系更完善。到二〇三五年，我国基本实现社会主义现代化，福建省基本实现全方位高质量发展超越，"机制活、产业优、百姓富、生态美"的新福建展现更加崭新的面貌。

2023年11月25日，中共福建省第十一届委员会第三次全体会议，周祖翼书记提出："牢固树立和践行绿水青山就是金山银山的理念，持续深化生态省建设，加快推动绿色低碳转型，深入打好污染防治攻坚战，着力提高生态系统质量，促进人与自然和谐共生，让绿水青山永远成为福建的骄傲。"各级领导干部必须从经济、政治和社会角度认识生态文明建设属性，自觉践行、合力推动。我省十四五发展新阶段，开启建设人与自然和谐共生的现代化新征程的福建新篇章，加快绿色转型，推动高质量发展超越时不我待。事实上，绿色发展已经成为世界潮流，成为21世纪发展主题。如何正确认识和处理经济发展与环境保护的关系至关重要。科学认识环境保护对经济的作用机理，包括长期和短期的影响、显性和隐性的影响、积极和消极的作用，有助于公众及各级政府正确认识绿水青山与金山银山的关系，自觉落实党中央的决策部署，更好地推进经济社会发展与生态环境保护协调发展。从2000年，时任省长的习近平提出"生态省"建设战略构想，至今我省先行；2016年6月27日，中央深改组第25次会议通过《国家生态文明试验区（福建）实施方案》中我省赋予国土空间开发、生态价值实现、环境治理体系改革、绿色发展评价导向等战略定位。促进经济社会发展全面绿色转型，必须贯彻践行习近平生态文明思想，全面落实新发展理念，坚持生态优先、绿色发展，坚定走生产发展、生活富裕、生态良好文明发展道路。

党的二十大习近平总书记提出："中国式现代化是人与自然和谐共生的现代化。尊重自然、顺应自然、保护自然，是全面建设社会主义现代化国家的内在要求""要站在人与自然和谐共生的高度谋划发展"等一系列新论断、新理念、新观点，深刻回答了为什么建设生态文明、建设什么样的生态文明、怎样建设生态文明等一系列重大理论和实践问题，所有这些马克思主义关于人与自然关系的最新理论创新成果，成为推动我省经济社会发展全面绿色转型、建设美丽福建的强大思想武器。在习近平生态文明思想指导下，我省污

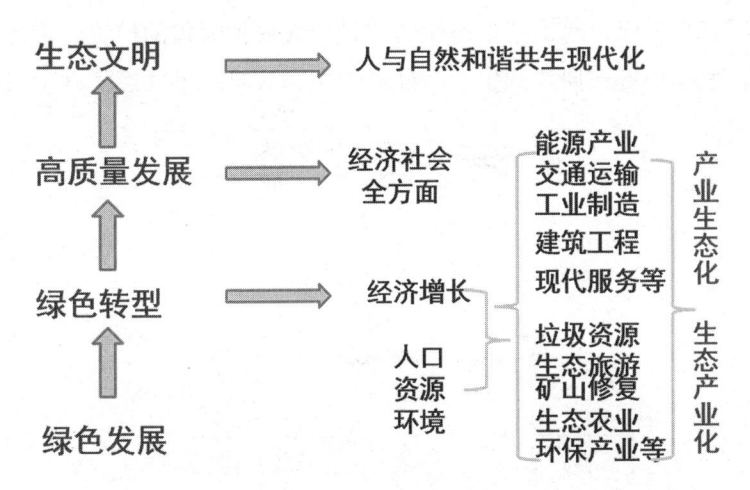

染防治攻坚战取得明显成效，绿色发展制度体系逐步建立，生态环境保护发生历史性、转折性、全局性变化，展现了中国共产党和中国特色社会主义制度的独特优势，彰显了习近平新时代中国特色社会主义思想的强大真理力量，我们完全有信心有能力将绿色发展进行到底。从系统观念看，绿色转型、高质量发展实现人与自然和谐共生的现代化过程，是在一定时空尺度中的人口资源环境协调耦合的系统运行过程。对福建绿色转型、高质量发展超越进行系统思考、学理分析，可以探究践行"两山"理念、推进产业生态化和生态产业化，形成生态经济体系是应对挑战之道。

产业生态化发展，是传统产业绿色化转型升级，例如，紫金矿业，不断通过技改创新，把矿石"吃干榨净"。生态产业化，如福州红庙岭生态循环产业园，利用垃圾焚烧发电，替代填埋的生态产业。循环产业园也称静脉产业园。"绿色循环低碳"大家并不陌生，绿色循环低碳发展不是现在才提出的。从十一五时期，科学发展观、建立两型社会。但长期以来难以推行，为什么难？而发展新阶段为什么必须落实绿色循环低碳发展？如何使之可持续、能行得通？推动高质量发展超越、构建新发展格局，迫切需要促进我省经济社会发展全面绿色转型。用绿色倒逼转型升级，改变"大量生产、大量消耗、大量排放"的生产模式和消费模式，使资源、生产、消费等要素相匹配相适应，实现经济社会发展和生态环境保护协调统一、相互促进。习近平总书记明确指出："环境就是民生，青山就是美丽，蓝天也是幸福。"只有推动经济社会发展全面绿色转型，提供更多优质生态产品，才能不断满足人民日益增长的优美生态环境需要。在"十四五"和今后更长时期，党和国家为人民福祉计、为民族未来谋，提出把生态文明建设摆在更加突出的位置，像保护眼睛一样保护生态环境，像对待生命一样对待生态环境，推动经济社会发展全面

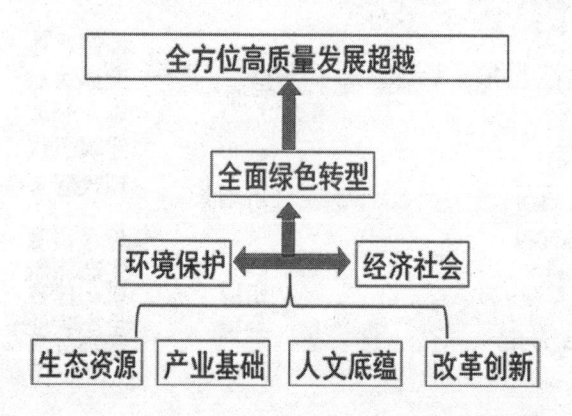

绿色转型。需要紧紧扭住"全面"这一关键词，从经济社会发展的各个领域各个环节入手，综合施策、久久为功。需要进行全社会大动员，共建共治共享。

综上所述，福建时代方位蕴含在"三个福建""三个维度""三个赞誉"中：陆上福建、海外福建、海上福建；生态福建、丝路扬帆、蓝色福建；红色圣地、绿色宝地、两岸福地。全面绿色转型、全方位高质量发展之道亦蕴含其中。立足新阶段，贯彻新理念，构建新格局，把生态资源、产业基础、社会资本、改革创新等要素，协调保护与发展，推进绿色转型、高质量发展。

三、福建高质量发展的转型动力与途径

我省"十四五"时期经济社会发展要坚持稳中求进工作总基调，以推动高质量发展为主题，以深化供给侧结构性改革为主线，以改革创新为根本动力，以满足人民日益增长的美好生活需要为根本目的，统筹发展和安全。推动加快绿色转型与全方位高质量发展相互成就。

"绿水青山就是金山银山"理念下，守护"绿水青山"的绿色发展之路是一条前无古人的创新之路，是对工业文明传统模式下原有发展观、价值观、财富观和生态观的突破。正如习近平总书记指出："建设生态文明是一场涉及发展方式、生活方式、思维方式和价值观念的革命性变革。"革命性变革是不会自动发生的。变革需要驱动，需要社会各方参与形成合力。如何进行动力研判？一般来讲，驱动一个物体运动可以有三种力量：其一是推动力，其二是拉动力，其三是自身行动力，也可称为内驱力。把这三种力量合成起来就是绿色转型的驱动力。绿色转型驱动力的大小是由推动力、拉动力、自驱力三者共同决定的，它们共同发挥动力变革作用，由此推动效率变革，进而促进质量变革，形成高质量发展新格局。一是推动力。目前绿色转型的最大动力是来自于外界的推动。实行最严格制度最严密法治保护生态环境，对资源环境、绿色环保方面的规制，是对产业发展的巨大推动力。习近平总书记在2013年全国组织部长会议上指出"要改进考核方法手段，既看发展又看基础，既看显绩又看潜绩，把民生改善、社会进步、生态效益等指标和实绩作为重要考核内容，再也不能简单以国内生产总值增长率来论英雄了。"中央是最大的动力来源。通过对政治领域的强大约束、引导关键少数，具体的环保政策、产业政策、司法体系改革等方面来对经济社会系统施加作用，推动它往前走。绿色的约束，也是巨大的动力。第一，提高环境准入门槛。机构

改革，由自然资源部划定生态红线，实行严格准入。刚性红线的设定，淘汰落后产能，经济发展质量就提上去了。第二，严格执行法律法规。史上最严格的环保法，领导干部自然资源资产离任审计、终身追责等等。环保法律法规方面，对高耗能、高污染的企业逐步采取限制、淘汰的办法。实践中也有优化一批、改进一批、深化一批的做法。司法也是加强环保严格法律实施的一个重要领域。2019年"两高三部"（最高人民法院、最高人民检察院、公安部、司法部、生态环境部）发布《关于办理环境污染刑事案件有关问题座谈会纪要》体现最严环保执法司法制度。社会各主体就可以有法律武器，保护环境，也保护他们的权益，严格执法。第三，实行环境与经济的综合决策制度。严格控制经济发展的决策过程，关键少数是关键。第四，把环保纳入生产和消费各方面全过程，要用绿色化改造我们的生产生活体系。二是拉动力。促进绿色转型的激励政策。在这方面，循环经济、绿色产业、清洁生产、综合利用、节能环保产业等等领域中都有大量的政策措施。还需要进一步贯彻细化，而且要通过产权制度的改革完善，让拥有环境容量资源的企业能够通过市场的交易获得更大的经济效益，如碳市场、排污权等新的手段。此外，还应该激励相容的政治制度；三是内驱力，即企业和社会自身的创新能力。创新是解决既要环保又要经济发展这个矛盾唯一的出路，而且我们开始具备这个能力。过去主要是激励大家创造财富，追求物质财富比较多，现在要通过政策的引导，把大众的创新能力引导到生态文明、绿色发展的领域中。具体措施可以考虑：第一，进一步倡导或者是提升社会绿色创新的价值观、责任感，把绿色创新作为创新发展中的一个理念。社会千千万万的人具有无穷的创造力，要发起绿色社会运动，倡导每个人都做绿色的发明家。第二，开展知识产权制度的改革。保护企业创新的利益，通过环境信息的公开，大众创新、万众创业、人人创造，保障每个人在绿色环保方面所做的创新利益。

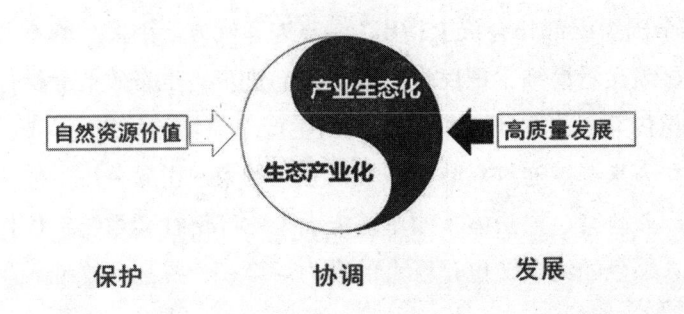

自然资源价值 → 产业生态化 / 生态产业化 ← 高质量发展

保护　　　协调　　　发展

习近平总书记指出，要"注重依靠科技创新促进环境保护"。他还强调，绿水青山和金山银山绝不是对立的，关键在人，关键在思路。只有依靠绿色科技创新，才能促进产业结构升级、提高资源利用效率，不以牺牲环境、浪费资源为代价换取经济增长，实现经济社会发展与生态环境保护的共赢。从而使得绿水青山和金山银山达到统一。我们必须及早转入创新驱动发展轨道，把科技创新潜力更好释放出来，充分发挥科技进步和创新的作用。我省可以考虑率先创设绿色创新工程和绿色科技创新奖项等。推进改革系统集成、整体性重构，三方协力、三创融合、三生共赢大协同机制。重点在绿色生产，难点在科技金融、产业升级，堵点在短期成本、在各自为阵、分散化，不能联动融通、形成合力。

那么，符合我省实际的加快绿色转型途径有哪些呢？有四大途径：深化改革创新，整合要素资源：聚集新动能；坚持陆海统筹，促进区域协同：拓展新空间；开放运营平台，加速数字赋能：壮大新经济；提升双自联动，奠定转型格局：激发新活力。新动能、新空间、新经济、新活力四维一体，殊途同归、聚力推动全方位高质量发展超越，促进人与自然和谐共生的现代化。

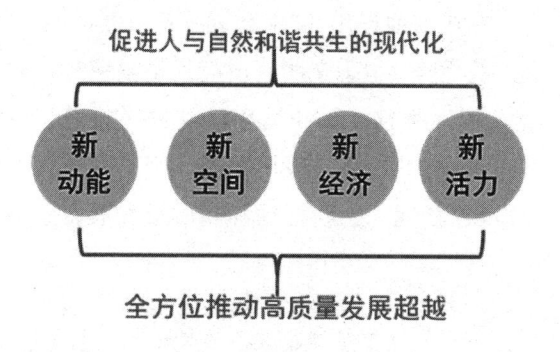

促进人与自然和谐共生的现代化

新动能　新空间　新经济　新活力

全方位推动高质量发展超越

途径一：深化改革创新，整合要素资源：聚集新动能。绿色转型说到底经济绿色化是基础和主干。一方面经济要环保。通过技术创新、产品创新等产业体系改造，比如钢铁、石化、水泥、电力等进行绿色化转型，可以成为绿色经济的一部分，而且还是绿色经济的主体部分。这里要注意，发展绿色经济并不排斥发展传统产业。有人认为现在要少搞基础产业，多搞高新科技就好了。对不对呢？实体产业仍然还是经济的主体。另一方面，向环保要经济。从环境保护节约资源、节约能源等一系列活动中获得新的经济效益，包括循环低碳、减污降碳中加快绿色发展。美国教授安德鲁·温斯顿（Andrew Winston）写过两本书《从绿到金》《低碳崛起》，讲的是如何从绿化经济活动的过程中获得更好的经济效益，也表明为什么世界上那些竞争力最强的公司往往都是在资源节约、环境保护方面做得很好的公司，因为他们就是通过改造资源利用方式，减少排放这些过程来降低他的成本，获得更大效益。大力发展战略性新兴产业，如新能源、新材料、生物医药、智慧物流等等。加快制定绿色发展政策体系。促成"低碳崛起"的两大因素：一是消费者开始关注能耗，他们不仅仅消费产品，更关注产品对环境的损害是不是超乎预期；二是企业开始关注到，原先对于人力资源和资本短缺的竞争模式有点过时了，资源价格开始剧烈波动，于是节省成本成了战略考量。在避免浪费，节约能源方面，有三种做法：一是新技术，例如新的涂料减少原料，新的汽车空气动力学降低油耗，新的启停系统让长途汽车的40%的浪费节省下来；二是新的思路，例如搜集数据发现企业的能耗黑洞，减少不合理的打印，利用算法规划行车线路，减少办公场所办公增加家中办公的比例；三是发挥众包的力量，让用户和顾客来监督，某些方面企业需要花很大的成本才能够找到问题，而用户监督则可以简单快速的聚焦问题。

习近平总书记念兹在兹地提出："生态资源是福建最宝贵的资源，生态优势是福建最具竞争力的优势，生态文明建设应当是福建最花力气的建设。""要大力保护生态环境，实现跨越发展和生态环境协同共进。"我省上下要时刻牢记并践行习近平总书记的"三最"殷切嘱托，明确区域核心竞争力在哪里。"三新一高"即新阶段、新理念、新格局和高质量发展背景下，我省信息化、

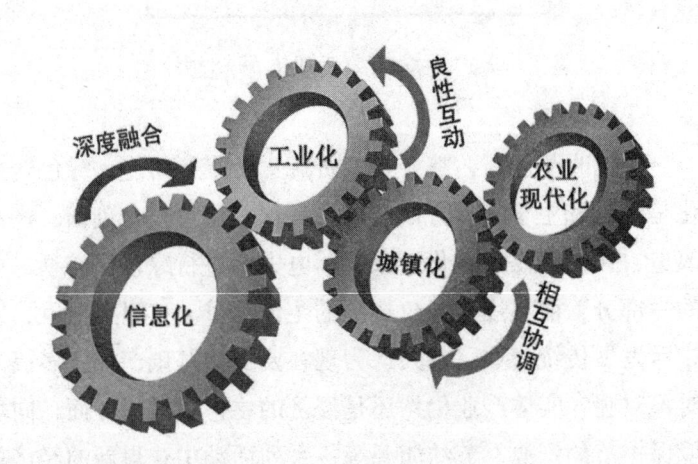

新型工业化、城镇化、农业现代化与绿色化五化同步、并联发展。一要深化改革、集成创新，打造新动能。二要高端化、智能化、绿色化形成产业合力。三要在减污降碳中，形成转型升级新动能。

途径二：坚持陆海统筹，促进区域协同：拓展新空间。下面的连江案例告诉我们如何在协调保护与发展中拓展绿色发展新空间。连江县振鲍一号养殖平台使鲍鱼养殖的传统养殖方式转型升级为设施化、智能化、生态化，在环境治理中发展，使碧海银滩变为金山银山。连江模式揭示了"政府+企业+金融+渔民"运作机制；推进"四个资本"融合，探索建立从海洋资源到资产、资产到资本全链条生态产品创新、生态价值实现机制。我省区位特殊、海洋特色鲜明，决定了福建时代方位和历史使命。在"海洋强国""陆海统筹""一带一路"等国家战略和规划指引下，"十四五"时期拓展我省陆海统筹发展新空间，挖掘"蓝色"潜力、优化海洋产业结构、发展向海经济，推动高质量发展超越迫切需要从区域战略、战术及战役上多维审视、统筹谋划、集成创新、全方位推进。一是在我省海洋资源的陆域替代趋势下，陆海一体科学规划布局、突破发展空间约束；二是强化海洋科技创新引擎，打造蓝色产业带、绿色产业带、工业集聚区；三是两大协同区，城乡互促、产业联动、环保一体；四是锚定区域定位，推进制度型开放，发挥内引外联枢纽支点作用。

途径三：开放运营平台，加速数字赋能：壮大新经济。福建国家级国际性大平台至少有四个：数字中国峰会、海丝博览会、RCEP与中国东盟海洋合作、金砖国家新工业革命创新基地。开放运营平台、磁吸要素资源，加速数字赋能、壮大新经济，重塑生态经济和社会系统。一要具有开放思维、竞合思维、俱乐部思维。开放运营平台，迎八方客、甘当配角，把平台作为学习与合作的场域；二要处理好政府与市场、政府与社会的关系。补齐机制活的短板，根本在于提升治理效能；三要在激发新业态新模式新经济的同时，推动治理变革。数字化重构推进改革、社会变革。数字政府使部门连接方式重构、流程再造。

途径四：提升双自联动，奠定转型格局：激发新活力。当今时代，科学技术高度发展，在信息产业、智能化应用、新材料、节能环保、清洁能源、生态修复、生态技术、循环利用等领域取得了重大的突破。自贸试验区、自主创新示范区，一个是制度创新高地、一个是科技创新前沿，福建自贸区与福厦泉自主创新示范区双自联动、协调互促，必然使我省创新驱动发展建立在制度、科技双轮驱动的基础上，激发创新活力。飞翔的双翼带动绿色转型快速发展，成就高质量发展超越。一要加快双轮驱动，以自贸区制度优势激发创新活力。加快形成金融创新、技术创新、产品创新等网链；二要以创新驱动新突破，带动两大协同发展区要素配置一体化；三要提升双自联动、内外联动，绿色消费拉动绿色供给。全面绿色转型，全方位高质量发展超越，要从全球视野、国家高度、产业视角、福建方位来把握。定位福建时代方位：三生布局格局、叠加要素资源、规划能量小宇宙、改革创新协奏曲、多目标殊途同归。党政、企业市场、社会公众、国内国际四方八面合作，广交朋友。

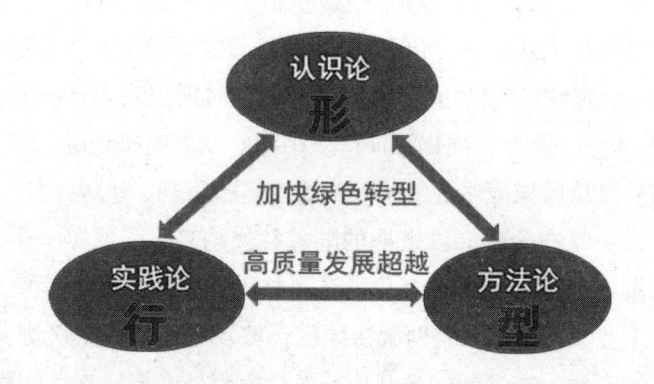

绿色转型是新时代生态文明建设实践的理论升华，是加快实现高质量发展的迫切需要，是新发展阶段构建新发展格局的战略选择。坚持系统观念、践行两山理念、运用科学方法，统筹发展与安全。深化改革开放、创新实践，保持加强生态文明建设的战略定力。新时代新征程坚持以党的二十大精神为引领，践行习近平新时代中国特色社会主义思想，全面贯彻落实促进人与自然和谐共生的战略部署，守护"绿水青山"，发挥我省独特优势，推动建设绿色低碳高质量发展先行区，为促进人与自然和谐共生的现代化贡献福建力量。

数字经济助力福建经济腾飞

◎李碧珍

作者简介：李碧珍，福建师范大学经济学院教授、博士生导师，协和学院经济与法学系主任，民革省委经济委主任，仓山区人大代表。先后获民革全国参政议政工作先进个人，福建省首届高校教师教学创新大赛三等奖，福建师范大学"五一劳动奖章"等荣誉称号。

一、什么是数字经济

（一）数字经济的内涵

对于数字，相信在座的各位读者都不陌生。从我们牙牙学语开始，父母就教我们数数"123……"，这就是我们最早接触的阿拉伯数字。但这些数字并不是今天我们所要探讨的，我们所讲的数字不是分散的、离散的，而是连续性，所以叫作数字化。作为经济"翅膀"的数字是连续变化的值，是数字化数据。工业革命以来，世界已经出现过四个经济增长长波，分别对应于机械化、铁路化、电气化、电子化等科技创新浪潮。每次显著且持续的经济增长都是以一系列通用目的技术在许多领域广泛且深入的应用为特征。这里我们顺便科普一下，什么是工业1.0，工业2.0，工业3.0和工业4.0。工业1.0是机械制造时代，即18世纪引入的机械设备制造时代；时间大概是18世纪60年代至19世纪中期,主要是通过水力和蒸汽机实现工厂机械化。这次工业革命的结果是什么?机械生产代替手工劳动,经济社会从以农业、手工业为基础转型到以工业、机械制造带动经济发展的新模式。工业2.0是电气化与自动化时代,即20世纪初的电气化与自动化时代;时间大概是19世纪后半期至20世纪初。也就是在劳动分工基础上采用电力驱动产品的大规模生产;因为有了电力,所以才进入了由继电器、电气自动化控制机械设备生产的年代。这次的工业革命,通过零部件生产与产品装配的成功分离,开创了产品批量生产的高效新模式。工业3.0是电子信息化时代,即20世纪70年代开始并一直延续至现在的信息化时代。在升级工业2.0的基础上,广泛应用电子与信息技术,使制造过程自动化控制程度再进一步大幅度提高。生产效率、良品率、分工合作、机械设备寿命都得到了前所未有的提高。在此阶段,工厂大量采用由PC、PLC/单片机等真正电子、信息技术自动化控制的机械设备进行生产。自此,机器能够逐步替代人类作业,不仅接管了相当比例的"体力劳动",还接管了一些"脑力劳动"。工业4.0概念是德国政府2013年《高技术战略2020》确定的十大未来项目之一,并已上升为国家战略。"工业4.0"打破了先生产后消费的传统思维,通过建设信息物理系统,并积极布局智能工厂,推进智能生产,形成高度灵活、个性化、数字化的产品与服务的生产模式,逐步消除生产与消费之间的鸿沟。

据预测,从1993年开始到2043年,世界经济将完成第五个经济增长长波,这个阶段对应的核心技术就是数字化的科技创新。如果说数字化的前20年,数字经济的主题是基础设施建设、关键技术熟化、商业模式的探索和引擎公司的培育,与以往的通用技术相比,5G+人工智能等关键技术的广泛应用,数字经济影响的深度与广度达到了新的高度,并深度改变现实世界。

那么到底什么是数字经济呢?数字跟经济结合起来,就是数字经济。2016年G20杭州峰会,我们国家作为东道主提出数字经济这一重要概念。其中有三个最核心的因素:以数字化的信息和知识作为关键的生产要素,以网络信息作为重要的载体,以信息通信网络为推动力,以提高产业生产力作为重要的目标。

就在2021年1月12日,国务院印发《"十四五"数字经济发展规划》再次明确数字经济的地位,强调数字经济是继农业经济和工业经济之后的主要经济形态,并将全要素数字化转型作为另一重要推动力。

可以看出，第一，数字经济中生产要素内涵发生变化。要素是经济运行的基础，数字经济的生产要素在类别、形态和内涵上都发生了重大变化。数字经济实际上是在人类历史上针对农业经济、工业经济的第三层次经济。如果要以数据作为最关键的生产要素，基于数据对经济配置最优资源，提高全要素生产率，我们现在很多基础的经济学，或者从商业模式的创新到经济活动的组织大多会发生变化。

第二，数据是关键生产要素。中国数字经济的发展大致经历了三个阶段：第一个阶段为数字化阶段。阶段的数字技术得到大量的应用，产生了大量的数据。但是这些数据跟其他的技术和劳动力并没有充分结合。随着处理能力的提高，数据跟其他的技术和劳动力开始结合，就进入了第二个阶段网络化阶段，但是在此阶段整个社会的计算能力还是非常有限的，还不能完全获得数字化技术带来的红利。所以它只能称为是网络化的中期阶段。而最高阶段就是智能化。在此阶段它的处理能力得到大幅的提升，数据和技术以及劳动力紧密的深度的融合起来，释放出了全部的数字红利，从而带动经济的更高质量的发展。

第三，数字经济不止局限于ICP或者是PMT这些若干个产业之和。它作为经济形态的概念应该是不仅包括ICP，还包括了通过数字技术对传统产业的改造实现的数字化转型，这些才能构成整个的数字经济的规模。展望未来，如果整个经济社会数字化转型完成以后，那么整个的数字经济就是整个的宏观经济。那么数字经济的增加值就跟现在的GDP是完全相同的。但是这也不能说是数字经济发展到更高阶段以后，就可能全都是数字化的东西。因为还有一些传统的产业，可能还是追求自己独特的方式，可能会在局部转变成数字化，但是这样的传统生产工艺并不完全是数字化的，我们也不能排除情况出现。

在定义数字经济时有三个关键要点，一是作为关键要素的数据，二是作为主要载体的现代信息网络，三是作为重要推动力的数字技术。

数据是一种数字化的知识和信息，已经成为继土地、劳动（劳动力）、资本和企业家才能之后新的生产要素。数字经济已经成了一种新的经济形态，而新的经济形态必须有新的生产要素。这之所以重要，是因为新的经济形态必须有新的生产要素。我国近年积极开展数据交易的探索和实践，加快培育数据要素市场。然而，这方面的挑战不比所带来的价值少，数据的确权、流动、保护、交易规则，都是需要智慧、需要充分研究的。现代信息网络已经作为一种新的社会基础设施，是社会分摊资本。它不直接加入某个特殊的生产过程，而是作为各个特殊生产过程的一般条件或共同条件，是经济腾飞的基础和底座。交通运输、管道运输、水利设施和电网是工业社会四种最主要的基础设施，数字经济时代，5G、数据中心等信息网络成为新的基础设施。近年我国高度重视"新基建"工作，以塑造面向数字未来的国家竞争力。数字技术被认为是一种新的通用目的技术（General Purpose Technology，GPT），加拿大经济学家Richard Lipsey（2005）指出，人类有史以来只有24种技术属于通用目的技术。第一次工业革命的蒸汽机以及第二次工业革命的电力和内燃机，是最典型的通用目的技术。现在，以互联网、大数据和人工智能为代表的数字技术成为新的通用目的技术，驱动一场新的革命。

（二）数字经济"四化"框架

中国信通院把数字经济具体分为四大部分，即数字产业化，产业数字化，数字治理化，数据价值化。数字产业化指信息技术产业的发展，具体包括电子信息制造业、软件和信息服务业、信息通信业等数字相关产业。产业数字化即传统产业应用数字技术所带来的产出增加和效率提升部分，包括但不限于工业互联网、智能制造、车联网等融合型新产业新模式新业态。数字化治理包括但不限于多元治理，以"数字技术+治理"为典型特征的技管结合，以及数字化公共服务等。数据价值化包括但不限于数字采集、数据标准、数据确权、数据标注、数据定价、数据交易、数据流转、数据保护等。

（三）数字经济的积极效应

通常来说数字经济具有如下三个特征。一是信息化引领。信息技术深度渗入各个行业，促成其数字化并积累大量数据资源，进而通过网络平台实现共享和汇聚，通过挖掘数据、萃取知识和凝练智慧，又使行业变得更加智能；二是开放化融合。通过数据的开放、共享与流动，促进组织内各部门间、价值链上各企业间、甚至跨价值链跨行业的不同组织间开展大规模协作和跨界融合，实现价值链的优化与重组；三是泛在化普惠。无处不在的信息基础设施、按需服务的云模式和各种商贸、金融等服务平台降低了参与经济活动的门槛，使得数字经济出现"人人参与、共建共享"的普惠格局。

基于以上三个特征，数字经济能够给我们带来一系列的积极效应。在2021年底发布的《中国城市数字产业发展报告（2021）》中针对城市间数字产业的发展提出以下几点建议：一、由于数字经济产业具有的高创新性、高溢出性特点使得其不仅本身可以成为新的经济增长点，也能够使整体的经济发展提质增效，因此，经济落后地区可以挖掘其资源禀赋和产业基础，通过有效的数字产业发展规划和政策合理布局本地区的经济图景，激发本地区经济增长新动能，促进本地区整体的社会经济发展，使得数字化技术成为区域间均衡发展的力量；二、大力促进城市群内部的数字经济产业协同发展有利于充分发挥数字化技术的空间溢出效应，带动整个城市群的共同发展。数字化技术的特点有助于打破城市之间的资源壁垒，实现跨城市的协作，为突破城市间的协同发展困境提供了可行途径，因此，政策制定应充分考虑数字化技术带来的契机；三、从国家层面来看，数字产业发展的整体布局需考虑不同地区的发展基础和资源禀赋。当前数字经济产业发展水平高、研发力量雄厚、创新能力强的经济发达地区应把发展的重点放在关键数字技术的攻关上；数字经济产业发展水平较差的不发达地区应根据本地区产业特点，推广数字技术的应用，促进数字技术的渗透和融合，搭上数字红利的快车。

现阶段，我国经济发展的基本特征就是由高速增长阶段转向高质量发展阶段。在高质量发展阶段上，数字经济起着关键的支撑作用。第一，数字经济打造新发展格局关键要素，新发展格局的关键在于循环，当前，我国在生产、分配、流通、消费等环节，仍存在生产要素市场化的体制机制障碍、资源配置效率低下以及要素纵向与横向间自由流动面临壁垒等问题。数字经济助力解决生产要素"流动不畅"的问题。一方面，数据推动技术、资本、劳动力、土地等传统生产要素深刻变革与优化重组，对经济社会发挥放大、叠加、倍增效应。另一方面，数据要素与传统产业广泛深度融合，对经济发展发挥巨大价值和潜能，乘数倍增效应凸显。第二，数字经济实现新发展格局供需均衡，新发展格局需要以国内大循环为主体。我国国内经济运行存在"实体经济结构供需失衡"等结构性问题，亟须推动社会再生产的生产流通、分配、消费各环节"循环畅通"，实现供求关系更高水平的动态均衡。数字经济助力畅通国内大循环"供需梗阻"。数字经济与实体经济融合发展打通供给需求各个环节。第三，数字经济支撑新发展格局国际畅通。新发展格局需要关注国际国内双循环。强调"以国内大循环为主体"，并不是要搞自我封闭的"全能型"经济体系，而是要更加深入地融入全球价值链、产业链和供求链，在新发展格局国际畅通上下功夫。数字经济助力解决国际国内"循环不畅"问题。

数字经济与实体经济融合发展推进强大国内市场和贸易强国建设，促进国际国内双循环。

二、为什么"数字"能助力经济？

（一）为什么说"数字"能助力经济？

数字经济的广泛应用，将会推动生产方式、商业模式和管理方式的深刻变革。以恒申集团为例。恒申集团以智能管理平台为中心，所有运抵码头的化工原料，不用装卸、不靠车运，通过专用管道就可直达厂区。到了多少、用了多少、温度多少，投放多少催化剂，产生多少气液固，有没有"跑冒滴漏"等，生产线上的各个环节都由智能机器操控，实时数据、运转情况尽在工厂"智慧中心"的掌控中。不管是位于福建长乐、连江的子公司，还是位于江苏南京或荷兰马斯特里赫特的工厂车间，生产情况、库存情况、销售情况，各种实时数据一应俱全，并可随时生成各类数据报表，为企业决策提供数据支撑。

（二）"数字"助力经济的作用机理如何？

从智联招聘发布的数据来看，企业的数字化转型进一步释放了企业的内部效能。那么数字到底是如何助力经济的呢？

数字经济时代相比较于过去，就是国际分工模式下的微笑曲线理论，可能就不复存在了。微笑曲线理论就是把一个产业链分成不同的链条，把研发营销作为其中获利很高的高价值高附加值的价值链条，而对于组装和制造获利比较低的低价值的节点通过把高价值的营销还有研发留在自己的本地，然后把低价值的组装、制造等转移给发展中国家，来实现效益的最大化。但是在数字经济时代呢，可能微笑曲线就不存在了。为什么说呢？因为在数字经济时代，传统意义上的价值创造和分配模式就发生变化了。因为对于企业、用户以及其他相关方来说，他们可以借助互联网平台参与到价值创造、价值传递以及价值实现的生产制造的各个环节。互联网不仅实现了信息的共享，也实现了广泛的物理的共享，使得大家都能共享价值创造和分享的过程。

未来的工业体系中，不再像以前的封闭的一个企业，一个工厂一个车间这样的模式，未来可能是通过互联网技术，比如说大数据、云计算、物联网这些人工智能的技术。通过网络协同模式开展工业生产，这样就可以很快的开发出适合生产的产品。适应性将使企业在面对客户的需求变化时能够迅速轻松地做出响应，保证它的生产具有竞争力，满足客户的个性化需求。

对于每个制造业企业来说，它将不再自上而下地控制生产，不再从事单独的设计与研发环节、生产与制造环节、营销与服务环节。与之对应的是，制造企业从顾客需求开始，到接受订单、寻求生产合作、采购原材料、共同进行产品设计、制定生产计划以及付诸生产，整个环节都通过网络连接起来，实现彼此的相互沟通。而信息可以沿着原材料传递，指示必要的生产步骤确保最终产品能够满足客户的特定需求。生产制造的灵活程度无疑代表着制造业未来的发展方向，也预示着全球制造行业可能迎来技术升级的激烈竞争。更重要的是伴随着社会生产的日益多元化、消费意识的个性化，无论在研发、设计还有生产制造以及营销和服务，都是以满足消费者的需求作为出发点和归宿点，消费者体验式的参与彻底颠覆了传统生产的垂直分工体系。所以从这个角度来说，传统的国际分工模式下强调的微笑曲线就不复存在了。

比如：工业经济时代，出行行业有200万的出租车司机，而从今天滴滴披露出来的数据来看，注册司机已经超过1500万。也就是说更大的开放体系，动员了更多社会资源参与，造成了大规模的协作体系。我们看快递物流，邮政时代达到10亿件次已经是空前规模，今天看到整个电商驱动的包裹达到300亿。互联网分布式计算让整个商业组织形式发生翻天覆地的变化。在金融领域，银行卡支付所形成交易峰值就是1.5万笔每秒，而"双11"支付宝的交易一度达到12万笔每秒，而且每年都在翻倍地刷新纪录。更多人的参与、更多商业主体的进入，更大范围地导致全球化整个平台经济系统互联的出现，也导致真正意义的商业智能系统大规模的应用。

数字是如何改变一个企业？应该说数字它能够使企业生产能力得到很大提升。因为数字技术使得企业内部资源利用效率更高，生产成本得到降低。它的能力也因为自动化的技术得到大幅的提高。它还可以使企业产品销售更加精准，能够定向推销给有消费意愿的消费者。而且数字技术还可以使企业的研发能力得到很大的增强。通过大量的数据分析、数据建模发现生产过程中缺陷，通过大量的数据分析发现消费者的需求，提高产品对消费者的满足程度。数字还能够使得产品供给更加丰富，因为它掌握了消费者的消费喜好，对于它开发新的产品会非常有帮助的，可以提高它的产品的供给能力。

数字又是怎么推动经济增长的呢？数字推动经济增长通过放大作用、叠加作用以及倍增作用来推动经济增长的。

第一个作用，放大作用就是数字通过提高要素的资源使用效率来实现经济的快速增长。数字化可以大幅的降低搜索和处理成本，放松了要素进入生产的时间和空间约束，从而提高了既有资源与要素的配置效率。比如说在分享经济模式下，资本存量的利用效率得到大幅提高；再比如说数字经济背景下家庭办公、非正规就业都放大了劳动力的供给和时间投入。

第二个作用，叠加作用，即非物质化突破增长极限。在数字经济条件下，生产的投入品越来越具有非物质性特征，由于知识更新加速而且不易饱和，其边际收益往往存在递增现象。知识资产和实物资产之间实现的良性互动间接提高了整个实物资本存量。

第三个推动经济的作用就是通过倍增作用，也就是有效提高了全要素生产率。数字经济可以利用文件、符号等信号支持系统来优化运营流程，实现组织柔性、流程再造以及降低交易成本，大幅改善要素配置和优化制度供给。

（三）"数字"是如何解决我国经济发展的诸多问题？

针对我国当前存在的一些问题，数字翅膀正好可以解决我国现在存在的诸多问题。因为自从改革开放以来，我国就形成了典型的外向型的工业经济增长。我国的竞争优势是成本低、产量大、价格低，然后相对来价格来说，它的质量也是不错的。我国的发展逻辑，就是通过贸易部门来带动工业部门、生产来供给消费。我国的组织动员是通过大产业、大企业、大项目、大平台这些来带动的。我国的发展模式是通过出口拉动，划地成园、招商引资以及规模生产这样的方式。我国的驱动力是通过要素驱动，还有投资驱动以及外延增长来实现整个经济的快速增长。

随着产品越来越丰富，产量的不断增加，可能就存在着需求不足的问题。而且我们国家长期在发展模式上还存在结构性的矛盾。比如说人口红利在慢慢减弱，已经存在未富先老的趋势。咱们的核心资源和技术受制于人，产业升级困难重重。还有就是环境、能源，空间资源承受能力也达到了极限，这些一直是困扰我国经济发展的长期的问题。我们国家在寻找解决的方式，一直还没有完全解决，但是现在有了数字经济翅膀，就可以通过数字化的手段实现发展模式的转变。

三、"数字"是如何助力福建经济？

（一）数字经济的分析框架

1.数字经济的运行特征

数字经济的一个运行特点就是市场组织结构更趋扁平、灵活和开放。网络效应和正反馈效应促使产业组织更加的平台化和生态化。多数企业通过平台化策略，形成战略联盟或者是团队性的组织来共同迎接数字经济要求。

数字经济时代，竞争和垄断也出现了新的特点，数字经济通过去中介化减少信息不对称现象以促进竞争的，但也允许企业采取更为精准的价格歧视并利用兼容特性来制定标准规则，发起标准战争以攫取更多的消费者剩余。

数字经济时代，服务成为重要价值来源推动产业结构更趋软化和轻化。凭借具有智能记忆功能的芯片被大量廉价的制造和使用，产业提供的消费品中内容消费所占的比重大幅上升。

2.数字经济四化框架：数据价值化、数字产业化、产业数字化以及数字化治理

整个数字经济里，数字产业化和产业数字化是发展的核心。尤其是数字产业化代表着新一代信息技术的发展方向和最新成果，伴随着技术的创新突破，新理论、新硬件、新软件、新算法层出不穷，软件定义、数据驱动的新型数字产业体系加速形成。

除数字产业化以外，还有产业数字化，产业数字化更多地强调的是传统产业通过大数据，云计算，人工智能这些新技术在传统产业中的广泛应用融合建立起开放式的创新体系。其生产方式更加智能化，产业生态更加平台化，催生新技术，新产业和新模式以及新业态不断涌现。产业转型、经济发展、社会进步迎来增长全新动能。

数据价值化重构生产要素体系，是数字经济发展的基础。数字经济时代是以数字技术为主的。这里的数据不是一个唯一的生产要素，但是她作为一个关键的生产要素贯穿数字经济发展的整个流程，与其他的生产要素不断的组合迭代，加速交叉融合，引发生产要素多领域，多维度，系统性的革命性的群体突破，从而突破传统的单一要素的生产效率，实现了价值的倍增作用。

数字化治理引领生产关系深刻变革，是数字经济发展的保障。数字化治

理反映的是生产关系，生产关系是人们在物质资料生产过程中形成的社会关系。数字经济推动数据、智能化设备、数字化劳动力的创新发展，加速数字技术和传统产业融合，推动治理体系向着更高层次迈进，加速支撑国家治理体系和治理能力的现代化水平的提高。

（二）数字经济成为高质量发展新引擎

下面让我们来回顾一下这几年福建省数字经济发展，我省数字经济是快速发展的，它在整个GDP中占比快速提升。有几个数字可以看出来，一个是福建省数字经济的总规模，2020年福建省数字经济增加值达到20052亿元，比上年增长了16.1%，占整个福建省GDP的45.7%，如果我们观察一下GDP和数字经济它的增长速度来看，应该说数字经济它的增长速度是一直快于GDP的增长速度的。从福建省经济信息中心发布的《2020年福建省数字经济发展指数评价报告》可以看到福建省数字经济发展指数是74.58，数字经济规模突破2万亿元，近年来福建省数字经济实现了质的提升和量的跃升，成为福建省经济高质量发展的新动能和主引擎。同时，《2020年福建省数字经济发展指数评价报告》从数字发展基础、数字技术创新、数字产业发展、数字治理水平几个方面对福建省各个城市进行了评分，结果显示我省各地区都积极把握住了国家数字经济创新发展试验区建设的战略机遇期，促进数字经济高质量、集聚化发展，数字产业化、产业数字化成效显著，其中，福厦泉莆四地的得分高于全省平均水平，别的地区也做到了聚焦重点、突出特色布局差异化发展道路，努力实现弯道超车，培育新产业新业态，取得了令人满意的成绩。总体上看，福建省数字经济发展的特点可以归纳为：一是率先启动、坚持一贯。从2000年至今坚持"一张蓝图绘到底"，持续开展数字福建的建设，把数字福建数字经济发展模式逐渐打造形成数字中国建设样板区、示范区。二是基础优势，功底扎实。福建省实体经济总量不断提升，福建突出实体经济主战场，打出一系列政策"组合拳"，通过着力提升产业素质，改善供给质量，增强创新能力，优化产业结构，夯实实体经济发展基础，以保障数字经济发展。三是创新发展，保持领先。2020年，福建省数字经济增加值达20052亿元，其增速和总量都居全国前列，保持创新领先、示范引领的优势。

再来看看我省数字经济地位，应该说我省数字经济经过多年的发展，在全国的排名逐步上升，发展速度越来越快。近年来，福建大力实施新网络、新技术、新算力、新安全、新融合、新平台等新型基础设施建设，新基建指数位居全国第五位。同时我省的数字经济指数（DEDI）和五种类型数字经济指数以44.17位列全国第7位。虽然说我省的数字经济发展迅速，地位不断提升，但是和一些数字经济强省的差距还是存在的，这是我们需要客观认识到的。

（三）数字化转型的实际案例

1.流程类制造业企业数字化转型

对于制造业来说，它可以分为两大类，一个是流程类制造业，一个是离散型制造业。对于流程性的制造业企业，比较典型的像制药、化妆品，必须在一个地方集中布置。领军企业通过全流程可视化监测、全过程集中化精密控制，形成一体化的智能生产和运维系统，提高产品质量和生产效率。比较典型比如漳州片仔癀药业，他实施覆盖"战略供应链"上、中、下游的全面质量管理，通过中控系统进行生产过程的信息化、智能化管理，实现中药提取全自动化连线生产，大大提高产品质量的管控能力，提高了药品的安全性、有效性和稳定性。

2.离散型制造业企业数字化转型

离散的制造业企业的典型代表比如像汽车、航空、电子等产品设计和生产高度复杂的离散型行业，领军企业内外兼顾，全面推进数字化转型。对外通过网络化平台，有效整合全球的设计、制造、服务和智力资源，大幅缩短产品研制周期；对内通过建立生产现场设备、生产管理和企业决策系统纵向集成数字车间和智能工厂，提高生产柔性化水平和生产效率。比较典型的一个代表就是宁德时代，打造全球领先的数字化研发平台，利用全球分布的技术资源，将大数据、云计算和人工智能，都嵌入到电池研发，在三年内实现了在生产每组电池耗时1.7秒的速度下仅有十亿分之一的缺陷率，同时将劳动生产率提高了75%，将每年的能源消耗降低了10%。另外一种离散型制造企业像家电、服装、家具需求个性化突出的离散型行业中。领军企业利用互联网平台打通生产现场和客户端，获取分析海量数据客户数据，实现自主设计、自动排产，大幅降低设计成本和库存，提高供需匹配效率，提高盈利能力。典型的例子是泉州七匹狼服装，它应用人工智能技术+大数据分析手段，创造品牌私域流量池，通过私域流量的高效运转，实现人货场三维立体的数据交互与沉淀，使企业得到了快速扩张。

3.餐饮业企业数字化转型

数字化转型对于服务行业，尤其是传统的餐饮行业，大家对其数字化转型了解的不是很多。餐饮行业数字化转型的时候，也是很有自己的特色。餐饮业数字化是餐厅数字化、服务智慧化、经营零售化、营销多样性为一体的餐饮服务综合表现。相较于传统模式，餐饮业数字化在降低人力成本、减少错漏单、提高用户体验上具有明显优势。此外，大数据在对餐饮业门店选址、跨城统管等问题的解决上也具有重要意义；并且数字化营销可以采用大数据分析消费者偏好，对消费者进行分类，有利于店铺实行价格歧视，差别发放代金券。以"沈茶"为例，它于2018年成立于福州。在成立初期，就"沈茶"与"饿了么"签订了小连锁认证等合作，利用口碑饿了么大数据选址的能力走出福建，目前已在全国开设300多家门店。除了新店选址外，"沈茶"还将人群消费品类、消费频次等大数据作为重点参考，对已开业门店进行布局优化。

（四）发展融合创新的数字经济

在当今的时代背景下，我省应该发展融合创新的数字经济，这包括五部分内容，分别是强化关键数字技术创新应用、加快推进数字产业化、加速产业数字化转型升级、深化闽台数字融合发展、深化数字丝路合作。

1.强化关键数字技术创新应用

关键核心技术要不来、讨不来、买不来。要掌握数字经济发展主动权，就必须突破核心技术难题，所以首当其冲的就是要加强核心数字技术攻关；其次是打造技术创新服务平台，建立一批产学研用数字技术协同创新集群、数字技术转移机构和数字化转型创新基地，强化创新链整合协同、产业链协调互动和价值链高效衔接。构建"众创空间—孵化器—加速器—专业科技园区"全链条企业服务体系，发挥龙头企业优势，带动福建中小企业发展，增强上游技术研发与下游推广应用的协同互动效应；最后，我省深入实施数字经济创新发展工程，大力加快数字福建建设，全力打造"数字应用第一省"，依托"闽政通"为主体的政务APP及相关网站，已完结16.3万余项，80%以上的社会管理项目实现了信息化建设。

福建省电子证照共享工程列入国家"互联网+电子政务"示范性工程。

2.加快推进数字产业化和产业数字化

发展数字经济，一方面要推动数字产业化，依靠信息技术创新驱动，不断催生新产业新业态新模式；另一方面要推进产业数字化，利用互联网新技术新应用对传统产业进行全方位、全角度、全链条的改造，提高全要素生产率，推动互联网、大数据、人工智能和实体经济深度融合。聚焦数字经济，推进数字产业化与产业数字化发展，既是贯彻新发展理念的内在要求，也是推进经济高质量发展的现实需要。为了加快推进数字产业化以及产业数字化进程，赋能我省经济高质量发展，针对数字产业化，我省提出了持续增强优势数字产业竞争力、积极培育未来产业新赛道、推动基础数字产业价值链提升、做强做优市场主体、做大做强平台经济、推动数字经济集聚发展六项实施路径。同时针对产业数字化，提出了发展特色高效数字农业、推进智能制造升级、发展服务型制造、推进服务业数字化转型、推进智慧海洋建设五条现实策略。

3.深化闽台数字融合发展

将数字经济运用到两岸融合发展方面是一个全新的课题，提供了更多领域合作的可能，通过加强重点产业对接合作、提升闽台数字合作平台为将来两岸信息产业的交流与合作提供坚实的基础，进一步促进数字经济的发展。

4. 深化数字丝路合作

数字丝绸之路是习近平总书记在总结"一带一路"建设的基础上，进行理论和实践的创新，也为"一带一路"的国际经贸的合作开拓了新的领域和空间。尽管新冠肺炎疫情肆虐全球，全球产业链、供应链遭受重创，国际格局加速演变，但共建"一带一路"仍逆风前行，韧劲十足。为进一步深化数字丝路合作，我省提出了建立数字贸易服务体系、加强人文科技交流、深化跨境电子商务国际合作等举措。

（五）保障措施

自数字经济产生以来，我省对其监管原则较为包容，相对宽松的发展环境一方面加快了数字经济的创新，促进其快速增长。但与此同时，随着其规模的不断膨胀，宽松的制度环境正成为阻碍其进一步发展的"掣肘"。目前"数字福建"建设克服了部分阻力，以突出的成果顺利成为全国电子政务综合改革、健康医疗大数据等重大项目试点省份，成功建成了国家级数字经济创新发展试验区，使"数字福建"真正成为"数字中国"的核心工程、示范工程及样板工程。但是在今后的建设过程中，还需更进一步建构以具体问题为导向的问题处置机制和以负责人为导向的执行机制。为此，我省提出了一系列的保障措施，包括但不限于强化组织协调、强化政策保障、强化人才支撑、强化典型引路、强化风险防范。

向海图强：从"海上福州"到"海丝福建"

◎蔡勇志

作者简介： 蔡勇志，经济学博士、博士后，中共福建省委党校福建行政学院副教授、校习近平新时代中国特色社会主义思想研究中心研究员。出版3本关于"一带一路"的著作，在《福建论坛》等刊物发表30多篇论文，主持10多项省级以上课题。在《政研专报》《智库专报》等内参发表多篇文章，多次获得省领导的肯定性批示。

福建省是一个海洋大省，整个海域的面积达到13.6万平方公里，远远大于陆域的面积。改革开放以来，省委、省政府很重视发挥福建的海洋优势。20世纪80年代时，时任福建省委书记项南同志就提出要大念山海经。到了20世纪90年代初，时任福州市委书记的习近平提出了"海上福州"发展战略。"海上福州"应该讲它有个演化的"三步曲"，就是：从"海上福州"到海洋强省，再到海洋强国。所以实际上我们省可以说是习近平海洋强国战略的发源地、孕育地和实践地。

习近平总书记在2013年提出"一带一路"倡议，到了2015年，福建省被国家发改委正式列为21世纪海上丝绸之路的核心区。所以应该讲从过去这几年来看，我们省在海丝的发展方面也取得不少的成效。所以今年我主要讲两块内容：先介绍整个"海上福州"发展的脉络，主要是讲海洋经济，后半段介绍海上丝绸之路核心区的历史和发展成效。

一、海洋经济

我们先看一下习近平总书记对福建海洋经济的重要论述。在《习近平在福建》这本书中，他就强调：海是我省的半壁江山，福建地理上最大的特色就在于依山傍海、山海兼备。所以他说海对福建来说具有特殊的意义，历史上就有开闽兴海之说，海直接关系到我省的兴衰和未来发展。习近平总书记当时在福建任职的时候，其实就对海洋经济有很深刻的理解。他到福建来工作的第一站是在厦门，当时他就提出了从保税区、自贸区到自由港的三步走战略。同时他也大力支持厦门港的发展，因为当时厦门港的硬件设施和装卸设备很落后。当他考察后得知主要原因是因为缺乏资金，他就说："政府不要你们利润，你们赚来的钱，财政一分都不要，利润留给你们。但你们必须答应一条，赚了钱首先用来完善设施。"所以现在厦门港成为全国第七大集装箱大港，离不开当年习近平总书记的大力支持和重要指导。

厦门象屿保税区

习近平总书记到了宁德任职时，他又提出，"闽东有山有海，要靠山吃山，靠海吃海"。在三都澳考察时，当他得知大黄鱼即将面临绝迹、绝种的问题，就把大黄鱼育苗繁殖纳入"星火计划"的项目当中，专门组织专家研究解决大黄鱼人工养殖问题。1990年，科研人员攻克关键技术，开启了宁德全人工养殖大黄鱼的先河。所以现在大黄鱼进入寻常百姓家的餐桌也跟他当年的这个支持是离不开的。在即将离开闽东、与当地干部话别时，他嘱咐道：闽东的山海资源十分丰富，这是我区的长处，但开发得不够，做好山海资源综合开发的文章，意义十分重大、十分深远。

到了福州当市委书记之后，习近平在1991年全市的水产工作会议上第一次做出了振兴海洋的重要论述，他在这个会议上做了《把握时机，加速福州江海开发》的重要讲话。这个讲话他着重提出了：福州的优势在于江海，福州的出路在于江海，福州的希望在于江海，福州的发展也在于江海。他强调，江海开发是福州历史发展的延续，是国内外经济发展的趋势，也是发挥福州优势、加速90年代改革开放和经济建设的迫切需要。他强调，江海兴则福州兴。所以我们可以看出，其实他深知海洋的开发对福州的影响，特别是强调了"江海兴则福州兴"。

那么"海上福州"正式提出来，实际上就是1994年5月26日在平潭召开的专题研讨会。事实上在召开研讨会之前，他已经组织了相关部门进行了大量的前期调研，所以他也讲这个构想不是一蹴而就的而是经过深思熟虑的。习近平总书记说："我通过一段较长时间的调研与思考，认真提出一个建设，即建设'海上福州'……建设'海上福州'是促进我市经济发展的一个大动作，是实现'3820'工程的一项重大战略措施。"他强调，要促进我市经济社会的进一步发展，离不开海洋开发，必须把海洋开发摆在经济社会发展战略的重要位置。这句话我们听起来很熟悉，实际上他到了中央当领导的时候，也经常讲，要把海洋开发摆在经济社会发展的重要位置。

在平潭召开会议之后，1994年6月12日，当时的福州市委、市政府出台了《关于建设"海上福州"的意见》，在我国沿海城市中最早发出"向海进军"的宣言。这份文件提出了"一个目标，两支船队、三大工程、四个基地"。实现一个目标，就是到2000年海洋产业总产值突破百亿元大关；到2010年实现全市海洋产值达到650亿元。组建两支船队，其中一个就是组建外海远洋捕捞船队。这也是国内比较早提出我们要建设远洋船队，要发展远洋渔业；另一个就是组建海上运输的船队。建设三大工程，第一个是围垦工程，第二个就是港口建设工程，第三个就是海岛建设工程。扩展四个基地就是水产养殖基地、滨海旅游基地、海洋工业基地和对台经贸合作基地。

那这份文件里面，他强调了从六个方面来推动"海上福州"的措施。第一个就是要强化意识，海洋经济的意识。他强调，要像重视耕地一样重视海域，像抓粮食生产一样抓海洋开发。我们可以发现习近平同志的语言风格很平语近人，很接地气，很容易理解。第二个要加强规划，第三个要加强资金投入，第四个要深化改革，第五坚持科技兴海，第六坚持依法治海。

1994年6月16日，时任福州市委书记习近平在接见香港大公报记者时，他就强调了建设"海上福州"的这个战略举措。他说，建设海上福州，就是要形成振兴经济在于振兴海洋经济的强烈意识。他强调：站在新世纪的入口，谁拥有海洋优势，谁就拥有对外开放、参与国际分工合作的有利条件。我们到了2001年才加入WTO，你想想在1994年的时候，当时习近平同志就提出"抓住海洋，才能参与国际经济分工"这个思想，很有前瞻性。因此，他强调要抓住机遇，利用优势，在海洋开发、海岛建设上大做文章。

到了他当省长的时候，他从全省的高度，提出要建设海洋强省。2000年6月23日，时任省长习近平到省海洋渔业局去调研的时候，他就指出，我省是海洋大省，拥有的海洋资源在全国名列前茅。发展蓝色产业，建设海洋经济是一个长期的战略任务，是我省经济决策扬长避短的正确选择，也是历任省委、省政府的一贯决策。他强调，要尽快把海洋资源优势转化为海洋经济优势。这句话是重点，就是我们省是海洋大省，但是大而不强，还不是海洋强省，所以要把海洋资源优势转化成为海洋的经济优势。

2000年10月27日闭幕的省委六届十二次全会上，做出了将建设海洋经济强省作为发展战略。2001年2月，省九届人大四次会议把"建设海洋经济强省"列入"十五"规划和2010年远景目标。2002年3月，时任省长习近平出席全省海洋经济工作会议。同年4月21日，我省出台了《福建省人民政府关于加强海洋经济工作的若干意见》，进行了全面的部署。这是他在福建当省长时部署建设海洋强省。到了中央之后，他就提出了海洋强国的发展战略，所以实际上是把福建的地方实践上升为中央的战略。

党的十八大以来，以习近平同志为核心的党中央将海洋强国上升为国家战略。在十八大报告中首次提出要坚持陆海统筹，建设海洋强国。所以就吹响了建设海洋强国的号角。到了党的十九大，2017年的时候，再次强调要坚持陆海统筹、加快建设海洋强国。大家注意到多了两个字"加快"。我相信今年二十大报告还会继续强调建设海洋强国。所以应该讲习近平总书记对海洋强国，他有一系列非常丰富的重要论述，由于时间的关系，我就没办法展开。

至此，我们看到了从海上福州，到海洋强省，再到海洋强国，这就实现了三步走，把在福建的这个工作实践上升为中央的战略。

那么从福建省来看，我们主要围绕海洋强省来做文章。从20世纪80年代省委提出大念山海经，到了20世纪90年代提出建设海峡西岸繁荣带，1995年省委提出建设"海上福建"，2001年提出加快建设三条战略通道。到了2004年，我们省提出要建设海峡西岸经济区。这个就是我们省整个的发展战略过程，实际上都离不开一个海字。不管是海峡西岸繁荣带、海峡西岸经济区，都有一个"海"字。

2021年习近平总书记来闽讲话之后，他提出：要壮大海洋新兴产业，强化海洋生态保护。之后到了五月份，我们省就出台了《加快建设"海上福建"推进海洋经济高质量发展的三年行动方案》。可以看出省委、省政府高度重视发展海洋经济，把它作为四大经济之一。

2021年时任省委书记尹力在《人民日报》等多家媒体上发文就强调了要加快建设海洋经济强省。他强调：要认真做好海洋经济这篇大文章。他指出：福建发展海洋经济的前景广阔，空间巨大，要坚持陆海统筹，深耕"海上福建"。2022年的省政府工作报告当中，赵龙省长也提出要全力发展数字经济、海洋经济、绿色经济、文旅经济，做足四篇文章。

现在我们看一下福建省海洋经济发展的一个现状。我省海洋生产总值在全国是排第三位，2020年广东省排第一位，山东省排第二位。2021年全省的海洋生产总值超过1.18万亿，占全省GDP的23%，连续七年居全国第三位。

"海上福建"三年行动方案里面内容很多，包括海洋信息，海洋渔业，包括发展地下水封洞库储油等等。这个内容比较多，我就挑重点说，下一步我们围绕海洋经济发展的几个重点项目。

第一，要加快海洋渔业的转型。根据我省2021年出台的《海上养殖转型升级行动方案》，在全省沿海地区集中开展海上养殖转型升级，至2023年底，全面淘汰养殖用泡沫浮球，将传统养殖渔排升级为塑胶养殖渔排或深水大网箱，将筏式养殖泡沫浮球升级为塑胶浮球。从2021年到2023年用三年时间，全省沿海现有44万口传统养殖渔排全面升级改造为塑胶渔排或深水大网箱，31.8万亩贝藻类筏式养殖泡沫浮球全面升级改造为塑胶浮球，新建888口深水抗风浪养殖网箱。

同时，推动发展深远海养殖。近年来，我省积极探索用机械化、智能化

经过整治后的三都澳海上养殖平台

的大型钢结构深远海养殖平台替代传统渔排网箱养殖模式，将海洋养殖区域从近海向深远海拓展，推动海洋产业现代化转型升级。尤其是加快推进"百台万吨"深海养殖计划，目前已投建12台套，居全国前列。在海产大县连江县，自2019年以来已先后投放"振渔1号""定海湾"系列、"泰渔"系列等10台套深远海养殖平台，有效缓解了近海养殖资源紧张和海洋捕捞业发展受限的情况，进一步提升了渔业生产的规模和效益。

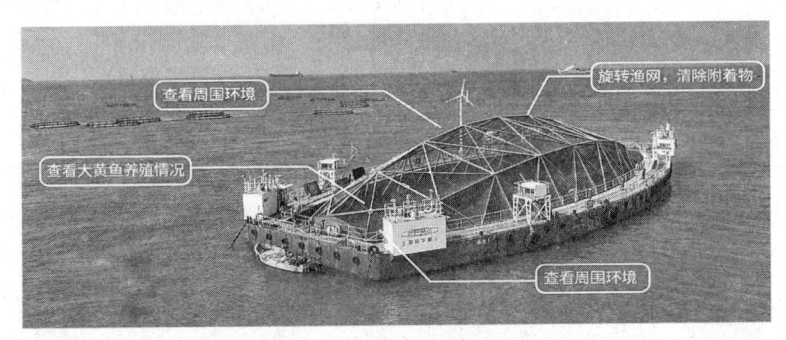

连江县振渔1号海上养殖平台

另外我省的远洋渔业起步早，远洋渔业综合实力全国第一。2020到2022年我省远洋捕捞产量都超过60万吨，连续居全国第一。在境外的渔业基地数量也是排全国第一，所以这个是福建的优势。特别是宏东渔业公司，在西非的毛里塔尼亚建设了一个中国在境外最大的远洋渔业基地。时任省委书记尹力也去参观过宏东在福建的公司。

第二，要发展海洋装备制造业。海工装备实际上是福建省的短板，虽然

宏东渔业公司在毛里塔尼亚的渔业基地

说我们有马尾造船厂。但是我省的造船厂相对造的船吨位普遍比较小，而且包括福安和漳州龙海这一带更多的船厂是以维修为主，所以我们叫修造船厂，其实修是排在第一位，真正造船的话，大吨位船舶我们造不出来。我们可能有造一些游艇，比如说漳州龙海那一带生产一些游艇，主要是做出口。当然现在的海工装备，它不仅是造船了，还包括海洋资源的勘探，你看我们现在的这个深潜科考的这些设备，几乎都是在外省、特别是在青岛生产的，包括上海也有生产，比如蛟龙号探测设备。我们福建省在这一块是比较薄弱。至少海上石油的开采设施这一块，我们就更是短板，这类设备我们都生产不出来。因此海洋工程装备是今后我省的重点发展方向和突破口。

可门港申远化工生产基地

从建设全国重要绿色石化基地来看，我省现在是把石化产业作为主导产业，包括泉港的石化园区，还有古雷开发区。我最近去的比较多的是连江可门港。可门港的申远新材料一体化产业园，它是2013年恒申控股集团投资百亿元打造的己内酰胺生产基地。2018年收购完全球排名第一的福邦特荷兰己内酰胺工厂后，恒申的己内酰胺生产规模跃居全球最大，连江可门成为全球最大己内酰胺生产基地。目前年产100万吨己内酰胺项目，它的产值一年目前是300个亿元，规划"十四五"期末年产值达到500个亿元。已经成为连江最大的一家企业。

还有一个就是我们省利用港口优势进口原材料来发展冶金钢铁。比如说福安的青拓公司，它的母公司叫青山集团，是全球最大的不锈钢企业，年产值达到了三千亿元。福安青拓公司已经是宁德最大的一家企业，它的产值突破一千亿元，是当地的纳税大户。它的办公区，建设得古色古香、小桥流水，环境很漂亮。实际上它就是利用港口的大进大出优势，从印尼进口镍合金矿，然后在福安这边进行加工。所以在发展临港工业方面，我们省其实还有很多的发展潜力。

第三，要发展海洋新能源。除了海上风力发电，还有潮汐能。现在大家看到海上风力发电都是建到海上去，而原来我们更多是在海边的陆地上建风电设施，比如说平潭、福清，山上有很多的风力发电设备，现在不允许再这样建了，现在只能建到海上去。目前来看的话，我们省这个风力发电数量不少，成为我省电力的重要补充。当然还有核电。我们看到最近国务院刚刚通过对漳州的核电机组二期给予立项。这个核电机组一台投资200亿人民币，两台的话就有400亿，这个对于推动地方经济的话，也是大有好处。

第四，抢占海洋碳汇制高点。我国提出要碳达峰、碳中和，而海洋恰恰是降低碳排放的重要途径。联合国《蓝碳：健康海洋固碳作用的评估报告》指出，全球自然生态系统通过光合作用捕获的碳超过一半（55%）是由海洋生物捕获的，被称为"蓝碳"。红树林、盐沼和海草床这三大滨海湿地生态系统在"碳中和"中扮演着重要角色、具有高效的"增汇"潜力。作为全国首个海洋碳汇交易服务平台，2021年9月完成了首宗海洋碳汇交易——泉州洛阳江红树林生态修复项目2000吨海洋碳汇在厦门产权交易中心海洋碳汇交易平台顺利成交。三年行动方案提出，要开展海水养殖增汇、滨海湿地和红树林增汇、海洋微生物增汇等试点工程，提高海洋固碳增汇能力。探索制订海洋碳汇监测系统、核算标准，参与制订海洋碳交易规则，推动海洋碳汇交易基础能力建设，开展海水贝藻类养殖区碳中和示范应用。

二、海丝核心区的建设

福建是世界公认的古代海上丝绸之路重要的东方起点，从唐宋到明清直到近代，福建都是海上丝绸之路最重要的参与者与见证者。泉州刺桐港在宋元时期是马可·波罗眼中的"东方第一大港"，是意大利人雅各·德安科纳笔下的"光明之城"，亦是摩洛哥人伊本·白图泰探访的"巨大的城市"。这一时期泉州港进入鼎盛时期，出现了"市井十洲人""涨海声中万国商"之盛景。《岛夷志略》中记载与泉州有贸易往来的国家和地区近百个。

宋元时期"东方第一大港"刺桐港的繁忙景象

福州港早在汉代，就与东南亚有贸易往来，三国时期成为江南的三大造船基地之一，唐代甘棠港对外贸易兴盛，到了明代长乐太平港成为郑和七下西洋的驻泊港以及造船、招募水手的重要基地，禁海政策实施之后福州港成为中国—琉球朝贡贸易的唯一口岸，至今仍保有琉球（使）馆和琉球墓园。到了清代，福州港成为武夷山茶叶出口的重要港口，烟台山和鼓岭亦成外国洋行、使领馆、教堂的扎堆集中区域，至今仍留下不少异国风情。

漳州龙海的月港是明朝中后期著名外贸通商港口。当时的月港通商47个国家和地区，开辟了通向东南亚与西亚、拉美及欧洲之间的"海上丝绸之路"，

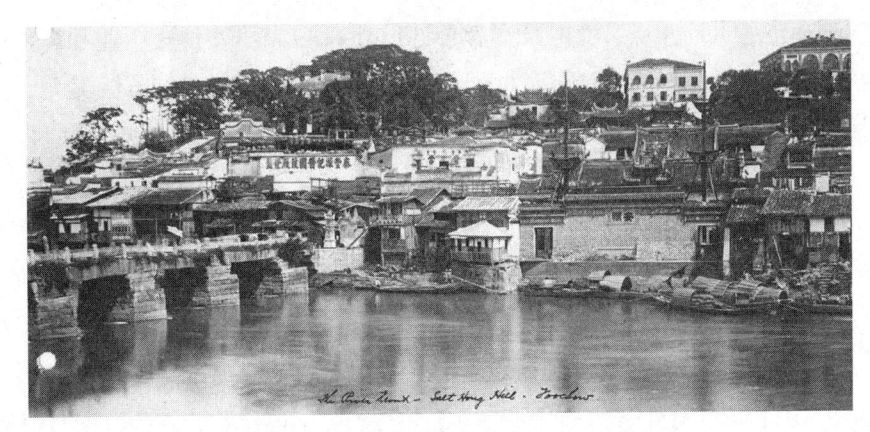

清朝时期外国人拍摄的福州烟台山景色

一度成了"农贸杂半、走洋如市、朝夕皆海、酬醉皆夷产"的外贸商港，被誉为"闽南一大都会""小苏杭"。在我国对外经贸史上留下浓墨重彩的一笔。

因此，我们省建设海丝核心区有一个很重要的优势叫人文优势。旅居世界各地的闽籍华人华侨有1580多万人，其中80%集中在东南亚（达1250万人）；台湾同胞中祖籍福建的占80%。港澳有120万福建乡亲。我们要利用好这个华人华侨优势。福建实际上还有一个很重要的优势就是阿拉伯族裔的优势，因为宋元时期有大量阿拉伯人在泉州，并在当地繁衍下来。目前泉州的阿拉伯后裔有10万人。比如说姓丁的，安踏老总丁世忠，他的祖先就是来自波斯的，所以泉州很重视跟阿拉伯国家的联系。前几年在泉州召开一个中国—阿拉伯城市论坛，就是考虑到泉州跟阿拉伯国家的关系。

2013年我国提出"一带一路"倡议来。福建被列入海上丝绸之路的核心区，所以我们要积极利用跟"一带一路"沿线国家的历史关系，加大对外投资、对外贸易，以及人员往来。省委、省政府也非常重视海丝核心区建设，研究制定了《福建省融入国家"一带一路"建设实施意见》《福建省建设21世纪海上丝绸之路核心区实施方案》以及最新的《高质量推动"海丝"核心区三年行动方案》，加大与"一带一路"沿线国家和地区在产业、贸易、港口、人文等方面的双向合作，取得了明显成效。当前，"海丝"核心区建设已进入全面推进、精耕细作的阶段。

我省"海丝"工作的主要做法和经验，主要是以下几点：

1.推进国际产能合作。主要就是加强对外投资。近年来，我省对外投资合作规模不断扩大，结构不断优化，发展质量和水平持续提升。"十三五"

期间，福建省共有904家境内投资者合计设立1149家境外投资企业和境外分支机构，分布在全球91个国家（地区），中方协议投资额292.6亿美元，比"十二五"期间增长185.8%。2022年，在省发改系统备案的对外投资项目189个，中方协议投资额19.95亿美元，增长20.85%。

福建省作为全国体育用品生产大省，特别是运动鞋和运动服装的生产企业很多。过去10多年来，泉州不少运动品牌企业纷纷部署国际化战略，收购海外品牌，进行全球化布局。安踏集团（ANTA）自2009年起，就在美国、韩国、日本等发达国家设立它的研发中心，同时2009年安踏以6亿美元并购了成立于1911年的国外老牌企业——FILA。2019年3月特步（Xtep）海外并购两个高端运动品牌"盖世威""帕拉丁"，又于8月购入"索康尼"和"迈乐"，开启多品牌、国际化发展道路。匹克（PEAK）在美国洛杉矶设立全球研发中心。

同时，福建也是全国纺织服装生产大省。2014年，泉州双喜集团就到缅甸投资设立服装厂，产品主要出口欧盟市场。近期，该集团在缅甸的第二期项目也将投产。此外，泉州峰亿轻纺公司在柬埔寨投资建设纺织工厂。著名品牌企业——利朗西服公司（LILANZ），我有一次到他们公司去做交流的时候，他们总裁就说了，他们在意大利的米兰也建设了这个研发中心，为什么？米兰是世界时尚之都嘛！它能够了解最新的、前沿的时尚文化，所以他就利用意大利的研发人才、设计人才。

实际上我们研究发现，企业"走出去"分为两类路线：一类就是往"微笑曲线"的两端进军，微笑曲线有两端：一端是研发、设计，研发部门一般设在发达国家，另一端的销售部门也是设在发达国家；另一类是将"微笑曲线"的中间部分也就是生产制造环节，转移到劳动力成本更低的国家。最典型的例子就是漳州东山县的旗滨玻璃公司（KIBING），它把生产线设在马来西亚，利用了马来西亚比较便宜的劳动力优势，然后它把销售中心设在了新加坡，就是利用新加坡是整个东南亚的集散中心、物流中心的优势，所以同样一家企业，它整个价值链不同环节分布于不同的国家。它的生产环节设在马来西亚，它的销售环节设在新加坡。再比如说漳州恒利钟表公司（Hengli Clock），它的研发和销售环节就设在新加坡，生产工厂就设在漳州市。这个也是一个跨国运营的典型例子。

考虑到单个企业"走出去"风险比较大，我国更鼓励和引导企业抱团走出去，到境外产业园区投资，这样能够降低风险。为此，2021年1月份中国跟印尼签署了"两国双园"的合作文件，中方的园区在福清元洪开发区。这也是中国跟"一带一路"沿线国家签署的第二份"两国双园"文件。第一个是广西的钦州市跟马来西亚的关丹港签署"两国双园"，就是在广西钦州市设立马来西亚的园区，中国的企业到马来西亚设立园区，这是"两国双园"第一个旗舰项目。然后第二个就是我们福建省福清的元洪投资区，跟印尼互设产业园区。第三个就是漳州正在推进跟菲律宾的"两国双园"。

在印度尼西亚，福建还建设有两个钢铁产业园区，比如青山集团在印尼建设的青山工业园，目前已经以它为龙头，已经有22家的企业入驻，总投资超过80亿美元，为当地贡献税收2.6亿美元，为当地创造直接就业岗位逾3万个。另外一个就是厦门象屿集团，也在印尼建设了一个250万吨的不锈钢一体化的冶炼项目。它们都是福建在印尼建设的境外产业园区，因为都是以它为核心来吸引上下游的配套企业入驻，形成了一个专业化的产业园区。

印尼青山工业园

2.拓展双向贸易。在中美贸易摩擦、国际市场萎缩的大背景下，福建深入实施"百展万企"计划，举办"福建品牌海丝行""福建品牌港澳行"等活动，组织企业参加各类展会，推介福建产品，支持丝路电商发展，在一系列政策的扶持下，对外贸易取得较好成绩。"十三五"期间，福建年进出口贸易额呈现逐年上升趋势，进出口规模61681亿元，年均增长6.1%，进出口、出口继续保持全国第七、六位。2021年福建与"一带一路"沿线国家进出口6446亿元，增长31.8%，占34.9%。

福建省2016-2020年对"一带一路"国家的进出口情况表

数据日期	出口额（亿元）	出口额同比(%)	进口额（亿元）	进口额同比(%)	进出口额（亿元）	进出口额同比(%)
2016年	2158.2	-0.6%	968.4	-1.8%	3126.6	-1.0%
2017年	2210.0	2.4%	1355.4	40.0%	3565.4	14.0%
2018年	2352.2	6.4%	1566.5	15.6%	3918.7	9.9%
2019年	2835.2	20.5%	1717.6	9.7%	4552.9	16.2%
2020年	2908.8	2.6%	1979.7	15.3%	4888.5	7.4%

"十三五"时期福建省与"一带一路"国家的贸易情况

这几年，东盟已经取代了美国成为福建省最大的贸易伙伴。2021年我省跟东盟的贸易额达到了3753.99亿元人民币，增长了32.5%。所以现在东盟已经成为福建省对外贸易的一个重要区域。过去几年来，我省跟"一带一路"沿线国家的这个贸易量，整个的走势就是越来越高，增长速度很快。

可以看出，我们跟"一带一路"沿线国家的贸易潜力非常大。比如说我刚才所讲的宝石的贸易，木材的贸易，农产品的贸易，比如说我们漳州现在大量加工的水果干，比如说我们买的榴莲干，芒果干。这些水果大量来自东南亚。因为从当地采购更便宜。越南和泰国的芒果又大又便宜。我们都是从当地进口。我到漳州去参观过几家食品加工厂，他们都是从越南进口，之后到漳州来加工。

现在跨境电商增长非常快，我省也经常举办跨境电商的交易会，包括相关的论坛。2021年福建省跨境电商卖家数量、卖家销售额均位列全国第三。2021年全省通过海关监管出口的跨境电商交易额增长超过2位数，跨境电商已经成为福建外贸创新发展、转型升级的新引擎。随着跨境电商的发展，省内不少企业在欧美主要国家及"一带一路"沿线国家和地区设立海外仓，总面积已超150万平方米，包括在东南亚的海外仓，比如说在马来西亚、泰国，都设有这个海外仓。

3.加快构建经贸平台。在省内，我们每年都利用"9·8"投洽会、6·18中国海峡项目成果交易会、5·18海峡两岸经贸交易会等平台进行招商引资、贸易推广。在厦门成立了金砖国家新工业革命伙伴关系创新基地，推动与金砖国家的合作。召开了福建–RCEP国家经贸合作对接会、金砖国家数字经济对话会。2022年还举办了海外华商中国投资峰会、成功举办世界闽商大会，打造了一批福建特色的"海丝"经贸合作平台。

我们也持续开展"福建品牌海丝行"系列活动，经常组织企业到东南亚包括泰国去举办这个品牌展，扩大福建商品国际知名度，推动与"一带一路"沿线国家的经贸往来。同时我们对于企业到境外办展、参展给予资金补贴。我们近两年创新采用"云展会"的方式，把这个会展搬到网络上，实际上现在更多的是采用线上跟线下。当然也有一些企业，自己到海外去参展，但是目前海外参展的比例有所下降。

4.发挥我们福建的农业和渔业的优势。农业是福建的优势，目前我省主要是漳州的一些农业企业在东南亚的老挝、柬埔寨和泰国开拓蜜柚种植园、木薯种植园等。比如漳州闽兴投资贸易有限公司在老挝完成香蕉种植1000亩，近几年继续扩大香蕉和蜜柚种植；四季阳光农副产品发展有限公司已在老挝万象省租用3000亩山地，种植12万株琯溪蜜柚。漳州火烈鸟企业在肯尼亚建设茶产业基地，拥有茶叶种植基地5000亩，茶叶加工厂3000平方，茶叶在当地加工完再运回国内销售。

同时，加大对沿线国家的农业技术对外援助，自1994年以来，福建农林大学作为"南南合作"项目和联合国开发计划署"中国与其他发展中国家优先合作项目"的承担单位，开展对南太平洋岛国和非洲国家的技术援助。该校已在巴布亚新几内亚、斐济等国开展菌草和水稻项目的实施和推广。早在2001年，时任省长的习近平向巴布亚新几内亚推荐农大林占熺教授的菌草技术，开启了菌草援外工作的序幕。如今，菌草技术也已经推广到了106个国家。

除了农业之外，福建省是海洋大省。境外远洋海洋渔业也是一个优势，远洋渔业基地数量全国第一。目前福建企业已在印尼、缅甸、毛里塔尼亚等国建立了9个境外远洋渔业综合基地，数量与规模全国第一。有10家企业在境外建立渔业养殖基地，水产养殖规模居全国首位。宏东在毛里塔尼亚建设渔业基地、世海在几内亚比绍建设西非渔业产业园。宏东的一家子公司叫作中鸿渔业。现在也在巴布亚新几内亚投资3.5亿元，主要从事海洋捕捞，海水养殖及水产品冷冻加工和批发业务。所以，境外养殖基地是福建的优势。

5.加强与境外的人员往来，特别是加强科技和文化的交流。人员往来主要是发挥福建华侨的特色。我们积极拓展与"一带一路"沿线国家和地区的文化交流和人员往来，着力打造"海丝"人文交流的重要纽带：文化交流活动精彩纷呈，教育交流持续加强，科技创新合作加强，卫生合作深入发展，友城友港持续增加（与46个国家建立了120对友城关系），侨心侨力进一步凝聚。在文化艺术方面的交流，可以看到我们福建省的"丝海梦寻"这个节目，到联合国去表演过，到联合国教科文组织去表演过，当然在东南亚国家也表演过，已经成为福建的一个文化品牌。同时，福州市也每年举办丝绸之路国际电影节，厦门市举办了丝绸之路音乐节，等等。

6. 加强互联互通的建设。福建把互联互通建设作为建设"海丝"核心区的突破口，加强与东盟国家在港口码头、物流园区、集散基地和配送中心等方面的合作。增开至东南亚、西亚等国际航线；加快推进厦门东南国际航运中心建设；推进跨境光缆等通信网络设施建设，搭建面向东盟国家的跨境电子商务及物流信息共享平台。推进"丝路飞翔"工程，增设境外航线、航班。

自2018年12月"丝路海运"首航以来，联盟成员近260家，命名航线达86条，联通29个国家、102个港口，累计开行超过8700艘次，完成集装箱吞吐量近1000万TEU。同时，福建省现在有五个城市开通了中欧班列，泉州、龙岩、福州包括武夷山都开通了到欧洲的中欧班列。2021年，福建开行中欧（亚）班列437列，同比增长21列。2022年1月18日，泉州开出首趟中欧班列。对于推动我们产业链、供应链的恢复和稳定，增加外贸总量都起到了一个很重要的作用。

下一步的发展思路，第一，就是要加强产业的对接，扩大招商引资。一方面我们产业要"走出去"，同时我们要"引进来"。福建发展经济，我们现在提出打造"双循环"战略通道，有进有出，要围绕我省产业链的薄弱环节，引进我们产业链薄弱环节所需要的项目。比如在新能源、精密仪器制造、绿色能源清洁技术等领域，我们应该多向欧洲国家如德国学习先进技术，并积极和他们寻求合作。我们发现，2021年中国还仍然是全世界吸引外资最大的国家。这个就说明了我们整个中国的投资潜力，所以要继续扩大招商引资。

第二，要推进产能合作，引导企业"走出去"。"走出去"有两类：一类就是传统劳动密集型企业"走出去"，另一类就是要推进我们现代化的技术"走出去"。特别是我们福建的电子信息产业，我们福建的数字经济，我们现在经常讲大数据、云计算，包括现在AI技术、区块链技术以及最新的元宇宙技术。这些都是我们中国的技术优势。东南亚的一些国家，可能他们基本上还没开始应用区块链技术，所以该技术的国际市场潜力巨大。我们要把大数据、区块链，包括物联网推广到海外。物联网是福州的强项，因为福州是国家级物联网基地。我们要把它推广到沿线国家。

第三，要继续发挥福建的农业和渔业的优势。农业和渔业的优势，刚才我已经举了大量的例子，我省农业还是要推动"走出去"，同时我们要更多地承担向发展中国家提供农业技术培训的责任。

第四，要进一步提升货物贸易的总量，同时要培育新的贸易增长点，特别是要进军发展服务贸易。我们中国现在已经成为世界第二大的服务贸易大国，但是从我们福建省来看，我们服务贸易的增速低于全国平均水平。所以服务贸易是福建的短板。我们货物贸易量很大，但是服务贸易确实是短板。特别是金融、服务外包，包括我们的整个数字经济、数字服务这一块仍然发展还是比较滞后。电子商务方面，今后还是要进一步大力发展跨境电商，尤其是直播带货。

第五，是拓展人文交流。特别是要讲好我们的历史故事，例如斯里兰卡王子的故事，通过讲好故事来拉近心灵的距离，来传播福建好声音。我们经常讲，要讲好中国故事，传播中国好声音；对福建而言也是，我们要讲好福建故事，传播福建好声音。

第六，要完善通道的建设，促进互联互通。我们讲"一带一路"建设很重要就是互联互通，互联互通不仅是港口、道路等这种硬的互通，还包括信息的互通，信息的互通还要加强。包括互联网络、大数据。我们空中航线也要进一步加密，增设往欧洲和非洲航班。

福山福水福人居
——福建福文化漫谈

◎林尉文

作者简介：林尉文，研究员，长期从事闽台传统文化与福建非物质文化遗产研究，出版学术专著多部，其中国家"十五""十一五"规划系列重点图书各一部，部分论著曾获福建省社会科学优秀成果奖、福建省百花文艺奖等。

一、"福"字的来源及其涵义

"福"字源于甲骨文。甲骨文是中国的一种古老文字，又称"甲骨卜辞"等，主要是商朝晚期王室用于占卜记事而在龟甲或兽骨上契刻的文字。20世纪初，河南殷墟因发掘甲骨文而闻名于世，先后出土有字甲骨约15万片，迄今破译的仅约2500个单字。最早的甲骨文"福"字，由（示）（酉）（共）三部分组成。左边的"示"，好像用两块石头搭起的简单祭台形状，以此来代表神明。有的甲骨文"福"字的字形里加上短横或旁边加小点，表示祭酒之物。右边部分的"畐"是一个独体象物字，像早期的酒器"酉"。下边部分的"共"形为双手捧着器皿的动作，似供奉之意。总体来说，"福"字是一个形声字，同时又是一个会意字。福字的示字旁，亦表示祈福之意。甲骨文中福字的写法很多，和现在福字最接近的写法，是人的两只手捧着一个类似酒罐的东西供奉神灵祖先。到了金文中变为形声字，示形畐声，而"畐"字在金文中的写法，是表示器皿中的东西是满的意思，与示字合起来，就是表示盛满贡品供奉祖先或神灵，祈求得到庇佑。东汉许慎《说文解字》对"福"的解释是："福，祐也。从示，畐声。示，神事也。"

甲骨文"福"字

西周青铜器士父钟中的"多福"铭文

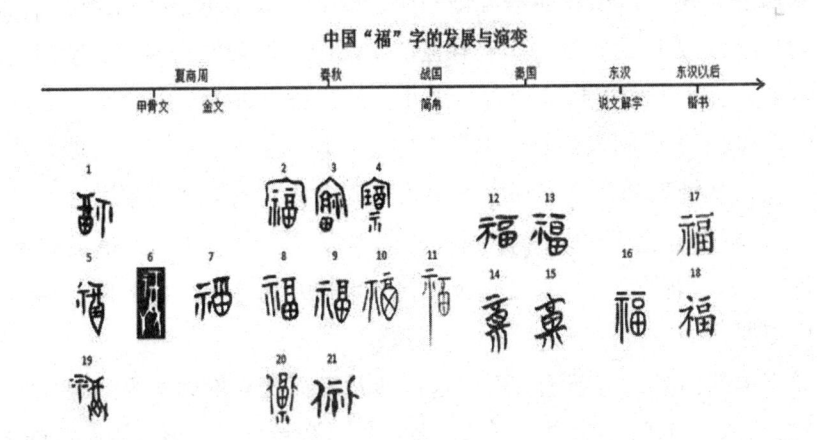

中国"福"字的发展与演变

在甲骨文和金文中，"福"字最常见的词组是"多福""永福""天赐之福""子孙永福""受福"等，表示古人将美好的愿望虔诚地寄托于上苍，并通过甲骨文、青铜铭文等文字，将当时祭祀天地神灵的仪礼记录下来。在上古先民的眼中，这是一种神圣不可亵渎的仪式，而这些仪式则是古代祈福文化最原始的表现形式。此后，"福"字经历了数千年的流传演绎，其内涵更加丰富多彩。在先秦西汉时期的古籍中，有许多关于"福"的记载。如《周礼·膳夫》："凡祭祀之致福者。"《礼记·祭统》："福者，备也。备者，百顺之名也。"说明当时所谓的"福",已经有了完美顺利、诸事如意的含义。此外,《韩非子·解老》则说:"全寿富贵之谓福。"贾谊《道德说》认为"安利之谓福",东汉许慎《说文解字》对"福"字的解释是"福,祐也",这几处的"福"字已经有了后来福字的涵义。秦汉以后,"福"的含义更加广泛,几乎包含了世俗生活中一切美好的愿望。在封建社会,不同阶层和不同地位的人,对福的理解也不尽相同。对于生活在社会底层的广大农民来说,如果能够拥有一块田地,春种秋收、风调雨顺、五谷丰登、丰衣足食就是福。古代身处战争或灾荒境地的平民百姓,常年遭遇兵荒马乱和官府豪绅的百般剥削,如果能够平安地生存下来就是福。行走于江湖的商人却认为财源茂盛、黄金万两才是福。古代一些文人对于福的理解又有不同,十载寒窗苦读,企盼鲤鱼跃龙门,金榜题名是他们一生追求最大的福。另一方面,众多老人则把健康长寿、三代同堂、四世其昌、多子多孙看做是人生最大的幸福。从后来的字形上看,福字分别由"衣"字、"一"字、"口"字、"田"字组成,"衣"字旁有福禄之意,因此古代民间还认为福字就是"一口田,衣禄全"。在我们的祖先看来,过日子只要有衣服穿,有一口田,能够温饱一生、衣食无忧就是福。在现实生活中,"福"的含义十分广泛,她可以包容世俗生活中一切美好的愿望。比如人们经常讲的吉祥,一般也多指福而言。因此,吉祥也可释为福。总而言之,古往今来,"福"字是民间大众心目中最吉祥的字眼。从深层的文化心理到外表的器物制度,从钟鸣鼎食之家到引车卖浆之流,从文人墨客到黎民百姓,一个"福"字,凝聚着上下5000年中国人的伦理情感、生命意识、审美趣味与心理情愫。一个"福"字,寄托了世世代代无数民众对幸福生活的向往和对美好未来的憧憬。

　　关于福的内涵,从理论上看,这也涉及幸福观与伦理学等问题。对于这个问题,历史上有许多学说,可谓仁者见仁,智者见智。道家主张清静无为,顺其自然,返璞归真,过原始质朴的田园生活。采菊东篱下,悠然见南山,这种悠然自得的生活意境,对人们来说,似乎是一种莫大的幸福。儒家主张要朝着修身、齐家、治国、平天下的轨迹来发展,这样的人生才是幸福。孔子认为幸福就是"一箪食,一瓢饮,在陋巷,人不堪其忧,回也不改其乐"。佛教则认为人生本无幸福可言,有的只是生老病死与各种各样的痛苦,而这些痛苦的本源就在于原罪,即人的贪求欲望,对佛理、佛性的无知。要摆脱痛苦,只有灭除贪爱欲望,修行念佛,秉持四大皆空的理念,才能达到幸福的彼岸,即"涅槃"。

在长期的生活实践中,古人对福的内涵有着深刻的认识,它既是现实的也是辩证的。早在两千多年前,老子就以辩证的思想,对福与祸进行了精辟的阐述。老子《道德经》所谓的"祸兮,福之所倚;福兮,祸之所伏",就是说在现实生活中,祸福二者是相对的,相辅相成的。后来所谓的"天有不测风云,人有旦夕祸福",也指祸福是相依共存的,古代先贤深邃的辩证思想令人钦佩。古代"塞翁失马,焉知非福"的故事,也是老子祸福相依辩证思想的生动注解。

幸福观的另一种说法,就是知足常乐是福。《道德经》说:"祸莫大于不知足,咎莫大于欲得,故知足常乐矣。"幸福与知足常乐好比一对孪生兄弟,欲壑难填是幸福的永恒对立。人的欲望越多,幸福指数就越低。不与别人攀比金钱和物质,不羡慕别人的权势与显赫,只按照自己的生活轨迹和人格操守开心过好每一天。如此一来,幸福指数就会不断提升。所以说,知足常乐是提升幸福指数的一剂良方。难得糊涂,吃亏是福,据说这两句话是清代扬州八怪之一郑板桥的著名语录。民间传说郑板桥之弟郑墨在老家与邻居发生土地争执,且是邻居有错在先,因此郑墨就想依靠郑板桥的名望帮自己出这口气。可是郑板桥却劝郑墨息事宁人,同时寄去了一副书信,上面写的就是"吃亏是福"。现实生活中也有人把吃亏当做是一种福。他们认为能吃亏是做人的一种境界,会吃亏是处事的一种睿智。吃不吃亏,就像是福和祸的关系一样,随着条件的转变,二者的关系也会发生变化。多吃亏,涨经验,总有一天吃亏会转会成一种福分。它的深层含义就是说亏吃的多,经验和教训就多,以后的生活就能更加自如,所以吃亏是一种变相的福气。

随着时代的发展和物质生活的不断变化提高,在现实生活中,现代人对福的理解也是复杂多元的,并没有一个统一的标准。20世纪50年代初期,"一亩三分地,门口拴头牛,老婆孩子热炕头"。20世纪80年代的"万元户""三转一响"等等,都曾经是许多民众心中向往的幸福指标。如今的别墅、汽车、千百万存款等金钱和物质条件,也成为一些人衡量幸福生活的指标。但是,物质生活富裕了,是否就意味着幸福,古往今来,其答案自然都是否定的。至于某个电视节目上曾经有人说的"宁愿坐在宝马车里哭,不愿坐在自行车上笑"的畸形幸福观,则是需要加以批评和摒弃的。

二、福文化的历史内涵

福文化源自中国古代社会的传统祈福民俗文化。几千年来，在各种自然与人的因素支配下，中国传统农业社会诞生了许多富有特色的社会文化和习俗，广大民间流传久远的福文化，就是其中一个颇有代表性的例子。所谓福文化，其实也是一种内涵比较广泛的传统民俗文化概念。上古时期的"五福"之说，见于先秦古籍《尚书·洪范》："一曰寿，二曰富，三曰康宁，四曰攸好德，五曰考终命"。这是古代关于福文化内涵的最早说法。长期以来，传统福文化的主要内涵亦沿袭此说，即长寿、富贵、平安、修德、多子孙等，其核心意义在于显示广大民众对人生幸福的向往和追求。几千年来，传统福文化伴随中华文明的发展，已经广泛渗透于社会思想文化、生产生活的方方面面。它超越时空、地域、社会、民族、宗教等范畴，内涵丰富，影响深远，成为中华民族文明不可或缺的文化基因之一。中国民间自古就有崇福、祈福、盼福的传统，对福文化有着高度的心理认同和文化认同。从原始社会中后期开始，祖祖辈辈置身于传统农业社会的广大民众，在精神与物质文化层面，往往心怀一种淳朴的传统理念，就是希冀天下太平，风调雨顺；人间五谷丰登，丰衣足食；人人平安长寿，无灾无患；家庭和睦幸福，子孙万代。这些追求人生幸福的美好愿望，似乎成为古往今来广大民间一个永恒不变的主题。几千年来，传统福文化生生不息，内涵不断丰富扩展。因此，在某种程度上可以说，福文化是对中华民族文明影响最为广泛和深远的一种传统文化。福文化不但是中华传统文化的重要组成部分，同时又是一个活的文化体系。它不仅寄托了人们对幸福生活的追求，还体现了人们对美好未来的期盼。古往今来的许多事实都可以说明，福文化在中国传统文化中的含义，除了物质层面的需求之外，更主要是精神层面的追求。

上古时期流传的"五福"之说，对后世产生了深远的影响。历史上许多文人学者对"五福"的有许多解读，如《韩非子》记载："全寿富贵之谓福。"汉桓谭《新论》记载："五福，寿、富、贵、安乐、子孙众多"。唐代陈子昂《临邛县令封君遗爱碑》曰："家膺五福，堂享三寿。"一般而言，古代"五福"中的"寿"，大致指的是生命长寿，没有发生意外夭折，亦即寿享耄耋，三代同堂，四世其昌。"富"指的是生活富足，一生衣食无忧。"康宁"指的是身体健康，无灾无患，内心安宁。"攸好德"指修身养性，乐善好施，品德高尚。"考终命"指长辈能够善始善终，最后安详逝去，亦即古人梦寐以求的寿终正寝。在中华传统文化中，福文化包含更多层的历史含义。虽然各个时代的人们对福文化有过一些不同的解读，但大致仍可归纳如下：

（一）衣食是福

衣食无忧，居有其所，这是古人对生活最基本和合理的追求。千百年来，先辈们最初的祈福目的无非也是为了"衣食"。时至今日，大多数人还是把"衣食温饱"作为福的目标之一。衣食代表物质层面，而物质是福的前提，民以食为天，脱贫致富，以经济建设为中心，古往今来，这些事理都从不同层面强调"衣食是福"。

（二）长寿是福

无灾无患，健康长寿，长命百岁，寿终正寝，这是古人对人的生命价值的基本肯定和追求。

（三）平安是福

古代兵荒马乱，战争与自然灾害频繁发生。生活康宁，社会安定成为人们对生存的渴望。没有平安就没有一切，平安是福的基础和保障。人们祈求国泰民安，风调雨顺；无灾无患，阖家平安。平安是福体现了民间大众对家国安定幸福的强烈企盼。

（四）修德是福

古人历来提倡修身养性，重视个人德行的修养，我们的祖先一开始就把追求人生幸福和人格的修炼、道德的完善结合在一起。不仅把"攸好德"列为五福之一，而且还把修身养性、以德配天作为追求幸福的最高境界。立德为先、以德祈福的传统人生价值观，也注定构成了福文化的核心内涵。

（五）多子多孙是福

"不孝有三，无后为大"，封建社会对子嗣传承尤为重视。三代同堂，四世其昌，瓜瓞绵绵，这些都反映了中国传统文化对宗族家族和生命繁衍绵延的重视。

（六）和谐是福

中国人经常讲和为贵，家和万事兴，在精神层面，广大民众对福的最高追求就是和谐是福。和谐涵盖了谦和、和善、和睦、和和美美等内容，从其中任何一个词语中都可以找到幸福感的追求点。中国古代家喻户晓的和合二仙，不但成为广大民间新婚的传统吉祥用语，同时也是象征家庭和睦幸福的标志。和谐代表福文化的精神层面，和谐也是人们对福文化的精神追求之一。

《礼记·大学》曰："古之欲明明德于天下者，先治其国；欲治其国者，先齐其家；欲齐其家者，先修其身；欲修其身者，先正其心；心正而后身修，身修而后家齐，家齐而后国治，国治而后天下平。"传统福文化是怎么传承的？《礼记》已经说的很明确，主要是通过个人、家庭与国家这样三个主体来实现的。对个人来说，一个人的福分要根据自身的情况来看，比如健康是福、知足常乐是福。对家庭来说，家和万事兴，然后才延伸出其他的福。比如衣食是福、平安是福、长寿是福、家庭和睦是福。对国家社稷来说，国泰民安为上等之福，具体来说，风调雨顺是福，五谷丰登是福，长治久安是福，民族富强更是福。国泰民安、国富民强、长治久安，是国家和民族的上善之福。风调雨顺，五谷丰登，六畜兴旺，百姓安居乐业，对内厘清吏治，河清海晏；对外纵横捭阖，和平共处，于国于民都是最大的福分。在当代，国家富强、民族振兴、社会和谐、人民幸福，实现中华民族的伟大复兴，更是中华民族和全体人民的最大幸福。

福文化从早期原始的祭祀祈福，到后世复杂多样的文化意象，其表现形式大致可以分为三个方面，即精神层面、物质层面以及行为层面。精神层面的福文化如上述的甲骨文、金文以及古籍记载所显示的内涵，主要表达了祈求富贵、长寿、康宁、好德与多子多孙的传统精神理念。此后民间对于福文化的各种意念与解读，也属于精神层面的范畴。物质层面的福文化，在几千年发展演变的历史过程中，不同时代则赋予不同的文化内涵，同时通过丰富多彩的表现形式，给予充分的显示与表达。如各地民间流传广泛的年画、楹联、陶瓷、木雕、石雕、砖雕、漆艺、剪纸、书法等民间艺术领域所常见的各种有关福文化的艺术作品等等。行为层面的福文化，一般以民间传统习俗为主，主要表现形式有各种祈福祭祀活动以及新年送祝福、贴春联年画等。经过长期的传播和演绎，物质层面和行为层面的福文化相辅相成，相得益彰，在广大民间的影响不断壮大，同时逐渐形成全面、系统、独立的"福文化"体系，由此而来的是各种司空见惯的福文化民俗元素和民俗事象。包含祈福祭祀、福神崇拜、祈福民俗、福字吉语等等。每逢春节，可以说是福文化民俗事象流传的高峰期。家家户户贴春联年画、祭天地诸神以祈福纳祥。除此之外，诸如福禄寿、五福临门、五福拱寿、加冠晋禄、三多九如、瓜瓞绵绵等丰富多彩的福文化吉语和吉祥图案等，在各地民间的木雕、漆器、瓷画、年画、剪纸、楹联等雕刻、绘制或书写中，几乎无处不见。总而言之，福文化是中华民族传统文化的重要组成部分，对于中国人来说，福文化是一个永恒的话题，她蕴含着世世代代无数民众对幸福生活的向往和对美好未来的憧憬。

三、福建传统福文化

从原始社会后期以来，生活在八闽大地的先民们披荆斩棘，栉风沐雨，在艰难的生活之旅中创造了许多追求幸福、祈延生命的文化习俗。在历史长河的些许遗珠中，我们仍然可以发现其耀眼的光芒。如秦汉时期的闽越国，经现代考古发掘，在福州屏山闽越国宫殿建筑遗址中，就曾经发现诸如"万岁未央"等祈福文字的瓦当。秦汉以来，福建民间的传统福文化及其相关民俗元素流传广泛，影响久远。其在一定程度上还丰富了民间大众的精神文化需求，展现福建乡土文化的历史魅力。在具体内容方面，可以看到福建传统福文化的内涵是丰富多彩的，其表现形式则是多种多样，多姿多彩。以下分别加以论述。

福州屏山闽越国宫殿遗址出土的祈福文字瓦当

（一）福文化与福建地名

福建，首字就冠以"福"字。除此之外，诸如福州、福清、福安、福鼎、福宁、福唐、永福等古今地名，无不隐现福文化的历史身影。从福建的历史沿革来看，福建古称"闽"，商周时期，福建属古扬州，《尚书·禹贡》有"淮海惟扬州，彭蠡既潴，阳鸟攸居"之说。福建之称"闽"和"七闽"，见于先秦古籍《周礼》："职方氏掌天下之图，以掌天下之地。辨其邦国，都、鄙、四夷、八蛮、七闽、九貉、五戎、六狄之人民。"《山海经·海内南经》："闽在海中，其西北有山。一曰闽中山在海中。"《周礼》所谓的"七闽",当泛指先秦时期东南沿海地区的土著民族,这当然包括福建区域的古闽族。秦汉时期,福建地区的闽越人先后立闽中郡和闽越国,《史记》称为"东越"。汉武帝灭闽越之后,在闽越故地设东冶县,隶属会稽郡。三国时期,福建属吴,设立建安郡。晋、梁时期,建安郡又先后分为晋安、建安、南安三郡。隋代废三郡,置泉州,后又改为建安郡。唐代改建安郡为建州,同时先后设立福州、泉州、漳州、汀州等州郡。唐开元二十一年(733),取福州与建州的首字设立福建经略使,这是历史上首见"福建"之称。北宋置福建路,辖福、建、泉、漳、汀、南剑六州,另设邵武、兴化二军。南宋设一府、五州、二军,史称"八闽"。元至元十五年(1278)设置福建省,这是福建称省之始,下辖福州、泉州等八路。明代置福建布政使司,改路为府。清代以来,仍称为福建省。自唐开元以来,一千多年来,福建的名称始终以福字当头,不但寓意着美好的历史涵义,传统福文化在其中的影响也是不言而喻的。作为福建首府的福州,其名称同样也是历史悠久,富有含义。自汉高祖五年(前202)建冶城始,福州地区相继有晋安郡、闽州、丰州、泉州、建州等各种名称。唐开元十三年(725),闽州都督府改称福州都督府,此为福州名称出现之始。据说其因州城西北有福山,遂改名为"福州",此后民间流传俗语曰:"福州、福州,有福之州。"至于福建地区其他以福字冠名的古今地名,如福清古称福唐;福安古为福宁府,此外,还有福鼎、永福(今永泰)等,她们与福字都有一定的关联。由于这些州郡府县都是福字当头,晚后的民间俗语因此说"福地福人居"。无论是有福之省,或是有福之州,时至今日,广大人民在这块福地上安居乐业,其乐融融,传统福文化的魅力也在"福地福人居"这句话中得到最好的回应。

(二)福文化在民间艺术中的展现

长期以来,随着福文化的深入影响,民间艺术领域也不可避免地出现许多与之密切相关的艺术创作元素。福建民间传统艺术包含表演艺术和工艺美术等。表演艺术主要有戏曲、歌舞、音乐等舞台表演形式。表演艺术类主要有戏曲、歌舞、音乐等舞台表演形式。旧时民间在大年初一,往往举行演戏等贺岁活动。正月初一的演戏,首先要演出"跳加官"的折子戏以祈福。至于其他歌舞游艺等活动,往往也有一些祈福民俗元素穿插其中。除了民间表演类的戏曲和歌舞之外,无论在传统木雕、石雕、漆艺、瓷雕、泥塑、剪纸、年画以及楹联、书法、绘画等民间艺术领域,福文化的影响几乎如影相随,无处不在。人们通过各种艺术表现形式，将广大民间热烈追崇的福文化，淋漓尽致地展现于日常生活的方方面面。诸如房舍院落的大门、庭院、廊壁以及门窗、屏风、橱柜、眠床、桌椅乃至各种工艺品等等，都可以寻见福文化的踪影。唐宋以来，福建民间传统工艺通过各种艺术表现手段，在很大程度上迎合了广大民众追求平安幸福、祈求福禄寿喜等传统世俗和心愿。在这方面，尤以明清近代民间各类传统艺术领域展现的各种祈福题材图案最为丰富，最具特色。构图的主要物象有福禄寿三星、天官、蝙蝠、龙、凤、麒麟、象、鹿、牡丹、月季、梧桐、荔枝、佛手、石榴、灵芝、瓜瓞、如意等等不下几十种。构成的福文化图案也丰富多彩，生动有趣。诸如福禄寿、天官赐福、五福临门、迎祥纳福、百福、太师少师、位居三公、连升三级、封侯得禄、五福拱寿、童子拜寿、花开富贵、富贵连绵、龙凤呈祥、二龙戏珠、瓜瓞绵绵、喜上眉梢、双喜临门等等，多达百余种。择要介绍如下。

1.福禄寿。长期以来，随着传统福文化的传播和人们对幸福生活的向往和追求，福禄寿三神随之应运而生，深受民间大众的崇拜和喜爱。古代民间俗语说"人间福禄寿，天上三吉星"。古人认为福神源于福星，所谓福星即岁星，亦即木星，他们认为岁星照临能够降福施祥。古人认为，三星殿里供奉的福、禄、寿神像，主宰着人间的幸福、富贵和长寿。因为他们是幸福、富贵和长寿的象征，所以福禄寿三神在古代民间有着广泛的影响。人们在供奉神像顶礼膜拜的同时，往往将之雕刻于各种建筑物、门窗、屏风等处，作为吉祥物与之朝夕相处。此外，许多民间借蝙蝠的"蝠"与"福"谐音，往往与之相提并论，借喻入画。此类图案有多种形式，常见的有福禄寿三个神像并

清代金漆木雕·福禄寿

排站立,他们手中分别执抱寿桃、如意和婴儿等物,以象征福、禄、寿。各地民间木雕、石雕、瓷雕和漆器等雕刻绘画的此类图案比较多见。

2.天官赐福。在各地古民居的一些建筑构件或家具中,往往可见天官赐福的装饰雕刻图案。天官冠带齐整,手托吉祥物,笑容可掬。此外,民间还常见天官与地官、水官合在一起的图案,称为"三官赐福"。古代民间认为,天官赐福,地官赦罪,水官解厄,古人往往对之崇祀有加。此类雕刻在福州三坊七巷古民居以及闽南等地古民居的屏风柱头等处可以见到。

3.五福临门。此为各地民间常见的图案。图案中间往往刻一个"福"字,或是一只大蝙蝠,图案的四周各刻一只小蝙蝠。"蝠"与"福"同音双关,寓五福临门,民间广泛以之祈福。如闽侯南屿清代民居门窗的"五福临门"木雕刻图案以及泉州等地古民居的"五福临门"石雕图案等。

4.五福拱寿。此类图案多以五只蝙蝠与寿字构图,蝙蝠的蝠谐音"福",上下左右四只蝙蝠,加上中间的一只,围绕着寿字或圆形团寿图,寓意五福拱寿。旧时泉州等地民间古民居的门窗、壁堵等建筑构件中,往往可见此类图案。

5.百福。在古代民间常见的屏风以及果盒、供盒等木漆器中,往往雕刻或绘有"百福"等文字图案,寓意百事如意,幸福长久。清代福州的脱胎漆器供盒和民间祝寿的寿屏等常见"百福"的字样。莆田博物馆收藏的一件清代金漆木雕馔盒,盖为黑地刻竹描金并附题句,盒顶面红地浮雕八果形碟,盒身四面黑地阴刻"百福"金字。另一件清代金漆浮雕馔盒,红地,盒顶面漆金雕刻佛手等瓜果,盒身四面亦浮雕"百福"篆字。

清代金漆木雕"百福"馔盒

6.耄耋富贵。以蝴蝶和牡丹、寿石等组图。蝴蝶之"蝶"与耄耋之"耋"谐音,寓长寿。牡丹为富贵之花,合寓耄耋富贵。古代民间往往以此类吉祥图案祈福祈寿。此外还有耄耋延年。以蝴蝶和菊花等组图。蝴蝶之"蝶"与耄耋之"耋"谐音,寓长寿。菊花为延年富贵之花,全图合寓富贵长寿。古代民间往往以此类吉祥图案祈福祈寿。童子拜寿。以童子捧寿桃向老者祝寿构图,其间还有牡丹和盘长等吉祥物。此为古代民间常见的祈福祝寿图。

7.百寿。此类图案在各地民间比较常见。举凡一些木质家具器具等，往往有此类图案或文字题刻，以寓其意。如清代莆田木雕漆金"百寿"果盒，器物呈八角形，红地，横隔四行均书刻描金百字"寿"，束腰仰楣漆金雕刻牡丹，束腰间肚楣每面门内绿地浮雕花萱草，八个如意式桌足间透雕如意牡丹。整件器物体现了民间传统祈幅祝寿的民俗含义。

8.瓜瓞绵绵。以一根绵延不断的瓜藤上长着大大小小的瓜构图。古时大瓜称瓜，小瓜称瓞，《诗经》有"瓜瓞绵绵"之句，其含义为瓜始生时小，但其蔓逐渐长大，绵延滋生。后人多用以祝福子孙昌盛，如瓜瓞一般，藤蔓相继万代。

清代金漆木雕·瓜瓞绵绵

9.榴开百子，又称榴生百子。由一颗硕大裂开露出许多榴籽的石榴构图。据《博物志》载，张骞使西域，得安石国榴种以归。石榴果内籽粒繁密，籽与"子"为同音双关字，寓意多子多孙。凡有石榴入图的祈福图案，都寓多子多孙，子孙后代繁衍昌盛。

清代金漆木雕·榴开百子

10.四多。以佛手、石榴、荔枝、寿桃构图,其后衬以盘长图案。佛手寓多福,石榴寓多子,荔枝寓吉利多财,寿桃寓多寿。全图寓意多子多福,福寿绵绵。此外,民间一些木雕、石雕、漆器还有用佛手、桃和石榴组合的"福寿三多""三多九如"等图案,也含"三祝"之颂,即以佛手寓多福,以桃寓多寿,以石榴寓多子孙。

11.太师少师。在民间传统"福禄寿"祈福图案中,禄神也很受欢迎,诸如"太师少师""加官进禄""马上封侯""连升三级"等题材图案,在各地民间十分流行。"太师少师"由两只大小狮子与喜鹊、牡丹等组图。狮子与虎一样,在百兽中也称为王。狮子凶猛威严,狮因百兽王的地位,被借以象征人世的权势和富贵。古代官府门前的两只狮子,左边代表"太师",右边代表"少师"。"狮"与"师"谐音双关,寓意太师少师。中国古代官制设太师、太傅、太保"三公",及少师、少傅、少保"三孤",太师与少师乃公、孤之首,都是辅佐天子为政的高官。太师少师寓世世代代高官厚禄。此类祈福图案有的衬之喜鹊、牡丹,象征喜庆富贵,合寓高官厚禄,喜庆富贵。此外,各地民间还有诸如"位居三公"等类似的祈福吉祥图案。

12.指日高升。以一位老者与太阳组图,老者坐于庭中以手指日,寓意指日高升,官运亨通。此木刻以绿色的盘长图案为衬底,人物、假山与太阳等均髹饰金漆,显得金光灿烂,十分喜气。

清代金漆木雕·指日高升

13.喜上眉梢。以喜鹊与梅梢构图。喜鹊是民间传统的报喜吉祥鸟;梅开百花之先,为报春之花。梅花以其冰肌玉骨,寒冷生香,"独天下而春"的品格惹人喜爱。梅梢与"眉梢"为谐音双关语,喜鹊立于梅梢,明显寓意喜事来临,喜上眉梢。与此类似的还有双喜临门、喜鹊登梅、双鹊登梅等祈福图案,在各地民间也比较常见。

14.二龙戏珠。龙乃传说中的神灵,可翔于天,行于水。珠或指夜明珠或龙涎珠。二龙戏珠由民间传统的舞龙灯民俗活动演变而来,往往用于民间祈福,庆丰收,祈吉祥。

15.鸾凤和鸣。以鸾鸟和山茶花组图。山茶花是延年之花,寓意长长久久。凤凰亦作"凤皇",古代神话传说中的神鸟,雄曰"凤",雌曰"凰",素有太平盛世瑞禽之说。《尔雅》曰:"凤凰出于东方君子之国,翱翔四海之外,见则天下安宁。"古代有关凤凰的传说故事很多,此类传统祈福吉祥图案一般寓夫妻恩爱、家庭和睦、白头偕老、子孙繁盛、家业兴旺。旧时民间常见此类祈福金漆木雕。

16.太平有象。大象是吉祥的象征,古为瑞兽。象驮宝瓶,寓时世安宁和平。宝瓶传说是观世音的净水瓶,亦叫观音瓶,内盛圣水,滴洒能得祥瑞。此为传统祈福图案。

除此之外,古代科举领域的祈福图案也比较多见。《宋史·地理志》记载:"闽人多向学,喜讲诵,好为文辞,登科第者尤多。"宋、明两代,福建登科第者在全国名列前茅。如宋代319年间,共举行118次进士科考试。全国总共录取进士3万多人,其中福建7600多人,占了将近四分之一。至于一榜三甲全为闽人、一县连科三状元、一县同揽一榜前四名、一村数十个进士、一门二十四进士、一家三兄弟同时进士同时入翰林等科举佳话,对宋代以来的福建社会产生强烈的影响作用。由此而来,各地民间的各种建筑、民居乃至家具等有关饰件中,大量出现许多与科举得中、金榜题名有关的祈福木雕刻图案,它们从一个侧面真实反映了当时的历史文化风貌。择要介绍如下:

1.状元出行。图中状元骑着高头大马,周围童子随行,旗幡招展,一派春风得意的模样。古代民间多以此类木刻装饰于民居建筑或家具书橱等处,用以祈福,祝愿家中读书人科举得中,出人头地。

2.鲤鱼跃龙门。古代神话传说,每年春季有数千只鲤鱼争赴龙门山下,准备跃龙门,能过者成龙,失败者仍为鱼。此后民间多以此比喻科举得中出仕者。在科举会考中,人们常把获得功名者喻为"跳龙门"。明清前后,福建各地民间常见此类题材的各种木雕画刻。图面上众多鲤鱼争先恐后地踊跃龙门，右侧另刻一龙张牙舞爪，显示龙门难过。作为吉祥图案的"鲤鱼跳龙门"，民间往往用于祈福，希冀科举仕途如鲤鱼跃龙门，寄托人们企盼科举得中高升，一朝交好运的美好愿望。

清代金漆木雕·鲤鱼跃龙门

3.一路连科。图中有鹭鸟、莲花、芦苇。鹭水鸟，翼大尾短，颈、腿长，活动于江湖水泽。"鹭"与"路"谐音，"莲"与"连"谐音。芦苇之"芦"与"路"谐音。芦苇生长常是棵棵连成一片，故谐音"连科"取意。旧时科举考试连续考中谓之"连科"。以鹭鸟与莲花、芦苇组成的图案，称"一路连科"，寓意应试连捷，仕途顺利。

4.一甲三名。此类图案有多种，大致由黄金甲（蟹）与莲花组成，寓意连中黄金甲。有的蟹甲呈金锭状，寓"一定连中"。还有一种图案以三只蟹与莲花、梅花等构图。莲花寓连连，梅花寓报喜，三蟹寓一甲三名即状元、榜眼、探花。全图寓得中一甲前三名，金榜题名，或寓连中三元。

除此之外，在各地民间传统年画、剪纸等领域，福文化的艺术表现形式同样多姿多彩。如清代漳州木版年画"天赐平安福，人迎富贵寿""簪花·晋爵"等门神，因其传统的祈福寓意而深受民间大众的青睐。漳州木版年画"梅花福"，福字内以梅花填空。梅花因其有五瓣，又称"五福花"，古代民间以之象征五福。以福字与五福花叠加构图，表达了梅开五福的吉祥寓意。漳州木版年画"梅花福"与"梅花寿"往往结对张贴，在红火艳丽的色彩之下，祈福祈寿，相得益彰。至于漳州木版年画的武门神等题材，也是民间传统的祈福辟邪类年画，长期以来很受民间的青睐。

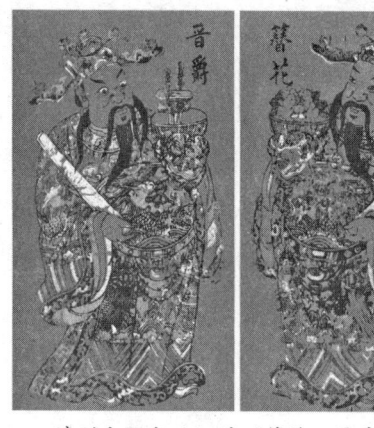

漳州木版年画门神·郭子仪、李光弼　　　漳州木版年画门神"簪花·晋爵"

（三）福文化与民间有关习俗

据宋淳熙年间编纂的福州地方志《三山志》记载，唐宋时期福州民间新年的主要祝庆活动有祈年祈福、饮屠苏酒、序拜、却荤食、上冢、入学等内容。祈年，即致祭神祇，以祈一年之福。清咸丰《榕城岁时记》记载："元旦，三更设香烛酒果，供于天地前，五更家长率合家焚香，祈答上帝。致祭平日供祀神祇，以祈一年之福，案即今之供年饭。"饮屠苏酒，是饮用一种药酒，意在消灾去邪，祛除百病。《五杂俎》记载："元旦古人有画鸡、悬苇、酌椒柏、服桃汤、食胶饧、折松枝之仪，今俱不传矣。惟有换桃符及神荼郁垒尔。"序拜即拜年之意。清乾隆《福州府志》记载："少长序拜，戚友相过贺"。明清以来，民间仍在腊月二十三或二十四日祭祀灶神，福州民间有"官三、民四、科题五"之说。年前筅堂、炊糖粿（年糕）、做粿团、分年、馈岁。除夕驱傩、贴春联年画、阖家团圆吃年夜饭、置隔年饭、围炉守岁。大年初一"开正"、择吉时开门，燃放爆竹，焚香点烛敬天地，祈年祈福、祭祖、序拜，吃太平面，长辈分压岁钱。大约在明代，福州等地民众正月初一开始吃太平面线面，寓意长命百岁。春节前后，无论是祭灶、祭祖、祭祀天地神灵、分年、馈岁、除夕围炉守岁直至正月初一的祈年祈福和拜年等活动，往往都离不开一个福州的土特产——福橘。红红火火的福橘，摆在桌上或拿在手上，都象征着福气、吉利、好运，深受广大民间的喜爱。在民间的婚嫁节庆等喜庆场合，红色的福橘也是吉祥的好彩头而广受欢迎。正月十五是民间传统的元宵节，节日的喜庆气氛浓厚。宋元前后，福州南后街元宵节的鳌山灯会名闻遐迹，花灯和灯谜绚丽多彩，送灯与添丁的民俗蕴意深刻。元宵节期间，女方父母往往送花灯给新婚不久的女儿，希望早生贵子，其与民间传统祈子的民俗涵义密切相关。福州、闽南等地送花灯和钻灯脚等习俗历史悠久，是传统祈福与乡土民俗文化的生动写照。此外，元宵节在泉州等地民间还流传乞龟祈福的习俗。每逢节日来临，当地一些寺院宫庙往往举办盛大的元宵灯会，其中一项重要的内容，就是乞寿龟活动。在偌大的桌上，摆放着许多由糯米粉蒸制的大小米龟。这些米龟当地民间俗称"寿龟"，其中最大的一只米龟重达数百斤。除了供神之外，这些寿龟是为参与者提供乞龟摸福的机会。当地民间认为，元宵节能够摸到大米龟的头，就意味着可以延年益寿，长命百岁。因此每当元宵灯会来临之际，人们纷纷涌入宫庙乞龟摸福，祈求幸福长寿。民众乞得寿龟后往往要许下心愿，祈求幸福、平安和长寿。因此这些供奉的寿龟既有新蒸制的米龟，也有去年乞龟者今年来还愿奉还的。

泉州花灯 　　　　　　　　福州花灯

四、大力弘扬新时代福文化

在新世纪来临之际，古老的福文化赋予人们新的时代内涵。现代社会传播的福文化主要包含了知福、惜福、积福、修福、造福、享福等内涵。进入新时代以来，中国共产党将为人民谋幸福作为自己的初心和使命，不仅继承了自古以来的福观念，同时还丰富了福文化的内涵，对传统福文化进行了创造性转换、创新性发展。全党坚持"以人民为中心"的幸福理念，以科学的理念知福、惜福，以"五位一体"的建设造福，以共享发展的理念带领全国人民谋幸福，不断为人民谋取幸福生活，带领人民走上幸福之路。厦门大学潘威廉教授，是福建省第一位持绿卡的外国人，1988年起任厦门大学工商管理教

育中心外国专家、教授。他是感动中国2019年度获奖人。2019年2月1日，在农历新年即将来临之际，习近平总书记给潘维廉回信，祝贺他《我不见外——老潘的中国来信》一书出版，感谢他把人生30年的宝贵时光献给了中国的教育事业，相信他将会见证一个更加繁荣进步、幸福美好的中国，一个更多造福世界和人类的中国。在信中，习近平总书记巧妙嵌入两个以福建地名为内容的新春祝福语——全家"福安"、一生"长乐"，使福建广大人民深受鼓舞。虎年春节前夕，省委领导提出要宣传福建福文化，推动全省人民关注"福"文化、参与"福"文化、乐享"福"文化、发展"福"文化。各地春节期间的福文化宣传活动如火如荼地开展起来。弘扬新时代福文化的活动由此进入一个新高潮。如今，有福之地的福建人民，正在大力弘扬新时代的福文化，快步迈向幸福的新生活。

为有源头活水来
——谈谈朱子的经典阅读法

◎方 遥

作者简介： 方遥，福建师范大学文学院副教授、硕士生导师，国学研究所所长，兼任中国朱子学会理事、中华朱子学会理事、福建省炎黄文化研究会理事，曾任清华大学国学研究院助理研究员。主要研究领域为宋明理学、儒家哲学。出版专著1部，编著2部，参与编撰专著及古籍整理著作6部，发表学术论文20余篇。

大家早上好！非常感谢福建省社科联、福建省图书馆的邀请，今天有机会来到这里，跟诸位交流朱子对经典阅读的一些看法，也附带讲一下朱子关于经典的一些观念。因为这是朱子学与宋明理学里一个比较基本的问题，从中也可以看出朱子学的一些思想特色。

我们知道，"为有源头活水来"一句出自朱子的《观书有感》。这首诗可以说是朱子最为人所知，也最为人称道的一首诗歌。大家可能知道，朱子是著名的哲学家、思想家、教育家，但他从某种意义上来说也是一个出色的诗人。朱子一生写了非常多的诗歌，虽然我们现在可能不把他当作诗人来看，但他的诗歌确实很有特色，在理学家当中是数一数二的，甚至跟当时的名诗人比也不逊色。回到这首诗来看，朱子所描写的那个"半亩方塘"究竟在哪里呢？现在可能已经没有办法去详细考证了。但我觉得这也不是很重要的事情。因为"半亩方塘"虽然不确定在哪里，但是它又可以在任何地方。既可以在你家的楼下，也可以在他家的院子里，只要有源头活水的地方，都可以是"半亩方塘"。据学者考证，这首诗作于乾道二年，也就是1166年，那时正值朱子对于儒家的重要经典——四书里的《中庸》的"中和"概念有了新的领悟。可以说，朱子所说的"源头活水"就是我们所说的经典。因为经典之所以有它长久的魅力和永恒的价值，就因为它是常读常新的。虽然它诞生的年代距离今天非常遥远，但它能够始终不停地给予每个时代的人新的感悟、新的启发。

我们首先简单地说一下"经"和"经典"。这里所说的"经"，主要指的是儒家经典。当然，不同的学派，不同的思想，可能有不同的经典，但是要说中华民族传统文化里面最重要或者最核心的内容，自然非儒家经典莫属了。而经学就是注解、阐释儒家经典的学问。

所谓儒家经典，其实也存在一个发展变化的过程。最早的经典就是六经或者五经。六经包括《易经》《诗经》《尚书》《礼经》《乐经》《春秋》六部经典。但其中的《乐经》在秦之后就已经散佚失传了，只剩下我们今天看到的五经。到了汉代的时候，形成了所谓七经的概念。根据比较通行的说法，就是《易经》《诗经》《尚书》《礼经》《春秋》《论语》《孝经》，把《论语》和《孝经》也加进了儒家最重要的经典的行列。到了唐代，又出现了所谓九经，其实就是在五经的基础上，把《礼经》变为《仪礼》《周礼》和《礼记》三部，把《春秋》分为《左传》《公羊传》和《谷梁传》三部。到了唐代后期，又有了十二经的说法，就是在九经的基础上，再加上《论语》《孝经》《尔雅》这三部，然后把它们刻在石碑上，就是著名的开成石经。到了宋代，经典的体系基本已经定型了，就是在十二经之上又增加了一部，我们现在非常耳熟能详的儒家经典《孟子》，形成了十三经，并一直流传至今。

如果进一步区分的话，除了五经之外，还有一个四书的体系。它们之间既有区别，又有联系。四书指的是《论语》《孟子》《大学》《中庸》，其中的《大学》与《中庸》原是《礼记》中的两篇文章。四书体系的出现是在宋代，跟宋明理学直接相关，可以说是宋明理学最重要的经典依据，跟我们今天要讲的朱子更是有极大的关系。因为正式把四书作为一个整体结集出版，是从朱子开始的。而朱子花费毕生精力对它进行注解和阐释，更是奠定了四书作为新儒学核心经典的重要地位。

此外，我们还可以发现，经典除了其本身之外，还有后人对它的各种解释。比如说，有所谓的"传"和"记"，像《礼记》就是对《礼经》的解释，《左传》《公羊传》《谷梁传》都是后代儒者对《春秋》的解释。还有《论语》，在汉代的时候，也是把它当作一种传记来看待的。除此之外，还有更多诸如"注""疏""章句"等等后人对于经典的解释，也都可以包含在广义的经典里面。

众所周知，朱子是伟大的理学家，但他其实也是一个了不起的经学家。因为从中国传统学问的特点来看，其实经学和理学是很难截然区分开的。比如冯友兰先生，在《中国哲学史》里就把中国传统哲学划分为"子学时代"和"经学时代"两大阶段。其中，从孔子到淮南王这段是子学时代，以先秦诸子作为代表人物。到了董仲舒以后，就是汉代罢黜百家、独尊儒术，儒家由此取得了官方和思想界的主导地位之后，就成为经学的时代。而在经学时代中，哲学家不管有没有自己的见解，大多数都要依傍古代的哲学家之名，其中主要是经典之名来发表他的观点，而他的观点也多半要借用古代经典的术语来表达。所以冯先生认为，经学时代的哲学家都可以用"旧瓶装新酒"来形容。

顾炎武有一句很有名的话，叫作"经学即理学"。当然我们也可以反过来说"理学即经学"，同样没有问题。因为离开了经典，离开了经学，中国古代的哲学家就很难对他的理论进行表达了。这可以说是中国传统学术的一个非常独特的现象。所以我们说，朱子不但是宋代理学的代表人物和集大成者，同时也是宋代经学的集大成者。他不管对于汉代的学问，还是对于与他同时代的宋代的学问，都是既有批判，又有吸收。通过对汉宋学术的去短集长、批判继承，朱子把传统经学发展到了一个新的阶段，并且对后世儒学在不同方向上的发展都产生了深远的影响。后世不管是程朱理学也好，阳明心学也罢，包括清代的考据学等等，都可以跟朱子学发生直接或者间接的联系。而朱子在经典研究的过程中，总结、提炼出了很多读书的方法，也为后来学者的治学和求道提供了非常具体可行的、很有操作性的途径和要领。

朱子学中最重要的一个理论就是"格物致知论"。格物致知有很多方法。当然，科学研究也是一种方法。但在朱子眼里，不管是求学问也好，学为圣人也好，读书、读经典还是最重要的方法。这种对于读书的肯定和推崇，以及以此为基础的哲学建构，可以说是朱子对于孔子学习思想的一个重要的继承和发展。我们读《论语》都知道，开篇的第一句话就是"学而时习之，不亦说乎"。可见孔子对于学习是非常重视的。而在孔子之后，对于"学"或者说由读书而学的思想，贡献最大的就是朱子。

一、朱子对于经典与经学的基本态度和看法

朱子学属于宋明理学的范围。从学术渊源上来看，宋明理学并不是凭空产生的，它是继汉唐经学之后，传统儒学的又一种典型形态。跟汉唐经学相比，理学对于义理的讲求和发明，是它最显著的一个特色。按照宋代学者的主流看法，汉儒仅仅能够传承经典、解释经典，但是无法阐明经典中的道理。不但不能阐明道理，它那种烦琐的章句训诂的治学方法，反而把明白简易的圣人之道给埋没了，让它更加隐晦、支离，甚至有断绝的危险。所以说宋明理学其实是通过对汉唐经学的批判，来建立起自己学术的合理性和合法性的。

但从另一方面来看，宋明理学作为传统儒学，它借由经学而建立的基本属性并没有发生改变，所以它虽然注重义理上的发挥，但仍然没有办法完全脱离对儒家经典的阅读、理解和诠释。也就是说，宋明理学虽然反对汉代经学的治学方法和治学目的，但是它的义理之学实际上仍然建立在汉代经学的基础之上。对此，钱穆先生在《清儒学案序》里就有一个形象的说法。他说："理学之兴，浅言之，若为蔑弃汉唐而别创。深言之，则实包孕汉唐而再生。"

朱子作为宋明理学的主要代表人物，他对于经典和经学的态度，也比较明显地同时体现了以上两个方面的特征。所以大家去看朱子的著作，有时候可能会看到不同的说法，但是如果对它做进一步的分析的话，就可以看出来里面有它具体的语境和目的，其实并不矛盾。一方面，朱子毕竟作为理学家，他站在理学的立场，当然要对以汉唐经学为代表的，以烦琐的训诂考据为主要内容和手段的经学形态提出严厉的批评。朱子认为，汉代学者专治训诂，只是对古代经典中的字词意思进行注解，而不理会里面所记载的圣人之道。所以只要会读书、记得多，就可以称得上有学问了。在他看来，这造成了一个很严重的后果，就是儒学内在价值的缺失，导致儒家思想陷入长时间的衰落之中，这才有了隋唐时期佛教和道教的崛起与兴盛。按照朱子的说法，佛、道是"弥近理而大乱真"，因而对儒学的传统造成了极大的冲击。也是在这个意义上，朱子对"二程"有非常高的评价，认为他们对于儒学的功劳，可以跟孔孟相提并论。因为他们重新把儒家的义理之学给发掘出来，从而接续上了

在孟子之后就中断的圣学的道统。

我们阅读经典也好，研究经典也好，它的意义和目的是什么呢？在朱子看来，最重要的意义和目的就是要理解进而阐明经典中所包含的深刻道理。对于圣人之道的体会和领悟，远远比表面上的字词解释或者考据更为重要。换句话说，理学家最重视的"求道明理"才是学者阅读经典和研究经典的根本目的，而训诂、注疏等只是为了达到这种目的的一种手段。我们不能把手段当作目的，否则就会导致舍本逐末、本末倒置的问题。在朱子眼中，不只是经典的注疏，甚至经典本身也是作为圣人之道的载体而存在，是为了传道、求道而服务的。所以只要掌握了圣人之道，也就意味着超越了经典，那么经典与传注的有无也就无关紧要了。这就是我们所说的"得意忘言""得鱼忘筌"的意思。

朱子还认为，学者研究经典，不能仅限于对经典文本的解释和阐发，最后还要把经典的内容反诸身心，在自家身上体认和实践，从而对自己的精神生命产生影响，变化气质，这样才能够把外在的经典文本转化为我们每个人内在的精神生命，使经学从一种单纯的文本之学，变成"为己之学"。而"为己之学"正是孔子所强调的儒学的一个最根本的特征。这样的学问才是真正有价值的学问，这样的经典阅读才能够让人真正有所收获。

但是另一方面，朱子作为一个道统意识很强的儒者，所以他依然要肯定经典与圣贤的权威性和真理性。因为在他看来，道的传承，既是圣贤的传承，也是经典的传承。只有通过诠释经典文本的方法来进行理论表达，才是唯一正确的道路。即便是出于朱子自己领悟而获得的新见解与新思想，在他看来，也必须在经典中找到相关依据，并且能够与圣贤的说法互相印证。所以经典对于朱子的重要性和特殊地位仍是不可取代的。而汉代儒者毕竟距离经典产生的时代比较近，又能长年累月地用功于训诂考据之学，在经典注释方面自然有其独特的优势。因此，相比于其他的宋代理学家，例如"二程"一系的学者对汉儒就有很多轻蔑和批评的说法，朱子对于汉儒在传经和注经上的功绩是多有肯定的，对于汉儒做出的注疏也常常表示认可。比如他说："汉、魏诸儒正音读、通训诂、考制度、辨名物，其功博矣。学者苟不先涉其流，则亦何以用力于此？"又说："郑康成是个好人，考礼名数大有功，事事都理会得。如汉《律令》亦皆有注，尽有许多精力。东汉诸儒煞好。卢植也好。"同时，朱子对汉儒研究经典的某些方法和原则也表示赞赏，认为值得后人学习和借鉴，并且可以纠正当时学者在经典研究中出现的不少问题。由此可以看出朱子在学问上秉持的是一种非常客观、公允的态度，这一点尤其是很多理学家所不能及的。

朱子在谈论《中庸》时曾说，《中庸》古注极有好处，比后代"杂佛老而言之者"要好得多。所谓"杂佛老而言之者"，就是朱子对当时其他一些理学家的批评。对于与自己同时代的学者，特别是宋代理学家在经典研究中存在的各种问题，朱子也提出很多批评，其尖锐之处甚至超过了他对于汉儒的批评。因为当时毕竟到了南宋，理学已经开始流行天下，所以朱子认为，对于这些问题的纠正更加具有急迫性和必要性。例如在《中庸集解序》里，朱子就批评当时的学者研究经典常常"徒诵其言以为高，而又初不知深求其意"，甚至于"脱略章句，陵籍训诂，坐谈空妙，展转相迷"，这样造成的破坏与危害，反而比之前的汉儒还要严重。因为汉儒虽然不能发明经典中的道理，但起码把经典的文字和基本意思给保存下来，而很多宋代学者却师心自用、穿凿附会，把经典的道理给说乱了，这是对经典更大的伤害。

针对宋代学者的这些问题，朱子总结归纳出了所谓的"四病"："本卑也，而抗之使高；本浅也，而凿之使深；本近也，而推之使远；本明也，而必使至于晦。"当然，这也是我们今天学术研究中常常会碰到的情况。本来是浅显易懂、清楚明白的问题，被某些学者故弄玄虚地说一通，大家反而搞不懂了。朱子认为，不论是本卑使高、本浅使深，还是本近使远、本明使晦，它的病根都在于不肯虚心去看经典的本来意思是什么，而是专注于自己的思想表达，喜欢空谈义理，好为高论，于是就脱离了经典文本，只是按照自己的想法去随意解释经典。如果这样，即便你的理论说得再好，在朱子看来，跟经典本身也没有关系。那么，应该如何纠正这样的弊病呢？朱子指出，首先就是要重新确认经典在儒学中的基础性地位，摆正"经"与"传注"之间的关系，同时还有赖于吸收、借鉴汉儒治经的一些合理方法。

二、朱子与陆九渊在经典和读书观念上的一些差异

与朱子形成鲜明对比的是，宋明理学中心学一派的学者往往把经典置于相对边缘和次要的位置，并不把它视作学者成圣成德工夫的一个必要条件。我们知道，"学为圣人"是儒家学者最重要的追求目标之一，用阳明的话来说，这是"人生第一等事"。而关于如何成为圣人的方法与途径，则是儒家里面不

同学派争论的一个焦点所在。其中，较有代表性的就是程朱理学和陆王心学两派。由于陆九渊是南宋心学的主要创立者，而且他跟朱子是同时代的人，他们之间也有不少学术思想上的交流与交锋，所以我们就以陆九渊作为心学的代表，来和朱子进行比较。

一个学者的思想渊源，有时追溯起来比较清晰，比如从"二程"到朱子之间的思想传授就很清楚。但是有些学者，他的思想渊源就不是那么清晰、那么容易分辨。这部分学者可能更注重自己对思想的理解和体悟，注重自得。像陆九渊就属于后面这一类的学者。他的学生曾经问他："先生之学亦有所受乎？"他就回答："因读《孟子》而自得之于心也。"这里我们要注意，"因读《孟子》而自得之于心"与"得之于《孟子》"的意义还是很不一样的。因为这意味着他的思想不是完全从孟子那里照抄照搬过来的，只不过是受《孟子》的启发而自得之于心。所以陆九渊说他自己是"自得，自成，自道，不倚师友载籍"。既不依靠师友讲论，也不依靠经典研习。下面这个说法就更有名了。别人问陆九渊为什么不去注解经典，他直截了当地说："六经当注我，我何注六经。"

当然，这并不意味着陆九渊与心学一派的学者反对经典，或者反对读书。只不过他们认为阅读和注解经典，跟能否成为圣人，能否把握圣人之道并没有直接的关系，因而不是学者最重要的、不可或缺的工夫。这一点跟朱子有非常大的区别，也构成了理学和心学之间的一个基本差异。在鹅湖之会上，朱子与陆九渊争论的核心其实也是这一点，就是读书的地位问题。

那么，离开了经典，圣人之道又该如何认识、如何传承呢？对此，陆九渊也给出了他的回答。他说："宇宙便是吾心，吾心即是宇宙。东海有圣人出焉，此心同也，此理同也；西海有圣人出焉，此心同也，此理同也；南海北海有圣人出焉，此心同也，此理同也。千百世之上至千百世之下，有圣人出焉，此心此理，亦莫不同也。"这就是说，圣人之道存在于人的心中，就算没有经典，没有书本，我们仍然可以了解。因为圣人的心跟凡夫的心，跟我们每个人的心，在本质上都是一样的。我们只要能够反求诸己，向内去探求自己的本心，就足以把握圣人之道。这个方法在陆九渊看来是最直接的，也是最有效的。反倒是外在的书本，外在的语言文字，存在着各种被篡改、曲解的可能性，所以反而是不可靠的，也就不是学者所必需的。借用孟子的说法，学者只要存心、养心、求放心，就可以发明本心之善，就可以明白圣人之道。用形象的话说，只要一个人的心术正，行善事，即便没读过书，它的效用跟读书是一样的。但如果你的心术不正，尽做坏事，即便书读得再多，也没有任何作用。所以陆九渊有一个非常著名的说法，叫做"某虽不识一字，亦须还我堂堂地做个人"。

陆九渊的这些说法虽然精神气魄很大，但朱子并不认同，而是表达了强烈反对的态度，并且把这种不重视读书，只强调内心体悟与理论创造的观点一概斥为佛家禅学。我们可以看看朱子给陆九渊门下的一个许姓学生的回信，里面的说法就是针对陆氏学问的批评。他说："世衰道微，异论蜂起，近年以来，乃有假佛释之似以乱孔孟之实者。其法首以读书穷理为大禁，常欲学者注其心于茫昧不可知之地，以侥幸一旦恍然独见，然后为得。盖亦有自谓得之者矣，而察其容貌辞气之间、修己治人之际，乃与圣贤之学有大不相似者。……夫读书不求文义，玩索都无意见，此正近年释氏所谓看话头者。"在朱子看来，陆学最大的问题就是"以读书穷理为大禁"。因为读书穷理正是朱子最为看重的为学方法。

我们刚才说过，陆九渊非常重视"自得"。其实朱子也不反对"自得"，他自己也常常谈到所谓的"自得"。但是朱子的"自得"跟陆九渊的"自得"不同。朱子强调的是"自然得之"，就是通过阅读经典、践履实践、涵养心性等各种扎实的方法，从而自然地获得圣人之道，而不是去强探力取，也不是单纯的得之于内心。用他自己的话说，就是要"多致其力而不急其功，必务其方而不躐其等"，只有这样才能够自然得之。对此，黄榦在《朱子行状》里就说得更清楚了。他指出朱子对于读书，一定要"辨其音释，正其章句，玩其辞，求其义，研精覃思，以究其所难知；平心易气，以听其所自得"。这既是朱子一贯的思想主张，也是他一生的身体力行。

同时，朱子也承认凡夫的心与圣人的心具有同一性，圣人之道先天地存在于每个人的心中。朱子也说过，心是能够"具众理而应万事"的。但他同时强调，这种同一性更多的是一种潜在的同一性，而不是现实的同一性。比如你看现实生活中的普通人，他跟圣人之间的差距还是很明显的。所以普通人并非自然而然的就是圣人，他要想成为圣人，还必须通过一个非常长期的艰苦的学习和用功的过程。所以朱子反对学者轻易地以圣人自居，直接把自己的心等同于圣人之心。相反，人们之所以要去阅读经典，要去做各种工夫，正是因为"吾之心未若圣人之心"。"吾之心未若圣人之心"，则"烛理未明，无所准则，随其所好，高者过，卑者不及，而不自知其为过且不及也"。也就是说，普通人对于道理的认识往往是不准确的，所以行为缺乏正确的准则，做事情都是随心所欲。高明的人常常太超过，而中下资质的人又达不到标准，而且不但做得不对，反而还觉得自己做得挺好。所以朱子强调，人还是必须读书，要去阅读经典，而且学习的方法是"自浅以及深""自近以及远"，要循序渐进，不能急迫以求，这样才能使自己的心与圣人之心越来越接近。由此可见，研读经典与修养心性并不是无关的，二者是相辅相成的关系。因为在朱子看来，经典里面所记载的圣人之言，其实是"先得我心之同然"者，它既构成了对我们心中固有的道理的启发，同时也构成了判断、检验自己思想和行为的标准与根据。所以研读经典不仅仅是为了了解道理，更是为了正心、明心和存心。

而这一点其实也反映出朱子学和陆学之间另一个重要的差异所在。就是朱子一直在追求一种思想与学问的客观性和确定性，他必须要有所谓的"准则"。而陆九渊更重视的是人对自己的道德本心的直观与觉悟。虽然从理论上说，每个人的本心都是相同的、至善的，但在现实中，不同的人对于本心往往会有不同的认识和理解。加之现实中的事物常常是复杂的，有各自的具体的原则和规律，并非道德原则所能完全囊括。因此，如果缺乏对各种具体事物及其规律的认识，仅凭一颗善心，虽然你的动机可能是好的，并且非常执着地认为自己的所作所为就是正确的，但是行为的效果很可能跟你的原意背道而驰。这正是朱子所非常担忧的一点。

三、朱子提倡的一些具体的经典阅读方法

1."循序渐进"。朱子曾说："为学之道莫先于穷理，穷理之要必在于读书，而读书之法，莫贵于循序而致精。"也就是说，读书必须遵守一定的次序。那么，读书的次序应该怎样来确定呢？朱子认为，一个基本的原则就是要根据书本内容和我们个人的认识规律来安排读书计划，由浅至深，由近至远，由易至难。

这个方面最有代表性的就是朱子所安排的四书的阅读次序。朱子认为，应该先读《大学》，然后是《论语》和《孟子》，最后再读《中庸》。这跟传统所认为的四书出现的先后顺序是不太一样的。朱子之所以提出这样的阅读顺序，主要有两方面的考虑。一方面是从难易程度上来看，相对来说，《大学》文字浅显易懂，叙述集中而有条理，是最简单易读的；《论语》记载的是孔子

的言行，虽然非常重要，但毕竟是语录体，内容比较零散，并不那么容易理解；《孟子》里面则讲了很多心性方面的道理，所以更难读一些；而《中庸》主要讲儒家形而上学的东西，内容最为深奥难懂，所以应该放在最后来读。另一方面，从逻辑或者作用上来看，《大学》总论儒家学习用功的次序，概括起来就是"三纲领"和"八条目"，因而可以说是四书乃至整个儒学的纲领与基础，有一种提纲挈领的作用，所以应该先读；《论语》和《孟子》则是对圣人之道的进一步展开和论述，所以要放在第二步阅读；《中庸》作为"孔门传授心法"，论述儒学思想最为精深，是把握圣人之道的核心与关键，所以放在最后阅读。综上，朱子要求学者先读《大学》，以定其规模；次读《论语》，以立其根本；次读《孟子》，以观其发越；次读《中庸》，以求圣人之微妙处。在熟读四书之后，就可以对圣人之道有一个比较完整的把握，就能进一步去读五经，进而读天下之书，论天下之事，就会有一个比较明确的基础和准则了。

2."虚心切己"。虚心和切己其实是两个不太一样的方法，但是朱子常常把它们放在一起讲。朱子对于虚心特别重视，认为读书最重要的就是虚心。比如他说："读书须是虚心方得。他圣人说一字是一字，自家只平着心去秤停他，都不使得一豪杜撰，只顺他去。某向时也杜撰说得，终不济事。"也就是说，阅读经典的时候，首先要客观、平实地去了解经典与圣人的原意，然后才能进一步去阐发，去引申，去批评。

在朱子看来，当时的学者读书常常有两种弊病，一是主私意，就是爱用自己的想法去解释经典，二是太多先入为主之见。因此，只有摒除各种先入之见，保持客观的态度，虚心地体会圣人的言语，不随意用自己的想法去曲解、附会经典，才有可能了解真实的圣人之道。就像我们现在读书也常常提倡批判性思维，（当然，这里并不是说批判性思维不好，批判性思维也很重要。）但首先你要准确理解文本与作者的原意到底是什么。在了解之后，不管是赞成也好，批评也罢，才是有意义的，否则只是无的放矢、空发议论而已。

朱子认为，要想克服私意与先入之见的束缚，除了虚心之外，还要做到存心、静心、定心、宽心、专心等。比如他说：

> 读书须将心贴在书册上，逐句逐字，各有着落，方始好商量。大凡

学者须是收拾此心，令专静纯一，日用动静间都无驰走散乱，方始看得文字精审。

心不定，故见理不得。今且要读书，须先定其心，使之如止水，如明镜。暗镜如何照物。

学者观书多走作者，亦恐是根本上功夫未齐整，只是以纷扰杂乱心去看，不曾以湛然凝定心去看。不若先涵养本原，且将已熟底义理玩味，待其浃洽，然后去看书，便自知。

观书，须静着心，宽着意思，沉潜反复，将久自会晓得去。

这些方法之间紧密联系，可以相互发明、相互转化，是同一种心理状态在不同方面的具体表现，共同构成了虚心探求经典本义的前提和基础。如果可以做到宽心、虚心，就能避免执着于私意私见，从而自然地获得圣人之道。

同时，朱子又提出所谓"退步看"的方法，指出"看文字，须是退步看，方可见得。若一向近前迫看，反为所遮蔽，转不见矣"。这也是强调在阅读经典的时候，不必过于焦虑，也不能有太强的功利性，应该稍微放松一点，适当拉开读者与经典文本之间的距离，通过反复的阅读，让经典的意义从容自然地显现出来。如果心态过于急迫，往往就会把自己的意思强加到圣人的话语上。

由此也可以看出，朱子所理解的读书并不是一项纯客观的知识性活动，而是与阅读者主观的心理状态和心性涵养密切相关，受到阅读者的心态、心境与心性修养工夫的极大制约与影响。所以我们阅读经典的时候，必须首先涵养心性，使自己的心始终处于"敬"的状态，同时保持平和静宁的心态，把心思完全集中在对书本内容与圣贤言语的体会上，这样才能让心的认识能力得到完全发挥，从而达到最好的阅读效果。

除了虚心之外，朱子还很强调切己。根据我们刚才所说的朱子的经典观念，读书不单单是要了解经典的文本意思，读书的最终目的在于求道明理、学为圣贤，从而使自己的言行思虑都能够符合道德规范。所以朱子要求学者在虚心阅读经典的同时，还要切身地体验圣人之道，在人和书之间建立起一种真实的联系，使得经典不再是身外之物，而是能够在读者身上重获生命。而朱子之所以常常把虚心和切己连在一起说，则是因为二者指向同样的目标，"虚心方能得圣贤意，切己则圣贤之言不为虚说"。

在朱子看来,"切己体验"主要包含两方面的意义。一方面,经典所记载的并不是与我们心灵完全无关的东西,只是"先得吾心之同然"者,所以在阅读经典的时候,必须把经典与自身实际结合起来,切身体验圣人之言,然后在自己身上思考推究,这样才能帮助我们更有效地发现和领会圣人之道。另一方面,圣人之言不是空说,还要求我们反求诸己,并付诸实践。也就是说,要用经典所蕴含的道理来指导我们的日常实践活动,从而把圣人之道真正贯穿到自己的言行举止当中。由此可见,朱子通过虚心切己的读书方法,把主观和客观、主体和客体这两方面结合起来,使得经典的阅读活动完成了由外向内、由博入约的转化过程,同时也为经学和理学的沟通提供了一条切实可行的路径。

3."以意逆志"。"以意逆志"一词出自《孟子》,原来是孟子提出的理解《诗经》的一种基本方法。孟子说:"说《诗》者,不以文害辞,不以辞害志。以意逆志,是为得之。"对此,朱子的解释是"文,字也。辞,语也。逆,迎也。……言说《诗》之法,不可以一字而害一句之义,不可以一句而害设辞之志,当以己意迎取作者之志,乃可得之"。简单来说,"以意逆志"就是"以己意迎取作者之志"。朱子不但肯定了孟子的这一解《诗》方法,而且把它加以继承和发挥,使其成为读书的一项普遍方法。比如他说:

> 今人观书,先自立了意后方观,尽率古人语言入做自家意思中来。如此,只是推广得自家意思,如何见得古人意思。须得退步者,不要自作意思,只虚此心将古人语言放前面,看他意思倒杀向何处去。如此玩心,方可得古人意,有长进处。且如孟子说《诗》,要"以意逆志,是为得之"。逆者,等待之谓也。如前途等待一人,未来时且须耐心等待,将来自有来时候。他未来,其心急切,又要进前寻求,却不是"以意逆志",是以意捉志也。如此,只是牵率古人言语,入做自家意中来,终无进益。

在这里,朱子把"以意逆志"比喻为迎接、等待来人,必须耐心等待他自己到来,不能急迫以求,更不能上前将其硬捉来。同样,读书也要观察作者的语意说到何处,然后顺着作者的意图进行理解,耐心等待其意自显,而不能穿凿附会,强人以从己。而要做到"以意逆志",又必须首先排除个人私意与先人之见的障碍,虚心退步地看圣人言语。由此可见,在具体方法上,"以意逆志"同我们之前所说的"虚心"之法比较类似,可以看作是虚心读书的进一步实现。

4."熟读精思"。朱子常说:

> 读书之法,先要熟读。须是正看背看,左看右看。看得是了,未可便说道是,更须反复玩味。

> 读书,且就那一段本文意上看,不必又生枝节。看一段,须反复看来看去,要十分烂熟,方见意味,方快活,令人都不爱去看别段,始得。……用力深,便见意味长;意味长,便受用牢固。

> 大凡读书,须是熟读。熟读了,自精熟;精熟后,理自见得。如吃果子一般,劈头方咬开,未见滋味,便吃了。须是细嚼教烂,则滋味自出,方始识得这个是甜是苦,是甘是辛,始为知味。

在他看来,学者日常读书,最重要的不是泛观博览,而是少看熟读。用朱子的话来说,就是"小作课程,大施功力"。因为阅读的效果直接与阅读的熟练程度相关,读一遍与读十遍不同,读十遍与读百遍又不同。如果一味贪多求快,读书的时候三心二意,到最后肯定是顾此失彼、一无所得。

同时,朱子所说的"熟读"还与思考和理解联系在一起,而不仅仅是一种单纯的模仿或者复述。朱子认为,在熟读之后,仍然要继续加以思考,或者"读一遍了,又思量一遍;思量一遍,又读一遍",使得圣人之意仿佛是从自己心中流出,这样才算真正理解圣人的意思。用孔子的话来说,就是"学而不思则罔,思而不学则殆"。"读"与"思"之间是一种相互促进、相辅相成的关系,二者不可偏废。也正因为朱子所理解的读书,与阅读主体自身的理解、感受、体悟相关,所以经典的阅读才能对阅读者的内在生命产生一种真正持久、深入的影响。"若读得熟,而又思得精,自然心与理一,永远不忘。"否则仅仅是走马观花式地浏览一遍,看完之后又不对它进行思考,很快就会淡忘,自然不会产生深刻的影响。

5."随文解义"。这是一个比较具体的阅读方法。它主要是指把个别的字、词、句放置在文本的整体语境中进行理解,通过对上下文乃至整篇文章的意旨进行分析和考察,来确定具体的字义、词义或句意。因为在朱子看来,经典文本具有很强的整体性和逻辑性，所谓"圣人言语皆枝枝相对、叶叶相当"，有一个内在的条理脉络贯穿其中，能够首尾呼应。所以只有用这种随文解义的方法对它进行解读，才能更加准确地把握经典本义。

具体来看，随文解义的读书方法主要包含三方面的内容。一是根据上下文的文势，也就是贯穿于文本中的特定的行文思路、篇章结构、语言语法习惯等进行理解；二是根据上下文的整体文意和篇章主旨来确定具体的字义、词义或句意；三是参照上下文中的用词特点、相似用法，以及作者的表达惯例来进行理解。总之，朱子在阅读、注解经典的过程中，十分关注和强调上下文语境对于释义的制约与辅助作用，并且善于通过揣摩语意、贯通文义、总结归纳等方式来确定具体的字词意思，极大地丰富和发展了"随文解义"这一经典阅读方法。

6."参考旧注、触类旁通"。今天我们要去阅读千百年前的经典，自然离不开前人的注解与阐释。朱子读书虽然主张区分经传，追求经典本义，但他仍很重视先儒传注的作用与价值，主张在虚心探求经典本义的基础上，充分参考、借鉴、吸纳先儒传注中的合理成分来阐明经典意旨。例如他说：

> 某旧时看《诗》，数十家之说一一都从头记得，初间那里敢便判断那说是，那说不是？看熟久之，方见得这说似是，那说似不是；或头边是，尾说不相应；或中间数句是，两头不是；或尾头是，头边不是。然也未敢便判断，疑恐是如此。又看久之，方审得这说是，那说不是。又熟看久之，方敢决定断说这说是，那说不是。这一部《诗》，并诸家解都包在肚里。公而今只是见已前人解《诗》，便也要注解，更不问道理。只认捉着，便据自家意思说，于己无益，于经有害，济得甚事？凡先儒解经，虽未知道，然其尽一生之力，纵未说得七八分，也有三四分。且须熟读详究，以审其是非而为吾之益。

从古至今，流传下来的各种经典传注可谓汗牛充栋、数不胜数，其中必然包含有很多矛盾冲突的地方。因为不同的学者，不同的学派，对于同样的经典可能有完全不同的解释。面对如此众多的解释，甚至是互相冲突对立的解释，会不会对我们阅读经典造成困难呢？在朱子看来，这种困难虽然客观存在，但不是无法克服的，甚至可以善加利用。他说："凡看文字，诸家说有异同处，最可观。谓如甲说如此，且挦扯住甲，穷尽其词；乙说如此，且挦扯住乙，穷尽其词。两家之说既尽，又参考而穷究之，必有一真是者出矣。"也就是说，不同学者解说的异同处，恰恰是我们读书时最需要注意的地方。通过自己的思考和判断，不同注解之间的矛盾冲突不但不会阻碍我们阅读经典，反而可以促进我们对经典的理解和认识水平的提高。这样比别人直接丢给你一个正确答案的效果要好得多。朱子就以他自己早年阅读《诗经》的例子给我们做了一个很好的说明。

当我们阅读经典的时候，除了借助前人的注解之外，还可以和其他各类文献典籍等资料结合起来阅读。比如朱子说：

> 人只读一书不得，谓其傍出多事。
> 圣人七通八达，事事说到极致处。学者须是多读书，使互相发明，事事穷到极致处。
> 看经传有不可晓处，且要旁通。待其浃洽，则当触类而可通矣。

所以学者需要多读书，这样才能达到触类旁通的效果。因为一方面，经典的内容博大精深，如果我们缺乏丰富的知识储备，必然难以对它完全理解。另一方面，经典也不是孤立存在的，它与其他类型的历史资料之间拥有或多或少的交集，进而组成一个整体，共同记载了人们对于自然、历史、政治、社会、文化、思想等内容的认识、记忆和思考。所以对于其他文献典籍，特别是跟经典时代相近的典籍的阅读和了解，可以帮助我们更好地把握经典本义。比如朱子就是比较早的引用金石材料来解读儒家经典的学者之一，这在当时可以说是具有开风气之先的意义。

7. "阙疑"。这是朱子主要针对《尚书》等经典中存在的某些古奥难解的内容而提出的一项读书方法。比如他说：

> 六经亦皆难看，所谓"圣人有郢书，后世多燕说"是也。如《尚书》，收拾于残阙之余，却必要句句义理相通，必至穿凿。不若且看他分明处，其他难晓者姑阙之可也。
> 读《尚书》，可通则通；不可通，姑置之。
> 读《尚书》有一个法，半截晓得，半截晓不得，晓得底看，晓不得底

且阙之，不可强通，强通则穿凿。

《尚书》是儒家经典中公认的比较难读的一部。因为它里面记载了很多上古时期的文书、档案等材料，这给我们后人的阅读带来了极大困难。因为很多古代的文字、名称、制度已经发生变化，很多具体的人物、史实也已经无法考证了。加上经典在流传过程中遭遇很多变故与损坏，比如秦始皇焚书等等，还有后人出于各种目的对经典的删改与伪造等，都让我们难以认识经典的本来面目。另一方面，圣人在说话的时候，往往存在一个特定的语境，但是时过境迁，当时说话的具体语境已经不复存在，我们今天也没有办法完全了解。在这种情况下，与其去穿凿附会地强解硬说，不如把它搁置一下，反而更有利于把握经典的主旨和大意。

这一点对于当下普通民众的经典阅读，特别是阅读像五经这种年代相当久远的典籍，也不失为一种现实、有效的方法。当然，对于那些与经典主旨相关的重要内容与关键字句，还是要立足于把它尽量搞懂。但是对于一些边缘的、枝节的内容，一些古代的特殊概念，我们只要大概知道它的意思就行，不一定要在上面花费太大的工夫。因为阅读经典和文献考据毕竟是两种不同的东西，对于一般读者来说，还是要集中精力去把握经典的主旨大意。

8."怀疑"。朱子治学历来提倡怀疑精神，把怀疑视作学者读书的必要方法和必经阶段，这也构成了宋代理学区别于汉唐经学的一个显著特点。朱子有一句名言："读书无疑者，须教有疑；有疑者，却要无疑；到这里方是长进。"他还说：

今世上有一般议论，成就后生懒惰。如云不敢轻议前辈，不敢妄立论之类，皆中怠惰者之意。前辈固不敢妄议，然论其行事之是非何害？固不可凿空立论，然读书有疑，有所见，自不容不立论。其不立论者，只是读书不到疑处耳。

在朱子看来，不但包括二程在内的前辈学者对于经典的解释需要经过理性的怀疑和重新审视，甚至被视为圣贤之言的经典本身也可以怀疑。他说："大率观书但当虚心平气以徐观义理之所在，如其可取，虽世俗庸人之言有所不废；如有可疑，虽或传以为圣贤之言，亦须更加审择。"这在古代可以说是一个非常大胆、非常先进的说法，就连圣贤之言也是可以经过我们理性的怀疑的。在朱子看来，读书有疑才能立论，有疑才有收获；如果完全没有产生任何疑问，就是一种懒惰的行为。当然，朱子所主张的怀疑，也有一个基本的准则，那就是"义理之所当否"与"左验之异同"。简单说，就是要从思想逻辑和事实证据这两方面来提出你的怀疑，思考你的怀疑，并验证你的怀疑。

我们之前讲过"虚心切己"的读书方法，这里或许有人要提出疑问：朱子既然这么强调怀疑精神，认为读书就要勇于怀疑，这跟他所说的虚心读书的方法会不会产生矛盾和冲突呢？到底我们是要虚心地去了解经典的意思，还是要去主动质疑、积极怀疑呢？朱子对此也做过一个明确的说明。他说：

> 某向时与朋友说读书，也教他去思索，求所疑。近方见得，读书只是且恁地虚心就上面熟读，久之自有所得，亦自有疑处。盖熟读后，自有窒碍，不通处是自然有疑，方好较量。今若先去寻个疑，便不得。
>
> 看文字，且自用工夫，先已切至，方可举所疑，与朋友讲论。假无朋友，久之，自能自见得。盖蓄积多者忽然爆开，便自然通，此所谓"何天之衢亨"也。盖蓄极则通，须是蓄之极，则通。

在朱子看来，虚心的方法应该摆在前面，将其作为怀疑的必要前提和基础。也就是说，怀疑应该是建立在虚心熟读、深造自得的基础上，自然产生的怀疑，而不能故意立异，为了怀疑而去怀疑。只有做到虚心熟读、切记体认之后，合理的、有价值的疑问才会自然产生，这样对我们的学习才是真正的促进。同时，也只有前期积累了足够多的知识，才能在疑问产生后顺利地将它解决，使自己的学问更进一步。

四、结语

通过以上对朱子的经典观念与经典阅读方法的概述与介绍，我们可以大体看出朱子作为一位重视读书与经典学习的儒者形象。作为著名的理学大师，朱子不但不轻视经典，反而相当重视经典的价值以及研究阐释工作。对于儒家经典特别是四书的阅读与研究，可以说是贯穿了朱子的一生。从幼年的时候，朱子的父亲就教他读《大学》，直到去世的前几天，朱子还在修改《大学·诚意章》的注释。像朱子这么一个伟大的、划时代的学者，把他一生的心力都贡献给了以四书五经为代表的儒家经典，可以说其中确实凝结了朱子一生的思想结晶。而他之所以这么重视经典的解释和阐发，就是要把理学思想的论述，建立在牢固可靠的经学基础之上，这也是朱子理学和陆王心学的一个非常显著的区别。因为在朱子看来，圣人之道和经典是合一的，我们每个人阅读经典的过程，实际上就是求道明理的过程。古圣先贤虽然已离我们远去，今天已经没有办法亲耳聆听他们的教训了，但是他们的思想、言行都已经记载在经典上面了。如果我们不能够理解经典，不能够传承经典，那么圣人之道就有中断的危险。所以不断地阅读和阐释经典，不单是每一个学者求道入德的必由之路，也是每一个儒者不可推卸的一份责任和义务。

朱子在总结继承前人治经方法的基础上，结合自己一辈子的经学研究实践，对于各种经典阅读的方法做了非常详尽的阐发。他本人虽然没有专门撰写关于读书方法的专著，但在《朱子语类》里面就有两卷内容集中讨论读书法。除此之外，朱子对于读书方法与重要性的论述，其实是贯穿在他对各种问题的思索当中。因此可以说，朱子极大地高扬了读书的作用和价值，从而扭转了当时学者喜欢空谈义理的不良风气。对于读书作为为学的基本方法的肯定，以及以读书为背景的哲学建构，是朱子对孔子以来儒家为学思想的一个重要发展，对于后世产生了非常深远的影响，在很大程度上塑造了中国传统社会的学习与教育模式。直到今天，对于我们更好地阅读、理解中国古代的思想文化典籍，帮助我们走进传统的思想文化世界，仍然有着非常重要的启发和借鉴的意义。

最后跟大家分享一句话："世间数百年旧家无非积德，天下第一件好事还是读书。"外面的世界变化很快，每天都会发生各种各样的事情。特别是这三年以来，我们面对了更多突发的变化，现在可以说是到了另一个历史的关口。不管大家的态度是积极的还是消极的，迷茫的还是笃定的，不管外部世界怎么变化，我们自己都能够而且应该做的一件事情就是坐下来，静下心来，好好地读一读书，把自己的心智锤炼好、心理建设好、心性修养好。相信通过读书，通过阅读经典，都可以给大家带来智慧，带来力量。

舌尖上的闽味文化

——二十四节气中的闽菜药膳

◎黄秋云

作者简介：黄秋云，主任药师，全国名老中医药传承导师，省名中医，福建省中医药大学硕士生导师，福州市优秀人才，国家中医药文化科普巡讲团专家。曾任中华中医药学会药膳分会一、二届副主任委员、福建省中医药学会药膳分会一、二届主任委员；现任福建省膏方研究会副会长、福建省中医药学会传承研究分会常务副主委、药膳分会名誉主委。

2021年，福建省委领导非常关注民生工程，大力提倡推广舌尖上的闽味文化。2021年的12月3号晚上，福建省启动了全球闽菜馆亮灯仪式，根据二十四节气的养生理念，融合人们日常生活，总结发布了闽菜药膳。这是我们福建人民的一件幸事，一项很实在的民心工程，今天我就结合二十四节气、中医养生、闽味文化，来讨论一下舌尖上的闽味文化——二十四节气中的闽菜药膳。

2016年，"二十四节气"入选联合国教科文组织非物质文化遗产名录，向国际气象界宣告"中国第五大发明"，展示了中华民族千百年来的智慧，从此，中国"二十四节气"文化被世界人民所认可。

节气是指二十四个时节和气候，中国古代是一个农业社会，农业需要严格了解太阳运行情况,农事根据太阳进行。现在,我们要从二十四节气中寻找人的身体保养的规律,以提高我们的健康养生理念。

中医养生理论之理,上合于天地,下应之人事。一年之中的每个特殊日子对养生保健意义都很重大,就二十四节气而言,反映四季变化的节气就很重要,养生保健很重要的是一日三餐,必须与自然节气的规律保持一致,顺之则身体健康长寿,逆之则生机消殆陨灭。

岁时民俗是随着时序节令变化,气候物候变化在民间自然形成的风俗习惯,这种风俗习惯和客观自然条件的变化密不可分,有着很强的黏着性。福建岁时民俗是中原民俗文化与闽越族民俗文化的融合,在福文化中,福州人顺应四时,留下很多风俗民情和饮食习惯,都饱含着二十四节气的道理。不同节气饮食可调节阴阳,补益气血,与中医治未病的理念一脉相承。现在政府推出的50道闽菜药膳,凝聚着福建政府和人民传承和发扬福建优秀传统饮食养生文化的情感与思想,也是让民俗文化更加丰富多彩的实际行动。

在二十四节气中,代表四季变化的节气有:立春、春分、立夏、夏至、立秋、秋分、立冬、冬至8个节气。其中立春、立夏、立秋、立冬齐称"四立",表示四季开始的意思。我们祖祖辈辈都根据节气变化,从最恰当的角度来安排农业生产,安排一年中的休息、娱乐和庆典。节气本来是物候变化,时令顺序的一种标志,节日则包含有民俗特征和特定的纪念意义,而节日饮食是饮食文化的精华,是中国古代烹调技术的集中表现。从这四季流转的节气变化入手,我们应如何遵循《黄帝内经》所强调顺应四时呢?以《黄帝内经》"四时养生"为线索,以四季民俗饮食为脉络,以各个季节中的民俗节日为节点,展开节气养生饮食的相关讨论。由于小暑、大暑、处暑、小寒、大寒5个节气的温度变化对人体的身体机能有较大的影响,因而也穿插在四季中进行讨论。

春季主生:《黄帝内经》春季养生保健要升发之气。立春节气,阳气升发,人体新陈代谢的速度开始加快,此时宜保护阳气,以适应万物的升发之性。如果违逆了春生之气,便会损伤肝脏,提供给夏长之气的条件不足,到夏季就会发生寒性疾病,故《内经》云:"春伤于风,夏必飧泄"。春季是流行病易发时节,古有谚语:"百草回芽,旧病萌发",我们要对各种呼吸道传染疾病做好防控工作,食用升发辛散之品有利于防疫,急性呼吸疾病损害病位在肺卫,涉及脾胃,病性属阴,以伤卫阳之气为主线。结合春天养生保健升阳养肝，饮食营养要注意润肺清燥、酸甘化阴，同时考虑到福州本为湿热之地，因此也应当兼顾防湿邪，适当芳香避秽化浊。辛甘发散之品有豆豉、葱、姜、蒜、香菜、芥菜、韭菜等，同时也要多食甘淡健脾养胃之品，如山药、扁豆、大枣、莲子、糯米、黑米、高粱、燕麦、核桃、栗子、南瓜等。

福建民俗中从立春以后到立夏以前，我们要关注立春、元宵节、拗九节、清明节等民俗节日中的食品。闽俗立春以春饼为节物，《三山志》称之"蔬饼"，也称炸春，春饼以面粉加水发酵后制成白如雪、薄如纸的春饼皮（健脾补益），馅选豆芽、韭菜、笋丝、肉丝、蛋绒、香菇丝、虾干、豆干丝、葱等（顺阳疏放，养阳护生，助阳散热）；春季里春节吃年糕与米粿，元宵节吃元宵，拗九节吃拗九粥，这些食品均以谷物为主要原料，这些糯米和粳米，甘温，入脾、胃、肺经，有补中益气，生津止渴，固肠止泻作用，偏温补。但糯米之性黏滞，难免黏滞、难以消化而伤胃，所以只能适量食用。同时春天肝气旺，易克伐脾土而引起脾胃病，以致胃痛、纳少、泄泻等病，此时，福州民俗中就有相对应的食品福橘，春节期间人们喜欢以福橘作为馈赠之品，祝贺吉祥，福橘既有福，又与吉谐音。这里有很让我们福建人遗憾的一件事：现在非常热门的陈皮，最早中药药典中的陈皮，选中的就是福橘的皮，春季吃福橘，开胃理气，疏肝理气、止咳润肺，留下福橘皮功效美名受到中医界的认可，但后来由于福橘产量不足，且福橘皮薄和福建人品牌意识薄弱，现在的陈皮品牌变成了新会陈皮，我每每看到福建人津津乐道的谈论新会陈皮时，心里就有一些隐隐作痛，我不禁高声疾呼，我们民俗中的福橘皮，才是陈皮中的佼佼者，请珍惜！春季中还有清明节，有一个经典的民俗饮食是菠菠粿，是用粳米磨浆与鼠曲草混合做成，鼠曲草有健脾清热之功，民间常用于小儿肝热，具有治疗天行赤眼（传染病红眼病），小儿夜啼等功效，主要是平肝作用。综上所述，春天民俗饮食偏于辛温发散、升提阳气、起到养肝护胃的功效，皆有助于体内郁积的阳气向外升发。

夏季主长：《黄帝内经》夏季养生保健要主长。夏三月，暑性温热，人体新陈代谢旺盛，汗易外泄，耗气伤津，故宜吃些具有祛暑益气、生津止渴、养阴清热作用的饮食，如性凉多汁的新鲜瓜果蔬菜，宜适当饮水和清凉饮料；立夏前后，气温开始快速升高，脾胃运化功能会因为湿热之邪困遏而减弱，容易出现食欲下降，不纳谷食的情况，这时要注意脾胃功能的调节，除清淡、易消化饮食外，还可多食用清热利湿之品，如鲤鱼、薏苡仁、赤小豆、白扁豆、丝瓜、黄瓜、蕹菜、白菜、冬瓜、甘蓝、香蕉、草莓、甜瓜等，少吃动物内脏、肥肉、咸菜等。

福建民俗中从立夏以后到立秋以前，比较有代表性的节日有端午节，但立夏以后的几个节气在民俗中是非常讲究民俗饮食的，如闽俗立夏吃夏饼，夏饼用小麦和白米配方，磨浆，或面粉，制浆，浆里加豆芽、韭菜、虾米等，调味而煎咸饼；或浆内加入红糖，调匀而煎，或另佐少许梅舌、枣丝、花生粉等而煎甜饼，煎饼取米浆健脾益气，面粉味甘性平，有健脾厚肠胃，强气力之功效，韭菜虽温，但佐以豆芽，味甘性凉，有祛暑利湿，清热和胃的功能，温凉相配，补而不热，故常食煎饼者，初夏有未雨绸缪之意，可起到未病先防的作用。立夏民俗饮食中还有锅边糊、碗糕或盏糕，锅边糊以白米调清水磨成糊状，徐徐倾入旺火沸汤之锅边，凝成薄片，其汤调入虾干、香菇、蚬子、油等。碗糕或盏糕，是以大米浸透磨浆，经发酵，调糖后装入小瓷碗或酒盏，炊熟而成。鼎边糊、碗糕，亦属甘平滋补之品，合乎夏季饮食宜清淡的原则。端午节吃粽子，粽子主要以糯米做成，传统的粽子用稻草烧成的草灰浸米制作，有草木的清香，偏碱性，馅中加入花生、豌豆、红枣、核桃仁、肉、虾皮、火腿、香菇等。糯米有补中益气、生津止渴、固肠止泻等功效，因此端午节食粽子有固表止汗、解烦除渴等作用。七月七日也称七夕，福州地区有"分豆结缘"习俗，蚕豆性平、味甘无毒。能调补五脏，健脾和中，利湿解毒。

小暑，福州有进补的习俗，如"小暑吃羊肉，大暑吃荔枝"。夏季赤日炎炎似火烧，进热性之羊肉、荔枝主要是针对夏日易伏阴在内，用热性食物顾护阳气。小暑节气，民俗强调通过适当的"食疗"来改善对暑热天气的不适，建议进食温（温度）软食物，如热米汤、热粥、薏米绿豆汤，适当吃凉性蔬果如西瓜、冬瓜、苦瓜还有祛湿的食品砂仁、薏苡仁、芡实、红豆、白扁豆、荷叶、西洋参、百合、石斛等食物或药食两用之品，以祛湿健脾、养胃生津、益气消暑。

大暑是一年中最热的时候。人们常常是"无病三分虚"。要注意防暑热，祛湿邪。多吃苦味食物，苦味食物可以解热祛暑，适当吃点苦瓜、苦菜、苦荞麦等。增加清热解暑、健脾利湿食物的摄入。

需要强调的是，夏天在大暑前后，天气炎热，人体出汗多，新陈代谢增快，能量消耗大，胃口不佳，夏季又是小孩需要成长发育，上班族工作任务重，老年人免疫机能下降等等，因此夏季也要增加一些益气养阴的食物，如山药、大枣、海参、鸡蛋、牛奶、蜂蜜、莲藕、木耳、豆浆、百合粥、银耳粥等，同时蛋白质供给需充足。植物蛋白可以从豆制品中获得，绿豆汤、黄豆浆都是夏季民间传统的解暑食物，可适当食用，动物蛋白也应适当吃点。总之，夏季饮食宜以健脾益气养阴为原则，同时不忘饮食上的"冬病夏防"，适食温热之品，以固护阳气！

秋季主收：《黄帝内经》秋季养生保健要主收。秋天的民俗饮食，以"饮食各半"的原则。因为秋天天气逐渐转为干燥，气候变化是一个循序渐进的过程，身体也要有一个适应的过程，特别是"贴秋膘"不可立即到位。立秋是一个冷热交替的节令，阴气渐长，阳气渐收，人体的新陈代谢已出现阴长阳消的情况。此时，应根据气候的变化，调整自己的饮食，让身体更快地适应节气的变化。

福建民俗中从立秋以后到立冬以前，主要节日有中秋节、重阳节，在节气中还需要关注处暑。福州《藤山志》云："中秋节，家家祭祖"，中秋节吃月饼，月饼是以面粉和多种糖果制成，馅有蛋黄、枣泥、莲子等，月饼润可去燥，可起到保养肺气作用，正迎合秋季当防燥之意。秋季还有重阳节，重阳节福建各地有很多民俗饮食，福州是吃重阳糕，也称九重粿，用米浆炊制，味甜，计九层，层层相联，表面一层黄色的，古时是用茱萸叶磨米染色的，中夹七层糖色的，底层为米浆的本色，九层相重，表九重之意。

处暑是夏末秋初交替之时，存有夏季遗留暑热之气，偶有初秋丝丝凉意，有的人会因为之前夏天过食冷物而伤到脾胃，从而出现食欲不振、困乏、四肢无力现象；有的人会觉得天气比较湿闷，出汗也比夏天少了，所以不爱喝水，这些表现都是中医学所说脾虚湿盛、脾失健运所致。而初秋恰恰又是调理脾胃的关键时间，应有选择地食用具有补脾功效的食物，增强健脾除湿功能，促进暑湿之气的消除和转化。薏苡仁、荷叶、冬瓜都有除湿的功效，适合在处暑时节食用。

需要强调的是处暑过后从白露到霜降连续几个节气，气候是比较规律的变凉，最重要的还是要防秋燥，因为秋季湿热交替、脾胃内虚、饮食宜收不宜散，要尽量少吃葱、姜等辛味之品，适当多食酸味果蔬。秋季燥气当令，易伤津液，饮食很重要的是要食用易消化的平补和生津健胃、滋阴润燥的食物，以养肺、健脾胃，食物有芝麻、糯米、粳米、大麦、南瓜、藕、土豆、萝卜、核桃、百合、沙参、银耳、牛奶等以防秋燥，秋燥会连及肺燥，引起大肠被湿热所克，出现便秘。如果身体虚弱者，可适当进食党参、鸭肉、鸡肉、兔肉、黄鳝、鲫鱼、黄鱼等以补养身体。特别是老年人，如果秋天没有补养好，冬天没有足够的能量，各种疾病会找上门来。秋天饮食宜生津润肺、健脾益胃为原则。

冬季主藏：《黄帝内经》冬季养生保健要主藏。立冬后，阳气消减，蛰伏在人体内，需要通过饮食摄取更多能量，以维持正常的生理活动，所以冬季宜食用可滋养五脏的温补性饮食来防寒保暖，进而达到防病强身、延年益寿的目的。冬季前期尤其是立冬时节，虽然寒气更重了，但温度下降并不快，因此进补不宜过于燥热，以温补为宜。首先，可以从粥类食物开始，如莲子大枣小米粥、核桃芝麻栗子粥，通过温补脾胃改善运化机能，为冬季进补准备条件。之后可适当增加温热护阳的食物，如羊肉、牛肉、虾、桂圆、红枣、核桃等，以利于冬季助阳生热。温补的同时不要忘了肺肾阴精的保护。进入冬季，天气越来越干燥，人体的新陈代谢速度降低，津液严重受损后会出现口眼皮肤干燥、瘙痒等症状，要多补充水分的同时可食用食物有芝麻、蜂蜜、百合、银耳、木耳、白菜、白萝卜、茭白、荸荠、甘蔗、梨子、鸭肉、鱼肉、豆腐等。

福建民俗中从立冬以后，一般会含有冬至、祭灶、除夕年夜饭。冬至搓米时以糯米浆搓成圆丸或捏扁成饼状，煮熟，用炒豆粉和糖混匀沾之食用，或糯米浆搓圆后，夹豆沙或八果馅，搓圆或捏成扁饼式，入油锅炸成米时又称孝子丸，古时粮食紧张，糯米、黄豆粉也可谓是冬日进补；冬至节还有酿酒习俗，米酒性味：甘，温，具有健脾消食、活血化瘀的功效。祭灶，供品有菠菜、甘蔗、荸荠、柿饼、福橘、花生、红豆干、灶糖、灶饼等，除夕年夜饭，必备酒及丰盛菜肴，有卤制的，有加香糟腌制的，年夜饭菜肴基本是荤素搭配，温凉相兼，既有鸡鸭鱼肉，又有春韭、豆芽、芥菜、芹菜，可供不同体质人选用。

小寒节气可选择一些温补的食材和药材来滋补强身，防寒保暖。小寒因处隆冬，土气旺，肾气弱，因此饮食养生宜遵循"减咸增苦，补心助肺，调理肾脏"的原则。小寒节气养肾补肾，不仅能增强人体抵御寒冷的能力，而且还能提高人体的免疫力和抗病力。饮食上可多食用羊肉、牛肉、山药、黑豆、黑芝麻、核桃、黑木耳、香菇、鹌鹑蛋、花生、板栗等益肾食物调补。

大寒时节养生的原则以"藏热量"为主。植物的根茎是蕴藏能量的仓库，此时宜多食根茎类蔬菜，如芋头、山药、红薯、土豆、南瓜等，它们富含淀粉及多种维生素、矿物质，可快速提升人体抗寒能力。大寒羊肉正当时，羊肉作为血肉有情之品，具有益气补虚、温中暖下、补肾壮阳之功，同时根据"阴阳互根互藏"的原则，阴阳并补最为恰当，可采用早上喝补气温阳的人参、黄芪酒，借助早上自然界升发的阳气，有利于身体阳气的升发，晚上服用滋阴补肾的六味地黄丸，有利于身体阴液的滋补。大寒与立春相交接，养生保健要为时节变化做准备，在饮食方面可逐步添加些具有升散性质的食物如葱、姜、蒜、香菜等，以迎接万物的升发。

英国学者李约瑟曾说过："在世界文化中，唯独中国人的养生学是其他民族所没有的。"劳动人民把民俗活动、饮食养生、健康管理融入二十四节气中，是中国人民的集体智慧结晶，越来越受到世界人民的关注和推崇，这是我们中国人的文化自信的体现。以中医文化为底蕴，注重摄生之道、推崇健康养生的观念已称为中国人的文化基因，深深融入人民群众的日常生活之中。

同志们，顺应自然规律，遵循二十四节气规律，天人相应，返璞归真，养生之路从我们每天的健康饮食做起。经云："是故圣人不治已病治未病。"预防比治疗更重要，内调比外治更有效，食疗比药疗更安全。调养身体，融健康与美味为一体，享用二十四节气中的闽菜药膳，让舌尖上的闽味文化绽放出健康之花，我们一起携手同行！

附：闽菜药膳

1.红菇包信豆腐丸

食材：白豆腐，五花肉，地瓜粉，干红菇，虾仁，香菇，精盐，胡椒粉，蛋清，葱白，胡萝卜。

应用：补气补血。

2.青橄榄杏仁猪肺汤

食材：青橄榄，南杏仁，百合，猪肺，猪肋排，白酒，料酒，生姜，葱，盐。

应用：润肺生津，止咳化痰。

3.浒苔蛏子煎

食材：浒苔，蛏子，地瓜粉，藕粉，鸡蛋，生姜，鱼露，胡椒粉，味精，老酒，食用油。

应用：清热解毒，抗菌消炎，降胆固醇，增强机体免疫力，软坚散结，消肿利尿及化痰。

4.五指毛桃姬松茸鸡汤

食材：五指毛桃，莲子，山药，姬松茸，大枣，生姜，料酒，母鸡。

应用：健脾补肺，增强免疫力。

5.三草炖鹅

食材：关门草，日日有（决明子），山韭菜（野生韭菜），鹅肉，盐。

应用：养肝明目。

6.陈皮薏苡鸽子汤

食材：薏苡仁，陈皮，鲜山药，鸽子肉，生姜。

应用：健脾化湿。

7.灵芝焖肉

食材：灵芝，黄芪，北沙参，枸杞，猪五花肉，米酒，食盐，酱油等。

应用：平补药膳，应用范围广。

8.鲍鱼龙眼麦冬汤

食材：鲜鲍鱼，龙眼肉，麦冬，甘蔗，瘦肉，生姜，食盐。

应用：五脏体虚，劳热咳嗽，心烦失眠，头晕目眩者。对于预防春燥也有一定作用。

9.酒糟炒泽泻

食材：鸡胸肉，泽泻苗，酒糟，姜，蒜，米酒，白糖，食盐等。

应用：利水渗湿，泻热通淋。

10.艾枣饼

食材：新鲜艾叶，红糖，红枣，糯米粉，芝麻，食用油，清水。

应用：治疗感冒，头痛，神经痛，心腹冷痛，风湿关节痛，久痢，月经不调，痛经，跌打损伤，湿疹等。

11.鼠曲粿

食材：鼠曲草，糯米粉，香菇，菜心，瘦肉，葱，油豆腐，盐。

应用：健胃益气，开胃。

12.蚬煮菊花沫

食材：黄沙蚬，贡菊，生姜，蒜，葱白，盐。

应用：清肝明目。

13. 谷雨茶

食材：春季新茶，水。

应用：清火，明目。

14. 山苍子根干蒸猪脚

食材：山苍字根，猪脚，姜，料酒，盐。

应用：解乏，下火，温肾健胃。

15. 金线莲煲母鸭

食材：金线莲，水鸭母，米酒，姜，盐。

16. 苦菜小肠汤

食材：鲜苦菜，猪小肠，生姜，盐。

应用：清热下火，消暑解暑，治胃病及咽喉疼痛。

17. 薏苡莲子粥

食材：薏苡仁，建莲子，粳米。

应用：安心养神，健脾利湿。

18. 四神鸭汤

食材：茯苓，山药，莲子，芡实，鸭肉，姜，盐，胡椒粉。

应用：健脾养胃，滋补强身之效。

19. 穿山龙炖排骨

食材：穿山龙，排骨，料酒，姜，葱，盐，胡椒粉。

应用：舒筋活血，止咳化痰，祛风止痛。

20. 金线莲猪心汤

食材：金线莲，猪心。

应用：小儿急惊风，咯血，支气管炎，胃炎，膀胱炎，糖尿病，血尿，关节炎泌尿道结石。

21. 艾姜糖

食材：艾叶，鲜生姜，红枣，红糖。

应用：暖宫温胃，温经通脉，驱寒除湿，滋肌润肤。

22. 仙草冻

食材：仙草，芋子粉，水。

应用：消暑清热，凉血解毒，利尿。

23. 砂仁炖猪肚

食材：砂仁，猪肚，盐，酱油，葱，姜，蒜，麻油。

应用：补肾安胎，治疗胎动不安。

24.石花膏

食材：石花草，醋，水。

应用：润肺化痰，清热降火。

25.薏苡仁冬瓜排骨汤

食材：排骨，冬瓜，薏苡仁。

应用：清热解暑，健脾祛湿.适用于夏天盛热烦渴，身重疲乏，不欲饮食等症辅助治疗。

26.铁皮石斛煲白鸭

食材：铁皮石斛，麦冬，白茅根，连城白鸭，姜，米酒，盐。

应用：滋阴降火，宁心安神，养胃健脾，祛痰开窍。

27.洋中草根汤

食材：盐肤木根，疏花卫矛根，羊耳菊根，琴叶榕根，山鸡椒根，多花勾儿茶根，蕙芝，猪脚，番鸭肉，食盐，麻油或山茶油。

应用：缓解腰膝酸痛，风湿疼痛。

28.养脾散猪肚汤

食材：制陈皮，茯苓，肉桂，麦芽，丁香，砂仁，党参，白术，山药，老范志神曲，薏苡仁，莲子，猪肚，鸡蛋，食盐。

应用：温胃健脾。

29.酸梅栀子鸭蛋汤

食材：栀子，酸梅，鸭蛋，冰糖。

应用：缓解牙痛。

30.当归柴把鸭

食材：水鸭，当归，莲子，枸杞，干枣，葱，姜片，福建老酒，盐，味精，香菜。

应用：养血滋肝，清风润木，清肺解热，滋阴补血。

31.龙眼鸡蛋花

食材：党参，龙眼肉，鸡蛋，红枣，粳米，冰糖。

应用：因为龙眼有益气补血，养血安神，润肤美容等效果，可以治疗贫血，失眠，神经衰弱等。

32.积雪草蒸青蟹

食材:积雪草,青蟹,生姜。

应用:清热解毒,利水消肿,凉血止血。

33.黄精泥鳅汤

食材:黄精,泥鳅,姜,盐,米酒。

应用:益气养阴。

34.徐长卿炖老鸭汤

食材:徐长卿根,老鸽,生姜,盐,料酒。

应用:解毒镇痛,滋补活血,利水消肿。

35.莲子桂花甜点

食材:通心莲子,银耳,党参,枣仁,冰糖,桂花。

应用:安神,适合失眠人群。

36.牡蒿嫩鸭

食材:秋牡蒿,鸭肉,姜,盐。

应用:补益气阴,和胃消食,解毒敛疮,祛风通络。

37.地黄猪腰汤

食材:生地黄,熟地黄,山药,酸枣仁,远志,枸杞子,猪腰,姜,蒜,米酒,盐。

应用:养心滋肾,养阴补虚。

38.野生红菇炖土鸡

食材:干红菇,母鸡,姜,盐。

应用:补虚养血,治疗贫血,咳嗽,血虚头晕,病后产后体虚。

39.太子参圆蹄

食材:太子参,猪蹄,冰糖,黄酒,酱油,大葱,姜。

应用:益气养阴,生津滋肤。

40.八珍鲍鱼鸡

食材:人参,白术,白茯苓,当归,川芎,白芍药,熟地黄,炙甘草,生姜,大枣,土鸡,鲍鱼。

应用:调畅营卫,滋养气血,能补虚损。

41.黄精枸杞牛尾汤

食材:黄精,枸杞,覆盆子,芡实,龙眼肉,牛尾,料酒。

应用:益肾填精,强筋健骨。

42.当归竹筒虾

食材:海虾,当归,枸杞,红枣,姜丝,盐。

应用:补肾益精,养肝明目,补血安神,生津止渴。

43.四物汤

食材:白芍,熟地黄+生地黄,当归,川芎,枸杞,鸡肉,姜,盐。

应用:主治伤重,肠内有淤血者。

44.巴戟天炖羊肉

食材:巴戟天,肉苁蓉,陈皮,羊肉,生姜,米酒,盐。

应用:补肾壮阳,温补气血,开胃健脾。

45.姜爆乌鸡

食材:乌骨鸡,生姜,麻油,福建老酒,生抽。

应用:适用于产妇恢复身体,补虚劳,通经络。

46.石鼓白鸭汤

食材:黄芪,熟地,当归,补骨脂,枸杞,白鸭,盐,姜。

应用:滋阴补肾,强身健体,恢复体力,养颜美容,气血双补。

47.九门头涮酒

食材:香藤根,辣薯,生姜,米酒,牛肉,牛舌峰,百叶肚,牛心冠,牛肚尖,牛峰肚,牛心血管,牛腰,牛肚壁。

应用:健胃补肾,驱寒祛湿,舒筋提神。

48.虎尾轮炖排骨

食材:虎尾轮根,排骨或筒骨,生姜。

应用:消积健脾,开胃化食,滋阴益气。

49.八珍番鸭

食材:人参,白术,茯苓,当归,川芎,白芍,熟地,甘草,生姜,大枣,番鸭,葱白,米酒,盐,茶油。

应用:平补药膳,补气养血。

武夷岩茶"岩韵"的美学解读

◎齐学东

作者简介：齐学东，福建开放大学文经学院副教授，国家一级评茶师。长期从事中国古代文学、美学、茶文化研究。参与国家社科基金后期资助项目、福建省社科项目，主持多项厅、校级科研课题，发表几十篇科研论文。

各位读者，各位茶友，非常高兴今天能在这里跟大家一起谈谈茶，实际上是2021年，习近平总书记到武夷山视察的时候，他曾经提到"三茶统筹"，要统筹做好茶文化、茶产业、茶科技这篇大文章，就是茶科技，茶产业，茶文化，三茶融合。

当时我听了很受鼓舞，因为，我们学校有一个茶艺与茶文化的专业，是成人大专。我们平时教学的时候，更多的是倾向于茶科技，就是怎么制茶，怎么种茶，然后还有茶产业，就是怎么经营，但是茶文化我们跟学生上的比较少。所以，我觉得习近平总书记当时的这个讲话，对我有很大的启示，就是说我们应该把茶文化更多的讲起来。这次，正好省图田老师跟我联系，我就觉得这是很好的契机，可以把茶文化与茶科技、茶产业，还有茶文化与地域文化、传统文化联系起来。所以，清新福建，这个福文化，就包含了茶文化。我们的团队——福开茶文化团队，几位老师都非常乐意做这个事。因此，我们就做了一系列的策划。今天,我第一个给大家来讲一讲,就是从传统美学的角度来解读一下武夷岩茶的岩韵。

因为,2010年以后岩茶非常热,我们福州市面基本上都是经营岩茶的,以前经营铁观音的,现在基本上都慢慢地转到经营岩茶了。岩茶,有一些概念,炒得比较热,比如说岩韵,三坑两涧,牛肉马肉,还有老丛水仙等。我不知道各位读者平时都喝什么茶,有没有接触到岩茶,如果有接触到岩茶,应该对这些概念非常熟悉。岩韵也开始成为一个热词,大家一喝到岩茶就不可避免地会提到岩韵,那岩韵是什么?我们经常听人说,这个茶很好有岩韵,这泡茶岩韵稍微弱一点但工艺很好,这泡茶一点岩韵都没有。但什么是岩韵?似乎很少有人能够回答。制茶的人也好、经营茶的人也好,对这个问题,往往答不上来。

但是,岩韵这个词又确实很热,热到什么程度呢?有一位武夷山的学者,邵长泉先生,写了一本书,就叫《岩韵》。为什么大家都这么重视岩韵呢?因为岩韵是武夷岩茶滋味审评的重要标准之一,是判断岩茶好坏的指标。当然我今天的内容,跟他的书里讲的内容不一样,我有自己的独特的见解。就是岩韵这个问题,我从中国传统文化,传统美学的角度来阐释。有关岩韵的解读,其实有一句话是大家公认的,就是林馥泉在《武彝茶叶之生产制造及运销》(1943年,福建省农林处农业经济研究室出版的第二号农业经济研究丛刊)中,提到武夷岩茶"品具岩骨花香之胜",岩骨花香被公认是对岩韵的概括。大家一说岩茶就是岩骨花香。花香容易理解,岩骨却难描述,究竟什么是岩骨?什么是岩韵?难以用言语表述。武夷岩茶种类繁多,山场不同,工艺复杂,这使得茶汤滋味香气变化万千,每个人的口味、品鉴能力也不相同,对岩韵的感受、理解不一。因此,岩韵就变得扑朔迷离。

我们先来看一看,历史上对岩韵的多维度阐释。

一、岩韵的多维度阐释

(一)从岩茶的生长环境和制作工艺探究岩韵的根源

武夷山是丹霞地貌,有"碧水丹山"之称。岩茶属于闽北乌龙茶,生长在武夷山主景区和周边的一些地方。核心产区,就是在武夷山风景名胜区之内,属于云雾缭绕的丘陵山地。这里气候适宜,年平均气温、降雨量都适合茶树生长,岩石分化而形成的沙砾土壤符合陆羽茶经中"上者生烂石,中者生砾壤，下者生黄土"的上者或者中者，土质透气性、通水性极佳，矿物质含量丰富，是岩茶生长的绝佳土壤。在武夷岩茶产区分布中，古代大致是分成两大类，生长在岩石上、山上的就称之为岩茶。生长在水边呢，就称之为洲茶。我们现在划分地更细致，有正岩、半岩、洲茶、外山的区分，甚至正岩里面还分出大岩，就是更核心的所谓三坑两涧。现在去武夷山旅游，有一个漫步武夷的漫步道，那两边就是最核心的产区。清代陆廷灿在《续茶经》中写道："武夷茶在山上者为岩茶，水边者为洲茶。岩茶为上，洲茶次之。"正岩、半岩的茶，只要制作工艺没有纰漏，一般岩韵显著，而洲茶、外山茶，无论制作工艺如何优良，岩韵都不明显。因此，岩茶的品质跟它的山场是有很大的关系。山场在岩茶中具有重要的意义，只有好的山场，才能生产出品质好、岩韵显著的岩茶，而洲茶、外山茶则做不到。非遗传承人陈德华认为，岩韵就是"武夷地土香"，生长环境是岩韵产生的必要条件。离开了山场，讲工艺可能作用不是很大。当然也不能绝对，因为虽然是正岩产地的茶，如果管理的不好，制作的工艺有问题，可能岩韵也不是很显著。

岩茶的制作工艺被认为是岩韵产生的另一个重要的因素，同属于乌龙茶，武夷岩茶和铁观音等其他乌龙茶虽然制作工艺相似，但又有所不同。其特殊之处在于做青和烘焙的工艺极为复杂，是形成岩茶独特的滋味和香气的原因。做青是形成岩茶色香味的关键工序，有"看天做青，看青做青"之说。不同的天气，下雨天、阴天、太阳暴晒的时候怎么做，每一种做法都不一样，都掌握在制茶师傅的手上，也就是说他们不是按照某一个标准去做的，而是根据天时地利人和等方面来做的。不同的品种、不同状态的茶青，做青都不一样，很多时候完全靠茶师的经验。再好的茶青，如果做青失败，也不可能岩韵显著。所以说武夷岩茶做青工艺几乎是所有茶类里面难度最大的，工序最多，最复杂，非常难把握。

另外，就是岩茶传统的烘焙工艺，烘焙也是岩茶区别其他乌龙茶的重要工序。传统的烘焙工艺讲究炭火慢炖，这个火候掌握是非常重要。武夷岩茶烘焙最少分为初焙、复焙，有些甚至多次烘焙。岩茶采摘以后开始制作，做青完了初焙，初焙完了不是马上变成成品，而是放很久，比如说今年是2022年，要喝到今年生产的岩茶，基本上要十月以后。所以，岩茶的烘焙，由于它是多次烘焙，形成重火功，味浓醇厚的特点。岩茶喝起来香气浓郁、滋味醇厚，给人以"唇齿生香""厚重""有骨头"等感受，这正是岩韵的感官特点。

这跟其他的乌龙茶工艺是有区别的，岩韵到底有什么感官特点？一个香气很浓郁，然后滋味很醇厚，品饮以后，会有一种唇齿生香，会有一种厚重感，我们更经常更通俗的一种说法，就是喝岩茶的时候，感觉那个茶汤里有骨头。毫无疑问，独特的制作工艺是形成岩韵的主要根源。因此，岩茶生长的环境和制作工艺是岩韵形成的根本原因。

（二）从岩茶的感官审评的角度来探讨岩韵的内容

乌龙茶感官审评中评价岩茶等级尤其是高等级岩茶时，常常以岩韵是否显著为标准。其他地区的乌龙茶，由于产地和工艺的不同，各有自己特殊的感官审评标准。我们说乌龙茶有四大类，闽南乌龙，闽北乌龙，广东乌龙，台湾乌龙，每一种乌龙茶它的韵味都不一样，闽南乌龙代表铁观音以音韵著称，广东乌龙代表凤凰单丛具有特殊的蜜韵，喝起来有一股蜜味，台湾冻顶乌龙为清韵。岩茶是岩韵，从字面上看，就是一字之差，就是一个岩字。但从内容来看，还是有很多不同。岩字怎么理解呢？岩韵具体指什么？在品鉴岩茶时，茶汤滋味和香气与其他乌龙茶有什么区别？岩茶茶汤在感官上给人什么样的感受呢？那么在历史上，有一些名人曾经探讨，其中最出名的是清代梁章钜。

梁章钜将武夷茶概括为"香、清、甘、活"四个层次。"至茶品之四等，一曰香，花香、小种之类皆有之，今之品茶者，以此为无上妙谛矣，不知等而上之，则曰清，香而不清，犹凡品也。再等而上之，则曰甘，清而不甘，则苦茗也，再等而上之，则曰活，甘而不活，亦不过好茶而已，活之一字，需从舌辨之，微乎微矣。然亦必瀹以山中之水，方能悟此消息。"花香、小种不一定是岩茶，有可能是红茶，小种肯定是红茶，花香估计也是类似于红茶的茶。这样的茶都有香，不知等而上之，则曰清。过去的制茶工艺，相对比较粗糙，茶做完以后容易吸附异味，很难做到清，不像我们现在制茶更科学，更加注意卫生，没有杂味。不够清的茶，只是凡品不是好茶。再等而上之者曰甘，就是说有茶香，又能做到清，这个茶好不好呢？确实是好茶，但香而不甘，清而不甘，是苦茗，就是说这个茶做得还是不够好。再等而上之，则曰活。甘而不活，亦不过好茶而已。但是这个活是怎么分辨的呢？有两个条件，一个是舌本辨知。南方北方喝茶是不一样，北方是拿着大杯喝。南方，特别是我们福建，特别是岩茶，一定是拿着那个小小的杯。福建岩茶喝法叫作啜饮，让茶汤充分经过舌，然后来感受它。所以，如果用北方的品茗方式，根本品不到岩韵。另外一个条件，就是泡茶的水需山中之水。香、清、甘、活，必须是用啜饮的方式，必须用山中之泉水来喝，才能感受到岩韵。

那么梁章钜所说的"香、清、甘、活"是如何辨别？如何理解？实际上并不容易。但是，古代人却做得很极致，特别是清代的乾隆皇帝，他评价岩茶有一个很著名的说法"就中武夷品最佳，气味清和兼骨鲠"。就是说喝岩茶时，感受到气味清和骨梗。我们有一句话叫"如鲠在喉，不吐不快"。如鲠在喉这个感受好吗？想想，一个鱼刺卡在你的喉咙里，不好是吧？但是，另一方面，如果喝的东西没有在口腔里形成任何感觉的话，这个茶也不会给人留下很深的印象。那么乾隆皇帝喝的武夷茶，气味很好，而且能感受到它茶汤里的某一些的物质，就像骨鲠一样的，这是不是说明茶的内含物质丰富呢？清代的大文学家袁枚，他说喝了武夷岩茶以后，"始觉龙井虽清而味薄矣，阳羡虽佳而韵逊矣"，龙井茶是很出名的，阳羡茶也很出名，都是绿茶。但是他喝完以后，觉得绿茶的滋味偏薄，韵味也偏弱，岩茶的滋味韵味更好。乾隆和袁枚的评论都揭示了岩茶相比其他茶滋味浓强醇厚、香气馥郁幽远，这也是对岩韵的具体概括。

当代人对岩韵的感官标准进行进一步的解释。林馥泉不仅提出了岩骨花香的说法，还用了"山骨"这样的词汇来表述岩韵。姚月明引用范仲淹《和章岷从事斗茶歌》里的诗句，对岩韵的描绘更为详尽："香气馥郁具幽兰之胜，锐则浓长，清则幽远。味浓而醇厚，鲜滑回甘，有味轻醍醐，香薄兰芷之感。"张天福先生认为岩韵的品质特征应具备三方面的内容：第一，品种香显；第二，茶汤"香""味"结合；第三，品饮后余韵犹存，齿颊留芳。黄贤庚则将"岩韵"概括为四句话："茶水厚重润滑，香气清正幽远，回甘快捷明显，滋味滞留长久。"黄先生是我们福州人，他现在住在武夷山。

这些专家，他们说的是什么呢？就是喝岩茶的感受，岩茶的生长环境和制作工艺是岩韵产生的关键，也是岩茶区别于其他乌龙茶的根本原因。但是岩韵的内容却难以表述，不同的人，评价岩韵多从滋味和香气两个方面进行，也都提出岩韵以浓强持久为特征，但却难以形成完全一致的岩韵审评标准，以至于现在岩茶评级中只是以岩韵显不显来评价，一般岩韵显的为优，不显为次。这就带来一个困惑，岩韵具体有哪些指标？岩韵显不显怎么感受？按理说应该有一个量化标准来评价的，但是没有，只能靠经验。也就是说我能喝出这是有岩韵的茶，没有受过训练的人就可能喝不出来。这样就给人产生一种只可意会难以言传的感觉。岩韵作为武夷岩茶的品质特征，到底是什么？为什么难以表述呢？或者说为什么没有一个统一的、客观的、具体的、直观的审评标准呢？甚至"岩韵"这个词本身是一个什么样的词汇呢？这都引起人们的困惑，因此，有必要从武夷茶文化的历史来追根溯源，看看"岩韵"一词到底是怎么产生的？它是一个什么性质的词语？为什么只可意会难以言传？

二、岩韵相关审美辞藻的历史生成

要了解岩韵相关审美辞藻是怎么产生的，要从武夷山的历史来说，武夷山是三教名山，是中原地区人们躲避战乱入闽的首站。他们带来了中原地区的先进文化和知识，也开始关注生长在武夷山的灵芽——茶。中原人大量迁移入闽在魏晋时期，西晋的"八王之乱"使得不少北方的汉人入闽，福建的"林、陈、黄、郑、詹、邱、何、胡"等大姓都是这个时期定居闽地的。魏晋时期人们喜欢清谈，好玄学，这就促进了美学的发展，是中国古代美学的一个高峰期，叫作魏晋美学，还有一个说法叫作魏晋风骨。这时期出现了一批杰出的美学家，如曹丕、刘勰、谢赫、陆机。他们评价文学、绘画、书法，探讨美与艺术的本质，形成了一些影响深远的美学概念和范畴，如"气""味""韵""神"等。我们说岩韵，岩韵这个韵就是那时候出来的。当中原人们大量迁移到武夷山一带，这些有文化又受到魏晋美学影响的人们，也就把审美的目光投向茶。这个时期是武夷山茶文化的萌芽期，相关的记载比较少。

从唐代开始，关于武夷茶的记载开始多了起来，比如徐夤的《尚书惠蜡面茶》、孙樵的《送茶与焦刑部书》等，多称赞武夷茶品质优良。孙樵还用拟人化的方式将武夷茶称为"晚甘侯"，宋代苏轼在《叶嘉传》中，用拟人的手法描绘了汉帝对叶嘉的赞赏，表达了当时皇室贵族对武夷茶的喜爱。

这些文人墨客不仅用拟人的修辞方法来描绘武夷茶，还用美学的视角来评价。如苏轼在《和钱安道惠寄建茶》中评价武夷茶："森然可爱不可慢，骨清肉腻和且正。"苏轼评价武夷茶的措辞和金庸武侠小说中的"骨骼清奇乃习武之才"之类的描写颇为相似。宋徽宗《大观茶论》中说："夫茶以味为上，香甘重滑，为味之全，唯北苑、壑源之品兼之。其味醇而乏风骨者，蒸压太过。"宋徽宗认为，武夷茶"香甘重滑"，但如果"蒸压太过"，茶的劲道就不足。苏轼和赵佶这两位宋代的大艺术家，和后来的乾隆皇帝一样，都用"骨"

这个词来形容武夷茶，但他们所处时代不同，茶的制作工艺也不一样。宋代是团茶（属于蒸汽杀青压饼的绿茶），乾隆时期是武夷乌龙茶，茶类不同，品茗时的滋味、香气也应该不一样，可是为什么他们不约而同地用同一个词来形容各自的感受呢？这是因为"骨"这一词是中国古典美学中的一个概念，在中国古代被广泛应用。

"骨"最早是我国古代骨相学的范畴，如，"人之有骨法，犹万物之有种类，材木之有常宜"（《潜夫论·相列》）。后来被用于评价艺术作品中人物形象，指人物精神面貌挺拔富有生气，充满力量。逐渐在艺术品鉴中指向结构、精神、志趣等方面挺拔而有骨气，常用的词有风骨、气骨、骨力、骨气、骨鲠、骨髓等。如"辞为肤根、志实骨髓"。中国的书法、绘画艺术中的骨法用笔，就是指以强健的线条而体现内在的力度，如清代刘熙载所言"字有果敢之力，骨也"（《艺概·书概》）。所以，苏轼、宋徽宗、乾隆们所谓的岩茶有骨头之论并不神秘，只是用审美的词藻品评饮茶的感受，以评论艺术的审美态度来评论武夷茶而已。当然，宋代没有岩茶，是蒸青绿茶，这也说明武夷茶由于特殊的生长环境，内在物质丰富，香气滋味醇厚浓烈，颇为霸气，无论做成龙团凤饼还是做成岩茶，品饮时都能给人"有骨头"的感觉。

同样，韵也是中国古代美学的重要概念，原指声韵之和，在魏晋时期被指人的风度、神态等，后来广泛用于艺术评价，指艺术的韵律节奏之美，逐渐成为中国古代美学最重要的范畴之一，被认为是美的最高境界，尤其艺术作品的内容，其中的意蕴只有做到深远而有无穷之味，才达到"韵"的境界。在茶文化中，以韵来评价茶的色香味是非常普遍的现象，几乎稍微知名的茶都被冠以某种韵，其中有些很容易理解，有些很抽象。如凤凰单丛"蜜韵"显著，确实喝起来有股蜜味。而铁观音被称为"音韵"，其所包含的感官表现则众说不一，较难理解。

在岩茶品评中，韵主要体现在香气和水的融合，以及香气变化、持久等方面。茶汤的香气包含水飘香、香入水、水含香、水生香、水即香等层次。而且每个品种、每一泡香气都可能变化，更重要的是岩茶的香极为霸气，在力度和持久度方面独树一帜，茶香挂杯久久不散，韵味十足，给人一种韵味悠长的感觉。对于岩茶来说，只有香是不够的，岩茶的"韵"更体现在水，所谓"以味取香"就是指茶汤的滋味就是香，也就是"水即香"。岩茶的滋味以"厚"著称，厚中带香，喝完以后香气还停留在口腔中，形成唇齿留香。所以，岩茶的韵味极为醇厚，富于变化，而且回味无穷，达到美的境界。

从历史发展的进程来看，宋代对武夷茶极为重视，作为建茶的一部分，武夷茶开始成为贡茶。"龙团凤饼"得到皇室的喜爱，也受到普通官员、文人墨客、僧侣道士的追捧。宋代有大量描写武夷茶的诗歌、文章和茶书，对武夷茶多加赞美。除了上述苏轼、范仲淹的名篇外，还有陆游的诗篇《建安雪》、白玉蟾《茶歌》等。这些文学作品，记载了当年武夷茶事的兴盛，也表露了作者品茶时的审美愉悦。如白玉蟾描写"绿云入口"后的感受"满口兰芷香无穷。两腋飕飕毛窍通，洗净枯肠万事空。"

明代以后，武夷红茶和乌龙茶相继出现，武夷茶又迎来新的高潮。明末清初，释超全在《武夷茶歌》中首次用了"岩茶"的称谓"嗣后岩茶亦渐生"，而袁枚在《试茶》一诗中，不仅描绘了武夷茶生长在岩石间"云此茶种石缝生"，还描写了岩茶制作工艺和冲泡品饮的诀窍"采之有时焙有诀，烹之有方饮有节"。更描绘了品饮时的感官体验"细咽欲寻味外味。杯中已竭香未消，舌上徐停甘果至。叹息人间至味存……"，这正是岩茶岩韵的体现，杯底香浓郁持久，回甘显著，水中透着果香。袁枚是文学家也是美学家，他将品茶变为审美享受，在细吞慢咽中寻找武夷岩茶的味外之味。"味"是中国古典美学的范畴之一，本指人的味觉，被用来形容审美鉴赏活动，如宗炳提出的"澄怀味象"。唐宋时期，开始追求艺术作品的味外之旨，慢慢地"味"的含义指向艺术作品内容和形式的无穷意义，而且"味"代表的是一种朦胧含蓄蕴藉的美，令人回味和想象。袁枚在品饮武夷茶时，也像品评一首诗歌一样，寻找其中的味外之味。

到了近代，林馥泉、张天福、姚月民等人从更加科学和标准的方面对岩韵进行阐释，但他们使用的语言仍然是传统的审美诗化的语言。无论是林馥泉的"岩骨花香"还是姚月民的"香气馥郁具幽兰之胜，锐则浓长，清则幽远"，都带有浓厚的中国古典美学的韵味。所以，虽然岩韵已经由审美体验变为国家标准，但仍然使用的是中国古代审美的辞藻。"岩韵是一种高雅之美，要理解岩韵，需要具备一定的审美修养。"如果对中国古代文学和美学一窍不通，对岩韵的意义，往往也会说不清道不明。经常出现的生活镜头是一位岩茶审评专家对着一群岩茶爱好者说，"这泡茶是正岩的，岩韵很明显"，而虔诚的爱好者们默默地点着头，记下品饮时的味觉感受。而岩韵具体是什么，没人刨根问底。因此，对于岩茶的门外汉，岩韵就变得神秘莫测。随着人民生活水平的提高，武夷岩茶得到更多人的关注，正岩产区的产量难以满足人们的需求，正岩茶价格越来越高，有些不良茶商趁机将岩韵神秘化，将外山的茶青用高焙火的工艺来忽悠消费者，使得人们更加困惑。因此，我们有必要从历史的维度来研究岩韵产生的过程，探索岩韵一词的意义。

以上着眼于历代文人对武夷茶的历史评价。从中不难发现，他们所使用的"骨""韵""味"等词都是古代美学的范畴。也就是说，岩韵是一个美学式的术语。它以审美感悟为基础，以审美方式来品评。它是历代文人和茶人，像他们欣赏诗歌、书法、绘画这些文艺作品一样，欣赏武夷茶，并作出的评价。

三、岩韵审美观的特征

（一）岩韵具有含蓄美

岩韵一直给人只可意会难以言传的感觉。喝完以后说不清楚自己的感受，这是因为，审美本身就带有模糊性。比如一个人很美，但真的去描绘时，语言却很难表述。五官、身材、肤色、衣着以及气质都有关系，但是怎么用量化的、准确的语言来表达呢？岩韵也是这样。一方面，岩韵一词具有含蓄美。中国古代文人追求的是意境美，无论文学、书画以及其他艺术，都要有意境，这是一种含蓄蕴藉的审美理想。意境是"心与物、情与景、意与境的交融结合"，这种结合是物中有我，景中有情，意境相融的，具有朦胧的美。如"思与境谐""象外之象""味外之味""韵外之致"等等，都强调美不是一目了然的而是耐人寻味的。岩韵的美感，是一种含蓄的朦胧的美感。这种美感不是支离片碎的是一个全面的整体的美感。正岩茶喝了觉得它有岩韵，这并不是一个具体的个别的印象，而是一个整体的感受。历代文人评价武夷茶的词汇如"骨""韵""味"都是中国古典美学的名词，它们都包含了各自的审美意义，而这些审美意义往往是对审美对象整体的全面的美感印象，而不是具体的、个别的。岩茶的品种有几百种，要推敲"气味清和兼骨鲠"中的"骨鲠"到底是什么样的味觉感受、是哪个品种的岩茶、焙火程度多高、是牛栏坑还是慧苑的，是没有意义的。民间所谓"有骨头"的说法，具体是什么？其实大家都说不清，感受也都不同，甚至这种"骨鲠"感觉的部位都很难讲清楚，有的人说在舌根，有的人在喉部，到底是哪个部位？也说不出来。所以岩韵一词是对岩茶品饮时的全面的感受，强调的是"味外之味"，是对具体味觉如苦、涩、甜等的超越。用具体的香苦涩甜作为岩韵的指标，实际上都是不对的。从这个方面来说，岩韵的美感本身往往是不具体的、朦胧的、诗化的。

（二）岩韵是一种高度概括的美

美本身就有概括性，不是具体，是从每个具体的审美对象中概括出来的。

一方面，岩茶是半发酵的乌龙茶，既有绿茶的鲜爽，又有红茶的甘醇，且制作工艺又特别精湛，口感和品质独特而有韵味。而且岩茶的滋味香气在冲泡品饮的过程中一直是变化的，经常是先有花香后有果香，最后是木质香。另一方面，岩茶多达几百种中，比如，肉桂、水仙、水金龟、铁罗汉、半天妖、白鸡冠、百岁香、105等，这些品种都可以做成岩茶，而且在武夷山种植的多数做成岩茶以后滋味都不错。那为什么我们可以用岩韵来概括它呢？因为岩韵就是这些品种共同的一个东西。不同的品种，品种香和滋味是不一样的，焙火轻重不同，冲泡技巧不一，冲泡的水质不同，滋味香气也不一样。但是，我们都是用岩韵来评价它，那么岩韵一定是高度概括的。因此，将岩韵的标准具体化是很难的，也是没有必要的。这个品种没有岩韵，那个品种有岩韵，没有这种说法。只能进行整体特征的评价，用岩韵一词概括所有武夷岩茶的，这是一种高度的概括，是对具体品种，个体特征的超越。也就是说，无论肉桂、水仙、大红袍，它们各自的品种特征有什么不同，都以是否有岩韵为评价优劣的标准，由于岩韵是一种高度的概括，所以它不必制定详细的具体的标准，而是通过对比品鉴，和外山茶或者其他乌龙茶进行区别。由于岩韵是一种高度概括的美，那么它没有必要制定一个详细的具体的可以量化的标准。

所以，岩韵的标准反而不需要了。我经常问岩韵是什么，大家大部分答不上来。可能有人觉得，哎呀，老师考我我怎么答不上，其实答不上反而是对的。因为岩茶没办法定一个具体的统一的标准。只有通过对比品鉴，跟其他的茶，其他品种的乌龙茶，跟外山的乌龙茶，其他的闽北乌龙进行比较，我们才能感受岩韵。铁观音对比岩茶的韵味是不是完全不一样呢？凤凰单丛也是完全不一样，甚至都令人感觉这是两类的茶。但是它都是乌龙茶。

（三）岩韵是一种综合的美

所谓综合，它包括了什么呢？包含了武夷岩茶的生长环境、制作工艺、品种等因素，又包括了人们品饮岩茶时的味觉嗅觉等感觉和心理感受。有的时候，一泡茶，早上喝的时候感觉不出岩韵，或者觉得岩韵很弱。但是下午喝的时候，觉得岩韵很强。同一泡茶，用不同的水来泡，岩韵也不相同。生长环境的问题，也会影响岩韵的感受，正岩产区的茶只要做工好多数都是岩韵显著的。但是肥料加得太多，岩韵也会变弱。山场好但是茶园管理、制茶工艺出了问题，品质下降，也没有岩韵。有一些洲茶、高山茶，工艺做得好的，虽然岩韵不是很明显，但也很好喝。所以，岩韵是一个综合的感受，不是具体的、细节的、准确的，是有一些模糊的。这是在历史中经过文人的不断评价积累而概括出来的，不是我们现在几个人随意定的，是翻了历史上各种资料来定下来的，是积累和概括，而且是一种生理和精神结合的综合感受。它包括了物质、感官、精神各个层面，所以，不应该是具体的色香味，而是整体的、全面的、综合的。所以，岩韵也是有标准。但是这个标准不是具体，是一种高度概括的，是具有审美性的综合的标准。

周圣弘先生在《武夷茶——诗与韵的阐释》中有这么一段话："岩韵是指品饮武夷岩茶的过程中所产生的以感官体验、化学特征、哲理表征与精神特征及审美特征为内容的，从生理感官到精神审美的综合感受"。我们喝茶的时候都有感官体验。化学特征就是我们茶叶中的一些化学物质，比如茶多酚、氨基酸、咖啡因。我们说不苦不涩不是茶，苦主要是来自于咖啡因，鲜爽来自于茶氨酸，这些就是化学特征。岩茶工艺做得不好，茶多酚没有充分转化，苦涩味就可能比较重。哲理表征指什么呢？美学跟哲学是同源的，哲学问题问人是什么，美学中问美是什么，美是什么，大家能够形容得出来吗？形容不出来是吧，因为具体到每一件事情，它的美是不一样的。不同人种、不同物件的美是不同的，那么不同的岩茶的美也是不一样的。岩茶的美最主要体现在岩韵的美，是带有一定的哲理性的，还有精神性的，是从生理感官到精神审美的一个综合的感受。我觉得他概括的非常对。那么如果以后有人问你们岩韵是什么，不要直接回答，让他们去喝。有岩韵的茶是好茶，没有岩韵的茶是不是不能喝？现在，有一些非正岩产区的茶，工艺做得好，也可以做到香入水，也可以做到滋味醇厚。当然，可能欠缺那种有骨头的感觉，也很好喝，因此，对普通工薪阶层来说，不一定非要追求正岩茶。当然，将岩韵具体化是徒劳的，但是，它又是一种经验的积累，是可以经过反复对比和品饮能感受的。有经验的评茶师，能很明显分别正岩和外山茶的区别，所以也不能把岩韵神秘化。应该承认，岩韵也是有标准的，只是这个标准不那么具体,而是具有高度的概括性和审美性,是一种综合性的美感。

总之,岩韵一方面将武夷岩茶的生长环境体现出来,所谓"岩岩有茶不岩不茶",这是国内产茶区中比较独特的。所以,武夷岩茶内在物质特别丰富,喝起来感觉有骨头,耐冲泡,有韵味。另一方面,岩韵将岩茶的制作工艺也体现出来,乌龙茶种类繁多,工艺区别很大,茶的滋味香气都不一样,岩韵是武夷岩茶独特的加工工艺而形成的,非常符合武夷岩茶的普遍特征,是对武夷岩茶各类品种整体的高度概括。而且,岩韵不是随便创造的一个词汇,而是历代文人对武夷茶文化关照的结果,其中的文化内涵是中国古典式的审美,具有整体性、概括性、含蓄蕴藉等特征。所以,岩韵要通过不断品饮和对比,才能掌握其中的特征。

借用南强先生的一句话来结尾:"从某种角度来说,体验岩韵的过程,其实就是品岩茶时的审美过程。岩茶的品质越好,品茶者对岩茶的理解以及茶文化修养越高,在品茶活动中能够产生的美感越强。"

传承非遗技艺，弘扬乌龙茶文化

◎吴全金

作者简介：吴全金，茶学专业，博士学位，福建开放大学文经学院经管系讲师，国家一级评茶师，国家一级茶艺师，评茶员高级考评员，茶艺师考评员，海峡两岸交流协会理事，入选"福建省高校杰出青年科研人才培育计划"。发表SCI收录论文2篇，EI收录1篇，其余论文10多篇，主持、参与国家自然科学基金，教育厅中青年项目，学校教学改革专项等多项科研项目。

今天很荣幸借东南周末讲坛的平台与大家一起交流茶文化，主题是"传承非遗技艺，弘扬乌龙茶文化"。今天是中秋节，也是教师节，祝大家双节快乐，很开心与大家在中秋佳节一起品茗论道。大文豪苏轼懂茶爱茶，以茶会友，深得茶叶真味，创作了大量与茶有关的诗词文章，今天是中秋节，我分享一下他创作的《月兔茶》："环非环，玦非玦，中有迷离玉兔儿。一似佳人裙上月，月圆还缺缺还圆，此月一缺圆何年。君不见斗茶公子不忍斗小团，上有双衔绶带双飞鸾。"唐宋时期龙团凤饼，上面印制月兔。苏轼将月兔茶比作佳人挂在裙子上的圆月似的玉器。他说，天上月亮缺了还可再圆；但月兔茶如果掰一块下来，就没办法还原了，更何况，上面还印有情意绵绵的双飞鸾，更是让人不忍心去碾罗。中秋佳节，诗歌《月兔茶》与大家共同赏析，同时大家也可以品饮到我们茶艺师带来的好茶。

讲座时间安排如下，首先由我与大家分享非遗技艺——大红袍加工工艺，留20分钟时间由我的助手二级茶艺技师王芳为大家展示大红袍茶艺。

我跟大家分享的内容，主要有以下四个部分：一、乌龙茶的产区和代表的产品，因为大红袍仅仅代表闽北的乌龙茶，那么我们还要了解一下闽南、广东和台湾几个产区的乌龙茶；二、名山出名茶——大红袍。武夷山市是我们著名的旅游城市，也正是因为大红袍使得武夷山这个城市更加的出名；三、非遗技艺——大红袍加工工艺。四、大红袍冲泡与品饮。我们今天不仅能欣赏到王芳带来的茶艺表演，我们需要了解生活茶艺中需要准备哪些器具，才能更好地品尝到馥郁芬芳的岩茶，领略岩茶的独特魅力。讲座开始之前，有几个问题提出来跟大家交流："1.大红袍属于什么茶类？2.四大名丛是什么？3.乌龙茶的花果香来自哪里？"请大家带着这几个问题一起来进行今天的交流。

一、乌龙茶的产区和代表的产品

（一）乌龙茶四大产区及其代表产品

我们一起来了解一下乌龙茶的四大产区及其代表产品。乌龙茶产区主要分为闽北乌龙茶产区、闽南乌龙茶产区、广东乌龙茶产区和台湾乌龙茶产区。闽北乌龙茶产区和闽南乌龙茶产区都属于福建。

闽北乌龙茶的代表产品是大红袍，素来有"茶中之王"的美称，花果香明显；闽南乌龙茶的代表产品是铁观音，因兰花香明显、滋味醇厚鲜爽，铁观音也风靡海内外市场，深受消费者的喜爱；广东乌龙茶的代表产品是凤凰单

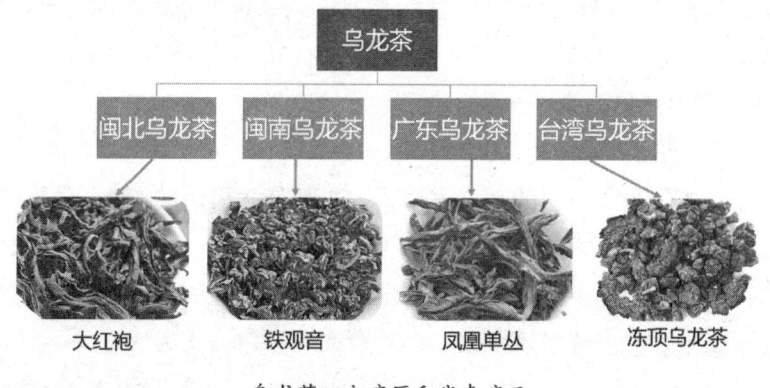

乌龙茶四大产区和代表产品

丛，蜜兰香明显；台湾乌龙茶的代表产品是冻顶乌龙茶，香气清雅持久、韵味悠长。它们都有一个共同点就是绿叶红镶边。

（二）绿叶红镶边和韵味

乌龙茶有一个区别于绿茶和红茶的品质特征：绿叶红镶边。给大家分享一个小故事，我去沙县开会的时候，喝到一款"红边茶"，我问泡茶的茶艺师，"红边茶"的由来。她说有一个茶树品种，叶片边缘是红色的。在我的认知里没有这种茶树品种。我根据茶汤的品质特征，判断"红边茶"可能是依据加工工艺进行命名的，属于乌龙茶品类；同时网络搜索了"红边茶"，和我预想的一样，"红边茶"是按照闽北乌龙茶的工艺加工制作，企业根据乌龙茶有"绿叶红镶边"的特征，创制了"红边茶"。这件事情反映出一个问题，很多茶企员工懂得卖茶，但是对自身企业的文化底蕴和茶文化知之甚少。

绿叶红镶边

等级高、品质好的乌龙茶必须要有韵味。要求汤色金黄，香高味厚，喝后回味甘爽。如武夷岩茶具备岩骨花香之岩韵。安溪铁观音具有独特的观音韵。优良品种茶，都具有特殊的香气类型，黄旦具有高扬的桂花香，凤凰单枞具有蜜香。

（三）四大产区乌龙茶分类

1.闽北乌龙茶产区和代表产品

闽北乌龙中最负盛名的是武夷岩茶，尤其是武夷山的"四大名丛"深入人心，即大红袍、铁罗汉、白鸡冠、水金龟。还有另外一种分法，因大红袍现在是选育和认定的品种，大红袍又是茶王，再把半天妖（又名半天夭、半天腰）列进来，四大名丛就成了铁罗汉、白鸡冠、水金龟、半天妖。

闽北乌龙茶外形条索紧结重实，叶端扭曲，色泽乌润，内质香气清高细长，汤色清澈呈金黄色，叶底柔软，肥厚匀整。大家可以看下我们现在品饮的茶汤色泽，可以用橙黄明亮来形容。茶汤的颜色还跟焙火程度有很大的一个关系。轻焙火岩茶汤色以金黄色为主，中焙火岩茶汤色以橙黄色为主，但足火岩茶汤色一般橙黄带红。关于怎么品鉴茶叶，我在第四部分跟大家分享。

2.闽南乌龙茶产区和代表产品

闽南乌龙中最著名的有安溪铁观音，属于十大名茶，风靡国内外，但这几年因为岩茶和白茶的冲击，加上稀土超标的问题（稀土指标已取消），铁观音出现了一个大的一个滑坡。品质好的铁观音，音韵明显，回味无穷。闽北有四大名丛，闽南也有四大当家品种，包括铁观音、本山、黄旦、毛蟹。

闽南乌龙茶总体品质外形条索紧结沉重卷曲，呈青蒂绿腹蜻蜓头，色泽滑润，稍带砂绿，香气浓郁清长，汤色橙黄明亮，滋味醇厚回甘。闽南乌龙茶外形呈卷曲型，大家拳头握起来的样子。也有人说是青蛙腿，是不是很形象？色泽砂绿，这是铁观音的主色，也就是类似青蛙皮的颜色。我们喝闽南乌龙茶明显地感受到茶汤鲜爽，比闽北乌龙茶鲜爽度更突出。铁观音有"七泡有余香"的说法，也就是说观音韵、也体现出好茶非常耐泡。黄旦品种有"三黄"的特点，干茶色泽、茶汤和叶底都比铁观音更黄；它的香气被誉为"透天香"，非常高扬。但很多老茶人不喜欢黄旦，还是觉得铁观音的香气更加的清幽细长，馥郁幽雅。

3.广东乌龙茶产区和代表产品

广东乌龙茶产品主要包括凤凰单丛、凤凰水仙、饶平乌龙。其中最具代表性的是"凤凰单丛"。广东凤凰单丛有十大香型，目前我也只喝过蜜兰香单丛。凤凰水仙条索挺直肥大，色泽黄褐如鳝鱼皮色、油润光亮；冲泡后汤色清澈橙黄；具有持久的天然花香；滋味醇爽；叶底肥厚柔软。

4.台式乌龙茶产区和代表产品

（1）代表产品

台式乌龙茶产品主要包括高山茶、文山包种茶、冻顶乌龙茶、东方美人茶。台湾乌龙茶产区高山茶，生长在海拔800至2000米的环境中，香气独特，滋味鲜醇。文山包种茶，是发酵度最轻的乌龙茶，所以品质跟绿茶的品质比较接近。洞顶乌龙茶，卷曲型，与焙火的铁观音比较接近。东方美人茶，这是发酵度最高的乌龙茶。目前我的老家三明市大田县就有推广，参照东方美人茶的工艺，引进相应品种，创制大田美人茶，江山美人茶。

(2)东方美人茶

相传，东方美人茶在世界博览会获奖，英国女王品饮后，把它命名为东方美人茶。其茶芽肥大呈条状，有甜香，汤色橙红，有熟果味香或蜜香，滋味甜醇。

东方美人茶的加工工艺特殊，有"一半靠天做，一半靠虫做"的说法。夏暑季，茶小绿叶蝉刺吸叶片，芳香物质比一般的鲜叶生成更多，所以做出来的茶叶香气就更丰富。关于茶小绿叶蝉刺吸茶树叶片前后香气物质的差异，陈宗懋院士团队做了深入的研究。茶的好坏决定于小绿叶蝉的叮咬程度。也不是说每一片叶片都有被虫子刺吸过，基本上虫口比例要达30%以上，茶叶品质会更好。

东方美人茶

茶小绿叶蝉

二、名山出名茶——大红袍

武夷山，早在1999年，就作为自然与文化双重遗产，入选《世界遗产名录》。关于武夷山出好茶，从范仲淹的《武夷茶歌》"年年春自东南来，建溪先暖冰微开。溪边奇茗冠天下，武夷仙人从古栽。"就可以看出武夷茶在宋代就非常出名了。这句诗歌被广泛运用在茶叶包装上。名山出名茶，驰名中外的大红袍就来自武夷山。自古以来，武夷大红袍就是皇家贡品。大红袍被誉为"茶之王者""岩茶之首"、并作为"国礼"茶。

首先，我们思考一下"大红袍"为何能成为"国礼"茶？我们通过武夷岩茶等名茶的产品标准中可以得出一个结论：优良的茶树品种，得天独厚的生长环境，精湛的加工工艺，共同形成一泡品质优良的茶叶。考虑的更加完善一点，我们还要考虑储运条件和冲泡技艺。如果储藏环境的温湿度等因素没有控制好，茶叶受潮或者本身茶叶含水率较高，茶叶很容易变酸，特别是岩茶变酸的还是比较多的。不过要区别一下是正常转化的比较愉悦的"武夷酸"，还是因储存不好而转化的酸。关于冲泡技艺，如果一泡乌龙茶，用低温冲泡，能泡出天然花果香吗？答案是否定的，冲泡后香气比较低闷，因此乌龙茶需要高温100℃现沸的水冲泡，才能冲泡出馥郁的花果香。换作细嫩的绿茶，高温（100℃）定点冲下去，苦涩味明显，所以好茶的呈现跟冲泡技艺关系密切。

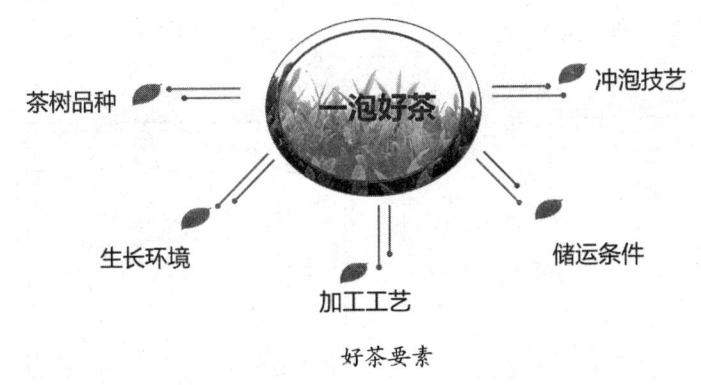

好茶要素

（一）生长环境优越

首先，武夷山产茶历史悠久，文化底蕴深厚，气候宜人，其土壤矿物质含量丰富，非常适宜茶树的生长。

有人研究，正岩、半岩、洲茶三个产区的土壤矿物质含量、有机质含量不一样，所以形成茶叶的内含物质也是不一样的。这些年，坑涧茶受人追捧，售价很高，为了提高产量，部分茶农施肥量很大，所以有人说部分坑涧茶喝不到以前那种"回忆中的味道"。为什么呢？就是因为施肥过多，茶叶徒长，内含物质积累不够丰富，所以韵味就不足。

1.北纬27度黄金茶区

林馥泉盛赞武夷岩茶"臻山川秀气之所钟，品具岩骨花香之胜。"名山名水出名茶，说明好茶与良好生态环境关系密切。我们接着了解一下北纬27度黄金茶区，属于亚热带温暖湿润气候区。北纬27度横跨福鼎、松溪、建阳这三个地方，盛产白茶；经过武夷山，产岩茶；覆盖大吉岭，大吉岭红茶被称为红茶中的"香槟"。

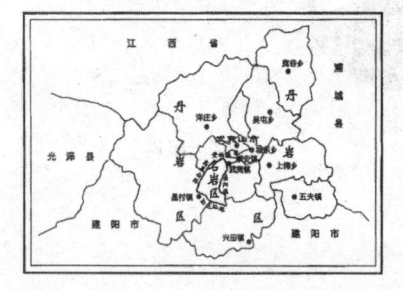

根据《GB/T 18745-2006 地理标志产品武夷岩茶》，武夷山降水量是在2000毫升左右，年相对湿度在80%左右，比较适合茶树生长，大部分产区是砂砾壤土，有机质含量高。茶圣陆羽，著写了第一部茶书《茶经》，记载"上者生烂石"，"烂石"是指风化比较完全的土壤，养分齐全、结构良好。我们了解一下新旧版本的武夷岩茶地理标志产品的产区划分，旧版将岩茶产区（2002年）分为名岩区和丹岩区，风景区内的称为名岩区，风景区以外的称为丹岩区；后来为了更好地推广岩茶，岩茶产区就不细分，只要是在武夷山行政区域内都可以称作武夷岩茶。但是业内，包括很多老茶人、老茶客，比较认可的就是旧版的岩茶产区划分方法。景区内生产的茶叶，一般情况下它的品质会优于景区外生产的茶。

武夷岩茶产区范围（新旧版本）

2.九龙窠母树大红袍

在武夷山九龙窠有6棵大红袍母树。现在已经推广的大红袍是从2号母树剪枝扦插繁殖的，大红袍通过品种审定为省级良种（目前，茶叶不再实行品种审定制度，而是采用品种登记制度）。

母树大红袍

2003年，6棵大红袍母树投保1亿元，为更好地保护母树，2006年开始禁止采摘制茶，所以我们喝不到母树大红袍。2007年，武夷山市政府赠送了20克左右的大红袍给中国国家博物馆进行珍藏。

（二）茶树品种品质优良

刚才我跟各位分享了生长环境对大红袍茶叶品质的形成很重要，接下来，我们了解一下茶树品种对茶叶品质形成的影响。大红袍成为国礼的第二个原因就是品种品质优异，大红袍香气浓长、滋味醇厚、韵味持久。为了让更多人领略到大红袍的风采，20世纪80年代初，经过科研攻关，大红袍茶树扦插繁殖成功。经专家鉴定，扦插繁殖的大红袍保持了母树的优良性状。剪枝扦插，有一定的技术要求。茶树的枝条要变成红色的枝梗，修剪时顺着叶子的方向斜着剪。同时，叶片带一个叶芽，扦插才有可能成活。如果大家有兴趣的话，也可以直接购买茶苗种植。

红梗枝条和剪枝扦插

我们通常认为，大红袍可以分为母树大红袍、纯种大红袍和商品大红袍。母树大红袍就是九龙窠6棵母树制作的茶叶，但我们现在喝不到了。纯种大

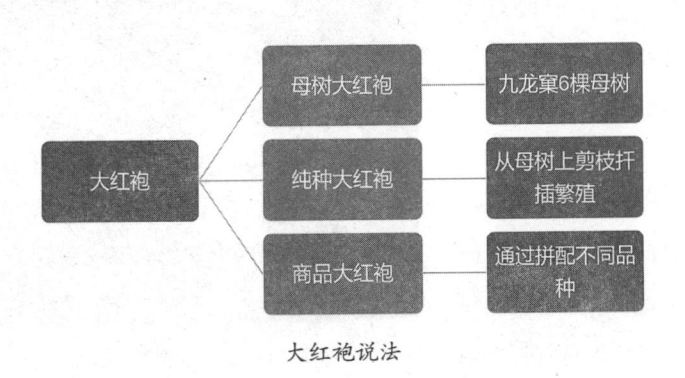

大红袍说法
- 母树大红袍 —— 九龙窠6棵母树
- 纯种大红袍 —— 从母树上剪枝扦插繁殖
- 商品大红袍 —— 通过拼配不同品种

红袍就是2号母树上剪枝扦插繁殖出来的，叫纯种大红袍，另外一种说法就是商品大红袍，商品大红袍也就是不同品种进行拼配，香气和滋味不同品种间进行互补，达到1+1〉2的效果，也能更好地推广大红袍。所以就有母树大红袍、纯种大红袍和商品大红袍的这三种说法。

（三）加工工艺精湛

入选"国礼"的第三个原因是加工工艺精湛。武夷岩茶（大红袍）制作技艺在2006年列入第一批国家级非物质文化遗产名录。这也是首个茶叶类的非遗。当代中国十大茶人陈椽教授说过，"武夷岩茶（大红袍），制作技术独一无二，为全世界最先进的技术。"为什么这么说呢？岩茶工艺大大小小加起来60多道，主要工序也有10道，目前在国外没有按照岩茶工艺加工的茶叶，而省外也只有少量的生产。

原料是基础，加工工艺也非常的关键，拿同样的原料去做，有的人加工的茶品质就很好，有的人加工的茶品质就一般。坑涧生长的茶叶原料非常好，但如果没有一个好的制茶师，制作出来的坑涧茶，我们也喝不到那种很清晰的坑涧气息。

有一首民谣非常形象和完整的描述了武夷岩茶加工制作的全过程。《制茶民谣》中说："人说粮如银，我道茶似金。武夷岩茶兴，大念制茶经。一采二倒青，三摇四围水。五炒六揉金，七烘八拣梗。九复十筛分，道道工夫精。人说粮如银，我道茶似金。武夷岩茶兴，全靠制茶人。"从采摘，到毛茶，每一步都环环相扣。

"一采二倒青，三摇四围水。"第一个工序就是采摘，第二个倒青，将茶叶放在太阳光下（遮阳或弱光）晒青，再放到室内摊凉。三摇，第三道摇青，通过机械力的作用，茶树叶片相互碰撞，也是形成乌龙茶特有的"绿叶红镶边"的关键工序。第四道围水，摇完青后把茶青围成窝状（也就是四周茶青较厚，当中较薄）。围水目的是使得茶叶的堆温稍微高一点，有助于它进行发酵，创造一个比较适合的

围水

发酵环境。

（四）闽北乌龙茶的代表——大红袍

1.大红袍的品质

入选"国礼"的第四个原因：大红袍是闽北乌龙茶的代表产品。大红袍清则幽远，锐则浓长；岩韵明显，醇厚，回味甘爽，杯底有余香。大红袍是武夷山的一张名片，说到武夷山，人们就想到大红袍，就想到武夷山的茶园一睹风采，品饮大红袍，欣赏一下印象大红袍。

2.印象大红袍

正因为大红袍声名远播，同时又有茶王的美誉度和知名度，因此武夷山市政府投建了"印象大红袍"，这是由张艺谋导演的作品，也是目前全世界唯一的双遗产地创作和演出的"印象"作品，为武夷山的旅游业创造了良好的经济效益和社会效益。

印象大红袍以武夷山大王峰、玉女峰的自然景观为舞台背景，首创360度的旋转看台；从茶的历史、大王与玉女的爱情故事说起，到品茶、斗茶、制茶的武夷山茶文化。武夷山原生态自然风景加上在山水间劳作的当地茶农，以及斗茶、制茶的场面，恰如其分地展示了武夷山的风土风情。

印象大红袍

三、非遗技艺——大红袍加工工艺

在武夷山素来有三个半师傅的说法。一个种茶师傅、一个做青师傅、一个焙火师傅加上半个泡茶师傅。由此可见，做青和焙火工艺是大红袍品质形成的最关键的工艺。

接下来，我给大家简要介绍一下国家级非遗技艺——大红袍加工工艺，主要包括采摘、萎凋、做青、炒青、揉捻等10道工序。

国家级非遗技艺——大红袍加工工艺

1.采摘

制作大红袍的茶叶要有一定成熟度。明代许次纾在《茶疏》中谈到采茶时节时说"清明太早，立夏太迟，谷雨前后，其时适中。"谷雨过后（4月20日），武夷山市迎来采摘岩茶的大好时节。如采摘鲜叶太嫩，制成的乌龙茶，色泽红褐灰暗，香低味涩，有苦尾；采摘鲜叶太老，外形显得粗大，色泽干枯，滋味淡薄。据鲜叶内含成分分析表明，采摘二、三叶中开面梢最适宜制乌龙茶。

2.晒青

采摘后，需要在傍晚时进行晒青萎凋，有阳光参与的晒青，香气更为丰富，所以加工好茶需要好天气。天气晴朗，茶农脸上也是笑呵呵的。如果下雨天，茶农也是愁眉苦脸，因为雨天加工的茶叶香气比较低闷。

武夷岩茶采摘标准：驻芽二、三叶

3.做青

(1)摇青和静置

做青,包含摇青和静置两个工序,是岩茶制作工艺中极为重要的步骤,最为考验制茶师傅的技术。做青是形成大红袍"绿叶镶红边"的过程,是形成色、香、味的环节,同时也是形成大红袍花果香的关键工序。朋友们,我们一起来感受一下手工摇青的魅力。通过摇青视频,我们对手工摇青有更直观的印象。摇青使茶树叶片边缘变红,内含物质转化,形成特有的"绿叶红镶边"品质。

手工摇青

大红袍加工需要不断地实践,学生现场演练手工摇青,这也是我们学生最喜欢的上课环节。通过实践教学,让学生掌握手工摇青的技术要点。

(2)综合做青机——摇青

闽北这边主要是采用这个综合做青机进行摇青和静置,天气不好的时候(阴雨天),有一个热风管对茶叶进行加温,热风有助于茶叶的走水,也就是说水分蒸发到空气当中,内含物质转化,摇青后放在这个综合做青桶中进行静置。

综合做青机

(3)分享课堂

为了让学生对摇青有更直观的印象,我们在课堂上,邀请具有十几年制茶经验的制茶师,分享"大红袍初加工的24小时"。表1列出了从采摘开始到毛茶形成的过程(焙火精制的工艺还没有列入)。

表1 大红袍初加工的24小时

加工工序		时间点
采摘		10:00—16:00
萎凋、摊凉		16:00—18:00
做青	第1次摇青/静置	18:00—次日凌晨2:00；摇青总时间24分钟左右，做青历时10—12小时左右。
	第2次摇青/静置	
	第3次摇青/静置	
	第4次摇青/静置	
	第5次摇青/静置	
	第6次摇青/静置	
杀青、揉捻		2:00—6:00
毛火、足火		6:00—10:00

（4）工匠精神和技艺传承

岩茶加工工艺流程多，环环相扣。就做青工序而言，需要进行4至6次的摇青，历时长达10至12个小时，其间，制茶师要不断关注叶片形态和香气的变化，这就需要制茶师执着专注的态度和吃苦耐劳的品质，这就是时代所提倡的工匠精神。

关于工匠精神，习近平总书记在全国劳模表彰大会上强调，"大力弘扬劳模精神、劳动精神、工匠精神"。他把工匠精神提炼为"执着专注、精益求精、一丝不苟和追求卓越"。在传承和发扬工匠精神方面，主要举措有评选非遗传承人、制茶大师、举办各类斗茶赛事，这些措施都将更好地弘扬中国传统制茶的工匠精神，培养和选拔优秀的制茶人才，促进茶叶从业人员加工技能的提高。

4.炒青

炒青原理：利用高温钝化茶青当中多酚氧化酶的活性。主要是抑制鲜叶中的酶活性，控制氧化进程，防止叶子继续红变，固定做青形成的品质。

5.揉捻

揉捻工序是将茶汁揉出到茶叶表面，使茶叶更容易浸泡出滋味。化学成分之间相互混合并发生理化反应，从而形成茶叶滋味成分和香气成分。

6.初焙

初焙目的：散失水分，发展香气，固定品质，将各种水溶性物质，相对稳定下来，以形成青茶特有的香气、滋味。青茶的干燥是在热力的作用下，茶叶中一些不溶性物质发生热裂作用和异构化作用，对增进滋味醇和、促使香气纯正有很好的效果。

7.捡剔

不管是闽北乌龙茶还是闽南乌龙茶，都需要捡剔，特别是捡梗、剔除黄片这道工序，坑涧茶为什么卖得那么贵？我们考虑一下它的制率，换句话说，多少斤鲜叶才能制作一斤的闽北乌龙茶？保守估计，挑黄片、捡梗后，9斤鲜叶制作1斤成品茶。今年因为干旱天气，茶叶制率更低，基本上是12斤才能制作1斤的成品茶。

8.归堆审评

紧接着，茶叶还要经历归堆审评。归堆区别于拼配，评茶员（师）对同一品种、不同加工批次的茶叶通过审评，并对茶叶品质有大致的判断后，将其进行归堆焙火。

9.焙火（复焙）

复焙工序尤为重要，这是形成大红袍茶汤润滑的关键。大红袍"香清甘活"品质的形成，需要经历"焙火"的洗礼。我们通过一段视频了解一下。通过炭火的烘焙，使茶叶外形乌润，口感更加顺滑、醇厚，形成特有的炭火香和烘焙香。

岩茶焙火

10.匀堆装箱

将茶装入茶箱内，放在干燥、避光、密封、防潮的环境中。

四、大红袍冲泡与品饮

好山产好茶，好茶靠天气，好茶靠师傅。所以，有好茶还需由会泡茶的人来泡。在了解了大红袍加工技艺之后，相信朋友们更想知道大红袍怎么"冲泡"和"品饮"。

1."冲泡"的艺术

（1）冲泡器具

①传统冲泡使用紫砂壶作为主泡器，并形成了一套很完整和具有个性的武夷岩茶茶艺表演，分为十八道。

②一般情况下，考虑到实用性和便捷，多数采用盖碗进行冲泡。图中是主要的冲泡器具。

主要器具：烧水壶用来烧水，盖碗用来冲泡大红袍，公道杯用来均匀茶汤，茶海、品茗杯用来品尝大红袍的滋味。

辅助器具：茶荷，装茶叶用来给客人欣赏；茶匙，将茶拨到盖碗中。

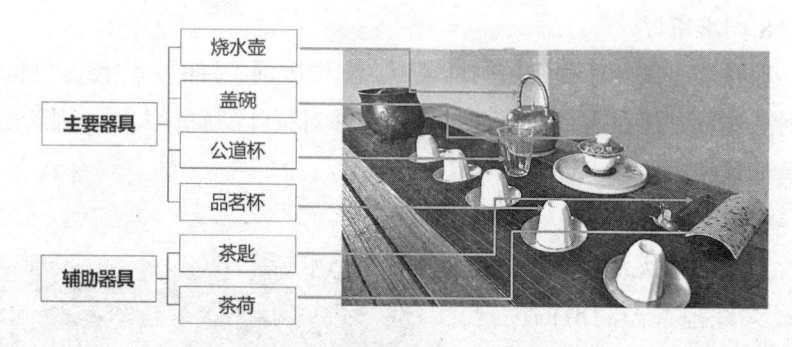

主要器具
- 烧水壶
- 盖碗
- 公道杯
- 品茗杯

辅助器具
- 茶匙
- 茶荷

冲泡器具

（2）冲泡方法

我这里提供了盖碗冲泡大红袍的生活茶艺，朋友们，可以参考一下。不同茶类的冲泡流程大同小异，所以我今天跟大家简要再说明一下，冲泡流程如图所示。

烧水　温杯　投茶　冲水　刮沫

出汤　分茶　奉茶　品茶　多次冲泡

冲泡流程和方法

冲泡流程如下：烧水，以泉水或矿泉水最佳；温杯就是再次清洁器具；投茶，将茶叶投入盖碗中；冲水，通过高冲水激发茶香；刮沫，乌龙茶类，就大红袍来说茶皂素丰富，因此有这道程序；出汤将盖碗中的茶汤倒至公道杯中；分茶，将茶汤分到品茗中；奉茶，中国素来是礼仪之邦，比较讲究双手奉茶；品茶、品饮杯中的茶汤；最后对茶叶进行多次冲泡。

接下来，我提供了盖碗冲泡大红袍的推荐泡法（表2）。盖碗的容量、茶叶的用量、以及冲泡水温和冲泡时间都进行了量化。如果采用110毫升的盖碗冲泡，以冲泡8克茶叶为例，我提供了口感较清淡和口感中等的泡法。第一泡到第三泡的浸泡时间看表格。第四泡后每泡的浸泡时间都比上一泡适当延长。因为大红袍加工过程中重揉捻，所以内含物质容易浸出，因此掌握快出水的原则。

表2 大红袍盖碗冲泡方法

冲泡器具	冲泡容器大小（ml）	投茶量（g）	冲泡水温（℃）	浓淡度	1—3泡的浸泡时间（s）
盖碗	110	8	100（沸水）	较淡	10；15；20
				中等	20；30；45

2."品饮"的艺术

有一种说法，大红袍是乞丐的外表、菩萨的内在。乞丐的外表是指大红袍外形不好看，但有菩萨的心肠，说的是大红袍内在品质好。这跟我们平时倡导的不要太在意一个人的外表，还应注重他的内在一样。

大红袍的品饮可以采用观色、闻香和品味的方法。

（1）观色

我们先来看汤色，我们品大红袍的过程中一般看茶叶干茶的外形，冲泡后茶汤的颜色，和茶底的色泽。以干茶乌润、茶汤橙黄明亮、叶底肥厚软亮为好。

（2）闻香

大红袍不同产品，闻香时，我们可以感受到类似天然的花香、果香、火功香。香型丰富、富于变化。大家喝一下手中的这杯茶是不是有天然的花果香的那种感觉。乌龙茶大体呈现为天然的花果香，这里要跟大家科普一下。我在喝茶交流时，经常有人问我，"茶叶那么香是否添加了香精？"。是否添加了香精，很好辨别，如果怀疑添加了香精，闻香气，前三道茶很香，后面基本上没有香气，跟前面几泡茶的落差非常大，那有可能添加。但茶叶产品标准中，明确规定不得添加食品添加剂，所以一般不会添加香精。而乌龙茶的花果香来自哪里？就是我们前面介绍的摇青工艺，通过茶树叶片相互碰撞，叶缘破碎，芳香物质大量合成，呈现为天然的花果香。研究表明，其中有几个香气成分乌龙茶中含量比较高，主要有橙花椒醇、芳樟醇和香叶醇，这些在茶叶加工过程中转化生成的物质，使得乌龙茶呈现为天然的花果香。

（3）品味

品味时，我们体会茶汤的醇厚、回甘和持久。醇厚我们可以感知到茶汤在口中表现为内含物质丰富、有层次感；回甘，我们吞咽茶汤后，细细品味茶汤回甘；持久度，乌龙茶素来有"七泡有余香"的说法，如果我们冲泡六七次后，还能感受到茶汤的香气和滋味，说明茶叶耐泡、持久。

五、岩茶茶艺欣赏和品味岩韵

在我们了解了国家级非遗大红袍的加工工艺和品饮方法后，我们一起来欣赏二级茶艺技师王芳带来的岩茶茶艺表演。表演之前，我简要介绍一下。王芳创办了闽水流芳茶馆（坐落于福州冶山春秋园畔的北院巷内），以推广武夷岩茶、红茶为目的，以打造爱茶人之家为宗旨，以传播传统茶道、茶文化为载体，开展了多种义化活动。与福建开放大学、福建农林大学、福建医科大学等院校合作开办茶学实践基地，为省市有关单位、企业、社区开展茶艺表演和茶叶品鉴，为各种斗茶赛服务，为外国友人展示福建乌龙茶和中华茶礼仪。接下来的时间，我们一起来欣赏她带来的岩茶茶艺。

王芳岩茶茶艺表演

六、总结

各位朋友们,今天的内容就分享到这里,我给大家做个小结。大红袍是历史名茶,享有"茶王"的美誉。大红袍母树极其珍贵,已被留养保护。大红袍品质的形成离不开"摇青"和"焙火"的锤炼。希望今后有机会,朋友们可以到武夷山品味大红袍,观看印象大红袍,亲自体验大红袍"摇青"和"焙火"技术。

《西厢记》何以成为经典?

◎王 兵

作者简介:王兵,福建师范大学文学院教授,福建省闽江学者计划特聘教授,博士生导师。研究领域涉及元明清文学和海外汉学,出版中英文著作四部,现主持1项国家社科项目。

《西厢记》作为一部伟大的戏剧作品,一经出世便备受人们推崇和喜爱,明初杂剧作家贾仲明在《录鬼簿续编》更称之为"天下夺魁"之作,但是戏曲作为一种综合性的舞台艺术,其经典化历程存在着很多挑战。作为世代累积性剧目,"西厢故事"经过一代代读者的对话,历经不同时代意识形态的介入,使得《西厢记》内容的多义性和思想的独特性得到丰富和拓展,最终成为经典作品。

一、文学经典化的影响因素

在对作品进行评析时,我们首先要探寻作者个人经历以及分析作者当时所处的社会环境等一系列因素。孟子在《孟子·万章下》中提出:"颂其诗,读其书,不知其人,可乎?是以论其世也,是尚友也。"[1]这就是所谓的"知

---

[1] 焦循撰,沈文倬点校.十三经清人注疏·孟子正义[M].北京:中华书局,1987:725.

人论世"。这样读者在了解作者生平后阅读文学作品时才能真正理解作品所蕴含的真挚情感。元代是中国第一个由少数民族统治的朝代，对于凭借弓马骑射之长夺得天下的元代统治者，尚武轻文，歧视汉人，尤其贱视儒生，因此汉族文人的社会地位发生巨大的变化，有着所谓"七匠、八娼、九儒、十丐"之说。其次，蒙古族的统治者以其游牧文化闯进了农业文化，原有的礼仪和制度等均被撞碎，处于社会下层的文人梦寐以求得科举之路也被破坏，科举进身之路被阻近八十年。同时元代统治者在选取官员亦有要求，在《元史·百官志》中，"其长者蒙古人为之，而汉人南人贰焉"[①]，底层文人渴求一展抱负青史留名的愿望也落空。

因此在考证王实甫生平事迹时，很难找到特别详实的史料。天一阁本《录鬼簿》称他名德信，可能是由金入元。王季思先生考证"《西厢记》杂剧大约作成于元成宗大德三年至十一年之间。"[②]由此来看《西厢记》距今已大约已有700年，明贾仲明增补《录鬼簿》，有《凌波仙》词吊王实甫："风月营密匝匝列旌旗，莺花寨明飚排剑戟，翠红乡雄赳赳施谋智。作词章风韵美，士林中等辈伏低。新杂剧，旧传奇，《西厢记》天下夺魁。"[③]《西厢记》作为脱胎于唐元稹所作《莺莺传》的新杂剧，独步天下，这是对《西厢记》价值的肯定，而且也反映出《西厢记》在众多剧作之中的独到之处。

以《莺莺传》为雏形的《西厢记》在剧情上和情感上已经大大异于元稹的原作。《西厢记》以借宿普救寺的赶考书生张生，偶遇扶灵柩在寺中西厢借住的原相国的女儿崔莺莺，两人互相倾慕，产生爱恋。经过兵围普救寺、白马解围和崔母悔婚后，双双害上相思苦。后在丫鬟红娘的帮助下，两人互通书信，最终幽会成功。然而事情终究败露，就有了"拷红"一出，红娘据理力争，老夫人便令张生进京赶考，考取状元后才能成全其与崔莺莺的姻缘。而之后张生考取状元，冲破郑恒娶亲的阻碍，最终和崔莺莺结为夫妻，发出"愿天下有情的都成了眷属"的呼唤。

任何的文学作品称为经典都具有偶然性，但是又有一定的必然性。《西厢记》的前身是董解元的《西厢记诸宫调》。如果说金代的说唱文学时间维持

---

① 张大新.金元文士之沉沦与元杂剧的兴盛[J].文学评论，1994（6）:60-68.
② 王季思.西厢记校注[M].上海：上海古籍出版社，1954.
③ 钟嗣成.录鬼簿，见于中国戏曲研究院编，中国古典戏曲论著集成（二）[M].北京：中国戏剧出版社，1982：173.

长一点,后面没有王实甫的《西厢记》,《西厢记诸宫调》可能就成为经典。但是这部作品并没有产生像王实甫《西厢记》那么大的影响。所以,文学经典的形成有一定的偶然性。例如文学的生产、文学的风格、文学的思想和文学的外部影响如帝王的个人喜好以及后世的传播都能决定文学作品传播的范围和速度。

首先经典作品的产生不是一蹴而就的,"很少有哪一部经典是从一开始就被视为经典的,能成为经典的作品必须是经过了较长时间的,反复的阅读检验而形成的。经典是整个文学生产的一个归宿,一个结果,它是大浪淘沙、披沙炼金的终点,是庞大的日常的文学生产和消费最终留下的痕迹,并积淀着最重要的文学经验。"[1] 在文学经典化的过程中,文学作品必须有其作品自身的艺术品质,这也是童庆炳先生所讲的作品的艺术原创性、意义的丰富性、艺术描写的特点、艺术展现的辽阔空间和艺术语言的生动性等特质。[2] 这样优秀的文学作品依据自身所含具的美的特质,去吸引一批又一批的读者阅读和传播,作为一种经得起历史和时间检验而保留下来的经典。

同时,优秀的文学作品所蕴含的魅力可以征服一代又一代的读者,读者的接受与批评情况也是优秀文学作品成为经典的主要因素。文学作品在传播过程中,由于接受者所处的时代、自我的生活经历和文化背景的差异,读者对作品审美内涵的理解自然也呈现出不同的风景,因此这也构成作品的多义性,扩大了作品的可阐释空间。鲁迅说:"一部《红楼梦》,'经'学家看见'易',道学家看见淫,才子看见缠绵,革命家看见排满,流言家看见宫闱秘事。"[3] 说的正是因为不同的生活经验和社会环境下的阅读者对于同一部作品解读所阐释出不同的文化空间。同样,正是因为优秀的文学作品,经过不同时代读者特别是有资深学识和感召力的读者的长久性阅读、研究和评论,才能使得自己经典化。像《红楼梦》作为文学经典的常青树,便在于作品本身所含有的艺术品质被不同时期的读者进行接受、研究和批评,以此产生"红学",并且由于自身可阐释空间的扩大,有更多的群体去解读和阐释,这也是《红楼梦》作为经典长盛不衰的秘密。

---

① 张清华.经典与我们时代的文学[J].钟山,2000(5).

② 童庆炳.《红楼梦》、"红学"与文学经典化问题[J].中国比较文学,2005(4):41-55.

③ 鲁迅.鲁迅全集(第八卷)[M],北京:人民文学出版社,2005:179.

其次，意识形态和文化权利的变动对于作品的传播进程也会产生某种影响。一些文学作品受到当权者或者意识形态的推动从而盛极一时，但是当这股浪潮褪去，文学作品便被遗落在历史的尘埃之中。更甚者有些经典的文学作品由于自身所具有审美价值的超前性，而被统治阶层下令封禁，阻止其在大众间传播。但正是因为这些优秀的文学作品自身的魅力，纵使经过统治阶层的打压和腐朽的道学家的抨击，在历史长河中依旧熠熠生辉。《西厢记》诞生的元朝，统治者轻视汉人儒生，文化管制宽松，使得处于下层的文人在相对自由的环境中，能够听到底层人们内心的呼唤，创作出呼唤个体性情的作品。到了明代，统治者吸取前车之鉴，颁布严厉的禁戏政策，以此来维护国家礼乐制度和风教思想。但是这一禁令只是对于那些亵渎历代帝王后妃、忠臣烈士和先圣先贤的词曲。至明神宗万历年间，即明朝传奇戏曲的繁荣时期，《西厢记》在此期间的传播和影响还是非常巨大的。清朝统治者对于戏曲的禁令更是严格，但是《西厢记》对"情"的呼唤正符合那时人们内心深处的渴求，即使面对统治阶层封禁，人们对《西厢记》的关注和品评并没有停滞，甚至金圣叹还将其列为"第六才子书"。

程正民先生在《经典在对话中生成》一文中说了三个维度的对话：首先是作者同前代作者对话。其次是对文本的内在对话性，主要表现作者对文本内的艺术、思想和人物塑造的不同对话；最后是作者同各时代不同读者的对话。正是因为不同的语境，所以文本的意义和价值也在同各代读者的对话中产生。[①]

二、《西厢记》的经典化

从唐传奇《莺莺传》(也称《会真记》)开始到董解元的《西厢记诸宫调》(也称董西厢)再到王实甫的《西厢记》(也称王西厢)，"西厢故事"也是在对话中逐步成熟。崔、张二人的恋爱婚姻故事最早见于元稹所做的3000多字的文言小说《莺莺传》中，其后的"董西厢"和"王西厢"中的基本架构和主要人物也都是由此而来。但是相对于《董西厢》和《王西厢》，《莺莺传》人物之间的关系和人物的性格会有所差别。在《莺莺传》中，张生和崔莺莺的母亲郑氏有点远房关系，到了董西厢和王西厢中完全是陌生人。但最主要的差别是

---

① 程正民.经典在对话中生成[J].文化与诗学，2008：121-127.

主题上的不同,《莺莺传》讲述的是一个始乱终弃的故事,在普救寺兵乱之后,张生爱慕崔莺莺的美貌,通过红娘传书,几经周折,两人最终私自结合。后来张生赴京赶考未中,留在京城而最终变心,之后莺莺嫁人,张生也娶妻。当张生再回来以"外兄"身份相见时,遭崔莺莺回诗拒绝。

(一)故事主题的演化

《莺莺传》的主题是我们常见的男尊女卑和红颜祸水论,这一主题非常符合早期宋元南戏类似于《琵琶记》《张协状元》中"痴情女子负心汉"这一主题类型。在《莺莺传》中张生以此为自己的始乱终弃找一个借口:"大凡天之所命尤物也,不妖其身,必妖于人。使崔氏子遇合富贵,乘宠娇,不为云、为雨,则为蛟、为螭,吾不知其变化矣。昔殷之辛,周之幽,据百万之国,其势甚厚。然而一女子败之,溃其众,屠其身,至今为天下僇笑。"① 以贬斥崔莺莺为不仅"妖人"而且"祸国"。

在那个男女地位不平等的时代中,崔莺莺以顺从和认命的想法对待自己的爱情,在遭到抛弃后她对张生说:"始乱之,终弃之,固其宜矣。愚不敢恨。"② 处于一个男尊女卑社会下,女子对待自己的爱情无法发声不能反抗,莺莺对自己悲苦的命运只能认命和叹息。张生对崔莺莺没有丝毫的同情,不仅贬斥她为"必妖于人"的尤物,而且自诩为"善补过者",他将莺莺给他写的信念给同僚听,当时的大多数人也并不认为张生的行为有所不妥。《莺莺传》中有言:时人多许张为善补过者。予尝于朋会之中,往往及此意者,夫使知者不为,为之者不惑。③ 鲁迅在《中国小说史略》中评价道:元稹以张生自寓,述其亲历之境,虽文章尚非上乘,而时有情致,固亦可观,惟篇末文过饰非,遂堕恶趣。④ 鲁迅肯定《莺莺传》文辞和情致之美,但其不能忍受张生"始乱终弃"的辩驳行为。

《莺莺传》一般认为是元稹的自传,而元稹也写出"曾经沧海难为水,除却巫山不是云"悼念他的亡妻。他的亡妻韦丛只活了27岁。元稹到京城考中科举以后攀上大户人家。在写完这首诗之后,他又和当时的歌妓薛涛以及后面其他官宦人家的女儿发生关系。他的一生,在情感史上非常的放纵,因此

---

① 李昉.太平广记·杂传记五(卷四八八)[M].北京:中华书局,2013:4012.
② 李昉.太平广记·杂传记五(卷四八八)[M].北京:中华书局,2013:4012.
③ 李昉.太平广记·杂传记五(卷四八八)[M].北京:中华书局,2013:4012.
④ 鲁迅.中国小说史略[M].上海:上海世纪出版集团,2006:50.

陈寅恪先生评价说："综其一生行迹，巧宦固不待言，而巧婚尤为可恶也。岂其多情哉？实多诈而已矣。"[①]崔、张二人的故事到了宋代，也出现不同形式。北宋赵德麟（赵令畤）的《元微之崔莺莺·商调蝶恋花》（商调鼓子词十二首）中"最恨多才情太浅，等闲不念离人怨"[②]"弃掷前欢俱未忍。岂料盟言，陡顿无凭准。地久天长终有尽，绵绵不似无穷恨。"[③]以此谴责张生"始乱终弃"的行为，表达了对莺莺的怜悯。南宋罗烨的《醉翁谈录》记载当时的说话已有《莺莺传》之名，南宋周密所作的《武林旧事》所载的官本杂剧段数亦有《莺莺六幺》，但是已不知道其具体的内容。

《西厢记》属于世代累积型创作，金代董解元把它改编成大型的说唱文学样式《西厢记诸宫调》，其篇幅有五万多字，190多个套数。诸宫调是由多种宫调组成，而且每一宫调下有若干套曲子，这对于故事的讲述和人物情节的发展扩大了讲述空间。取材于《莺莺传》的"董西厢"，在主题思想、情节安排、人物性格等方面都做了脱胎换骨的改造，是一部具有独创性的新作，尤其在主题思想更是发生翻天覆地的变化，矛盾冲突的性质演变成了争取婚姻恋爱自由的青年男女同封建家长之间的斗争。元稹笔下的《莺莺传》，老一辈的人物形象参与到崔、张二人的爱情和婚姻的笔墨非常少，到了《董西厢》中，矛盾冲突就变成了老一辈的传统的爱情观与婚姻观和青年男女的争取爱情婚姻自由的观念二者之间的碰撞。矛盾冲突是戏剧的生命，最重要的核心，没有冲突就没有戏剧。"西厢故事"中的人物形象也正是因为冲突的改变而发生变化，张生由一个"始乱终弃"的负心汉变成了多情的才子，崔莺莺也富有反抗性，并且《董西厢》的故事以莺莺与张生私奔作解，使旧故事展现出新的生命活力。从《莺莺传》到《董西厢》，随着情节的增加，人物的感情更为复杂细腻，性格也更为丰满。《莺莺传》中，虽然元稹本身是个诗人，文笔比较好，但因为他的篇幅过于短小，又加上一到两封书信的原文放在其中，所以这篇唐传奇并没有产生太大的影响。《董西厢》的篇幅从3000字到扩充到5万字以上，作者既善于写景，也善于写情，并且善于运用口语，使作品更为生动，

---

① 陈寅恪.元白诗笺证稿[M].北京：新知三联书店，2011.99.
② 赵令畤.侯鲭录卷五，宋元笔记小说大观[M]，上海：上海古籍出版社，2017：2070.
③ 赵令畤.侯鲭录卷五，宋元笔记小说大观[M]，上海：上海古籍出版社，2017：2076.

富有生活气息，艺术性比前面有较大的提高。

（二）人物形象变化

到了元代，王实甫所作的《西厢记》在人物的形象上更加鲜明，尤其是崔莺莺的形象。崔莺莺的形象相比《董西厢》和《莺莺传》最大的改造就是她的反抗性更加彻底。在《董西厢》里面崔莺莺支持张生赴京赶考将功名置于爱情之上。但是在《王西厢》中，尤其在"长亭送别"中明显此处的崔莺莺是把爱情置于功名之上。《董西厢》里边有很多的情节，比较啰唆和冗长，而《王西厢》中对其进行精简，所以细读当中的唱词，其故事的情节更加的紧凑，人物描写也更加的细腻。另外在结尾的设置二者也有所不同，《董西厢》中是崔、张二人的故事以私奔结束，在王实甫的《西厢记》里也有私奔这一情节。第四本"草桥店惊梦"一折中，张生梦见崔莺莺追他而来，由此引发"私奔"情节，惊醒后发现原来是梦一场。《王西厢》中"私奔"这一元素，实则凸显出张生对崔莺莺的思念，通过梦中相遇，侧面显衬两人爱情的真挚。这场惊梦也为之后二者面对老夫人再悔婚、郑恒争婚、终成伴侣的大团圆埋下感情的伏笔。

清代批评家金圣叹主张将《西厢记》第五本全部删掉，剧情只进行到第四本第四折的"草桥店惊梦"，以一个开放性的形式作为结束。在元杂剧的作品中，像《秋胡戏妻》《琵琶记》内容和情节上呈现一定的悲剧性，但其结局均是将团圆作为消除和弥补悲剧性的方式，因此这种大团圆式的结尾会给人带来一种审美疲劳。所以从纯粹的文人阅读的角度，如果《西厢记》写到第四本，戛然而止，读者在阅读中具有较大的可阐释空间，文本的多义性也被扩大。实际上，作品的经典化是由作者的创作、文本的本身以及读者的解读三者共同完成的，它是一个合力的结果。

（三）价值观念的差异

在"情"的表达上，《董西厢》中说"才子施恩，家人报德"，在《王西厢》中倡导的则是"有情人终成眷属"。但王实甫《西厢记》中的"有情人终成眷属"属于一种理想，实际上有情人结为伴侣在当时的社会中是有难度的。通过崔、张二人的爱情故事，我们可以看到处于被礼教压抑的社会之中，男女之间想要自由的爱恋，实际上是要经历很大的挫折。在现实当中，像崔、张这样的结局，其实是少数，而不是主流。

在《董西厢》和《王西厢》中，莺莺送别时对功名表现出态度亦有所不同。

在《董西厢》中，莺莺送别张生时说道：记取奴言语，必登高第。[①]这里崔莺莺是主动让张生去赶考，所以她把高第作为两者成婚的前提。《王西厢》送别时，崔莺莺对张生说：你与俺崔相国做女婿，妻荣夫贵，但得一个并头莲，煞强如状元及第。[②]从崔莺莺话中，我们可以看出其表面意思是把爱情婚姻置于功名之上，她并不求张生取得状元及第，只愿二人能永远在一起。但在字里行间，我们也可以看出她作为富贵家女子的优越感。

这种优越感体现在她对功名爱情的看法，体现在她和红娘的对话当中，也体现在她和张生的相处过程当中。在她和张生多次来往的过程中，可知崔莺莺内心中的敏感以及作为大家闺秀的矜持感和防备心。因为她一直认为红娘是她母亲派来监视她的，并没有将红娘作为自己的心腹，但是红娘却处处维护她和张生之间爱情，而且两人能够顺利在一起最重要的推手反而正是红娘。在她和张生的事迹败露时，崔母拷打红娘，斥责红娘不把莺莺和张生的事情告诉她。红娘晓之以理，使崔母哑口无言，最后不得已加一个让张生进京赶考取得功名的前提条件。因此王实甫在塑造崔莺莺这个大家闺秀时，其反复的行为和复杂的性格，使莺莺人物相比之前更加饱满。

另外，统计"长亭送别"中男女之间的对话，我们可以看到崔莺莺作为主唱，所占篇幅较多。在这一折中，崔莺莺嘱托张生考完早早回来，最怕的不是他考不上，而是怕张生到别的地方，再像普救寺遇见美丽的女子，娶妻停留，我们看到崔莺莺对于张生是满满的关心和牵挂。但是在"长亭送别"之前，张生对崔莺莺的情感追求是非常猛烈的，文中笔墨所占的比较多。所以，在"长亭送别"中我们可以看到在崔莺莺以身相许之后，张生对崔莺莺的爱慕已经完全弱于崔莺莺对于张生的相思。在崔莺莺以身相许之前，可以看到张生相思成灾，一病不起，满满的痴情。所以在品读文本的时，会发觉文中多言外之意，因此有人将王实甫的《西厢记》与《春秋》并论。

不同人生观也使得《董西厢》和《王西厢》中反抗性有所不同。《董西厢》中的反抗是指崔、张两个年轻人的反抗，崔、张二人以私奔这种消极的方式去抗争封建礼教的压迫，但这其实也是对封建礼教的妥协。在情与礼的斗争中，如何做到既进行了斗争但又合理化呢？在《王西厢》中，崔莺莺主动冲破

[①] 董解元著，凌景埏校注.董解元西厢记[M].北京：人民文学出版社，1978：126.

[②] 隋树森.元曲选外编[M].北京：中华书局，1981：305.

礼的束缚，大胆地表现自己心中对情的渴望，正面的反抗封建势力，最终让封建家长妥协，而不是以"私奔"的方式去追求自己的权力。《王西厢》中有"私奔"这一元素，但是这里的私奔只是作为崔、张二人真挚爱情的侧面衬托，这和《董西厢》以私奔作为反抗是有一定区别的。

三、文学艺术成就的经典化

《西厢记》作为经典，其艺术性主要体现在以下几个方面。第一是高超的结构艺术，在题材上进行创新，打破了元杂剧的惯例。元杂剧的惯例是一本四折，有时外加一个楔子，但是《西厢记》以五本二十一折，连演一个故事。元杂剧的表演体例是一个人主唱，一剧中一人主唱到底，《王西厢》对此有所改变，由末旦轮番主唱。虽不太符合元杂剧的体制，但这是对旧有的体例一个突破。在舞台上这种演出方式，使表演艺术更加富有表现力，更好地塑造人物，能合理地安排戏剧冲突，对于听众也更有吸引力。

《西厢记》除了在体例上进行创新，结构也非常严谨。全剧主要写崔、张二人的爱情故事，以崔莺莺、张生、红娘同老妇人之间的矛盾冲突为主线，以莺莺、红娘、张生之间的性格冲突为辅线。两条矛盾冲突线，一条是主线，一条是辅线，一张一弛，一主一副，不紧不慢，结构严谨。故事从第一本张君瑞闹道场，写出爱情的开始；第二本崔莺莺夜听琴，写崔张爱情逐渐地成熟；第三本张君瑞害相思，写崔莺莺、张生、红娘内部的矛盾冲突，凸显他们的性格；第四本草桥店惊梦，写崔张、红娘、老夫人第二次的正面冲突，也是全剧的高潮部分；第五本是张君瑞庆团圆，戏剧矛盾的最终解决。它的结构非常的严谨，逻辑也非常的清楚。

第二是剧作具有强烈的戏剧的效果。作品许多的地方都很巧妙地设置悬念，如兵围普救寺为崔莺莺的命运和崔、张二人爱情的发展创造了悬念，解围普救寺后老夫人对之前的许诺反悔，引发新的悬念。之后的传书、拷红、赶考送别、二次悔婚以及郑恒争婚，悬念迭起。这种突转也使剧情向多方向发展，故事的波澜起伏，让戏剧的表演效果更加充实，更能抓住观众的心。

第三是人物形象的复杂化和语言的雅俗化。《王西厢》中主要的人物形象虽然已和《董西厢》中人物无甚差别，崔莺莺也均具备了一定的反抗性，张生也从元稹笔下始乱终弃的负心汉转变成一个痴情的、专一的、善良的书生，但是《王西厢》中人物形象更复杂、更多元。崔莺莺是相国小姐，她深沉含蓄，既有外在的凝重，也有内在的激情。封建家庭的教养无法完全窒息她内心青春的情感，但是她又要保持那种大家闺秀的矜持。她私自约张生半夜翻墙相见，又指责张生作为读书人的这种违礼行为。张生因此相思成疾，一病不起。当红娘回报张生一病不起，莺莺又夜奔西厢探访张生。崔莺莺这种表里不一、反复无常的行为，也是因为她心中怀有真性情，敢爱敢恨，但是对红娘没有绝对的信任，所以呈现出行为上的反反复复。王实甫写人的高明之处也正在于他不仅仅写崔莺莺反抗，更表现出莺莺作为大家闺秀的敏感与矜持，凸显莺莺性格的多面性和多元性。

而对于张生来说，在《莺莺传》中完全就是一个负心汉的一个形象，是一个负面的形象。《董西厢》中张生转变成一个"痴情种"的形象，但是在王实甫的笔下张生的人物形象更加饱满，多了一点呆气和机智。例如在普救寺初次见崔莺莺就说自己未曾婚娶显得有点呆气，而之后为了再见崔莺莺就以赶考为由借宿普救寺显示他的机智。所以故事演化到《西厢记》中，张生不仅是一个风流倜傥、满腹才学、志诚钟情的书生，还具有一定的喜剧色彩。

最重要的最有特点的人物是红娘，由于女主人公崔莺莺面对张生的追求表现出的矜持犹豫，所以必须要有一个活泼调皮的女性的人物形象，在二人之间做穿插调和来推动故事情节的发展。正是因为红娘作为崔张爱情中一个牵线搭桥的角色，推动二人感情的发展，所以我们在现在男女间起牵线搭桥的作用媒人也叫红娘。在文本人物的语言中，因为张生是读书人，崔莺莺是大家闺秀知书达礼，所以他们文本中的语言常常出现诗词的引用等显得极为雅致。但在舞台演出中，大量的诗词曲赋被引用，会导致舞台表演过于文雅化，红娘多用口语和俚俗语在其中插科打诨，使得《西厢记》的语言变得口语化和通俗易懂。

一般认为《西厢记》的语言是雅俗共赏和文采本色兼顾，实际上它里面的语言是有角色分工的。我们认为本色的语言，大多是红娘贡献的，而不是张生和崔莺莺。原因就在于张生作为读书人，崔莺莺是大家闺秀，知书达礼，又有闺房女子的矜持，所以他二人不能说一些相对比较通俗甚至是低俗的话，二者的语言都表现为雅，俗的部分就由红娘来呈现。老夫人作为次要角色，她是维护封建礼教和门阀制度的代表人物，语言显得严肃，是典型的封建家长的语言风格。

在明代，关于戏曲的文采和本色要凸显哪一个，由此便引发争论。以沈璟为代表的苏州派，他们强调戏曲是一门舞台艺术，一定要写老百姓能读得懂的剧目脚本，突出本色。但是以汤显祖为代表的临川派，强调文本应该表现作者的文采，突显文采。

在《西厢记》艺术方面，王实甫汲取前人诗词和典故，创造出《西厢记》文采上一绝。如"长亭送别"中：

【正宫】【端正好】碧云天，黄花地，西风紧。北雁南飞。晓来谁染霜林醉。总是离人泪。①

这一段就是非常经典的一处。化用范仲淹《苏幕遮》："碧云天，黄叶地，秋色连波，波上寒烟翠。"②将暮秋之境在悲伤的离别氛围中说出，内心中的不舍和无奈似有不尽之意，忧伤哀怨之极。

【滚绣球】恨相见得迟，怨归去得疾。柳丝长玉骢难系，恨不倩疏林挂住斜晖。③

此处将莺莺不舍的心理外化到景色，希望柳丝留住张生离去，希望时间停滞，多和张生待在一起，虽然这里处处是景，但是写的完全是情。

四、后世传播

周德清在《中原音韵》中评价《西厢记》道"其难，则有六字三韵，'忽听，一声，猛惊'是也"对其用韵做出点评。明代朱权《太和正音谱》中评点"王实甫之词如花间美人。铺叙委婉，深得骚人之趣，极有佳句，若玉环之出浴华清，绿珠之采莲洛浦。"④朱权以玉环出浴和绿珠采莲两个典故，称赞王实甫词作优美。明代王世贞《曲藻》中说："北曲故当以《西厢》压卷"。明代李开先《词谑》中记载：《西厢记》谓之"春秋"以会合以春，别离以秋云耳；或者以为如《春秋经》笔法之严者，妄也。尹太学士直舆中，望见书铺标帖有"崔

---

① 隋树森.元曲選外編[M].北京：中华书局，1981：304.
② 唐圭璋.全宋词[M].北京：中华书局，1965：11.
③ 隋树森.元曲選外編[M].北京：中华书局，1981：304.
④ 朱权.太和正音谱[M].上海：上海古籍出版社，1957：125.

氏春秋",笑曰:"吾止知《吕氏春秋》,乃崔氏亦有春秋乎?"亟买一册,至家读之,始知为崔氏莺莺事……又记一贡生过关,一贡士过关,把关指挥止之曰:"掠汝举止,不似读书人。"因问治何经。答以"春秋";复问《春秋》首句,答以"春王正月"。指挥骂曰:"《春秋》首句乃'游艺中原',尚然不知,果是诈伪要冒渡关津者"。责十下而遣之。贡士泣诉于巡抚台下,追摄指挥数之曰:"奈何轻辱贡士?"令军牢拖泛责打。指挥不肯输伏,团转求免。巡抚笑曰:"脚跟无线如蓬转。"又仰首申冤,巡抚又笑曰:"望眼连天。"知不可免,因问责数。曰:"'先受了雪窗萤火二十年',须痛责二十。"责已,指挥出而谢天谢地曰:"幸哉!幸哉!若是'云路鹏程九万里',性命合休矣!"①整个这个故事在说从最低的官吏,然后到巡抚,大家都在读《西厢记》,而且《西厢记》中的话全记下来。官吏当作是"春秋"中的话,实际上全是《西厢记》中的话,虽然只是一个笑谈,也从侧面说明当时《西厢记》的传播相当广泛。

金圣叹将《西厢记》与《庄子》《离骚》《史记》《杜工部集》《水浒传》并称为"才子书",是为"第六才子书"。在《读第六子才子书〈西厢记〉法》金圣叹说:"有人来说《西厢记》是淫书,此人日后定堕拔舌地狱。何也?《西厢记》不同小可,乃是天地妙文,自从有此天地,他中间便定然有此妙文。"②以此表示对《西厢记》艺术上的肯定。在版本刊刻传播形式上,《西厢记》的刊刻从明代开始超过100种。也正是他的版本刊刻非常多,因此流传和传播也比较广,这样也有助于作品的经典化。清初,《西厢记》被统治者以法令的形式予以禁止,同时也受到封建道学家的抨击和辱骂,称其"诲淫"。但这并没有阻止人们对《西厢记》的喜爱,批评家对《西厢记》的研究也更加细致和广泛。

---

① 李开先.词谑,中国戏曲研究院编,中国古典戏曲论著集成(三)[M].北京:中国戏剧出版社,1982:271.

② 王实甫著,金圣叹批改,张国光校注.金圣叹批本西厢记[M].上海:上海古籍出版社,1986.

王安石诗歌的思想与艺术
——以其绝句小诗为例

◎邹自振

作者简介：邹自振，闽江学院人文学院教授，福建省文史研究馆馆员、文史研究院副院长。出版《红楼梦发凡》《汤显祖综论》《牡丹亭评注》《临川才子论集》等20余部著作，主编《汤显祖戏曲全集》《汤显祖研究书系》《闽台文化大辞典·文学卷》《闽剧史话》等，多次在深圳卫视、海峡卫视、东南卫视等作学术讲座，并赴海内外进行学术交流。

习近平总书记在多个场合引用过王安石的诗文名句。从诗歌而言，他以王安石"不畏浮云遮望眼，自缘身在最高层"激励人们高瞻远瞩，不断奋进；又以《明妃曲》中"人生乐在相知心"说明与人相处彼此理解、心心相印的重要性；他还以"看似寻常最奇崛，成如容易却艰辛"的诗句揭示深圳特区四十年的发展之路。从中我们一方面深刻领会到习近平总书记对中华优秀传统文化的热爱及强烈的文化自信，另一方面也说明王安石诗文具有独特的精神与魅力。

王安石的诗歌今存1600首。王安石的诗歌创作，具有和他散文相同的长于议论的特点，但其所反映的社会生活和诗人内心世界更为丰富，更为形象。纵观《临川集》中的四百多首绝句小诗，清新俊逸、深婉精绝之作颇多，它们应是王安石诗歌研究中不可忽略的重要方面。

宋人曾季狸在《艇斋诗话》中说:"绝句之妙,唐则杜牧之,本朝则荆公,此二人而已。"近人陈衍的《宋诗精华录》入选王安石的诗,绝句占十之七八。当代学者程千帆、沈祖棻在《古诗今选》中则多入选王安石之五绝,并评论说:"王安石可以说是王维以后五言绝句写得最好的诗人,但人们往往注意他那些雄伟大篇而忽略了他在这方面的成就。"

今天我们试从政治诗、咏史诗、写景诗、咏物诗等诸方面展开讨论,以彰显王安石诗承前启后的历史地位。

一、"不畏浮云遮望眼":王安石的政治诗

由于王安石主张从事写作要"务为有补于世",因此,他的诗歌与散文一样,一般都具有较为充实的思想内容。他写了不少关心国家政治、反映社会现实、同情人民疾苦、主张改革弊端的作品。这不仅仅大量存在于《河北民》《感事》《发廪》《兼并》《收盐》《秃山》等古风、律诗中,就是在绝句小诗中也时有表现。如七古《河北民》,从题材到内容,都继承了唐人新乐府诗的精神和风格:

> 河北民,生近二边长苦辛。
> 家家养子学耕织,输与官家事夷狄。
> 今年大旱千里赤,州县仍催给河役。
> 老小相携来就南,南人丰年自无食。
> 悲愁白日天地昏,路旁过者无颜色。
> 汝生不及贞观中,斗粟数钱无兵戎!

此诗作于作者26岁,揭示了宋朝和辽、夏交界地区广大人民的悲惨遭遇,反映了百姓们遭受着阶级剥削和民族压迫的双重苦难。诗的最后二句则表达了作者的政治理想,希望能有国富强民的太平盛世。

王安石早怀大志,心切用世。其《龙泉寺石井》诗云:

> 山腰石有千年润,海眼泉无一日乾。
> 天下苍生待霖雨,不知龙向此中蟠。

民间传说龙如果上了天,就能兴云致雨,使万物得遂其生,这里诗人俨然以潜龙自比,倾向性是很鲜明的。

王安石居高临下,目光远大,勇于摆脱传统的羁绊,具有"不畏浮云遮望眼"的伟大气魄,可读作者作于鄞县(今宁波)任上过越州(今绍兴)时的《登飞来峰》:

飞来山上千寻塔,闻说鸡鸣见日升。
不畏浮云遮望眼,自缘身在最高层。

"不畏浮云遮望眼,自缘身在最高层",是诗人才华和情操相互交织而迸发出的绚丽诗句。李白《登金陵凤凰台》诗云:"总为浮云能蔽日,长安不见使人愁。"王安石反其意而为之,认为只有站得高,视线才能不被遮住,才能看得远。诗中含蓄地表达了诗人远大的政治抱负。此诗与苏东坡的《题西林壁》:"横看成岭侧成峰,远近高低各不同。不识庐山真面目,只缘身在此山中。"一样,都是带有很深哲理的理趣诗。哲理说明得自然而毫不生硬,又令人信服,是宋诗中不可多得的佳作,成为后人广为传诵的名句。

王安石眼光敏锐,能从貌似太平无事中看出其可忧来,从现实生活中寻找题材,从中表现其政治观点,这样的诗是比较丰富的。如《鱼儿》:

绕岸车鸣水欲乾,鱼儿相逐尚相欢。
无人挈入沧江去,汝死哪知世界宽。

分明是一首很有针对性的政治讽喻诗。诗中揭示了当时社会经济危机的严重,有如将干的池水。然而大地主官僚统治集团却文恬武嬉,苟且偷安,殊不知大难将要临头。他们仍尽力搜刮人民的血汗,带给人民的只能是流离转徙和"无食"的绝境,试读《郊行》:

柔桑采尽绿阴稀,芦箔蚕成密茧肥。
聊向村家问风俗:如何勤苦尚凶饥?

这首小诗借一次郊行所见，写出了农民长年勤苦不得温饱的现实。养蚕人辛勤劳动，蚕茧获得丰收，年景似乎不错。但为什么反而落得饥寒交迫呢？诗人有力地揭露了北宋不合理的社会现象，意在表明：为了挽救严重的经济政治危机，必须实行变法。另有从中唐新乐府作家之一李绅《古风二首》发展而来的《促织》小诗：

　　金屏翠幔与秋宜，得此年年醉不知。
　　只向贫家促机杼，几家能有一絇丝？

屏风上的图案是丝织成的，帷幔的质地也是丝的，它们都是耗费了劳动妇女无数心血的产物。可是富贵人家得此甚易，并且用来作为遮风挡寒的工具。那些醉生梦死的老爷们年复一年安于这种舒适的处境之中，完全感觉不到秋天寒冷的威胁。可偏偏就在这个季节，无情的促织（蟋蟀）却向贫家鸣叫不已，催促他们赶快劳动。诗人仅用寥寥几笔，通过对蟋蟀的"斥责"，表现出地主豪富的盘剥，贫苦农民已被弄得连一缕絇丝也没有了，织女们如何能维持再生产呢？诗人以嬉笑怒骂、锋芒毕露的笔法，在地主和农民的对比之中，以蟋蟀做媒介，似乎是在嗔怪这只小虫无端的"促机杼"，但在不知不觉中，诗人已把矛头指向了豪门贵族，使读者感到痛切却又觉得含蓄不尽。比及李绅的古风，王安石的小诗得爱憎分明，感情也强烈多了。

　　王安石的诗歌，就是这样经常运用散文化的句法，生动地描述出人民的疾苦和社会的弊病，从而下定决心，"变更天下之弊法"，挽救社会危机。

　　诗人对国计民生的担忧时时缭绕心头。就如《夜直》这样的小诗：

　　金炉香烬漏声残，剪剪轻风阵阵寒。
　　春色恼人眠不得，月移花影上栏杆。

　　诗人在翰林院内轮值，彻夜未眠，凝视院内，似有所感。他的所感是什么呢？不外乎是以限制大豪族地主特权为中心的变法运动吧！

　　到了诗人拜相之初，对推行新政踌躇满志。几百年来被称为千秋绝唱的《元日》诗：

255

爆竹声中一岁除，春风送暖入屠苏。
千门万户曈曈日，总把新桃换旧符。

表面看是一首描写春节盛况的写景诗，但其立意新颖，已不局限于一时一事了。诗里写的是一派除旧布新、欢欣鼓舞的迎春气氛，一种民间风俗习惯，然而作者的寓意显然在于揭示新的代替旧的、进步的代替落后的历史发展规律。王安石冲破重重干扰，粉碎了反对派的阻挠，使自己倡导的变法取得初步成功。喜庆之情溢于言表，对前景充满了必胜的信心。

但熙宁变法终于遭到夭折，诗人也被罢相。不过，由于熙宁十年间连续推行新法，并且新法的某些措施一时尚未尽废，所以不少地区出现了丰收年景。对此，诗人拍手称快，在许多诗里表示了这种庆幸，如《歌元丰五首》（选三）：

水满陂塘谷满篝，漫移蔬果亦多收。
神林处处传箫鼓，共赛元丰第一秋。

湖海元丰岁又登，旅生犹足暗沟塍。
家家露积如山垒，黄发咨嗟见未曾？

豚栅鸡埘暗霭间，暮林摇落献南山。
丰年处处人家好，随意飘然得往还。

可谓语言通俗明快，调子清新爽朗，增加了欢欣快慰的喜庆色彩。诗人对农事是非常关心的。《出郊》小诗云：

川原一片绿交加，深树冥冥不见花。
风日有情无处着，初回光景到桑麻。

诗人初夏来到郊外，不见花草，而留心于桑麻。诗句采用拟人手法，写风日很有意地促使桑麻欣欣向荣，从而烘托出诗人展望大好年景的喜悦心情。与那些反映广大人民无衣无食、到处流亡惨状的诗歌相比，此诗不啻代表了诗人希望新法能改变"积贫积弱"面貌的美好愿望。

二、"古来何啻万公卿"：王安石的咏史诗

咏史或怀古的诗篇在王安石诗集中占有一定的比重。王安石诗歌中现实性最强、最能表现他精深思想的，除了大量的针砭时弊的政治诗外，便是咏史吊古之作。诗人以"尺幅千里"的手法，借对历史人物的评价，如《孟子》《商鞅》《苏秦》《范雎》《范增》《韩信》《贾生》《汉武》《谢安》等，抒写其对现实生活的感受，表达自己的胸怀。

说到王安石的咏史诗，文学史家大都列举脍炙人口的《明妃曲》《杜甫画像》等杰作，其实，在王安石的绝句小诗里，也不乏此类佳篇。如《辱井》：

结绮临春草一丘，尚残宫井戒千秋。
奢淫自是前王耻，不到龙沉亦可羞。

历史上的陈后主和隋炀帝是两个荒淫奢侈的亡国之君，辱井，即耻辱井，是陈朝的景阳宫井，俗称胭脂井。史载："陈后主祯明三年（589），隋将韩擒虎攻入建康朱雀门时，陈后主才丢开歌舞，和张丽华、孔贵人同投井藏匿起来，随即被俘。"后来的隋炀帝在他父亲杨坚灭陈时，曾亲自参加战争，看到陈后主投井藏匿的事，表示要引以为戒。但当他自己做了皇帝，奢侈淫乱的程度比起陈后主则有过之而无不及，不久隋朝即为唐所灭。隋炀帝曾经认为陈后主的荒淫是可耻的，但他自己做的事，却等不到投井亡国时即已令人可羞了。王安石通过胭脂井把这两个昏君巧妙地联系起来，抨击了他们可耻的误国罪行。这首诗持论既出人意料，又在情理之中，语言简练而含意深远，使人感到新鲜活泼，耐人寻味，具有一种独特的风格。

王安石还有一些咏史诗，立意不凡，议论高超，隐喻着自己的生活态度。如《王章》：

志士轩昂非自谋，近臣常为国深忧。
区区女子无高意，追念牛衣暖即休。

王章是西汉成帝时的京兆府尹，刚直敢言。据说，王章年轻的时候穷得

连被子也没有，卧在牛衣里，哭着要和妻子诀别。妻子斥责他：朝廷显贵谁比得上你有本领？你现在贫病交加，不图自强反倒整天哭泣，多没志气！后来王章官至京城长官，为国事操心，打算上书。妻子却劝阻说：人应知足，为什么不想想当年卧牛衣哭泣的情景？王章说，国家大事不是你们女人们所懂得的。他上书陈述治国主张，终被权奸王凤腰斩于市。王安石把王章一心报国、不为自己打算的精神境界和王章妻子只顾个人温饱的庸俗态度两相比较，颂扬前者而批评后者，显然寄托着诗人自己远大的政治抱负。

王安石通过对历史人物功罪得失的评价，抒发了他精辟的政治见解和强烈的批判精神。他似乎最喜欢写翻历史旧案的小诗，这些诗作寓意深刻，看法不落俗套，寄托着诗人自己的政治理想，如《商鞅》：

　　自古驱民在信诚，一言为重百金轻。
　　今人未可非商鞅，商鞅能令政必行。

诗人写的是秦国的商鞅，实际上是联系北宋朝政的，因为诗人自己也曾进行了变法，颇遭一些人的反对。他当然是借古人古事针砭时弊，暗喻自己的决心和目的。从诗歌艺术上讲，这首表现王安石政治上崇尚法治主张的小诗，虽然内容不错，理有可取，但通篇议论，只是平直说来，过于质木浅露，在诗人诗集中还算不得是好诗。

但如后人曾说王安石诗"议论过多，亦是一病"（吴之振《宋诗钞》）则未免过于笼统。王安石的诗歌，大都具有政论性，这也是他诗歌多议论的一个原因。一首好的咏史诗，最突出的特点之一是，既是议论又不用议论，这需要诗人很好地掌握，对于"史"与"诗"之间的矛盾，做恰到好处的处理。因为仅仅将史实重复一遍，不成为咏史；纯是议论，则变成一篇史论，也不成为诗作。王安石的另一首七绝《乌江亭》，则既有咏史，又有议论，将"史""诗"二者很好地统一起来：

　　百战疲劳壮士哀，中原一败势难回。
　　江东子弟今虽在，肯与君王卷土来？

这首小诗虽为议论，但兼有叙事描写与感情的色彩，读后耐人回味。诗人对史实并没有做简单的概括，而是通过艺术形象的描写与塑造，通过对西楚霸王项羽身世的感叹，把诗人自己的感情用意隐喻其中。"江东子弟今虽在，肯与君王卷土来？"这种运用形象的描述来抒发的议论，韵味很浓，不独是议论，而是诗化了的议论，可见诗人技巧之高超了。

好的议论诗篇，是浓郁的政治抒情诗。王安石的一些咏史诗便是发自内心深处的政治抒情诗。他常能透过流俗和成见所播撒的迷雾，表达出某些新颖独特的感受，如《贾生》：

一时谋议略施行，谁道君王薄贾生？
爵位自高言尽废，古来何啻万公卿！

诗人罢相以后，新法继续推行。这里借贾生的身不见用，而建议被采纳，以表明自己不计较一己的得失，其风格显然是高尚的。王安石受到宋神宗的赏识、提拔和支持，在保守派、顽固势力的围攻之中，坚持推行新法，取得了显著的成绩。宋神宗对他付托之重，信任之专，在历史上是罕见的。这种君臣之间罕见的相知相惜，使王安石对宋神宗充满感激，也对这种知遇之恩和改革中取得的实绩而感到自豪，因而对汉文帝和贾谊这些历史人物的关系也有超出常人的深刻体会，能够对他们做出正确的、实事求是的评价。诗人在诗中流露了不计个人进退但求谋议施行的怀抱，其现实性是很明显的。

从王安石诗里我们可以看到，诗歌中的议论，当它用得恰当的时候，并不排斥诗歌的形象性，反之，它还有助于形象性，使之更为丰富。当我们读到"爵位自高言尽废，古来何啻万公卿"这种充满激情而又非常深刻的议论的时候，难道从字里行间看不出王安石这位杰出的政治家的形象吗？难道这种议论不就是诗人精神有机的组成部分吗？

王安石的咏史诗中，很多就是这位政治家自己坚持改革、不计个人得失的精神的自白，如《谢公墩》二首：

我名公字偶相同，我屋公墩在眼中。
公去我来墩属我，不应墩姓尚随公。

谢公陈迹自难追，山月淮云只往时。

一去可怜终不返，暮年垂泪对桓伊。

谢安，东晋政治家，字安石，字恰与王安石名同。王安石哪里是在说谢安？他正是在说他自己！罢相，也就是与政治生活告别，这在王安石是决不甘心的。王安石是不会安于投闲置散的生活的，在他的诗中，愤慨、悲凉的调子也时时可以听到，而且往往更为激越和撼人心弦。

咏史诗中，最著名的莫过于这首七律《读史》：

自古功名亦苦辛，行藏终欲付何人。
当时黯暗犹承误，末俗纷纭更乱真。
糟粕所传非粹美，丹青难写是精神。
区区岂尽高贤意，独守千秋纸上尘。

王安石熟读史书，对史实有自己独到的见解，此诗便是他读史后的心得。诗中提出史籍记载往往难于凭信的问题。"糟粕所传非粹美，丹青难写是精神"，不仅是诗人对历代史籍的真知灼见，而且也饱含着他对现实生活中毁誉不一的真切感受。

三、"春风又绿江南岸"：王安石的写景诗

王安石单纯地描景抒情的作品，虽然在他整个作品中所占的比例不大，但在绝句中却居多数。尤其是在熙宁十年（1077），他罢相后退隐江宁钟山时所作的大量写景诗，尽管"脱离政治"，似乎趋于闲散，但摹山绘水，雅丽精致，精妙绝伦，九百年来一直深得人们的喜爱。

王安石晚年由于生活和心情的变化，也引起诗风的变化，由写政治转而去写自然，写景诗和咏物诗替代了政治诗和咏史诗，诗风也趋向深婉，更多地注意对诗歌艺术的锤炼。宋人叶梦得《石林诗话》云："荆公晚年，诗律尤精严，造语用字，间不容发。然意与言会，浑然天成，殆不见有牵率排比处。"许多学者和批评家都认为王安石晚年的绝句小诗艺术上造诣最高，而思想内容却不及前期深广。不过，这也不是绝对的。事实上，即使罢相六年，诗人仍念念不忘国事，如《六年》：

> 六年湖海老侵寻，千里归来一寸心。
> 西望国门搔短发，九天宫阙五云深。

诗人归隐林泉十年，并没有忘记政治，也没有忘记变法斗争。他虽然无法再实行报国宏愿，但又不甘心埋没。他有一首《秣陵道中口占》：

> 经世才难就，田园路欲迷。
> 殷勤将白发，下马照青溪。

以小诗表现了内心深刻的矛盾。"白发照青溪，秋思千万丈"，寄托了深沉的感慨，与晚唐李商隐的《登乐游原》："向晚意不适，驱车登古原。夕阳无限好，只是近黄昏。"可谓同调。但与李诗相比，王诗更遒劲，笔力渗透纸背，撼人心弦。

王安石晚年描写湖光山色的小诗，一般都风格清新，词句工丽，造意精巧，是他诗歌艺术达到高峰的表现。五绝的如《山中》：

> 随月出山去，寻云相伴归。
> 春晨花上露，芳气著人衣。

又如《题舫子》：

> 爱此江边好，留连至日斜。
> 眠分黄犊草，坐占白鸥沙。

这首题在舫子上的小诗，生动地展现了诗人退归后的生活情形，刻画出一种物我两忘的意境。末两句笔力高妙，"分""占"二字写得大为精彩传神，胡元任《苕溪渔隐丛话》对此甚为欣赏。又如《南浦》：

> 南浦随花去，回舟路已迷。
> 暗香无觅处，日落画桥西。

可谓空灵明净。诗中描写了河上日落花香的一幅画面，被认为是诗人晚年艳丽精致的代表作。七绝的如《钟山晚步》：

小雨轻风落楝花，细红如雪点平沙。
槿篱竹屋江村落，时见宜城卖酒家。

又如《晚楼闲坐》：

西顾山光接水光，凭栏十里芰荷香。
清风明月无人管，并作南来一味凉。

这类作品，确能反映王安石诗作的另一种风格，这是同他晚年退隐生活中的闲情逸趣分不开的。其中最妙的是《江上》：

江上秋阴一半开，晚云含雨却低徊。
青山缭绕疑无路，忽见千帆隐映来。

无疑是一幅色彩鲜明、视野辽阔、景象万千的江上秋景图。读到这里，不禁使人想到南宋陆放翁的名句："山重水复疑无路，柳暗花明又一村。"陆游后于王安石百年，不会不受到王诗的启迪吧？从这些精工巧丽的诗句中，能看出诗人观察的细致和捕捉形象的高超本领：他捕捉景物独有的特点，凭借对自然景物的观察和感受，加以构思炼句，巧妙修辞。所以，尽管是写同一景物，王安石的诗总是具有意境清新的特色，如五绝《江上》：

江上漾西风，江花脱晚红。
离情被横笛，吹过乱山东。

历来为人称颂的是诗人注意修辞炼字的名篇《泊船瓜洲》：

京口瓜洲一水间，钟山只隔数重山。
春风又绿江南岸，明月何时照我还？

其中第三句原先是"春风又到江南岸",后来他将"到"字改成"过""入""满"等字,改了十多次,最后才定为"绿"字。这个"绿"字,一直为后代诗人所叹赏。清人王士禛《戏仿元遗山论诗绝句》云:"诗人一字苦冥搜,论古应从象罔求。不是临川王介甫,谁知瞑色赴高楼。"这个"绿"字,妙就妙在富于形象化和联想感。唐王维《送别》诗云:"春草年年绿,王孙归不归?"读到"春风又绿江南岸",会很自然地想到王维的诗,想到春草绿时容易引起思归的念头。"记得绿罗裙,处处怜芳草",或许诗人和钟山的绿秀有着不解之缘,更促使他归心似箭吧!看来王安石是深得唐人阃奥的。无怪乎对王安石绝句爱好到入迷程度的杨万里,在《诚斋诗话》里称赞道:"五、七字绝句,最少而难工,虽作者亦难得四句全好者,惟唐人与介甫最工于此。"

王安石似乎很喜欢这个"绿"字,在他的绝句里是处处可见的:

石梁茅屋有弯碕,流水溅溅度两陂。
晴日暖风生麦气,绿阴幽草胜花时。
　　　　——《初夏即事》

茅檐长扫静无苔,花木成畦手自栽。
一水护田将绿绕,两山排闼送青来。
　　　　——《书湖阴先生壁二首》(选一)

在诗人笔下,绿水知道"护田",青山晓得"排闼",诗人把静止的绿水青山人格化了,而且又用了对偶句式赋之以鲜明的颜色,造成突出的形象,使各自在句中发挥更大的艺术效果。诗人把功夫用在炼字造意上,着力写出这样富有感情、富有风韵的自然美景,湖阴先生杨德逢的乐趣、人品,也就自可领略了。

诗人还有一首《送和甫至龙安微雨因寄吴氏女子》:

荒烟凉雨助人悲,泪染衣巾不自知。
除却春风沙际绿,一如看汝过江时。

在《泊船瓜洲》中，诗人写由于春风，江南岸变绿了，似乎和唐人贺知章《咏柳》："不知细叶谁裁出，二月春风似剪刀"，用意略同。而"除却春风沙际绿"一句，诗人则以为并非春风能使草木呈现绿色，而是春风本身就是绿的，因而吹到之处，水边沙际，就无往而非一片绿色。吴氏女子是嫁给吴家（吴安持）的安石之长女。一个"绿"字，使全诗感情上的分量占有支配性地位，诗人除了"春风沙际绿"这一点不同外，心情上的感伤全然和送女儿过江时的一样，而这种感情，也只有用在骨肉分别时才贴切。钱钟书《宋诗选注》评价王安石诗中屡用"绿"字时说："也许是诗人把得意话再说一遍。"诗人晚年移寓秦淮时还有一首描写春暮景色的《萧然》诗：

　　萧萧三月闭柴荆，绿叶阴阴忽满城。
　　自是老来游兴少，春风何处不堪行。

"何处不堪行"，正是因为"俱不得行"的缘故。诗人此时心情自然是很寂寞的了，但并非颓唐。诗人是喜欢春天的，他诗歌中动人的篇章也往往是描写春天景色的小诗，无论是江宁的"悟真院"，还是金溪外婆家的"乌塘"：

　　野水纵横漱屋除，午窗残梦鸟相呼。
　　春风日日吹香草，山北山南路欲无。
　　　　　　　　——《悟真院》

　　乌塘渺渺绿平堤，堤上行人各有携。
　　试问春风何处好？辛夷如雪柘冈西。
　　　　　　　　——《乌塘》

写得清新而刚健，这些春景小诗中自然也少不了一个"绿"字。确实，绿是诗的符号。没有绿，也就没有群山万壑，没有苍松翠柏，因而也就没有了诗。如《北山》：

　　北山输绿涨横陂，直堑回塘滟滟时。
　　细数落花因坐久，缓寻芳草得归迟。

暮春初夏，诗人仍在半山园里陶醉于美丽的景色。诗人的精神境界是高昂的，即使在退隐的日子，过着闲居的生活，他仍然眷恋"大好春光"，保持着可贵的生机。

四、"绝胜南陌碾成尘"：王安石的咏物诗

王安石不仅喜欢描写田园山水风光，而且喜欢歌咏不怕霜欺雪压的寒梅、出淤泥而不染的秋荷、挺直磊落的苍松、堂堂直节的劲竹……但他不是为歌咏而歌咏，而是借此寄托自己的胸襟抱负，抒写自己倔强的性格和高尚的情操。

他写过《孤桐》，颂孤桐凌霄而不屈；写过《古松》，赞古松高入青冥不附林。这些托物寄兴之作的名句甚多，如《孤桐》赞梧桐："天质自森森，孤高几百寻。凌霄不屈己，得地本虚心"；《古松》赞松："岂因粪壤栽培力，自得乾坤造化心"；又有《华藏院此君亭》咏竹："人怜直节生来瘦，自许高材更老刚"；《独山梅花》咏梅："亭亭孤艳带寒日，漠漠远香随野风。"无疑，梧桐、松、竹、梅，都是诗人性格光明磊落、勇敢顽强的象征。

在绝句中，诗人写得最多的是洁白芳香的梅花。他晚年常到江宁城郊的齐安寺去赏梅，遂有《题齐安壁》：

日净山如染，风暄草欲薰。
梅残数点雪，麦涨一川云。

历来为世人称颂的则是诗人呕心沥血，将自己的全部情感融入诗句的佳作《梅花》：

墙角数枝梅，凌寒独自开。
遥知不是雪，为有暗香来。

梅是耐寒的植物，严寒的冬天，百花谢了，它却能傲霜斗雪，迎风怒放。这首五绝不仅赞誉了梅花在风雪之中傲然挺立的外貌，而且歌颂了她馨香四溢的精神和那种纯洁高尚的品格，这不正是诗人自身的写照吗？短短四句二十字，情真意深，感人肺腑。诗人运用比兴手法，借颂梅花，暗喻了自己

不畏强暴的不懈斗志。诗人也极喜松和柳：

贺兰溪上几株松，南北东西有几峰。
买得住来今几日，寻常谁与坐从容。
——《勘会贺兰溪主》

雪干云净见遥岑，南陌芳菲复可寻。
换得千颦为一笑，春风吹柳万黄金。
——《雪干》

他咏柳也忘不了梅花：

水际柴门一半开，小桥分路入苍苔。
背人照影无穷柳，隔屋吹香并是梅。
——《金陵即事》（三首之一）

诗人喜爱春天，当然免不了要咏桃李：

结绮临春歌舞地，荒蹊狭巷两三家。
东风漫漫吹桃李，非复当时仗外花。
——《金陵即事》（三首之二）

正如诗人不喜欢瑟缩在寒风里的秋瓜一样，于初春景物中，诗人称颂的并不是经不起风雨的桃李，而是高赞那动人、不同凡俗的临水杏花。《北陂杏花》是诗人晚年的作品，直到这时，他也没有改变自己倔强的性格，仍表现了不改初衷的精神面貌：

一陂春水绕花身，花影妖娆各占春。
纵被春风吹作雪，绝胜南陌碾成尘。

陂地上的杏花面临一清溪，开得娇艳多姿，自由自在；岸上的花树与水中的花影，互相争着领略大好春光，各呈风姿美态。诗人咏花寄志，托物抒怀，借用杏花来比喻自己的刚强性格，表现了不随时俗的坚贞精神："纵被东风吹作雪，绝胜南陌成尘"，由于临水，即使花瓣飘落，也在水中；胜似栽在路旁，花瓣就落在路上，人踏马践，化为尘土——这就是临水杏花的特征。这里很容易使人联想到南宋陆游"零落成泥碾作尘，只有香如故"的词句，陆游可谓是王安石的知音了。

王安石是一个有抱负、有见解、有才能、有学问，又有着自己坚定意志和倔强性格的政治家，这就决定了他把诗歌创作与政治活动密切联系起来。他退居金陵以前的诗作大都具有浓郁的政治色彩。而在他晚年写景抒情、咏物寄志的小诗中，仍然不能忘怀于自己的政治抱负。他一直想参加变法斗争而不得，被迫啸傲山林；他无法积极进取，只有在闲淡的情调中寄寓自己深沉的悲愤。

五、"初日红蕖碧水流"：王安石诗的承前和启后

综上所述，不难看出王安石的政治、咏史、写景、咏物绝句广泛而深刻地反映了时代精神和诗人的思想感情。但是他的某些诗，尤其是古体诗，虽然内容更充实，艺术上也有独创精神，但对形式注意不够，不讲辞藻，只求实用，议论过多，形象不足，是其缺点。不过这些缺点在他的绝句小诗中是不多存在的。一方面，由于绝句这种形式，同那些宜于发议论、搬典故的古体诗是不同的，绝句短小隽永，言简意深，更适于表达诗人的思想和感情；另一方面，王安石的绝句大多写于晚年居金陵期间，这时，他的政治家气概虽日趋淡薄，然而诗人的气质倒更浓郁了，因而能作出"雅丽精绝，脱去流俗"（魏庆之《诗人玉屑》引黄山谷语）的精金美玉来。

王安石的绝句小诗，成为南宋以后众多诗人学习的楷模。陆游云："卧听儿诵半山诗。"杨万里云："读半山绝句可当朝餐。"

严羽《沧浪诗话》列有"王荆公体"，并说："公绝句最高，其得意处，高出苏（轼）黄（庭坚）之上。"直至清初，王士祯还很推重王安石，称他是诗坛上的"巨擘"。晚清"同光体"诗人也说"王半山备众体，精绝句"（方回《桐江续集》卷三十二）。稍后的南社诗人说："近十年来，唐诗祧矣。一二巨子，尚倡为苏、黄之派，又降则力摹临川，又降则非后山、简斋，众咸勿齿。"（柳亚子《胡寄尘诗集序》）可以得知王安石绝句小诗影响之深远。

前人论述王安石的诗学渊源,认为王安石是崇奉杜甫和韩愈的,清人刘熙载的《艺概·诗概》曾指出"王荆公诗学杜得其瘦硬",确实,王安石诗瘦硬雄直,迥不犹人。他对杜诗当有继承,但绝不是因袭;得力于韩愈,却不为韩愈所囿。他有自己的独创性。清人吴之振《宋诗钞》中谓:"宋人之诗,变化于唐,而出其所自得,皮毛落尽,精神独存。"他所评价的,当然包括王安石的作品。他的作品出于惨淡经营,却又妙造自然,他以"看似寻常最奇崛,成如容易却艰辛"(《题张司业诗》)评张籍诗,实际上也是自道所得。

王安石善于向前辈学习。他的有些绝句,套用前人诗,而略加改进,就能推进一个意境,如受人称道的《钟山即事》:

涧水无声绕竹流,竹西花草弄春柔。
茅檐相对坐终日,一鸟不鸣山更幽。

关于末句"一鸟不鸣山更幽",王安石曾对黄山谷说:古诗(《指梁代王籍的《入若耶溪》)"蝉噪林愈静,鸟鸣山更幽",我以为不如"不鸣山更幽"。

关于王安石晚年诗风的转化,诗人有一首《示俞秀老》的绝句是值得我们注意的:

君诗何以解人愁,初日红蕖碧水流。
未怕元刘妨独步,每思陶谢与同游。

金华俞秀老是诗人晚年居金陵时的朋友。俞是当时的隐士,诗以林泉为主要描写对象,境界幽深,风格疏朗。王安石在这首诗中形容秀老的诗歌美妙天成,有如红蕖(粉红的荷花)"清水出芙蓉"。"元刘"即元稹、刘禹锡,诗人用反意,说秀老的诗格调很高,不怕时人超出于自己之上,意谓俞诗超群出俗,独一无二。"陶谢",指晋、宋时的陶渊明、谢灵运,诗人赞美秀老之诗有着陶渊明的浑然天成、谢灵运的清新可爱。其实,王安石的这首论诗绝句对于俞秀老全是虚美之辞,而对他自己倒是很合适的,是诗人晚年诗风趋向深婉,由写政治、咏史怀古转而去写自然、描景咏物,以至对陶、谢诗风景仰、热爱的自我写照。以"初日红蕖碧水流"来形容王安石清幽自然的绝句风格是再恰当不过了。

宋人张邦基《墨庄漫录》云："七言绝句，唐人之作往往皆妙。顷时王荆公多喜为之，极为清婉，无以加焉。"其实，除五言、七言绝句外，王安石于诗人们很少涉猎的六言绝句领域，所作也是居宋人之首，可读《题西太一宫壁二首》：

柳叶鸣蜩绿暗，荷花落日红酣。
三十六陂春水，白头想见江南。

三十年前此地，父兄持我东西。
今日重来白首，欲寻陈迹都迷。

此诗作于神宗召他入京、准备变法的熙宁元年（1068），时诗人48岁。诗人重游西太一宫，距初游已三十二年。在这初游与重游之间的漫长岁月里，诗人叹息父母双亡、家庭多故，自己在事业上也没有做出成绩，因而触景生情，感慨颇深。这两首诗，正是诗人真情实感的流露，也是王安石诗歌具有浓厚的政治气息、多慨叹之作的又一佐证。

六言诗始见于建安诗人曹丕、孔融之作，唐人以王维《田园乐》二首最著。宋人六言绝句颇为流行，王安石作此诗后，欧阳修、苏轼、黄庭坚均有和韵。据说苏轼后来游西太一宫时，对着写在墙上的这两首诗注视很久，然后情不自禁地叹了一口气，赞赏说："此老，野狐精也。"无怪乎福州人陈衍在《宋诗精华录》称颂此诗："绝代销魂，荆公诗当以此二首压卷。"

王安石晚年和苏东坡的交情是极深厚的。蔡绦《西清诗话》记载说："元丰中，王文公在金陵，东坡自黄北迁，日与公游，尽论古昔文字，闲即俱味禅悦。公叹息谓人曰：'不知更几百年方有如此人物！'"

王安石是具有改革精神的政治家、教育家和文学家。他的改革精神，不仅充分表现于"熙宁变法"和"荆公新学"，同时也浇灌了他的文学，开出了奇花。九百多年来，他的政治和学术备受封建士大夫的诋毁，然而他在中国文学史上的地位却是不可动摇的。除了在散文上，他是"唐宋八大家"之一外，他也是宋诗的重要作家：对欧阳修、梅尧臣、苏舜钦来说是后辈，对苏轼、黄庭坚、陈师道来说则是先进。无疑，王安石诗歌在宋代诗歌史乃至中国诗歌史上都占有重要的地位。

一种风流吾最爱
——《世说新语》中的魏晋人物

◎蔡彦峰

作者简介：蔡彦峰，福建师范大学文学院教授、博士生导师，古代文学硕士点学科负责人，古代文学教研室主任。主持国家社科基金项目2项，中国博士后科学基金项目2项。出版《玄学与魏晋南朝诗学研究》等学术专著5部，发表学术论文50余篇。入选福建省新世纪优秀人才计划、福建省高层次人才等。

《世说新语》是南朝刘宋宗室刘义庆编的一部志人小说，该书包括梁朝刘孝标注，涉及的人物达一千五百多个，但大多能最好地表现出他们的个性、神采，富有生气，多有令人会心一笑之处，生动地展现了魏晋士人的群像，因此得到后人的喜爱，具有长久的艺术魅力。汉末魏晋是一个个性解放的时代，汉末大乱使儒家的政治伦理体制走向崩溃，儒家所强调的道德、气节不再是士人恪守的人生准则，政治上的动荡、黑暗，尤其是魏晋易代之际的杀伐名士，"天下名士减半"，造成了士人与政治的疏离，而转向了自我，更多关注自我的个性、才情、气质、风神乃至各种技艺，形成了一个个性解放的时代。《世说新语》分门别类为三十六门，全面地展现了魏晋士人的精神风貌，杜牧诗云："大抵南朝皆旷达，可怜东晋最风流。"冯友兰《论风流》概括魏晋风流为"玄心、洞见、妙赏、深情"，这些在《世说新语》中得到集中的体现。

我们将选取其中具代表性的一些例子来感受魏晋人的精神、人格等方面的特点，其中不少对我们现在的为人处世仍有借鉴的意义。

一、宁作我：自我与自信

个体的自觉、强烈的自我意识是魏晋人突出的特点，这是玄学影响下，士人从儒家的群体意识中摆脱出来，追求精神超越的体现。

> 桓公少与殷侯齐名，常有竞心。桓问殷："卿何如我？"殷云："我与我周旋久，宁作我。"（《世说新语·品藻》）

这里说的是东晋桓温和殷浩两人，这两位都是东晋的重要人物。《晋书·桓温传》："桓温，字元子，宣城太守彝之子也。生未期太原温峤见之，曰：'此儿有奇骨，可试使啼。'及闻其声，曰：'真英物也！'彝以峤所赏，故遂名之曰温。……温豪爽有风概，姿貌甚伟，面有七星。少与沛国刘惔善，惔尝称之曰：'温眼如紫石棱，须作猬毛磔，孙仲谋、晋宣王之流亚也。'"桓温灭了西蜀李势的成汉政权后，进位征西将军，"时逆胡未诛，馀烬假息，温亲勒郡卒，建旗致讨，清荡伊、洛，展敬园陵。"（《世说新语·言语》刘孝标注引《桓温别传》）桓温的威望和权势都达到顶峰，东晋朝廷借殷浩来抗衡桓温。《世说新语·赏誉》引《续晋阳秋》说："时穆帝幼冲，母后临朝，简文亲贤民望，任登宰辅。桓温有平蜀、洛之勋，擅强西陕。帝自料文弱，无以抗之。陈郡殷浩，素有盛名，时论比之管、葛。故征浩为扬州，温知意在抗己，甚忿焉。"桓温对朝廷以殷浩来抗衡自己虽然生气却并不放在眼里，因为他是一个雄豪自命之人。《世说新语·尤悔》载："桓公卧语曰：'作此寂寂，将为文、景所笑！'既而屈起坐曰：'既不能流芳后世，亦不足复遗臭万载邪？'"这就如主父偃说的："生不五鼎食，死即五鼎烹耳。"（《史记·平津侯主父列传》）《赏誉》篇说他"行经王敦墓边过，望之云：'可儿！可儿！'"他赞赏王敦这种非常之举。桓温是以这些英雄人物自许的，因此不把当时的大名士殷浩放在眼里。《世说新语·品藻》里桓温的态度更直白，"殷侯既废，桓公语诸人曰：'少时与渊源共骑竹马，我弃去，已辄取之，故当出我下。'"颇有落井下石之意。

殷浩又是什么样的人物呢？《晋书·殷浩传》记载："浩识度清远，弱冠有美名,尤善玄言,与叔父融俱好《老》《易》,为风流谈论者所宗。三府辟,皆不就……于时拟之管、葛。""王濛、谢尚犹伺其出处,以卜江左兴亡,因相与省之,知浩有确然之志。既反,相谓曰:'深源不起,当如苍生何!'"《世说新语·赏誉》记载:"王仲祖称殷渊源:'非以长胜人,处长亦胜人。'"刘孝标注引《晋阳秋》记载:"浩善以通和接物也。"《世说新语·赏誉》记载:"王长史与大司马书,道渊源'识致安处,足副时谈。'"《世说新语·品藻》记载:"世目殷中军'思维淹通,比羊叔子'"可见殷浩当时声望之高。所以东晋朝廷迫切期待殷浩出来以抗衡桓温。桓温之问令人感受到盛气凌人之态,但是更令人感受深刻的是殷浩的回答,"我与我周旋久,宁作我!"这是自我和自信!在看似平淡的回答中蕴含着强烈的自我意识。这正是魏晋时期崇尚个性的生动体现。子曰:"衣敝缊袍,与衣狐貉者立而不耻者,其由也与?'不忮不求,何用不臧?'子路终身诵之。"(《论语·子罕》)不嫉妒不贪求保持自我的本性,正是孔子所赞赏的。殷浩的"宁作我"之答,就体现了这种"不忮不求"的人生态度。

殷浩北伐失败,桓温"闻其败,上疏罪浩。竟坐废为庶人,徙于东阳之信安县。"《续晋阳秋》记载:"浩虽废黜,夷神委命,雅咏不辍,虽家人不见其有流放之戚。外生韩伯始随至徙所,周年还都,浩素爱之,送至水侧,乃咏曹颜远诗曰:'富贵它人合,贫贱亲戚离。'因泣下。其悲见于外者,唯此一事而已。"

二、雅量与旷达

玄远、雅量、旷达是魏晋士人标榜的一种风范,魏晋人常常要表现出超然物外的人格,率性自然的人生态度,对外表现遇事沉着冷静,不与人争,他们深受《老子》"夫唯不争,是以善争"的影响。对内则表现为不为情困,能控制情感的旷达态度。

> 谢公与人围棋,俄而谢玄淮上信至。看书竟,默然无言,徐向局。客问淮上利害,答曰:"小儿辈大破贼。"意色举止,不异于常。(《世说新语·雅量》)

雅量还表现为从容不惊保持镇定,谢安在淝水之战的表现是最好的代表。

东晋太元八年（383），前秦苻坚率领百万大军南下，苻坚是一代英主，又兵强马盛，到了江边，苻坚意气风发说："以吾之众旅，投鞭于江，足断其流。"（《晋书》）东晋朝野震恐，谢安临危受命为征讨大都督，淝水之战是一场关系到东晋生死存亡的战争，可谓是存亡系于一人，作为主帅的谢安从运筹帷幄到收到捷报，一直表现得极为镇静，故为时人所推服。《晋书·谢安传》也记载了这件事，可作为参考，"苻坚强盛，率众号百万，次于淮、肥。京师震恐，加安征讨大都督。玄入问计，安夷然无惧色，答曰：'已别有旨。'既而寂然。玄不敢复言，乃令张玄重请。安遂命驾出山墅，亲朋毕集。方与玄围棋赌别墅，安常棋劣于玄，是日玄惧，便为敌手，而又不胜。安顾谓其甥羊昙曰：'以墅乞汝。'安遂游步，至夜乃还。指授将帅，各当其任。玄等既破坚，有驿书至，安方对客围棋，看书既竟，便摄放床上，了无喜色，棋如故。客问之，徐答云：'小儿辈遂已破贼。'既罢，还内，过户限，心喜甚，不觉屐齿之折。其矫情镇物如此。"在国家民族安危存亡之际，谢安镇定不乱，可谓是最高的雅量了！宋代柴望《淝水》诗云："想见西风对垒时，目中先已料安危。淮淝百万兵虽众，未抵东山一局棋。"这种雅量不是盲目自信，而是胸有成竹！

除了淝水之战，谢安在面对关系东晋朝廷的诸多事件中也表现得极为镇定。

> 桓公伏甲设馔，广延朝士，因此欲诛谢安、王坦之。王甚遽，问谢曰："当作何计？"谢神意不变，谓文度曰："晋阼存亡，在此一行。"相与俱前，王之恐状，转见于色；谢之宽容，愈表于貌。望阶趋席，方作洛生咏，讽"浩浩洪流。"桓惮其旷远，乃趣解兵。王、谢旧齐名，于此始判优劣。（《世说新语·雅量》）

桓温这个人物我们在前面已经讲过了，他是司马懿、王敦一类枭雄，常有不臣之心，谢安当时是门阀士族的代表，本人又声名极盛，他隐居在东山的时候，士林就说："安石不肯出，将如苍生何！"（《晋书·谢安传》）这点与殷浩颇类似，但是谢安的政治才能远非清谈名士殷浩所能比。桓温对谢安也极为赏识，《世说新语·赏誉》记载："桓大司马病。谢公往省病，从东门入。桓公遥望，叹曰：吾门中久不见如此人！"《晋书·谢安传》也记载："温尝以安所作简文帝谥议以示坐宾，曰：'此谢安石碎金也。'"可见桓温对谢安是相当看重的，但是从政治上来讲，桓温又很忌惮谢安，所以几次欲除之而后快。刘孝标据《晋安帝纪》云："简文晏驾，遗诏桓温依诸葛亮、王导故事。温大怒，以为黜其权，谢安、王坦之所建也。入赴山陵，百官拜于道侧，在位望者，战栗失色。或云自此欲杀王、谢。"所以此行可谓危险重重，随时都可能有生命危险。宋明帝《江左文章志》记载："桓温止新亭，大陈兵卫，呼安及坦之，欲于坐害之。王入失措，倒执手版，汗流沾衣。安神姿举动，不异于常。举目徧历温左右卫士，谓温曰：'安闻诸侯有道，守在四邻。明公何有壁间著阿堵辈？'温笑曰：'正自不能不尔。于是矜庄之心顿尽。命部左右，促燕行觞，笑语移日。'"这是一场真正的鸿门宴，王坦之自然也清楚，所以恐惧形于色，宋明帝《江左文章志》记载得更加详细生动，王坦之的举止失措、倒执手版、汗流沾衣，更反衬出谢安的淡定和气度。谢安会洛下书生咏，他这时所咏的"浩浩洪流，带我邦畿"是嵇康《赠兄秀才入军》诗，嵇康是魏晋士人中偶像式的人物，他被杀之前"顾视日影，索琴而弹之"以生命体现了雅量的气度，谢安大概也从吟咏嵇康的诗里获得了某种力量，以过人的雅量化解了这场危机解除了。《晋书》称："江东独步王文度"，在这场危机中王坦之与谢安的名望也分出了高下。《南齐书·张融传》："獠贼执融，将杀食之，融神色不动，方作洛生咏，贼异之而不害也。"张融大概就是学谢安的，这种气度救了张融一命。

三、识鉴与妙赏

汉末魏晋以来人物品评之风很盛，《后汉书·许劭传》记载："（许）劭与靖俱有高名，好共核论乡党人物，每月辄更其品题，故汝南俗有'月旦评'焉。"曹魏时期刘劭还写过一本《人物志》，专门研究人物的识鉴之术。当时人非常重视识鉴的能力，这种风气一直持续到整个魏晋南北朝时期，并进一步发展为以山水比拟人物，对山水的欣赏品鉴，以及对文学、艺术等的评论，体现了魏晋敏锐的直觉和精妙的鉴赏语言，这也就是后人说的魏晋人的"妙赏"。

郗超与谢玄不善，符坚将问晋鼎，既已狼噬梁、岐，又虎视淮阴矣。于时朝议遣玄北讨，人间颇有异同之论。惟超曰："是必济事。吾昔尝与共在桓宣武府，见使才皆尽，虽履屐之间，亦得其任。以此推之，容必

能立勋。"元功既举，时人咸叹超之先觉，又重其不以爱憎匿善。(《世说新语·识鉴》)

这件事发生在淝水之战前数年，即太元二年谢玄拜建武将军出任兖州刺史时，这时虽距太元八年的淝水之战尚有数年，但苻坚已有并吞东晋的谋划，并屡屡侵扰江淮一带，东晋朝廷于是有选派能够安定边境的人物，唐代李善《文选注》引《中兴书》即说："时盗贼强盛，侵寇无已，朝议求文武良将可以镇北方者，卫将军谢安曰：'唯兄子玄可堪此任。'"《晋书·谢玄传》记载："(谢玄)少颖悟，与从兄朗俱为叔父安所器重。安尝戒约子侄，因曰：'子弟亦何豫人事，而正欲使其佳？'诸人莫有言者。玄答曰：'譬如芝兰玉树，欲使其生于庭阶耳。'安悦。及长，有经国才略，屡辟不起。后与王珣俱被桓温辟为掾，并礼重之。于时苻坚强盛，边境数被侵寇，朝廷求文武良将可以镇御北方者，安乃以玄应举。……于是征还，拜建武将军、兖州刺史、领广陵相、监江北诸军事。"谢安可谓是举贤不避亲，这也是他的识鉴和雅量的体现。与谢玄关系不睦的郗超闻而叹曰："安违众举亲，明也。玄必不负举，才也。"这种"不以爱憎匿善"，对与自己关系不好的人也能看到他的长处，更是难能可贵的，可以说就是有公心！

《晋书·郗超传》载："超字景兴，一字嘉宾。少卓荦不羁，有旷世之度，交游士林，每存胜拔，善谈论，义理精微。愔(郗超父郗愔)又好聚敛，积钱数千万，尝开库，任超所取。超性好施，一日中散与亲故都尽。其任心独诣，皆此类也。桓温辟为征西大将军掾。温英气高迈，罕有所推，与超言，常谓不能测，遂倾意礼待。超亦深自结纳。时王珣为温主簿，亦为温所重。府中语曰：'髯参军，短主簿，能令公喜，能令公怒。'超髯，珣短故也。"郗超的祖父郗鉴，是东晋初的重臣，他又才气高迈，深得桓温的重视，《晋书》记载郗超对桓温进的计谋："'明公既居重任，天下之责将归于公矣。若不能行废立大事，为伊霍之举者，不足镇压四海，震服宇内，岂可不深思哉！'温既素有此计，深纳其言，遂定废立，超始谋也。"郗超在桓温在世时可谓是大权在握，举足轻重的人物，但是桓温去世之后大权转入谢安手中，这大概是他与谢氏关系不好的一个重要原因，《晋书》记载："常谓其父名公之子，位遇应在谢安右，而安入掌机权，愔优游而已，恒怀愤愤，发言慷慨，由是与谢氏不穆。安亦深恨之。"事实上，郗超的父亲郗愔"暗于事机"，并无杰出的才能，郗超之愤慨谢安掌机权，大概主要是为自己而发的。但是不管郗超与谢安、谢玄关系如何不好，在举荐谢玄这个事情上，他是真正体现了他的"卓荦不羁，旷世之度"的度量和他的识鉴的。郗超怎么样看出谢玄会成功的呢？"是必济事。吾昔尝与共在桓宣武府，见使才皆尽，虽履屐之间，亦得其任。"郗超认为谢玄日后必定成功，理由是他当年跟在桓温府里共事的时候，用人各尽其才，即使是一些小事谢玄也处理得很恰当。郗超就是从这些小事里看出了谢玄具有实干的才能，这就是见微知著的识鉴能力，在玄学盛行的东晋时期，士人是非常重视这种能力的。郗超虽然也很有名士的风度，但又是一个有实干才能的人，所以他虽然与谢玄关系不好，但是有能看出并推崇谢玄的能力，这正是惺惺相惜。《世说新语·俭啬》记载："苏峻之乱，庾太尉南奔见陶公，陶公雅相赏重。陶性俭吝，及食，啖薤，庾因留白。陶问：'用此何为？'庾云：'故可种。'于是大叹庾非唯风流，兼有治实。""留白"指的是庾亮吃薤留下白色的根部，陶侃问他留下薤根做什么，庾亮回答说："还可以再种。"陶侃对庾亮这个小举动大为赞赏，认为庾亮不仅风雅而且有治理政事的实际才能。这一条与郗超之荐谢玄颇有异曲同工之妙，都是从小事中看出一个人的能力，这是魏晋人极为欣赏的见微知著的识鉴。所以说细节决定成败！

四、一往有深情

魏晋人深受道家玄学的影响，他们主张忘情，要以理化情，甚至视情感为"情累"，如东晋清谈家许询的《农里诗》云："亹亹玄思得，濯濯情累除。"这两句诗的意思即以玄思濯除情感之累赘。但是真正的忘情只能是观念上的，魏晋名士很多深情者。王戎就说："圣人忘情，最下不及于情，然则情之所钟，正在我辈！"《世说新语》专列《伤逝》一门，记载了很多深情的故事，其他篇中也有不少表现士人情感的。

    桓公北征经金城，见前为琅琊时种柳，皆已十围，慨然曰："犹如此，人何以堪！"攀枝执条，泫然流泪。（《世说新语·言语》）

桓温（312—373）这个人我们已经提到过了，他是司马懿、刘琨一类的人物，《晋书》："桓温挺雄豪之逸气，韫文武之奇才，见赏通人，夙标令誉。"

但即使是这样一个以英雄自命的雄武之人，在面对时光的流逝老之将至，也如常人一样有非常多的感慨！《资治通鉴》九十七注云："金城在江乘之蒲洲。琅琊侨郡，亦以为治所。"《景定建康志》十五云："晋元帝于江乘之金城立琅琊郡，在旧江宁县东北五十里。"又卷二十引旧志："咸康中，桓温出镇江东之金城。后温北伐，经金城，见为琅琊时所种柳。"这样我们就知道金城在建康旁边。桓温曾在东晋成帝咸康七年（341）出镇金城，这次北伐再次经过金城，看到将近三十年前种下的柳树树干粗壮皆已十围，柳树木质疏松容易朽坏，树龄大多二三十年，桓温当年种下的柳树都已成老柳，自己也垂垂老矣，抚今追昔，悲不自胜！桓温"泫然流泪"体现了强烈的生命意识，这是这则故事的感人之处，因为时间对每个人都是一样的，每个人都可能在生命的某个时刻，有时光飞逝的强烈感觉，生命意识越强烈的人这种感觉越敏锐，感慨也更深沉。对桓温来这样的政治人物来讲，他还有功业未就，时不我待的紧迫感，这一点与曹操《短歌行》："对酒当歌，人生几何！譬如朝露，去日苦多。慨当以慷，忧思难忘。""明明如月，何时可掇？忧从中来，不可断绝。"表现的复杂深沉又不可抑制的情感是很相似的。由南入北的北周诗人庾信在羁留北方时写过一篇感情极为深沉的《枯树赋》，结尾即用了桓温的这个典故。"《淮南子》云：'木叶落，长年悲。'斯之谓矣。乃歌曰：'建章三月火，黄河万里槎。若非金谷满园树，即是河阳一县花。'桓大司马闻而叹曰：'昔年种柳，依依汉南。今看摇落，凄怆江潭。树犹如此，人何以堪！'"树木凋零很容易引起生命的忧思，《楚辞·九歌·湘夫人》："嫋嫋兮秋风，洞庭波兮木叶下。"成为千古以来写景的名句，其实就在于秋风吹木叶落这一意象很有感动人的效果。庾信《枯树赋》的开头写道："殷仲文风流儒雅，海内知名。世异时移，出为东阳太守。常忽忽不乐，顾庭槐而叹曰：'此树婆娑，生意尽矣！'"也是从树的衰亡引起人生的感慨。这是魏晋以来的忧生之嗟的体现，也让我们感受到魏晋人对生命的深情和温度！

桓温还跟"肝肠寸断"这个词语有关系，也可以稍提一下。《世说新语·黜免》记载："桓公入蜀，至三峡中，部伍中有得猿子者。其母缘岸哀号，行百馀里不去，遂跳上船，至便即绝。破视其腹中，肠皆寸寸断。公闻之，怒，命黜其人。"《荆州记》记三峡："峡长七百里，两岸连山，略无绝处，重岩叠嶂，隐天蔽日。常有高猿长啸，属引清远。渔者歌曰：'巴东三峡巫峡长，猿鸣三声泪沾裳。'"三峡猿声凄清，猿子被掳，母猿的哀嚎尤苦，乃至肝肠寸断。

桓温闻此事为手下人所为，大为震怒。他被母猿的肝肠寸断所震动，可见桓温虽然为雄豪之人，却也极为重情。此即鲁迅先生诗说的："无情未必真豪杰，怜子如何不丈夫！"

荀奉倩与妇至笃，冬月妇病热，乃出中庭自取冷，还以身熨之。妇亡，奉倩后少时亦卒，以是获讥于世。《世说新语·惑溺》

荀奉倩即荀粲，是汉末荀彧的幼子，刘孝标注引《粲别传》："粲常以妇人才智不足论，自宜以色为主。骠骑将军曹洪女有色，粲于是聘焉。容服帷帐甚丽，专房燕婉。历年后，妇病亡。未殡，傅嘏往喭粲，粲不哭而神伤。嘏问曰：'妇人才色并茂为难。子之聘也，遗才存色，非难遇也，何哀之甚？'粲曰：'佳人难再得。顾逝者不能有倾城之异，然未可易遇也。'岁馀亦亡，亡时年二十九。"

所引这一则在《世说新语》第三十五篇《惑溺》中，这篇记载沉迷于声色、情爱、财富而不能自拔者的各种事迹，在《世说新语》的编著者看来，荀粲就是沉迷于夫妻情爱之中的人，魏晋时人何劭论荀粲曰："仲尼称'有德者有言'。而荀粲减于是，力顾所言有馀，而识不足。"在何劭看来，荀粲与妻子的深情是一种"惑"，为达人所不取。但是如果不去管当时人的评价标准，从我们的角度来看，我们其实很为荀粲的深情所打动的！荀粲与妻子感情很真挚，他的夫人在冬天十一月时得了热病，荀粲看到心爱的妻子身子发热极为焦急，自己脱光了衣服跑到冰天雪地门外取冷，再冲回房间抱着妻子为她降温。"热病"在当时很不好治，荀粲这个物理降温的方法大概没有效果，他的夫人还是去世了。但是荀粲的这一举动已足以看出他对妻子的深爱，为妻子付出了生命，要说深情恐怕很少能比得过荀粲了！荀粲的妻子去世后，他的灵魂也随之而去了，傅嘏去吊唁，看到荀粲不哭而神伤，这是真的是伤到了心了。《世说新语·德行》篇有一条："王戎、和峤同时遭大丧，俱以孝称。王鸡骨支床，和哭泣备礼。武帝谓刘仲雄曰：'卿数省王、和不？闻和哀苦过礼，使人忧之。'仲雄曰：'和峤虽备礼，神气不损；王戎虽不备礼，而哀毁骨立。臣以和峤生孝，王戎死孝。陛下不应忧峤，而应忧戎。'""神伤"是伤心到骨子里了。傅嘏看到好朋友如此伤心，想宽慰他，问道："妇人才华姿色两方面都突出的不容易找到。你这位夫人虽然漂亮，但才华并不足称，为什么伤心称这个样子？"傅嘏的潜台词其实要说：以你的家世、才华，什么美女找不到呢？何必难过成这个样子？荀粲感慨道："好女子很难得到。想想我去世的夫人，虽然不敢说有倾城倾国之美，但也不容易再遇到了。"用情太深伤心过度，所以一年多后荀粲也去世了，真可以说是为情而死了。他因此被当时人讥讽嘲笑，荀粲为什么会"获讥于世"呢？一方面是中国封建社会对女子的偏见和轻视，觉得男人为儿女之情而伤害了自己太不值得。还有另一方面是，荀粲是个玄学家。《世说新语·文学》也记载："傅嘏善言虚胜，荀粲谈尚玄远，每至共语，有争而不相喻。裴冀州释二家之义，通彼我之怀，常使两情皆得，彼此俱畅。"玄学主张要玄远、雅量、旷达，但是荀粲却为情所困，乃至为情而死，这在当时人看来一点都不玄远，这是他"获讥于世"的重要原因。但是"世人"的讥讽何损于荀粲呢？玄学的精神并不是一定要排斥情感，而是要追求自然和自我，情是人之自然，荀粲对妻子的爱是发乎自然情性的，当然荀粲不愿意像儒家强调的那样要"止乎礼义"，这恰恰是他作为玄学家追求自然的体现。荀粲还留下一句名言："妇人德不足称，当以色为主"，这在当时是很敢说的，自然而不虚伪这才是玄学的精神，事实上这正是注重自然情性的表现。有人讥讽也有人理解，何劭《荀粲传》记载："粲简贵，不与常人交接，所交者一时俊杰。至葬夕，赴期者裁十馀人，悉同年相知名士也，哭之，感恸路人。"

五、璧玉与风神

宗白华《论〈世说新语〉和晋人的美》说："汉末魏晋六朝是中国政治上最混乱、社会上最苦痛的时代，然而却是精神史上极自由、极解放，最富于智慧、最浓于热情的一个时代。因此也就是最富有艺术精神的一个时代。"这是宗白华先生对魏晋时代的一个总体判断，总体上来讲是有道理的。特别是精神上的自由、解放，富于热情，富有艺术精神这几个方面，可以说也是《世说新语》的几个重要的关键词。宗白华讲的"美"主要指的是艺术和审美，但是魏晋人还很注重容貌、风姿之美，特别是男性的美，魏晋人是十分看重的。颜之推《颜氏家训·勉学》说："梁朝全盛之时，贵游子弟，多无学术，莫不熏衣剃面，傅粉施朱。"这说的虽是梁朝时的情况，但这种风气其可以说是从魏晋人的尚美之风发展而来的。当然，魏晋人欣赏的"美"不仅是容貌之美，很重要的一点还有风神、风度。我们这一讲就从几则故事来了解魏晋人的"美"。

>卫玠从豫章至下都，人久闻其名，观者如堵墙。玠先有羸疾，体不堪劳，遂成病而死。时人谓"看杀卫玠"。（《世说新语·容止》）

这是《世说新语》里很有名的一则故事，故事的主人公卫玠是魏晋美男子的另一个代表。对卫玠不大了解的人可能会问，到底是什么使卫玠如此受人追捧呢？我们翻检《世说新语》《晋书》等相关文献记载，会发现卫玠除了他的容貌和清谈，并无其他方面足以传世，可见围观他的人都是冲着他的美貌的！卫玠多美呢？《晋书·卫玠传》开头一大段就不断渲染卫玠的美，"玠字叔宝，年五岁，风神秀异。祖父瓘曰：'此儿有异于众，顾吾年老，不见其成长耳。'总角乘羊车入市，见者皆以为玉人，观之者倾都。骠骑将军王济，玠之舅也，俊爽有风姿，每见玠，辄叹曰：'珠玉在侧，觉我形秽。'又尝语人曰：'与玠同游，冏若明珠之在侧，朗然照人。'"卫玠五岁时他的祖父卫瓘即发现他风神不同于常人。总角十来岁时坐着羊车进入闹市大街，洛阳城的人几乎都出来围观了，这个"倾都"就有李延年《歌》一诗："北方有佳人，绝世而独立。一顾倾人城，再顾倾人国。"可以说毫不逊色潘岳行走于洛阳道上了。刘孝标注引《玠别传》："玠在群伍之中，寔有异人之望。龆龀时，乘白羊车于洛阳市上，咸曰：'谁家璧人？'于是家人州党号为璧人。"长得实在太美了，大家干脆直接称他为"璧人"。魏晋虽然多美男子，但能称为"璧人"的也不会太多，我知道的还有就是潘岳和夏侯湛被称为"连璧"。这么美，所以卫玠的舅舅王济，每次见了自己的外甥都感叹卫玠像珠玉一样的光芒，让自己自惭形秽。王济这个人我们在讲魏晋人的深情时提到过，孙楚最佩服的就是王济，他"俊爽有风姿"，是一种英俊潇洒的雄性美，就这样的人都如此推崇卫玠的美。《晋书·卫玠传》这段从卫玠的祖父、路人、舅舅三个角度来渲染卫玠的美，其手法颇近汉乐府《陌上桑》："行者见罗敷，下担捋髭须。少年见罗敷，脱帽著帩头。耕者忘其犁，锄者忘其锄。来归相怨怒，但坐观罗敷。"也就是从他人的视角来展现卫玠的美。

《世说新语·品藻》记载："刘丹阳、王长史在瓦官寺集，桓护军亦在坐，共商略西朝及江左人物。或问：'杜弘治何如卫虎？'桓答曰：'弘治肤清，卫虎奕奕神令。'王、刘善其言。"刘孝标注引《玠别传》："永和中，刘真长、谢仁祖共商略中朝人。或问：'杜弘治可方卫洗马不？'谢曰：'安得比！其间可容数人。'""肤清"是外貌之美，"神令"是神情之好，内外皆善当然更好了，前面我们讲过潘岳是"妙有姿容，好神情"，就是内外皆美！事实上杜弘治和卫玠也都是内外皆美的，只是在桓伊、刘惔、谢尚等东晋人看来，卫玠的美是远超过杜弘治的，谢尚说的"安得比！其间可容数人"，用现在的说法大意就是说：没得比，差好几条街呢！其实杜弘治也是当时一个十分出众的美男子，他是西晋著名学者、政治家杜预的孙子，《世说新语·赏誉》记载当时人对他的评价："杜弘治标鲜。""标鲜清令，盛德之风，可乐咏也。""标鲜"这两个字很有意思，标有风度、格调之意，也有出众的意思，大概杜弘治给人一种清新鲜明的美感！《世说新语·容止》中还有一条："王右军见杜弘治，叹曰：'面如凝脂，眼如点漆，此神仙中人。'时人有称王长史形者，蔡公曰：'恨诸人不见杜弘治耳！'"王右军即王羲之，他赞叹说杜弘治的皮肤光洁细嫩如凝结的油脂，眼睛乌黑发亮像点了漆黑，真是神仙中的人物啊！而蔡谟听到有人称赞王长史外貌，说："很可惜你们没有亲眼见过杜弘治啊！"可见杜弘治是当时极为出众的美男子了。但是即使这么美，仍比卫玠差得远！惊为天人这个词也无法形容卫玠的美了，因为杜弘治已经是神仙中人了！

这样我们就容易理解，为什么卫玠从豫章到了建康，会"观者如堵墙"了，他真是太美了，他的美举世闻名，东晋又是一个爱美的时代，难怪人们那么狂热！其实卫玠对人们的疯狂追捧是有经验的，他小时候乘羊车入洛阳，不就"观之者倾都"了吗，我们可以猜想卫玠每到一个地方都会有很多人围观，他早应该都应对自如的了，但这次建康之行为什么就给"看杀"了呢？问题就在于他素来"有羸疾"身体差，《世说新语·容止》记载："王丞相见卫洗马，曰：'居然有羸形，虽复终日调畅，若不堪罗绮。'"刘孝标注引《玠别传》记载："玠素抱羸疾。"可知卫玠是一种柔弱的病态之美。加上他这次南渡，内心是很悲伤凄惶的，《世说新语·言语》记载："卫洗马初欲渡江，形神惨悴，语左右云：'见此芒芒，不觉百端交集，苟未免有情，亦复谁能遣此！'"刘孝标注引《玠别传》："（卫玠）永嘉四年（310），南至江夏，与兄别与梁里涧。"《晋中兴书》："卫玠兄璪，时为散骑常侍，内侍怀帝。玠以天下将乱，移家南行，母曰：'我不能舍仲宝而去也。'玠启喻深至，为门户大计，母涕泣从之。临别，玠谓璪曰：'在三之义，人之所重，今可谓致身授命之日，兄其勉之！'乃扶将老母，转至豫章，而洛城失守，璪没焉。"卫玠渡江之前，神情悲伤憔悴，对左右的人说："看这茫茫的江水，不觉百感交集，如果不能做到无情，那谁能够排遣这种情感！"余嘉锡先生说："然则叔宝南行，纯出于不得已。明知此后转徙流亡，未必有生还之日。观其与兄临诀之语，无异生人作死别矣。当将欲渡江之时，以北人初履南土，家国之忧，身世之感，千头万绪，纷至沓来，故曰不觉百端交集，非复寻常逝水之叹而已。"而且卫玠除了美貌，还很擅长清谈，"及长，好言玄理。其后多病体羸，母恒禁其语。遇有胜日，亲友时请一言，无不咨嗟，以为入微。"卫玠到了豫章后，"见王大将军，因夜坐，大将军命谢幼舆。玠见谢，甚说之，都不复顾王，遂达旦微言。王永夕不得豫。玠体素羸，恒为母所禁。尔夕忽极，于此病笃，遂不起。"大概就是这次清谈累垮了身体，从豫章到了建康旅途劳累又遇到了众多的追捧者围困，加重了病情，就造成了"看杀卫玠"的结局，年仅二十七遂，这就是因美而死的卫玠。

    嵇康身长七尺八寸，风姿特秀。见者叹曰："萧萧肃肃，爽朗清举。"或云："肃肃如松下风，高而徐引。"山公曰："嵇叔夜之为人也。岩岩若孤松之独立；其醉也，傀俄若玉山之将崩。"（《世说新语·容止》）

  嵇康身材魁伟，风姿秀异，见过他的人都感叹：潇洒沉静，爽朗超逸。有的说："清冷萧肃如松之风，高远而悠长。"山涛说："嵇康这个人，瑰玮如特立的孤树；他喝醉的样子，倾颓得像玉山即将崩塌。"

  嵇康的风神显然跟潘岳、卫玠的美不一样，他是一种潇洒爽朗的男性之美。《晋书 嵇康传》描述他："美词气，有风仪，而土木形骸，不自藻饰，人以为龙章凤姿，天质自然。"刘孝标注引《嵇康别传》也说他："伟容色，土木形骸，不加饰厉，而龙章凤姿，天质自然。正尔在群形之中，便自知非常之器。"嵇康天质是极为突出的，高大瑰玮，但他这个人不像一般的魏晋那样喜欢自我修饰，乱头粗服视形骸如土木然，他在《与山巨源绝交书》中描述自己"性复疏懒，筋驽肉缓，头面常一月十五日不洗，不大闷痒，不能沐也。每常小便而忍不起，令胞中略转乃起耳。"洗脸洗头洗澡都懒得做，这就是土木形骸，但即使是这样，他如龙凤一样卓然特立的气质仍然无法掩盖，就是处在众人之中，也会让人感受到他是非凡之人。《世说新语·容止》记载："有人语王戎曰：'嵇延祖卓卓如野鹤之在鸡群。'答曰：'君未见其父耳！'"嵇延祖即嵇康的儿子嵇绍，嵇绍处于众人中如鹤立鸡群，已极为突出，但是还远不如他父亲嵇康的天资，"鹤"不足以形容嵇康，只有龙凤才得相比拟，所以当时人以龙凤来形容他，《晋书·嵇康传》钟会对司马昭说："嵇康，卧龙也，不可起。公无忧天下，顾以康为虑耳。"将嵇康比为卧龙，以龙凤为喻这在中国古代来讲，可以说是最高的评价。梁朝钟嵘《诗品》论曹植的诗歌说："陈思之于文章也，譬人伦之有周孔，鳞羽之有龙凤。"也是以龙凤比喻曹植在诗歌上的崇高地位。所以人们对潘岳、卫玠这种美男子是爱慕，对嵇康则是仰慕！

> 嵇中散临刑东市，神气不变，索琴弹之，奏《广陵散》。曲终曰："袁孝尼尝请学此散，吾靳固不与。《广陵散》于今绝矣！"太学生三千人上书，请以为师，不许。（《世说新语·雅量》）

临刑之时仍未改其气度和风神，在刑场上索琴而弹，对死之将至毫不在意，只叹"《广陵散》于今绝矣！"这大概是嵇康留给这个世界最鲜明的记忆了，将他的伟岸、超凡定格在历史之中！这是魏晋人所追求的潇洒的风神，也是嵇康极为世人景仰之处。王隐《晋书》记载："康之下狱，太学生数千人请之，于时豪俊皆随康入狱。"不仅太学生，而且当时的豪俊甚至都追随他到监狱去，可见嵇康气度风神的感召力之大，以至于后人颇不相信嵇康就这么被杀了，顾恺之《嵇康赞》："南海太守鲍靓，通灵士也。东海徐宁师之，宁夜闻靓室有琴声，怪其妙而问焉。靓曰：'嵇叔夜'。宁曰：'嵇临命东市，何得在兹？'靓曰：'叔夜迹示终，而实尸解。'"说嵇康乃是尸解成仙了。因为嵇康临刑前奏《广陵散》，且感慨"《广陵散》于今绝矣"，所以关于嵇康与《广陵散》也有很多的附会。荀氏《灵鬼志》："嵇康灯下弹琴，忽有一人长丈馀，著黑单衣革带，熟视之。乃吹火灭之，曰：'耻与魑魅争光。'尝行，去路数十里，有亭名月华，投此亭，由来杀人。中散心中萧散，了无惧意。至一更，操琴先作诸弄，雅声逸奏，空中称善。中散抚琴而呼之：'君是何人？'答云：'身是故人，幽没于此，闻君弹琴，音曲清和，昔所好，故来听耳。身不幸非理就终，形体残毁，不宜接见君子，然爱君之琴，要当相见，君勿怪恶之。君可更作数曲。'中散复为抚琴击节曰：'夜已久，何不来也？形骸之间，复何足计？'乃手挈其头曰：'闻君奏琴，不觉心开神悟，况若暂生。'遂与共论音声之趣,辞甚清辩,谓中散曰:'君试以琴见与。'乃弹《广陵散》,便从受之,果悉得。中散先所受引,殊不及。与中散誓:'不得教人。'天明语中散:'相与虽一遇于今夕,可以远同千载,于此长绝,不能怅然。'"《广陵散》和嵇康一样都带有神秘的色彩!

但是嵇康这种人天资太超迈,所以一般人只能仰慕难以靠近,《世说新语·文学》记载:"钟会撰《四本论》始毕,甚欲使嵇公一见。置怀中,既定,畏其难,怀不敢出,于户外遥掷,便回急走。"让钟会吓成这样的估计只有嵇康了!《三国志·王粲传》说嵇康"尚奇任侠",性格很豪爽,刘勰《文心雕龙·体性》也说:"叔夜俊侠,故兴高而采烈。"我们读嵇康的诗,如"良马既闲,丽服有晖。左揽繁弱,右接忘归。风驰电逝,蹑景追飞。凌厉中原,顾盼生姿""息徒兰圃,秣马华山。流磻平皋,垂纶长川。目送归鸿,手挥五弦。俯仰自得,游心太玄。嘉彼钓叟,得鱼忘筌。郢人逝矣,谁与尽言。"(《赠兄秀才入军诗》)真可以想见其神采!不仅魏晋人仰慕他,甚至可以说嵇康是以一个超越式的偶像存在于中国历史上的。

千年医著"千金方"里的养生智慧

◎马少丹

作者简介：马少丹，福建中医药大学教授、二级公共营养师、医学博士，福建中医药大学国医堂专家，中华中医药学会方剂学分会常务理事、高等学校《方剂学》课程联盟副秘书长（中药学专业）。主持、参与国家及省级课题10余项，发表论文20余篇，主编、参编教材、著作20余部。

大家好，今天我要和大家分享的是我们的医学著作《千金方》中的养生智慧。什么是养生？《说文解字》中养为"供养"，从羊音，意为保养、补养、调养。生为"进也"，发育进展，即生命、生存、生长之意。养生含义即保养、补养、调养身体，使生命生存生长。《中医养生大辞典》中将养生定义为人类为自身生存与健康长寿、根据生命发展客观规律进行保养身体、减少疾病、增进健康的一切物质与精神活动。

《千金方》，包括了《备急千金要方》和《千金翼方》，为孙思邈所著。孙思邈认为"人命至重，有贵千金，一方济之，德逾于此"，故其两部著作均以"千金"来冠名。

这两部著作中不仅探讨了养生的有关学术理论，而且记载了丰富多彩的养生方法，内容阐述精辟，切合日常生活实际，易知易从，只要我们坚持一般就能显效。

孙思邈,考究其生平去世为682年,而出生年月不祥,有说活了101岁,有讲活了114岁,亦有传其活了140多岁,不管哪种说法,均在百岁之上,为人瑞。据说孙思邈年过百岁而视听不衰,这和其崇尚养生,并身体力行是密切相关的。可能有人会说"我先天不足,我怎么养生也达不到人家的程度的。"可是,大家知道吗?孙思邈年幼时体弱多病,自谓"幼遭风冷,屡造医门,汤药之资,罄尽家产",这也是他学医的真正动力呀。大家听到这里是不是有点信心了?

孙思邈被尊称为"药王",这说明其不仅医术精湛,而且医德高尚,给我们后世行医之人树立了榜样。其在《千金方》中讲到良医时说应"胆欲大而心欲小,智欲圆而行欲方"。什么意思呢?"胆大"遇到病人才能有自信、敢于出手;"心小"用药时才能如履薄冰、小心谨慎;"智圆"在看病时才能圆活机变,不拘泥,有制敌先机的能力;"行方"则可不贪名、不夺利,坦坦荡荡行医做人。这样的一个人,一代名医,是不是听起来就很值得我们信任呢?

孙思邈非常重视预防疾病,讲求预防为先的观点,"是以圣人消未起之患,治未病之疾,医之于无事之前,不追于既逝之后";并提出"存不忘亡,安不忘危"。

他提倡要有积极向善的心态,养成良好的个人生活习惯,重视运动保健,提出了养性、食疗、药疗等相结合的防病治病主张,对我们在现实生活中仍有很好的指导意义。正如文中所云:"行往坐卧,言谈语笑,寝食造次之间,能行不妄失者,则可延年益寿矣。"

所以今天讲述的内容主要包括:精神调养、适量运动、饮食调摄、药物预防及其他五个方面。

一、精神调养

《千金要方》记载有:"夫养性者,欲所习以成性,性自为善,不习无不利也。性既自善,内外百病皆悉不生,祸乱灾害亦无由作,此养性之大径也。善养性者,则治未病之病,是其义也……德行不充,纵服玉液金丹,未能延寿。"孙思邈在《千金方》中专列养性篇告诉了大家要养成良好习惯的重要性,且把道德修养放在首位。他认为具备了良好的品德,追求与人为善,"常以深心至诚,恭敬于物慎勿诈善,以悦于人,终身为善""爱惜性命者,当自思念,深生耻愧，诚勒身心，常修善事。"内心安和恬静，无牵无挂，无所累，不做损人利己甚至不利己的事情，"恬淡虚无""清静无为"则百病不生，也不会招致祸乱。善于养生的人，是未病先防，这才是养生的正道。若自私贪婪，没有良好的德行的人，即使服用了贵重的玉液金丹，也是不能延长寿命的。

简单来说，孙思邈就是告诉我们调摄精神就是要吝神节制，少私寡欲，不恣意放纵情志；内心平静淡然，无牵无挂，无所累。并着重论述了"养德"与长寿的关系。孙思邈直言："凡心有所爱，不用深爱；心有所憎，不用深憎，并皆损性伤神。亦不用深赞，亦不用深毁，常须运心，于物平等。如觉偏颇，寻改正之。"告诉大家心态一定要平和，情志过极就会产生疾病。他还引用嵇康的话，阐明常见的养生拦路虎："名利不去，为一难；喜怒不除，为二难；声色不去，为三难；滋味不绝，为四难；神虑精散，为五难（《千金方·养性》篇）"。

故此，孙思邈讲究：

1. 宜"十二少"、忌"十二多"

"勿汲汲于所欲，勿怀忿恨，皆损寿命。若能不犯者，则得长生也。故善摄生者，常少思，少念，少欲，少事，少语，少笑，少愁，少乐，少喜，少怒，少好，少恶。行此十二少者，养性之都契也。"

"多思则神殆，多念则志散，多欲则志昏，多事则形劳，多语则气乏，多笑则藏伤，多愁则心慑，多乐则意溢，多喜则忘错昏乱，多怒则百脉不定，多好则专迷不理，多恶则憔悴无欢。此十二多不除，则荣卫失度，气血妄行，丧生之本也。""凡远思强虑伤人，忧悉哀伤人，喜乐过度伤人，忿怒不解伤人，汲汲所愿伤人，械憾所患伤人"（《千金要方·卷十九》）。

孙思邈倡导的"十二少"是养生的真谛，而"十二多"是丧生之本。二者紧密结合起来，有所倡又有所忌，才能达到真正的养生的境界。

以上所述大部分均是情志、精神因素对我们的影响，像喜乐过度伤人，我想范进中举是大家都非常熟悉的例子了吧。而思虑过度伤人，我想在临床最为多见的就是失眠，很多失眠的患者就是思虑过度劳伤心脾引起的，所以对这类患者我最经常讲的一句话就是别想太多。虽然话很简单，但若我们不试着去改变我们的行为方式，即使医生暂时给我们消除了症状，很快就会重犯了。我的"老病号"都知道的我治病的时候常常劝人改变生活中的一些小习惯。

2. "七莫"原则

"莫忧思，莫大怒，莫悲愁，莫大惧，莫跳踉（强横），莫多言，莫大笑"忧思悲愁会让人生病，记得曾经接触一个病例，这个人是因为失眠（已诊断忧郁症）才来看病的。一个50岁的女性，自诉因为遭受父亲去世和丈夫外遇的双重打击，导致情绪低落，整夜失眠，还有突然的闭经。这就是情志短期内刺激过大导致的疾病。当然很多人会说你的病例太极端了，但是临床很多疾病确实和情绪关系密切，并不像我们想象的离我们那么遥远。《内经》中讲百病皆由气生，实际就是和我们的情绪密切相关。

二、适量运动

说到运动，很多人特别是年轻人就想到在健身房大汗淋漓的场景，这样容易引起过度疲劳，不仅起不到好的作用，反而有可能会对身体产生危害。孙思邈在千年以前就看到了这个问题。他讲到"养性之道，常欲小劳，但莫大疲及强所不堪耳。"这里的"小劳"，"莫大疲""强所不堪"就是运动养生的"度"，养生者应把握好这个"度"，不能太过与不及。这段话其实就是告诉大家要经常锻炼，但要根据我们个人的具体情况量力而为，不可疲劳过度，如果勉强坚持，健康就会受到影响。说到这里就想问一下大家"中医"的"中"字是什么意思？对，中正平和的医学。

记得几年前曾接诊过一个女性患者，是左下腹阵发性疼痛反复发作三年为主症来就诊的。所有体检项目指标都正常，看了很多地方都说她没病，后来熟人介绍到我这来。因为少腹部位是肝经循行部位之一，问诊患者经常跑全马，腹痛以痉挛性疼痛为主，一般在跑步时出现，开始不太明显，后来逐渐加重。虽然患者以长跑全马作为自己身体强壮的依据，但面色偏萎黄。所以后来我用了柴胡疏肝散和补中益气汤加减来治疗开了一周药，吃完后回复很好那一段时间均未发作。有人问为什么？其实在我看来因为跑步过劳导致气耗脾损，土虚木乘故出现腹痛。过了一段时间又过来了，说最近又有点发作，除了处方用药外，我交代不要过劳，后来她调整跑全马为半马，并减少了频次，这几年都没有再过来了。这就是过劳的一个具体事例。

"且流水不腐，户枢不蠹，以其运动故也。"一定要坚持运动，在接诊的过程中常常遇到一些年轻的女孩子过来调经的，一摸脉象很弱甚至摸不到，大多就和运动太少有关。可一旦建议她们多运动，有人会说我没时间呀，也有人会说我没场地呀，好像做做运动是很大的一件事情，到底是不是呢？我们来看看孙思邈是怎么说的。

在《千金翼方·养性》中"四时气候和畅之日，量其时节寒温，出门行三里二里，及三百二百步为佳"。一年四季中，只要是在气候和畅的日子里，根据季节气候的冷热舒适程度及个人的身体状况，出门走个三二百步或三二里地最好。闲暇之时，做一些轻微体力劳动，有益于身体健康。

"平旦点心饭讫，即自以热手摩腹，出门庭行五六十步，消息之。中食后，还以热手摩腹，行一二百步，缓缓行，勿令气急，行讫还床偃卧，四展手足，勿睡，顷之气定，便起正坐。"早饭后，以热手摩腹，出门行五六十步（古一相当于今两步）。中午饭后，还以热手摩腹，行一二百步。行走的要领是"缓缓行，勿令气急"。

从上面的内容我们可以看出孙思邈提倡运动，但并不拘泥于形式，他认为散步也是一种很好的运动方式，并且可以看出他推崇缓步而行，要舒适愉快，不感到疲劳为度。并主张饭后要稍稍运动，也和民间俗语"饭后百步走，活到九十九"相一致。现代研究也表明，散步这一运动方式易知易从，恒行效显，所以也已成为当今人们日常养生保健中最常见、最喜爱进行的运动方式之一。《千金方》既强调了生命在于运动，又指出了运动不能过度。其"常欲小劳"的主张，比片面主动、或片面主静的养生法要合理优越。当然，也要因人而异，比方说胃下垂的患者就不要吃完饭就去散步了。

孙思邈关于运动的理论以"热手摩腹"，是告诉我们适当的按摩对身体十分有益。通过按摩运动，调畅机体的气血，但要贵在坚持，他认为每日必须"调气补泻，按摩导引为佳"。而我们现在很多人对待运动也好，保健按摩也罢，往往是"三天打鱼，两天晒网"，想到就做，不想做就不做，这样不能坚持的态度，当然也就起不到较好的效果了。

其实上面的内容总起来说就是孙思邈认为精神宜静养，身体应运动，但二者均有个"度"在里面。

三、饮食调摄

我们常常讲"民以食为天"，我们也讲"人是铁，饭是钢，一顿不吃饿得慌"，中国有八大菜系，还有各地数不胜数的名菜小吃，这些都在昭示着饮食对于我们老百姓的重要性是不言而喻的，对于孙思邈亦是如此，所以这一部分内容的论述也最为详细。

（一）重视食疗

孙思邈在《千金要方》中专门列了"食治"一卷，这也应该是我国最早的食疗文献。书中记载了果菜、米谷、鸟兽、鱼虫等百余种食物，作为食疗的材料。因为他认为饮食是世间万物生存的必需品"夫含气之类，未有不资食以存生"。

同时他又认识到食之不当是有害的，"而不知食之有成败，百姓日用而不知，水火至近而难识。"这就讲明了虽然食品能够普遍地食用，但是很多人却不知道饮食是有所禁忌的，如果食用不合理，那就会对身体健康造成危害。

所以即使是食物，也要因人而异，每个人的体质不同，所患的疾病不同，根据不同的情况，应该适当的选取不同的食物。只有根据不同的情况合理搭配饮食，才能够达到通过食物促进身体健康，乃至于治疗疾病的目的。临床接触胃病的患者较多，除了反酸的朋友我让他们空腹时禁食酸的、甜的、辣的之外，其他病人问我能吃什么？不能吃什么？我常常说不知道，让病人自己去发现，当然胃病还是一定要忌口的，有时开玩笑说"辛辛苦苦调半年，一口回到解放前"，所以吃东西一定要因人而食，不能人云亦云。

因人而食，他还特意关注到老年人的饮食，讲老人进食要少，不能贪多。直接讲"食敢鲜肴，务令简少。饮食当令节俭，若贪味伤多，老人肠胃皮薄，多则不消。"

讲到食疗和药疗的关系，他主张"凡欲治疗，先以食疗，既食疗不愈，后乃用药尔。"他认为"食能排邪而安脏腑，悦神爽志以资气血。"药物虽然对缓解病情有所帮助，可以用来救急，但是"药势偏有所助，令人脏气不平，易受外患"因此，他认为用药应该很谨慎，甚至将之比作用兵，言"药性刚烈，犹若御兵。兵之猛暴，岂容妄发，发用乖宜，损伤处众。药之投疾，殃滥亦然。"

我非常赞同这种观点，所以虽然是临床的医生，但熟悉我的人都知道很多时候我并不喜欢用药，也不喜欢用重药，开方大多药味比较简单，一般能用平常药就不用贵细药。但这个观念不是每个人都能接受，记得几年前曾经有个家长带着小孩子挂了我的号，我印象中是个咳嗽的孩子，那个时候药材也便宜，我开了3天药，好像是一共7块多钱，家长最后没拿药，我一看又换了一个医生。这是一种什么样的心理呢？

（二）少食多餐，勿过饱

"善养性者，先饥而食，先渴而饮。食欲数而少，不欲顿而多，则难消也。""食多则积聚，饮多则成痰，重食则生百病"，故饮食最好少食多餐，否则难以消化，不宜过饱。孙思邈还引嵇康曰："穰岁多病，饥年少疾，信哉不虚。是以关中土地，俗好俭啬，厨膳肴馐，不过菹酱而已，其人少病而寿。江南岭表，其处饶足，海陆鲑肴，无所不备，土俗多疾而人早夭。"丰收的年月人们容易生病，灾荒的年月人们很少患病，这是确实可信的。你看关中地区，土地贫瘠，人们性吝啬，所谓的佳肴也不过是酱菜罢了，人们却长寿而少病。江南地区，物产丰饶，山珍海味，无所不有，当地人却多病而寿命不高。因而提出"厨膳勿使脯肉丰盈，当令俭约为佳"的观点。

其实大家也知道，这个观点现在依然具有很好的指导意义。不仅刚刚提到的胃病患者我们要求少食多餐，不能过饱外。我们很多人的基础病像高血脂、高血糖、高尿酸都和吃得太多太好有关。

（三）因时而食

孙思邈延续了《内经》的养生思想，又有所阐发。他提出"春七十二日，省酸略甘，以养脾气；夏七十二日，省苦增辛，以养肺气；秋七十二日，省辛增酸，以养肝气；冬七十二日，省咸增苦，以养心气；季月各十余日，省甘增咸，以养肾气。"即一年四季的饮食调理，也要依时而变。

孙思邈把饮食与季节、性味联系起来，根据季节的不同和身体的营养需要来确定进食的重点，就使得平日的一日三餐成为养生健身的手段，避免了随心所欲的进食方式。

春季肝旺之时，要少食酸味食物加一些甘味益脾的食物来抑木扶土，否则会使肝火更旺，伤及脾胃；比如说可以适当地食用大枣、蜂蜜、山药之类的食物。

夏季心盛之时，要稍少吃一些苦味的食物酌加一些辛味益肺的食物宣肺气，以免心火亢盛制约肺气宣发。比如说可以适当地食用生姜、肉桂之类的食物。

秋季为肺脏所主，要有意识地少食用些"辛"味的食物，而适当增加些属于"酸"味的食物以养肝血。

冬季为肾脏所主，应少吃咸味等具有补肾作用的食物，适当多吃一些苦性食物。冬天天气寒冷，防寒凉食物伤胃，应该吃"温"性食物，所以应该吃"苦温"食物，如秋葵、薤白、猪肝、陈皮等。苦入心经，主降，故吃苦味食物补心的同时，亦能降心气，达到心肾相交。所以冬天养生要"增苦"，以养心气。

每个季节剩余的十多天要有意识地酌加一些咸味益肾的食物以固本，毕竟肾为先天之本，一身元阴元阳的根本。

有些食物，如果服用时间不当，就可能会对身体造成伤害，孙思邈也关注到这个问题："堇实味甘辛平，无毒。安中，补五脏，不饥轻身。一名蔆。黄帝云七月勿食生菱堇，作蟯虫。"他还列举了平日我们生活中经常食用的肉类，"六月勿食羊肉，伤人神气"，"九月勿食犬肉，伤人神气"等。六月夏季食用羊肉过于温热，九月天干气燥，食用大辛大热的狗肉也是不合适的，今天对于我们来说仍具有现实意义。

我们常常讲"一方水土养一方人"，中国地大物博，有多种菜系，每一种菜系都是在一定地域内由于气候、地形、物产及饮食风俗的不同，而逐渐演变形成的自成体系又被全国各地所承认的地方菜肴，当然我们闽菜也是其中的一类。为什么会形成这样的特色？从食材来讲应季的蔬菜、水果，产地的地理气候不同，所出产的物品是有所不同，即使同样的东西，其效果也会有所差异，就像我们学中医的所讲的道地药材，就像《晏子春秋》中讲的橘生淮南则为橘，生于淮北则为枳，（叶徒相似，其实味不同）；即使同一地点，也会因为采光水分等方面的原因，食物的成分也会有所差异。我老家有个特产叫深州蜜桃，以前也是贡品，据说只有在深县西马庄村大概一亩地里出产，只要超出这块地出产的味道就是不同。

这里想问问大家反季节蔬菜、水果能不能吃呢？偶尔吃一点，尝尝鲜无可厚非，但不能让它们成为我们饭桌的主流。因为离家远很少回去，每次回去舅舅对孩子在吃上可以说是不求也应，曾记得有一年过年回老家，两个人去超市抱了一个西瓜回家，姥姥也说正好，屋里暖气太热太干了，吃西瓜好，刚开始吃也确实很好。可是大家都忘了，西瓜是大寒之性，我们中医把它称为天然的白虎汤，在寒冷的冬季本来是不应该出现的，所以少吃一点没关系。但西瓜在北方的冬天很贵的，大人都不舍的吃，就都留给了孩子，后面坏了，开始不爱吃饭了，回来调了很久才又调回了原来的胃口。这就是太过寒凉损伤了脾胃。

(四)勿忘主食

孙思邈继承了《内经》中的饮食思想,"五谷为养,五肉为益,五果为助,五菜为充。精以食气,气养精以荣色;形以食味,味养形以生力,此之谓也。"认为每一类别的食物含有不同的营养成分,在人体发挥不同的作用,被人体吸收后,生精化气,充养身形,维持人体的正常生理活动,故当均衡饮食。如果我们饮食太过偏嗜,就会生病。合理的饮食搭配,可以为人体提供必要、充足的营养,减缓衰老;反之,不合理的饮食搭配,不但人体所需的营养得不到及时地补充,影响健康,还会使免疫力降低,甚至会生病。

现在很多普通人为了减肥不吃主食,这是很不应该。在临床遇到很多20岁以下的小孩子或者40往上的中年人由于月经过少甚至闭经来求诊,问诊中就发现很多人主食吃得很少,尤其是晚餐基本是一点主食都不吃的。其实这是非常不恰当的,从中国人几千年的饮食习惯来看,既然称之为主食,就说明在我们的食物中应该占有主要的地位,我们的身体状况也适应了这种饮食习惯,这绝不是我们3、5个月或者1、2年就能改变。当身体状况和我们的饮食不相适应时,我们吸收的营养物质和我们身体的需要就会不一致,当然就会生病。当然,大家也知道主食不仅仅是大米或者面粉,还包括五谷杂粮,它们均为种子类,具有勃勃的生机,会给我们带来旺盛的生命力,所以我常常告诫这一类的病人减肥决不能以节食,尤其是节主食为前提条件。

记得第一次接触这一类的病人,是个大二的女孩子,过来时已经是闭经了。她就讲为了减肥,每天晚上只吃一个苹果,其他早、午餐正常进食,当然一般会少吃饭多吃菜。三个月减了十斤,非常开心,可是后来发现月经不来了,刚开始没太在意,后来发现三四个月都没来月经了,慌了,才赶紧来看。后来又陆续接诊了一些这样的病人,所以今天讲到这里,就给大家提个醒,千万不要小看了我们的一粒米。

(五)其他

孙思邈还说"人之当食,须去烦恼(暴数为烦,侵触为恼)。如食五味必不得暴嗔,多令人神气惊,夜梦飞扬。"也就是说人的情绪与食欲有很大的关系,心情好则有助于饮食消化,反之则食物难消。这也是为什么我们在饭桌上不要责罚小孩的原因。

孙思邈还认为"饱食即卧,乃生百病,不消成积聚。"食后就卧睡容易导致消化不良等,都是获得了大家公认的常识。其实也和刚刚他讲的饭后要散步联系起来了。

四、药物预防

孙思邈强调食疗，但不排斥药疗。言"俗人见浅，但知钩吻之杀人，不知黄精益寿；但识五谷之疗饥，不知百药之济命"《千金要方·服食法》。

（一）善用补益药

孙思邈服食法中所选补益药居多，"服地黄又方，使人老者还少，强力，无病延年。黄精膏方，不饥渴，长生不老。"地黄可以滋阴补血、益精填髓；黄精补气养阴、健脾润肺，味甘、性平且无毒，可以久服。合理应用具有补益作用的药物，不仅可以健体强身，还能防病治病。

孙思邈善用酒渍，例如枸杞酒方"枸杞根一百二十斤切……其酒赤如金色"。"茯苓十斤去皮，酒渍，密封之，十五日出之。"

（二）顺应四时，随季服食

孙思邈论曰："凡人春服小续命汤（麻黄、桂枝、防风、防己、杏仁、黄芩、人参、甘草、大枣、川芎、白芍、大附子、生姜）五剂，及诸补散各一剂；夏大热，则服肾沥汤（羊肾、磁石、玄参、茯苓、芍药、芎藭、桂心、当归、人参、防风、甘草、五味子、黄耆、地骨皮、生姜）三剂；秋服黄芪等丸一两剂；冬服药酒两三剂，立春日则止"。强调"此法终身常尔，则百病不生矣。"

（三）因人而异，服食变法

孙氏还说："夫欲服食。当寻性理所宜，审冷暖之适，不可见彼得力，我便服食。"

孙氏养生方以"调气血，补阴阳"为主。妇人养生侧重调气血，常用药物如人参、白术、甘草、生姜、大麦。男子养生重在补阴阳为主，常用药如五味子、肉苁蓉、菟丝子、蛇床子、巴戟天、杜仲、生地黄等。老人养生调气血、补阴阳并重，常用药物如地黄、柏子仁、肉苁蓉、杜仲、续断、巴戟天、人参、茯苓、石斛、天冬、白蜜等。

"故服饵大法，必先去三虫，三虫既去，次服草药，好得药力，次服木药，好得力讫，次服石药。根据此次第，及得遂其药性，庶事安稳，可以延龄矣。"

孙曰"服天门冬方，小儿服尤良，蜜丸服之益善，惟多弥佳"。

又曰钟乳散,"治虚羸不足,六十以上人瘦弱不能食者,百病方。"

五、其他

(一)睡眠

孙思邈在《千金要方》中还告诫人们睡眠时要避免以下几点细节:头忌北卧,睡前忌歌咏、留灯,忌喝茶,忌安火炉,当耳忌有孔,夏不宜露面卧,冬勿覆头等。

睡前唱歌、亮灯容易使精神不安、思虑不定影响睡眠;睡前喝茶使人频起夜;床旁安火炉则烟气夜间易入眼口鼻等窍,使七窍干涩,甚至中毒;耳边墙壁若有孔,风从孔入耳,易发耳聋;夏天露面睡眠易致面瘫。

(二)沐浴

"凡居家不欲数沐浴,若沐浴必须密室,不得大热,亦不得大冷,皆生百病。冬浴不必汗出霖霖,沐浴后不得触风冷……常以晦日浴,朔日沐,吉。凡炊汤经宿,洗人体成癣,洗面无光,洗脚即疼痛,作甑㽱疮。热泔洗头,冷水濯之,作头风。饮水沐头,亦作头风时行病。新汗解,勿冷水洗浴,损心包不能复"等。

从上面的讲述可以看出,孙思邈是一个接地气的大医,讲解的知识贴近生活,养生的方法很多简单易行,容易操作,并且越来越得到大家的认可。也希望我今天的讲述能给大家带来一些启示,愿大家逐渐形成一个良好的生活习惯,拥有一个健康的身体。

针灸穴名中的传统文化内涵

◎林 栋

> **作者简介**：林栋，医学博士，福建中医药大学教授，博士生导师，福建省级高层次人才，福建省科学技术协会第九届委员会委员，福建省中医体质调理学会副会长等。主持国家自然科学基金面上项目2项，相关学术成果获省部级三等奖以上2项，拥有国家发明专利授权2项。

非常感谢省社科联、省图书馆的邀请，能和大家一起分享我在针灸文化的学习以及我在临床运用过程中的一些思考。我的讲座主题为"针灸学中的传统文化特质"。为什么要谈传统文化的特质呢？因为传统文化是东方文明中一个颇具特色的内涵和基础，而针灸学则是传统中医学中非常重要的一个方面，它不仅是作为一类极其有效的临床干预手段，同时也承载了数千年华夏文明积淀下来的诸多文化内涵。这些文化特质与中医临床干预相互融合，最终形成了一个不可分割的整体。现如今在运用针灸医学的过程中，渐渐地，我们会发现文化在针灸学学科的推动过程中发挥着非常重要的作用。

今天的内容我将从针灸文化的溯源、字体演变与经脉医学、针灸经典中的求学之道及穴位命名中的文化内涵等四个方面，多角度地跟大家一起来领略一下拥有几千年历史的针灸学具有怎样一个传统文化的特质和积淀。

一、针灸文化的溯源

我想在座的朋友们都很熟悉针灸，也许会认为针灸不就是医生拿个针给你扎一扎吗？其实，扎针，它本质上是一类体表医学干预行为。2000多年前的祖先能够想得到用体表干预的方法来治疗疾病，应当说这是非常了不起的事情，在临床中亦发现体表刺激能治疗疾病具有确切疗效。那么针灸了不起在哪里？我们的老祖宗是怎么想到这些方法的呢？

我们不妨先从针灸文化的溯源开始讲起。想必大家都知道针灸来自哪里——《黄帝内经》。《黄帝内经》是传统医学的根本，那么这个根本里面有哪些跟我们文化相关的东西呢？或者说针灸从这里面汲取了哪些内涵呢？这个时候我们可以从《黄帝内经》——《素问》与《灵枢》出发。《素问》为现代中医学的鼻祖——汤液醪醴医学奠定了基础；而《灵枢》则是给现代针灸学——经脉体表医学奠定了理论内涵。

我们先从《灵枢》开始说起，《灵枢》开篇第一章就是《九针十二原》。《九针十二原》这个章节对于针灸医生而言并不陌生，因为目前大多针灸理论知识，包括针灸方法，都来自《九针十二原》。如果我们认真研读这个经典的话，可以发现，其实《灵枢·九针十二原》第一篇，就为当年我们的老祖宗为什么要做针灸，为什么针灸能够在我们2000多年前的华夏大地生根发芽作出解释。我这里也跟大家一起聊一聊这个非常有意思的命题，刚好我也想从这个命题切入，来开展我们今天的针灸文化之旅。

《灵枢·九针十二原》开篇第一章，黄帝问于歧伯曰："余子万民，养百姓而收其租税；余哀其不给，而属有疾病。"这句话是什么意思？这句话就是说黄帝跟歧伯的问答当中，黄帝认为：我既然带领了这么多子民，那么我要干什么呢？我要把他们供养起来，让他们能够生活下去，相应地他们就应该给我上交租税，这样才能让我拥有比较好的一个生活状态。但是黄帝担心地说，这些老百姓因为生病而没办法去田间劳作，因此他想找到一种方法，能够让他的子民们都健健康康的，不再生病。那究竟是什么样的方法呢？黄帝给出了他的想法，他接下来说："余欲勿使被毒药，无用砭石。"这是什么意思？就是说我想让我的子民、我的百姓不再生病，但同时还不想让他们吃药。"余欲勿使被毒药"，这里的"毒药"不是现代意义上有毒的物质，而是泛指当时的中草药。对这个问题，我们有空可以去看一下《神农本草经》中的上、中、下三品，古人所言"是药三分毒"，所以黄帝认为中药具有一定的副作用。因此，黄帝不想用这些药品来达到让老百姓不生病的目的。黄帝同时还提出不用砭石，什么是砭石？其实它就是古代传统中医里面的外科方法。砭石排脓放血，类似于现在的西医外科手术这类的方法。黄帝说我也不用砭石，那用什么呢？"以微针通经脉，调气血以治疾病，营其逆顺出入之会。"这是什么方法？这就是我们现在说的针灸学了。注意，这个针灸学的方法是什么呢？要以"微针通其经脉，调其血气，营其逆顺出入之会"，这个"营其逆顺出入之会"，这里面有两个词，一个是"营"，一个是"逆顺出入之会"。"逆顺出入之会"就告诉我们要去找穴位才有用。而这个"营"，其实就是滋养、调控、干预的意思。而要想做到有效的穴位调控，那么首先就要"调其血气"。所以，在2000多年前的黄帝内经里面古人就告诉我们，针灸的作用是什么呢？是通经脉，调血气，使得经脉之气能够正常运行，这就是我们老百姓能够不生病的办法，也是一个健康的办法。这其实是一个什么理念，大家知道吗？就是我们现在说得最多的"治未病"。其实古人最早建立针灸学的初衷其实不是治已病，是治未病。"以微针通经脉，调气血以治疾病，营其逆顺出入之会"，使得百姓的身体不再受到疾病的侵害。这个方法黄帝觉得非常好，他说，我要让歧伯记录下来。易用"令可传于后世，必名为之法，令终而不灭，久而不绝；久而易用难忘，为之经纪。"因此，黄帝给《灵枢》做了一个非常高度的定位，这个定位甚至上升到一个什么角度？他说可"传于后世，必明为之法"，注意，是"明为之法"，成为国家既定的一种法律，作为干预策略把它制定下来。这是黄帝在位期间，首次以国家立法的高度给针灸体表干预手段确定其法律地位。尽管这是否是黄帝所写的，我们尚不能考据清楚，但毋庸置疑的是，这是从国家层面给针灸的一个非常高的定位。刚好我想起来国家自然科学基金委在本月初的时候刚刚颁布了一项重点研究项目，就是要我们全国所有针灸专家或者中医专家一起来探讨，有没有种治未病的方法，能够在疾病未发生之前进行系统的干预，这让我恍惚间觉得中华文化在不同的历史时期正在进行着破茧成蝶的蜕变。

朋友们也许会进一步发问，那当时的针灸是什么？经脉又是什么？我们所说的针灸学，其背后的理论基础又是什么呢？是我们的经脉吗？是否就像《灵枢·九针十二原》所言，这些经脉就是古人要"以微针通其经脉"的那段经脉吗？那到底什么是经脉？这些问题其实不仅困扰着我们，也困扰了长期研究针灸的，研究中医的人。经脉是什么？经脉为何物？传统的经络、穴位挂图不是都画得很清晰吗？但是这一条条的线，它是怎样存在于我们体内，它背后承载的内容又是什么？大家很疑惑，其实针灸专家也很疑惑，那我今天在这里，就跟大家把这个过程、这个迷雾拨一拨，我们一起看一看它的原貌。针灸原来是什么样子？这些内涵其实要从我们的出土文物开始说起，1958年出土于山东省徽山县两城山的东汉画像石。这个石画像里面有一个很特别的人物，在这个画面上有一个人首鸟身的神物，这个神物非常有意思，在三幅画里面都有，特别是最上面的那幅画，在画的左面有个人首鸟身的神物，这神物在干什么呢？他的手上拿着一样东西，给这些排在他面前病患进行诊治。

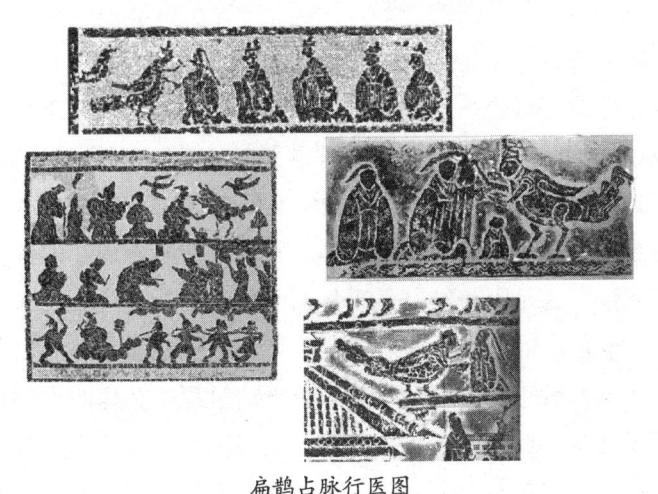

扁鹊占脉行医图
（部分图片参考刘澄中《经脉医学——经络密码的破译》，大连出版社，2007年版）

那为什么诊治的这个人（医生）是人首鸟身的神物呢？大家可能都知道，在春秋战国时期，有一个非常有名的中医大夫叫扁鹊。扁鹊，在老百姓的心里面，他就是一个人首鸟身的神物，为什么要给他一个人首鸟身的形象呢？这跟传统文化里面的图腾崇拜有很大关系。在我们的传统文化里，只要是能接近"天"的人，他都是能够跟神进行沟通的。因此古人热衷于给具有这种能力的人安上翅膀，而这个特点，东西方的文化概莫能外。所以，古人把扁鹊神化为一个鸟类的生物，说明扁鹊具有一个非常高的地位。他在看病的过程中，能够预知你的疾病未来，比如你有没有生病，生得什么样的病，能不能治的好，神医扁鹊说了算。所以在当时，优秀的医生在老百姓心理那是被当成"神"来膜拜的。

那我们回到这幅画上来，我们来看看针灸临床在2000多年前是怎么做的？当今我们有录像、录音等各式的现代化手段能够记录整个的干预过程，但在2000多年前的古时候，既没有文字，也没有图片资料，那时能用来记载的只有这些刻在石头上的壁画，所以这些壁画是能够反映当时临床干预的场景。

首先，这幅画面里有个内涵，即我们需要思考3000多年前扁鹊是如何诊脉治病的呢？扁鹊也叫歧伯，而这个歧伯，就是《黄帝内经》，特别在《灵枢》里回答的那个歧伯。这里有一个知识，可能需要跟大家介绍一下，《素问》的"岐伯"和《灵枢》的"歧伯"不是一个人。《素问》的岐伯是"山"字旁的"岐"，《灵枢》的歧伯是"止"字旁的"歧"，《灵枢》的歧伯就是画面上带鸟爪的这个人，所以这个"歧"字，其实相当于身份特征，这个歧伯就是指的扁鹊。那他在干吗呢？我们把这幅画仔细的剖开来看，就是我们两三千年前真正经脉医学的实践过程。歧伯在给人看病的时候手上拿了一个短棒状的东西，我们把它称为占脉诊病。什么叫占脉诊病呢？其实2000多年前的针灸，它不只是找穴位进行看病的，而是要通过发现体表特征来看病。现在的针灸临床干预为直接针刺穴位，这是因为经过几千年的文化积淀，现代针灸医学已经具有明确的穴位，但是以前的针灸医学的实践者，他们在看病的时候需要先叩击体表，寻找体表的敏感点。这个寻找敏感点的过程，在扁鹊占脉行医图里面比比皆是，不仅在1958年出土的山东省徽山县两城山汉墓出土的壁画，也包括在陕西，在湖北，在湖南多地均出土了非常多的石画像，且里面都可以看到这么一个拿着短棒状物体的人物，在做循经感传，在观察经脉医学体表现象。大家都知道，针灸里有个穴位叫合谷，你们每个人掐一掐自己的合谷穴，如果你掐自己的合谷穴的时候，你能感觉到酸胀感沿着你的手腕，向你的前臂部稍微有那么一点扩散的话，那恭喜你，你就是那个我们经络学中所提到的循经敏感人。

现代经脉医学研究的开展，是建立在循经感传研究的基础上。我们的每一个穴位，它的经气的感传方向，就是沿着经脉的方向走，这就是最早的经脉医学给我们的一个基础知识，那么这个过程实际上就在扁鹊的体表诊查过程中得到体现。那么大家就说了，既然你说了这个东西，那有没有文字记载发现这个现象或者相关的记载呢？

这个现象其实在我们的古汉字里面就打下了深深的烙印。换句话说，这个现象，尽管古人没法通过文字，或者视频、音像的记载实现刻录，但在我们的伟大的汉字系统里其实就早已经把这个内涵给它记载下来了。那是什么字呢？这个字每个人都熟悉。大家看像什么？像三是不是？我告诉大家，这个字是我们在甲骨文里面看到的一个字体。它不是三，其实是"气"。

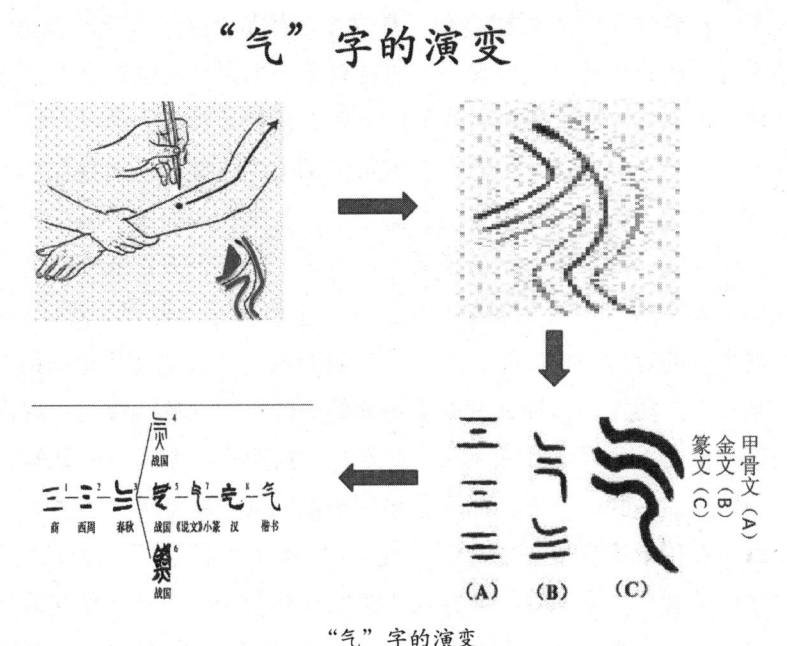

"气"字的演变

"气"字的演变

（部分图片参考刘澄中《经脉医学——经络密码的破译》，大连出版社，2007年版）

　　在甲骨文的文字记载里面，我们看到的这个字经过专家的解读以后，可以明确它表达的是一个"气"字，那为什么古人把这个三横称为气呢？由于气字的演变过程太长了，所以我把它做了个简单的动画。我们来看一下这个动画模拟的是什么呢？模拟的是当年扁鹊在叩击体表的过程。扁鹊拿短棒状物体叩击体表，一扣再扣。这个扣击的过程，就像我们按合谷穴的时候，一点一点的产生经脉的感传。体表出现不同部位的循经感传现象，而这种经脉线的感传，古人把它记录下来，分别有从手走头，从头走足以及从足走胸（胸再走手）的三条主要的经脉线，跟我们在十二正经里面所观察到的，手走头、头走足、足走胸（胸再走手）的三阴三阳经脉是密切吻合的。而且他们的长短还不一样，手走头比较短，头走足比较长，足走胸是比较短，所以经络系统有了长短不一的线条。注意，古人把这些长短不一定线条记录下来，这就是甲骨文中我们所看到的另外一种"气"，这也是甲骨文中"气"的形态。因为是从不同的甲骨文里面把它抠出来的，所以这也是甲骨文所描述的气。甲骨文之后金文，什么叫金文？就是古人最早的时候把文字刻在龟甲和牛肩胛骨上，后面又把它刻金属器皿上，这就叫金文，金文之后呢，就是篆文。篆文就有点像我们现在的"气"字了，到最后这才是我们的"气"。

好了，看到这里大家可能会想，那这个气到底是说什么呢？大家注意，我刚才说过了，我们按压穴位会产生感传现象，如果你注意观察，你会发现这个感传现象就像一股气流沿着我们的体表在慢慢地在体表循行。这种感觉就是古人最早赋予气的文化内涵。大家可能都被扎过针，比如我在手上合谷穴扎了针，可能会产生一种胀胀的感觉，也许蔓延到我们的手腕，如果有蔓延上来，那这就是一个循经感传现象，也许不一定每个人都能感觉到，但是古人他一定是有观察到这个现象。那么这种感传就是一种古人对气的描述。注意，这个气的背后，也就是古人想告诉我们的是在传统文化里面的"气"，它指的是一种流动性，一种具有流动特征的生命科学现象。跟我们现代人所理解的气的概念不一样。我和大家一样对自然科学有非常清晰的认知，所以我在学中医之前，我一听气，那肯定想到类似氧气、氮气等，各种气体分子形态，但是在传统文化里头的"气"，它的内涵指的却是一种"流动性"，而这个流动性的背后，它承载的又是什么呢？承载的是我们对这种气的中华文化的认知。它是一种流动性的特征，而这种特征跟我们的经脉医学密切相关。所以，在气的字体变化中，我们可以看到，从甲骨文到金文到篆文，它体现的是古人对体表经脉医学的一种认知。这是我从所有的气的字体演变里整理出来的。它其实就来源于我们的体表医学的叩击。这也就是我们中医针灸的最早原貌。

二、字体演变与经脉医学

其实最早的经脉医学并没有完整的经脉、穴位的体系，它只是观察到一个很真实、原始的生命科学现象，即一种体表刺激以后产生的循经感传。而在针灸医学里经常会提及气、血、经脉、腧穴等等内容，则是在这些临床经验之后的累积。

下面，我就正式从气开始进入到穴位的探讨。穴位，其实是针灸经脉医学中非常重要的一个概念,它和经脉密切相关,那么气又和脉有什么关系呢?这个关系在哪里能够体现呢?还是在文字里!所以传统中医文化是非常深厚的,中医跟华夏文明也是密切相关的,而传统文化里面的文字又是一大瑰宝。我们继续从文字开始解释这个问题。现在的汉字是简体字,但是如果回到繁体字的时代,发现"脉"字不是这么写的,脉是一个类似于人体经脉循经感传图。

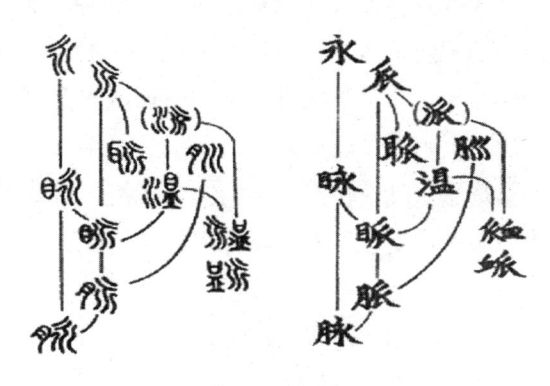

"脉"字的演变
(部分图片参考刘澄中《经脉医学——经络密码的破译》,大连出版社,2007年版)

从右上图中,我们可以看到"永"字的金文或者篆文的一种写法,其实这中间也是一个人。大家看到没有人的体表有三条横是吧?对了,这个特征其实就是依附在体表的三条主要的经脉循行线。这个循行线非常有意思,经过多年的文字演变,古人在这个书写基础上加上了一个"月"字旁,其实大家知道这个月字旁并不是月,它指的是什么?肌肉的纹理,血管的纹理。肌肉的纹理,血管的纹理,放在我们的"永"字边上,是要代表什么?代表人体体表中流动的气的一个通道,也就是我们的脉。所以"脉"字,不管是写的正"永"还是反"永",它都代表的是气的一种循行通道。不知道大家有没有见过,但这确实是我们课题组在研究经脉医学的过程中所发现的一个很有意思的内涵。即在文字的演变过程当中,"脉"的文字在后来就慢慢变成了我们体内的一种脉道,一种通道。以至于当现代西方医学,进入到我们中国以后,形成了血管、血脉的概念。我们经常说血脉相融。血脉相融指的是什么?就是气血在人体体表,在人体内循行的过程。

讲到这里,大家可能会想,那个时候经脉都出现了,穴位却在哪里?我们继续看,穴位也在文字当中有着充分的体现。这就是"俞"。我们现在讲穴位叫穴,但其实在黄帝内经时代,穴位叫俞,当然这个"腧"字在针灸学里面也有很多的内涵,包括背俞穴、五输穴。腧穴,其实俞和穴都指的是体表干

303

预点，即穴位。这个"俞"字也非常有意思，给它进行了一个文字的解析。大家都知道汉字不是符号文字，而是一个象形字，每一个象形字都记载了一个故事或现象，古人把他看到的所有内涵，变成一个画，而每一个字都是一幅幅画中记载的古人能够观察到的生命科学现象，所以从中可以看到什么呢？首先，针灸和经脉医学不是凭空创造的，而是真实的，是两三千年前中华民族的伟大祖先，在日常生活实践中总结、归纳、提炼出来的真实历史场景和生活场景。其次，汉字作为文化积淀，承载了太多中华文化内涵了，比如针灸、中医在文字里有非常深厚的东西。我们把气和脉都讲完了，我们接着看穴位。

古人说这个脉就像河流一样有分叉口，而关键的分岔口在我们体表叫什么？其实，就是黄帝在《九针十二原》里面说的"营起逆顺出入之会"的场所，也就是说一个河流的分岔口就相当于气血循行的一个重要关口，这就是我们的穴位。大家看这边图上就画了一艘小船，到了这个河流的分岔口后，究竟是顺流而下，还是拐弯，

"俞"字的演变

在古代脉书的时期还没有穴位，与穴位相当的刺激点叫做"俞"（读音如"输"，shū）

"俞"字的演变
（部分图片参考刘澄中《经脉医学——经络密码的破译》，大连出版社，2007年版）

这就是一个非常重要的气血循行的关口和隘口。这就是我们的"俞"。这就是积淀在针灸穴位整个知识体系里面非常重要的一个文化内涵。

针灸讲"以痛为输"，那怎么寻找这些点？相当于寻找气血的一个关键的关口、转弯口，以及一个节点。所以说讲到这里，我们把气、血、经脉的文字内涵跟大家做了一个梳理，其实对于针灸来讲，对于经脉养生来讲，大家都很希望能用针灸跟经脉达到一个治未病养生的目的。我想通过上面的解释，大家可以知道我们应当更加注重什么呢？是经脉气血的流动性。我们通过平时的针灸、刮痧，这些刺激方法都是为了促进体表气血的流动。所以不要以为穴位按一按就够了，按的过程当中你要注意体会它的感传，气血能够流动，这才是经脉医学最终带给我们的一种养生保健的方法和内涵。所以知晓气血

的变，才能做到"知常达变"，而起到真正病除的目的。故而针——其实只是一个手段，一个调动经脉气血的手段。

三、针灸经典中的求学之道

那接下来大家肯定很想知道，针灸该怎么学？我们怎么利用现有的文化内涵去了解针灸，学习针灸。在《黄帝内经·灵书篇》里面有一个记载，而这个记载和我们的文字有很密切的关系。这就是什么呢？在《灵枢·九针十二原》中黄帝跟歧伯的问答之后，歧伯回答黄帝说：您说的话很有道理，那下面呢，我就要跟您讲一讲"小针"是什么，该怎么使用。那么歧伯就跟黄帝说"小针之药，易成而难入，粗守形上守神"。我容易讲，但是很难做到深入，很难做到精准，为什么呢？这就是一个学习方法的问题。

大家一看到"粗守形"，就会觉得这是不是在说针灸的水平，好的针灸医生做什么，不好的针灸医生做什么，是不是这么理解的呢？其实不是。下面我们来看这些字，这些字很有意思。因为我对针灸学、对传统医疗技术的理解，有一个自己的观点。也就是说，两三千年前的文字和现在的文字应当说是天壤之别，内涵不一样，意义不一样。如果想研究当时文字记载的内涵，就应当回到过去的那个时候，用当时的思维去还原经典背后的内涵。所以我用东汉许慎的《说文解字》来重新研究"九针十二原"里的这些文字，后来我发现这些文字的含义居然真是别有洞天。所以这更加证明了文化是具有传承、积淀、累积和演变的过程。若是我们用现代人的眼光去看2000多年的文字，不一定能看得出他们的原意。

我把"粗"字用《九针十二原》进行翻译，发现"粗"字讲的可能是人的三六九等、粗鄙之分，抑或是先后之别。那许慎的《说文解字》又是怎么解释的？书中言："粗，疏也，从米且聲"。那"疏"是什么意思呢？当时许慎是用一个字解释另外一个字，是不是很难理解？还好在清代有一个人叫作段玉裁，他是一个非常了不起的文字专家，他把东汉时期许慎的《说文解字》重新做了个注。他注解"疏"字，说是"彼疏斯粺"，这个"粺"就是粗粮，以前古人吃的五谷就是粗粮。那"粗"究竟指的是什么？其实就是当时刚打下来的谷子和稻谷。我们平时吃的米都是精细制作过的，而古时候的粮食，加工存放都是很粗糙的，直接从地里面打下来的。其实这个"粗"字，就是一幅画，我们把它拆开来看，这个米字旁，实际上是一个当时的田地。当时在先秦两汉时期，土地都是种满了稻谷的，而这些稻谷边上都会有个粮仓，因此，"粗"的另外一个偏旁就是一个粮仓，粮仓是堆满了稻谷的。就这么一件事，古人把它记下来。所以"粗"指的是什么意思？它指的是这些食物刚从田里面打下来，没有经过加工，直接储存起来的过程叫作粗。或者说"粗"指的是未经加工的食物，没有好坏之分，只有先后之别。

当我们还原了真正的"粗"的本意时，我们就能理解当时的"粗工"要说明的内涵了。这个粗工，指的是刚入门的针灸科医生。刚入门的针灸科医生和入门很久的医生，他们的学习方法是不一样的。如果诸位想了解针灸的话，你们作为刚入门的针灸爱好者要做什么事情呢？古人说了一件事叫作"粗守形"。初学者该怎么做呢？粗不是水平低，而是你刚入门，学识有限，古人告诉你没关系，我们要好"守形"。"形"放到《说文解字》里面去看，发现"形"字很形象，古人画了一个水塘，水塘边有一个人，人在水塘边看自己的倒影。"形"里的"干"字，其实是一个人形，而两个人是一模一样，叠在一起的，所以古人把它拼在一起就变成"开"字。而把"开"字从中间劈两半，实际上就是两个一模一样的人，一个是岸上的人，另外一个是水中的倒影。水就是三横，这个三撇是水流，岸上的人看水中自己的倒影，这就是"形"字的形成过程。

古人用这个现象来告诉我们"形"的关键特点是模仿，就像照镜子一样，看到镜子里面的自己，举手投足，

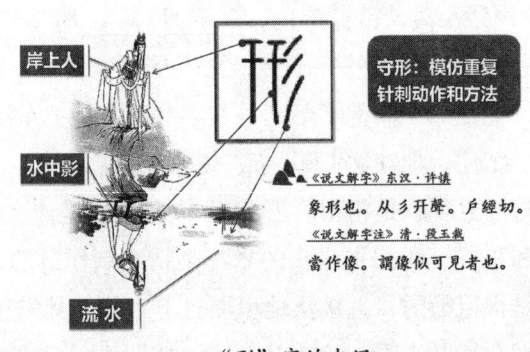

一笑一颦都是完全一致的，这就是一个模仿的过程。所以古人说了，刚学针灸的医生第一件事情是模仿。刚入门的针灸学徒要去模仿。当然，我们经常会看到人说"粗守形"，就代表是水平比较低的医生，只会干守形的事情，其实不是的，只是"闻道有先后，术业有专攻"而已。换句话说，学习是个过程，求学的人只有先后之别。就像中医一样，不可能一毕业能力就很强，需要一个学习积淀的过程。

这就是古人在学习过程中告诉我们的学习方法，即一开始你要先模仿，模仿是每一人成长的第一步。先进行模仿，模仿之后慢慢才有了第二个阶段，叫"上守神"。不能一辈子都在模仿，模仿是你刚入门的一个阶段，这个阶段可长可短。但你的努力可以缩短模仿的时间，你付出的精力跟时间可以让你更快地完成基础知识的积累，这个积累过后要做什么呢？就是"上"这个阶段要做的事情了。什么是"上"？这个"上"并不是说你的先天水平有多高，而是你的积淀。所以中医大家都认为越老越吃香，对不对？这个"上"背后代表着什么，代表着你过去的学习所付出的时间成本。在这个行业里头，你反复的滚动，5年、10年、20年，这个经验累积的过程是能看得到的。大家看"上"是什么概念，古人认为它就是一个低到高的过程。一竖一横就是《说文解字》里头的"上"字，代表处于高处的人。所以"上"字就像我们爬山一样，走在队伍最前面的领队经验丰富，所以许慎在《说文解字》里认为"上"的意思就是高。"上者，高也。"不是说你的水平高，而是你的经验跟资历丰富。所以为什么古人特别尊重老者，因为老人随着时间积累，他有足够的经验能告诉你很多事情该怎么做，不该怎么做。

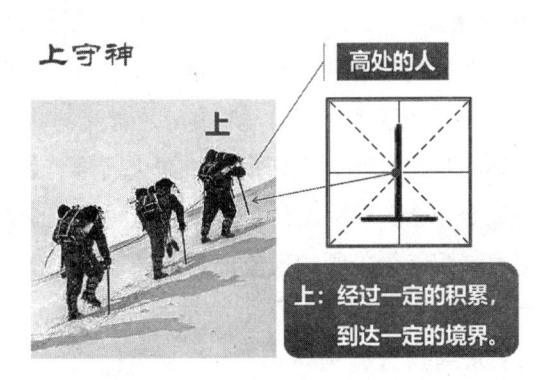

"上"字的内涵

所以有一定经验阅历和积累之后的针灸医生该干什么事情呢？他就不是守形了，他要守神，那什么是"神"？神的概念很有意思，它的左边偏旁是一个祭祀用的三足鼎，祭祀物品的另外一边是什么呢？是雷电，许慎说："神，天神指引出万物者也。"所以神代表一种不可琢磨的规律，而古人认为，这种规律通过祭祀获得，把这种很高端的认知，归结到神的概念上。所以许慎说天神引出万物者也，就像天上的雷电一样，这雷电是不可琢磨的，什么时候来？什么时候收？它的规律是什么？不可把握。这就是古人对上天的一种敬畏。那么这种不可琢磨的规律，这就是包含在我们人体生命科学中的那些古人所无法探及的、无法碰触的现象。那么第二步就要"上守神"。有经验有资历的医生，你要做的事情就是要守神。所以"粗守形，上守神"，就是说明学针灸，乃至学任何一门技术跟方法。我们的针灸有什么内涵，古人在《九针十二原》这些经典里面传递给我们这些基本知识，这也是我们文化所带来的学科魅力。

四、穴位命名中的文化内涵

接下来，我们来看一看针灸穴位，穴位命名也非常有意思。穴位命名就涉及穴位的功用、主治和内涵。可能在座的很多朋友都很喜欢中医，也很喜欢针灸。针灸接触的第一步就是体表的穴位，可是你们知道吗？每一个穴位的名称，它都不是随便取的。每一个穴位名称的背后，都饱含着传统文化的积淀和古人对这个位置的一种认知。所以足三里绝对不能称为足四里，它只能是足三里。人体手上有手五里，腿上有足三里，但每一个里都有不同的内涵和概念。

下面我们来看几个很典型的穴位名称。穴位的名称跟我们的诗词文化有丰富的内涵和联系。来自李白的《梦游天姥吟留别》"云青青兮欲雨，水澹澹兮生烟。列缺霹雳，丘峦崩摧。洞天石扉，訇然中开。青冥浩荡不见底，日月照耀金银台。"多么宏大的一个场面啊，李白当时游历各地，在此过程中看见了这么一个美丽的现象把它记录下来，他用"列缺霹雳，丘峦崩摧"描述这个场景——在这么一个烟波浩渺的世界里，一声惊雷打破了和谐的宁静，洞天石扉就这么轰然中开了，然后就幻化出一个青冥浩荡不见底，日月照耀金银台的瑰丽场景。这首诗中的列缺是什么？在针灸学中列缺是一个穴位，但李白诗句里面提到的列缺，并不是指列缺穴，而是表达了一个对大自然的认知，对世间的敬畏。由此可见，中国古代的列缺作为雷电跟闪电在古文化里，地位是非常高的。列缺，即古人觉得在天空裂开的位置产生了一个裂缝，这个裂缝使得古人能从中去一窥天地的奥秘。

而我们手上的列缺穴，一穴通两经，还通任脉，所以列缺穴应用广泛，针灸科医生治疗头痛一般用列缺，这是因为头痛时常感觉头闷闷的，好像什么东西裹在头上，比如疲劳，女性经期头痛，甚至感冒的时候，头又重又沉。我听病人跟我描述过，她说我痛的时候就想用斧子把脑袋劈开。其实他的这个感觉跟古人描述列缺穴的表现一致。列缺就是雷电之神，一道闪电把天空劈开，天空是不是就会很清澈。列缺就有这么一个功用——一旦有病人说他的头很重，就像有什么东西蒙在头上的时候，列缺就有涤荡乾坤的作用了。这个穴在哪里呢？这个穴在手太阴肺经，即沿着大拇指往向心性反向摸，摸到一个凸起的骨头，现代解剖学名叫桡骨茎突。古人知道沿着这个骨头往下摸，能摸到一条缝隙，大家可以把拇指翘起来，手腕横着，然后再摸，摸到两条筋中间有一个凹陷，这个位置就是列缺穴。它跟古人所描述的列缺——雷电之神的功用很像，雷电之神把天空劈开一条缝隙，那么它所处的位置则在一个缝隙里头。因此，要把这个穴用好，就须找到这个凹陷和筋。然后再把针从这个筋里面穿过去，这个时候就会有很强的针感，甚至会沿着手臂一直往上走。针灸有个四总穴歌"头项寻列缺，面口合谷收。腰背委中求，肚腹三里留。"四总穴歌里，列缺排在非常重要的位置。头和脖子的问题，比如头痛、脖子酸都可以找列缺来治疗。列缺本身是手太阴肺经的穴，本来手太阴肺经在手的阴面（手臂内侧面），结果列缺穴的位置到阳面（前臂外侧面）去了，因此皇甫谧在《针灸甲乙经》记载列缺是"手太阴自此分支别走阳明，脉气由此别列而去，似天上之裂缝。"就像雷电把天空劈开一条裂缝。所以，列缺不仅一穴通两经，还能通任脉，而任脉走咽喉，所以列缺的功用里面又多了治疗咽喉病。抽烟的人咽喉是不是会难受？老是恶心、干呕、口臭，列缺就可以治疗这个问题。而且近代人在列缺的功用主治上，还衍生出了另外一个在列缺穴附近的穴位。这个穴位你们可能不熟，但很多男生很想知道，它叫戒烟穴，也叫甜美穴。当你很想抽烟的时候，你就掐这个穴位，能够让烟瘾控制下来。这个穴位具体在哪里呢？在列缺穴稍微往前一点。你们可以沿着列缺穴往前摸，前面有一个凹陷，这个位置你按上去，它会有种酸胀感。如果你想戒烟的话，特别当你烟瘾来的时候，就使劲掐它，效果很不错的。所以，针灸列缺穴，针下之气长如闪电而直达头面、巅顶，荡涤乾坤。特别是头痛的时候，列缺穴针感很强，一扎下去，如果能感受到头痛散开的感觉，就一定会体会到晴天霹雳把阴霾一扫而空的感觉。我上次有个病人，他头重的厉害，昏昏沉沉，就给他进行针刺，针刺完起来的时候他说医生，我这头就好像放到水里洗了一下，一下子清爽了的感觉。

这就是穴位给我们带来的一个概念，当然在针灸穴位里面，这种类似的穴位非常多，我今天只是举一个例子，像"头项寻列缺，面口合谷收。腰背委中求，肚腹三里留。"这里的足三里、委中、列缺跟合谷，大家都耳熟能详，它们的作用也是非常经典。我今天只是以列缺为例来谈了这么一个现象。所以说回过头来总结一下，列缺穴就像一个霹雳，最擅长的作用就是把各种沉重闷胀的感觉一扫而空。头颈部的酸痛可以用列缺，头部的闷胀可以用列缺，乃至咽喉的咽炎，咽中如有物梗，就好像咽喉里面总是有什么东西卡在这边，吐不出来，吞不下去的这个感觉，这就是慢性咽炎一个典型的临床表现，列缺就可以治疗。

列缺穴有一种简便取穴法，现在告诉大家，刚才我说的方法比较复杂一点，还有一种很简单的方法是什么呢？我们可以把手腕关节伸直，两个手虎口交叉，手指自然伸直，食指末端所对的位置，就是列缺，大家注意，手腕要伸直，伸直才能把这个凹陷找到。当然了这个穴位大家还不敢自己用针扎，那应该怎么办？用姜刮，我们可以把将姜切一个30度的锐角，然后用这个锐角的边沿着这个槽的附近慢慢地刮，就会发现在列缺穴附近能出一条红色，粉红色或者淡红色的痧，这条痧很有意义，可以起到透邪的作用，是刺激列缺穴很好的方式。所以总结一下列缺的治疗特点，它既能治疗肺部疾患，也能治疗头面部疾患，所以依据它的名字我们可以很好记忆和理解它的功用主治。这就是文化带给这个穴位的第一个特点。所以在《千金翼方》里提到"凡诸孔穴，名不徒设，皆有深意。"

今天，我跟大家一起把针灸学里面的传统中医文化做了一个概览，那么最后总结一下。因为最后谈了针灸穴位的功用特点，在没谈文化之前，针灸首先被赋予的是科学内涵，临床医学本身也确实需要挖掘其科学内涵，而针灸学同时具有科学和文化的双重属性。医学本身需要科学，它需要很准确地去描述体系以及作用特点。但就传统针灸学而言，它不仅天然就积淀着丰厚的传统文化，它更需要通过文化去推进针灸学科的深入发展。在传统针灸学的发展过程当中，其文化属性跟科学属性之间呈现出一种相互映衬和相互叠加的态势，这就好像一个硬币的两个方面，针灸学既有文化的内涵，也有科学的属性。

比方说，我们既可以把针灸学作为自然科学来研究，也可以把针灸学从社会科学、人文发展的角度去思考，过去2000多年积淀在针灸学科，积淀在传统文化、传统学科中的一些更加古老的，或者更加具有深意的一些内涵的文化特征。所以说不同的角度去看待一个问题，能够让我们看到很多的特点。这就像苏轼在《题西林壁》中所言"横看成岭侧成峰，远近高低各不同。"壮美的庐山脚下，不同人从不同的视角看到了各自心里的庐山。看待传统文化，看待针灸学也一样，可以从文化的角度看我们学科，比如命名、定位、内涵；抑或是从科学作用的角度，去研究针灸学在脑功能、在神经系统等方面的各种不同作用，这就是角度不同。

所以我今天从文化的角度跟大家一起对针灸学学科进行了一个漫谈式的、聊天式的理解，我想可能对在座的朋友会有一定的帮助。好，今天就讲到这里，谢谢大家。

科学运动　健康一生

◎刘一平

作者简介：刘一平，福建师范大学体育科学学院教授、博士生导师，福建省高层次人才，运动与健康福建省高校重点实验室主任，兼任福建省体育与卫生健康融合协会副会长、福建省生理学会常务理事、中国生物物理学会运动与公共健康分会理事等。从事运动人体科学的教学与科研，并致力于运动与健康促进、运动对血管保护机制、运动对慢性病防控理论与实践等方面的研究。主持和参与国家级、省级等科研课题十余项，出版著作四部，其中《生活方式、体育运动与健康》专著获福建省第八届社会科学优秀成果奖，在国内外期刊发表论文70余篇。

今天我想跟你们交流一下运动对健康的促进作用。在这里我会分享我的一些健康观点，或者是我的一些健康理念。

现在，我们交流的主题是"科学运动，健康一生"，我相信大家都做过运动。那为什么在运动前面加了两个字叫"科学"呢？因为，适当的运动对健康有益，而不适当的运动可能会损伤到我们的健康。所以我今天主要讲我们怎么去认识健康，以及怎么通过科学的运动去促进健康？在这里，首先想跟大家交流的是：我们从体育运动中，可以收获健康的生活和优雅的生存。因为健康的生活、优雅的生存前提条件是以健康做基础的，所以体育运动应该融入生活，收获健康生活！其次，我是一名医学生，1984年上的福建医科大学，后来我当了医生，2006年我才到福建师范大学体育科学学院从事运动人体科学的教学、科研与实践。关于"人体健康"，我认为我们要从运动中获取健康，这其实是要建立一种健康生活的理念，应该说，我是这方面的践行者。在日常生活中，比如要到四楼或五楼，我选择走楼梯，而没有去坐电梯。我们有的时候去乘地铁，我也是走阶梯，而没有去乘扶梯。"将运动生活化，生活运动化。"这是一种理念。大家可能会认为我有大把的时间进行运动锻炼，其实我还真的没有太多时间去做运动锻炼。因为我们高校老师教学科研压力很大，每个老师都各自有十几位博士研究生和硕士研究生，还真没有太多的时间去打球或去跑步，或者是去健身房锻炼等等。但是呢？我只能是把运动融入到生活中，也就是说生活运动化，运动生活化。比如说刷牙，当我在刷牙的时候，我通常一边在刷牙，一边做提踵的动作。运动锻炼并不是说每天都要穿着运动鞋才叫有运动。刷牙的时候，可以兼顾提踵，洗脸或者梳头的时候，也可以做提踵动作的。这就是把日常生活的点滴融入到我们的身体活动当中来，锻炼我们的身体。在运动锻炼方面，我喜欢登山。我应该是从2019年就开始登山的，今天上午刚登完白云洞，下午就在东南周末讲坛跟大家做运动健康促进的交流。我一般一周登山一次，然后将其他日常的身体锻炼融入生活中。这就是我所倡导的健康运动理念。

每个人都是自己健康的第一责任人，大家是很重视健康的。我们要提升和维护促进我们自身健康的能力。首先我们要知道相关的健康知识，然后我们还要知道怎么去促进健康。也就是说，首先要知道运动有什么用，然后才会去想该做什么运动。我们要有通过学习来维护和促进自身健康的能力。2021年3月23日上午，正在福建考察调研的习近平总书记，来到三明市沙县总医院实地了解医改惠民情况。习近平总书记与我们医疗工作者进行交流，习近平总书记说："人民至上、生命至上。人民的幸福生活，一个最重要的指标就是健康。健康是1，其它的都是后边的0，1没有了什么都没有了。我们在过去成绩的基础上，还是继续把卫生健康事业朝前发展。"

我国也非常重视健康，从2007年开始，每年的9月1号，是全民健康生活方式行动日。这个健康生活方式行动日最主要的主题有两个方面，一个是减，一个是增。减什么呢？减盐、减油和减糖。"盐"，我们要低盐，因为我们中国人对高盐很敏感，而高盐与高血压的发生有密切关系。那"油"呢？其实是跟我们的血管硬化有关系，因为长期高血脂，不仅增加血液粘稠度，而且会导致血管壁形成脂质斑块以及脂质斑块的沉积，产生动脉粥样硬化，出现心脑血管疾病，如冠心病、中风等等。那"糖"呢，高血糖跟糖尿病有关。为什么糖尿病会影响到我们的健康，甚至危及我们的生命呢？因为糖尿病有很多并发症。糖尿病的并发症最重要的是血管，有大的血管的并发症，也有小的血管的并发症。大血管的并发症，比如冠心病，所以糖尿病病人如果没有很好的控制，它的归途应该是冠心病，甚至心衰，危及生命。还有微血管的并发症，比如糖尿病眼病，该病是糖尿病微血管病的后果，由于糖尿病引起视网膜毛细血管壁损伤，加之血液呈高凝状态，易造成血栓和血淤，甚至血管破裂，导致视网膜病变，严重影响到我们的视力。下肢的微小血管和末梢神经的病变还可出现糖尿病足。一旦发生糖尿病足，如果下肢感染无法控制就要截肢。所以糖尿病是严重危害健康的疾病，甚至影响到我们后期的生活质量。所以我们日常要减盐、减油、减糖，这是我们健康生活方式提倡的"三减"。那健康生活方式还提倡什么呢？"三健"，一个是"健口腔"，另外是"健体重"，还有一个是"健骨骼"。是否拥有健康的体重和骨骼，跟我们身体的运动锻炼是有直接关系的。我们大家都想预防骨质疏松，如果通过口服补钙，有用吗？其实效果很不好的。因为从骨的结构和功能来解释，骨要在适应运动应力作用下，产生更良好的结构功能的适应性改变。如果卧床的病人，给予口服补钙，钙是不容易吸收的。也就是说我们静态的生活方式，或者我们长时间卧床的，其实钙的丢失是比较高的。而运动却能够改善我们的骨质。那我们现在说一说健康的体重。通过体重我们可以初步判断有没有肥胖。现在很多肥胖的人，当然有先天的遗传因素，但是肥胖绝大部分是因为后天的因素，跟他的生活方式有关系。最主要的管不住嘴，迈不开腿。我们要有健康的体重，还需要通过健康的生活方式，包括我们合理的膳食以及科学的运动，这就是我们健康生活方式所提倡的"三健"。

　　健康中国行动是坚持预防为主，把预防摆在更加突出的位置。在健康生活方式中，大家看一下我们健康的五大要素。平衡膳食、适应运动、平和心态、戒烟限烟、不要熬夜，运动在我们健康五要素当中是一个非常重要的方面。所以在我们的健康中国的行动当中，要把预防摆在非常重要的位置。但是我们实际的现状呢？我国糖尿病是高发的，中国是全世界糖尿病人口最多的，叫"糖国"。而肥胖的人也很多，我们对肥胖的中年男性称为"油腻大叔"。我们中国高血压的人也很多，当然我们的人口基数也大。另外，就是运动的伤病经常发生，运动伤病有哪一些呢？比如说不良的运动导致了我们的崴脚；还有呢，糖尿病病人的空腹运动，出现运动后的低血糖；还有，运动强度以及运动量没把握好，也可能诱发冠心病的发作，甚至心梗，出现猝死。比如，大家看到跑马拉松，有的人快跑到终点的时候，倒下了。这些呢，都是属于运动风险，有一点的安全隐患。

我国慢性病现状不容乐观、运动伤病屡屡发生、国民体质下滑、心理健康问题不可忽视。在我们的群体当中，慢病的高发，其实还包括儿童青少年。儿童青少年现在存在三大健康问题。第一是近视。疫情期间大家都要上网课，都要看电脑屏幕，儿童青少年的近视很突出。第二就是肥胖。第三是脊柱侧弯。"葛优躺"着看电视、不良的坐姿等都容易引发儿童青少年的脊柱侧弯。此外我们还有很多心理健康的问题，不能上线下课，得改上线上课，学生没办法更好地跟老师互动，甚至上不了线下的实验课，学生是有很多焦虑的，所以心理健康的问题也要引起重视。

朋友们，影响我们健康的有哪些因素呢？我们如果从更大的范围说，包括了环境因素、生物遗传、医疗服务以及心理与行为。其中的环境因素中，有自然环境危险因素和社会环境危险因素。在健康的危险因素中，有不可变的健康危险因素，比如疾病家族史、老龄化、男女性别、不良生活环境和生产环境。也有可变的健康危险因素，比如不良生活方式、吸烟、膳食不平衡、体力活动不足、酗酒、吸毒、心理不健康、腰围、体重、血脂/血糖/血压/尿酸异常、破坏生物节律等。可见，不良生活方式、吸烟、膳食不平衡、体力活动不足等是后天形成，属于可改变的健康危险因素。世界卫生组织研究发现，个人行为与生活方式因素对健康的影响占60%。不良生活方式是导致健康寿命缩短的重要原因！

所以，我们要从建立健康的生活方式入手，去实践"我们自己是健康的第一责任人"。现在，我们了解一下人体发生疾病的过程。从健康到疾病的过程是一个量变到质变的一个比较长的时间过程，经历着：处于低危险状态→进入疾病危险状态→发生早期改变→出现临床症状→疾病→不同的预后。从"处于低危险状态"→"出现临床症状"是可预防干预的，而从"出现临床状态"→"疾病"是临床干预的。

不良生活习惯、吸烟、膳食不平衡、体力活动不足、酗酒、吸毒、心理不健康、高血脂、肥胖、破坏生物节律等都属于健康危险因素。健康危险因素使得个体从"低危险状态"慢慢到"进入疾病危险状态"。比如说肥胖与疾病是紧密关联的，肥胖增加了发生疾病的可能性。所以健康危险因素讲的是发生疾病的风险。肥胖是众多疾病的罪魁祸首，很多疾病都跟胖有关。由于肥胖，存在糖脂代谢异常。而糖代谢异常和脂代谢异常，将会慢慢地走向糖尿病，也还走向血管的硬化，走向了冠心病。所以，疾病产生的过程其实是一个缓慢的发展过程。现在问题的关键是我们如何去阻断慢性疾病的发生呢？其实大家已经看到"预防干预"主要是针对健康危险因素的干预。这样才能防患于疾病的产生和疾病的发展。大家可以看到，长时间坐在沙发上的"葛优躺"，是属于一种静态少动生活方式。懒得动或动的少，是跟很多慢性疾病有关的，比如跟肥胖、高血压、冠心病、糖尿病、骨质疏松、精神压力、抑郁等都有密切的关系。

动得少，身体活动不足，是慢性疾病发生的第一危险因素。身体活动的不足是指长期不进行身体运动或者缺乏运动会导致我们身体的抵抗力下降。还有出现：肌肉无力，肥胖，高血压，糖尿病，心脑血管疾病，以及颈腰肩等等的一系列的疾病，这些都与静态生活方式有关。比如久坐、伏案的办公人员等，少动会带来一系列身体健康的问题。"健康中国2030"的这个规划纲要，它指出运动缺乏是慢性疾病的主要危险因素。所以，身体活动的不足是我国公共健康问题。生命在于运动！

这里我介绍一下"运动"。运动是以身体练习为基本手段，可以达到增强体质、增进健康的身体活动。我们可以从适当的运动中获得健康。适当的运动可以有效防控脂肪肝、心脏病、高血压、糖尿病、某些癌症、骨质疏松症、抑郁症、早衰等疾病。对于高血脂人群，长期进行运动锻炼的人群，血浆中的高密度脂蛋白（HDL）浓度可能升高，低密度脂蛋白（LDL）浓度会降低，对于预防和治疗肥胖、冠心病、动脉粥样硬化等多种疾病十分有益。对于糖尿病呢？运动可以提高胰岛素敏感性，提高肌糖原贮存和氧化，增加骨骼肌对葡萄糖摄取。所以，通过运动可以起到降血糖作用。对于高血压呢？运动锻炼有着良好的降压效果，运动后降压效果可维持22—24小时。长期健身运动可以有效地降低安静血压，有效率高达75%—100%，使得安静时和运动中的血压均有明显下降，收缩压和舒张压可分别下降10—20mmHg和6—

10mmHg。所以运动堪比降压药；运动还可以对我们呼吸系统的一些疾病起到的改善作用。通过呼吸训练，可以提高呼吸肌力量和耐力，提高通气效率，减轻呼吸困难；有氧运动，可以改善辅助吸气肌功能，有利于改善呼吸困难；运动有利于心肺功能的提高，帮助心脏、大脑建立侧支循环，改善血管功能，降低心血管疾病的危险因素（如肥胖、高血压、高血脂、脂肪肝等）；运动能有利于增加骨血流量，增加骨量峰值，延缓和减轻骨质疏松发生；运动能有利于增加骨生成，抑制骨吸收，增加骨强度。

此外，增加运动和减少久坐行为可以降低癌症的发生。健步走能够明显减少身体脂肪重量，减少体脂百分比，增加和维持肌肉重量、耐力和力量。如果每天以每分钟110—120步的速度健步走1小时，仅此一项每年可以减少14公斤脂肪。健身运动有效地减少脂肪，减小腹围，减缓肌肉丢失，起到一定的塑型作用，改善形体。我们通过运动还可以增进骨、关节韧带肌腱的健康。运动能够对我们的骨骼产生机械应力的作用，还可以增加骨骼当中的血流量，来促进骨骼中钙的沉积，运动增加骨密度、预防骨质疏松。运动还可以提高我们人的免疫力。免疫力的提高是提高我们抗病的能力，可以说，健身运动有助于提高抗病能力和病后康复速度。健身运动可以改善心理状态，改善情绪、缓解抑郁、延缓寿命。美国运动医学专家Cover Bailey说："如果健身锻炼可以作成胶囊，那将成为医学史上最常用的药物。"这些是我与大家交流的运动的好处，也就是讲了为什么我们要进行身体活动和运动锻炼的道理。

健康的生活方式包含增加身体活动、进行适当运动、减少静坐少动行为。现在我讲一讲我们怎么做运动锻炼。我首先介绍一下主要的运动类型。从运动锻炼讲，有运动锻炼的方式包括有氧运动、抗阻运动、柔韧练习。适当的运动锻炼主要包括：（1）有氧运动：中等强度，150—300分钟/周；（2）抗阻运动：2—3次/周（包括核心稳定性练习）；（3）柔韧性练习：2—3次/周；（4）身体活动：比如日常的步行、骑车、上楼梯、购物、家务劳动等；（5）减少静坐少动行为，每间隔一小时，站立或活动1—5分钟。我们为达到全面身体锻炼的效果，健身运动应包括有氧耐力性运动、抗阻力量性运动（核心稳定性）和伸展柔韧性运动。也就是说，现代健身锻炼的全面性，包括提高心肺功能耐力、改善身体成分、提高肌肉力量和耐力，以及改善柔韧性。

现在对有氧运动、抗阻运动、伸展和牵拉活动进行介绍。

有氧运动，指的是有氧代谢运动，是能够锻炼全身的健身运动。比如，健步走、慢跑、登山（楼梯）、游泳、网球运动、乒乓球、篮球、自行车、舞蹈……有氧运动锻炼心、肺功能，使心血管系统能更有效、快速地把氧传输到身体的每一个部位。有氧运动对循环代谢有益，有氧运动的好处是：可以提升氧气的摄取量，能更好地消耗体内多余的能量；增强和改善心肺功能；预防骨质疏松；调节心理和精神状态，是健身的主要运动方式。一个心肺功能好的人可以参加较长时间的有氧运动而不易疲劳，且运动后的恢复也较快。

抗阻运动，主要是指肌肉在克服外来阻力时进行的肌肉收缩运动，如各种推、拉、举的运动，通常有利于锻炼肌肉、防控肌肉萎缩，增强肌肉力量和耐力，增加消耗能量，改善血糖控制，防治跌倒。抗阻运动的阻力可以来源于哑铃、杠铃、弹力带、自身的体重（如引体向上、蹲坐）。我想在这里介绍一下肌肉的作用。肌肉是一个非常重要的一个人体的结构。我们说肌肉是人体的小药箱，比较健康的人，其实他是有一定的肌肉量，这个肌肉在我们正常人当中，肌肉是人体最含量多的结构，大约占我们人体体重的35%左右。女性的肌肉含量低一点，大概30%—35%；男性呢，肌肉含量比女性会高一点，大概35%—40%。所以我们通过增加肌肉来提高我们的健康，所以大家看到有一些年轻人去健身房锻炼，肌肉不仅仅让我们更加健美，更重要的是肌肉还有健康的作用。

伸展和牵拉活动，改善平衡协调能力，增加柔韧性，减少肌肉、关节和韧带的损伤。伸展和牵拉的练习有利于提高肌肉的弹性和伸展性。动作协调舒展，肌肉等软组织不易受伤。这里要强调的是：柔韧性提高比较慢，但消退得比较快。美国运动医学会指南推荐预防老年人跌倒的平衡稳定协调性运动：柔韧性练习每周2天以上；每次拉伸的强度为：拉伸至产生紧张或轻微不适的点，并保持15—25秒的拉伸。对于老年人，有规律的运动锻炼能降低跌倒概率。

我们在健身中是提倡运动锻炼的全面性，我们不仅仅要提高心肺功能，而且要改善我们身体的成分，提高我们的肌肉力量，提高我们身体的柔韧性。我们进行运动锻炼，还要了解有氧运动、抗阻运动和柔韧性练习之间的关系。有氧运动是运动锻炼的基础，而抗阻运动在健身中是锻炼的关键，因为抗阻运动主要是提高肌肉功能。有氧运动是全身性的运动，需要一定的运动强度，主要是提高我们心肺功能和机体抗疲劳能力。要提高我们的身体素质，运动锻炼还需要提升机体的平衡协调稳定性和柔韧性，这对预防老年跌倒以及肌肉、关节、韧带等损伤起到很重要的作用。经常跌倒或有步行障碍的老年人跌倒的几率更大，为减少跌倒，老年人应保持常规运动锻炼和日常生活活动。推荐的一周的活动量应包括：90分钟的平衡稳定协调性运动和中等强度的肌肉强化运动，还有1小时的中等强度步行运动。最好每周做3次以上的平衡训练并作一些核心稳定性训练。

现在，我介绍一下我们日常中的一些运动。对于我们中老年人来说，首先是要提高心肺功能，这很重要。提高心肺功能可以通过有氧运动，就刚才讲到的步行、广场舞、游泳、打球、骑车、登山等。此外还要提高肌肉力量，这可以通过弹力带练习、搬重物、一些像哑铃练习等等抗阻力的练习，还有通过抗自身重量的力量练习。还有就是柔韧练习，比如说拉伸，一般指的是我们在运动锻炼前需要做的准备活动，它可以预防损伤；在运动结束后，我们也需要做一些拉伸，来帮助我们恢复。多做拉伸可以提高我们肌肉的弹性，提高身体柔韧性，这样人看起来更有活力、更敏捷、更年轻化。

现在我进行日常一些运动的实践指导：

一、头颈部运动

动作一：坐姿头部回缩

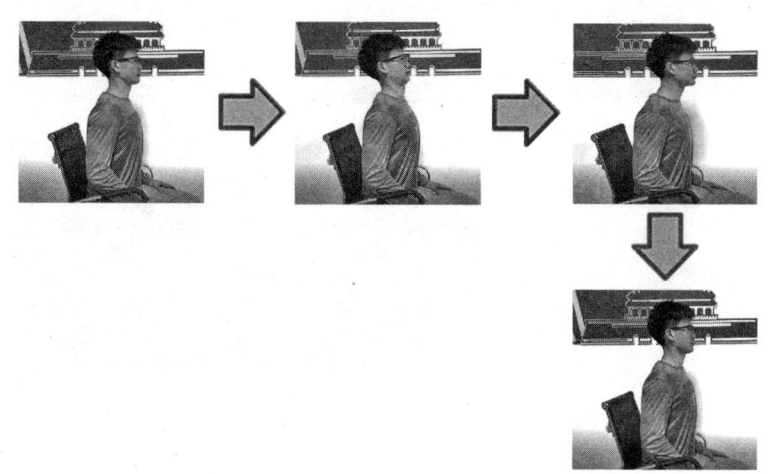

动作要领：头部保持中立，头部进行前后水平屈伸。

注意事项：在运动过程中，头部是水平前后运动，不是抬头与低头。

练习数量/组数：每组810次，共2—3组。

动作二：坐姿头部伸展

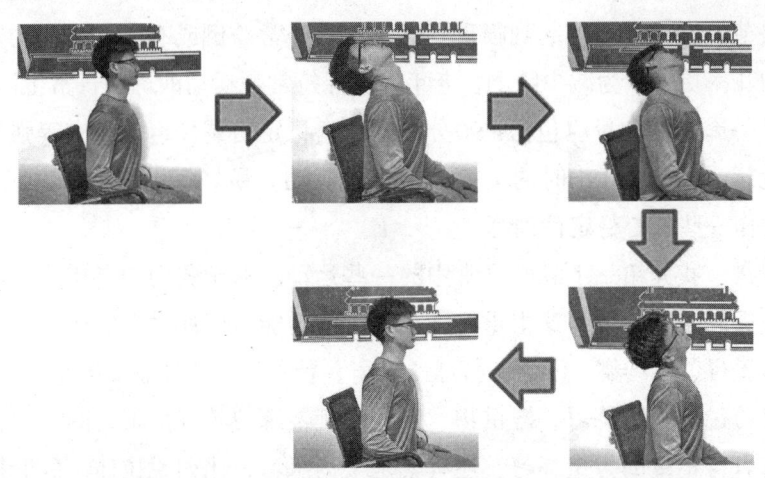

动作要领：在动作一的基础上，头部缓慢后仰，并左右转动。

注意事项：在自己可承受范围内进行，如出现剧烈疼痛或不适应立即停止。

练习数量/组数：每组5—8次，共2—3组。

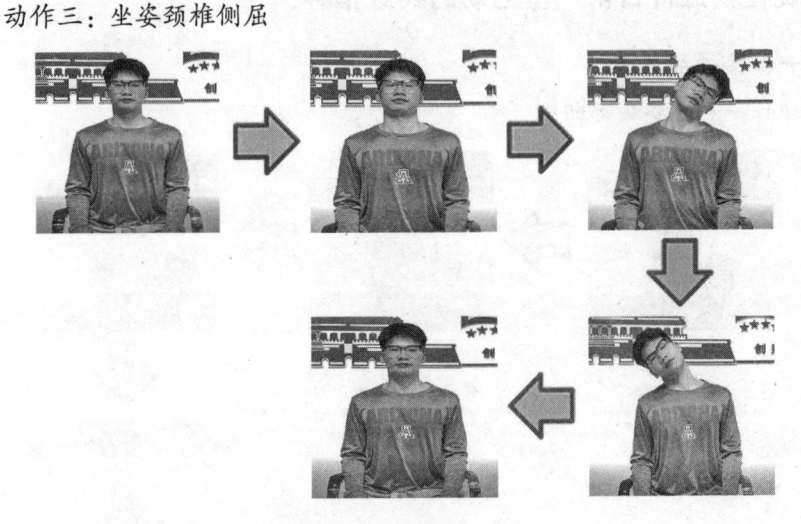

动作三：坐姿颈椎侧屈

动作要领：在动作一的基础上，头部进行左右侧屈。

注意事项：动作缓慢控制。

练习数量/组数：每组5—8次，共2—3组。

二、肩背部运动

动作一：站姿伸展

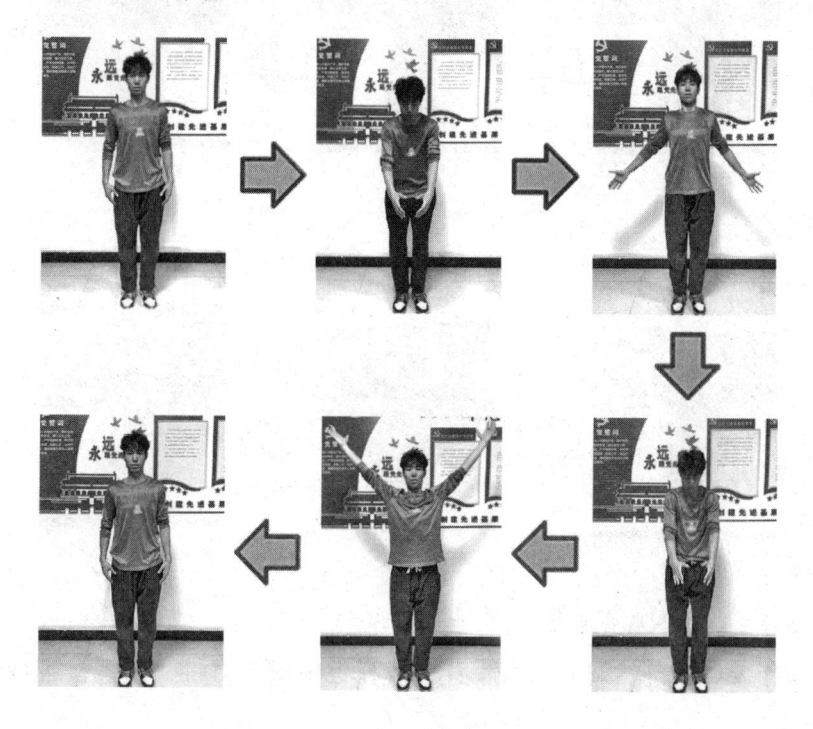

动作要领：自然站立，两眼目视手臂，双臂经前由后上方环绕，并同时伸展腰背肩，并配合呼吸，双臂上举时吸气，双臂下按时呼气。

注意事项：自然站立，调整呼吸，避免憋气。

练习数量/组数：每组8—10次，共2—3组。

动作二：站姿高位下拉

动作要领：自然站立，两手各抓毛巾或弹力带一侧，将其置于头后上方，双手用力向外牵拉，并在头后方进行下拉动作。

注意事项：动作过程应缓慢控制，保持正常呼吸。

练习数量/组数：每组8—10次，2—3组。

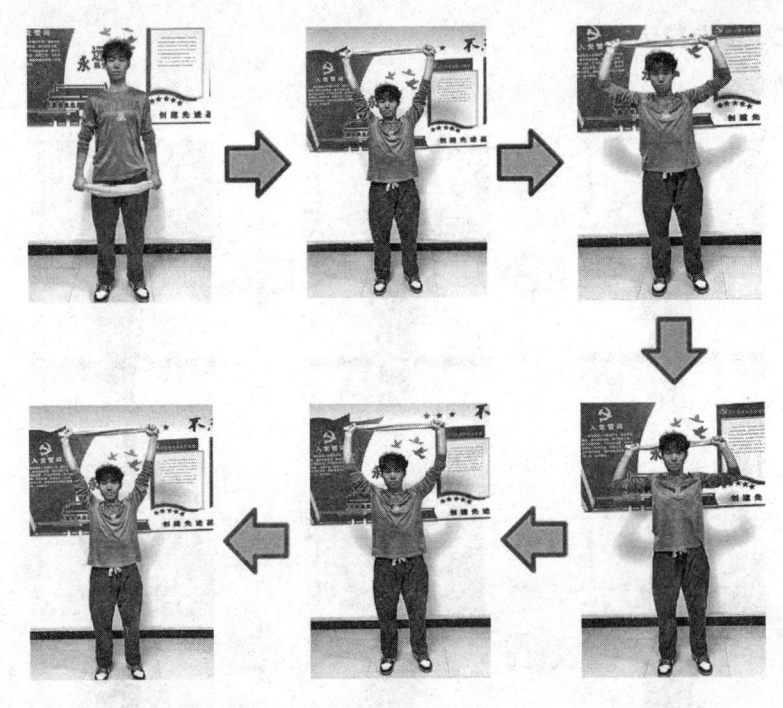

动作三：站姿肩背牵拉

动作要领：自然站立，双手背向各抓毛巾或弹力带一侧缓慢进行上下移动。

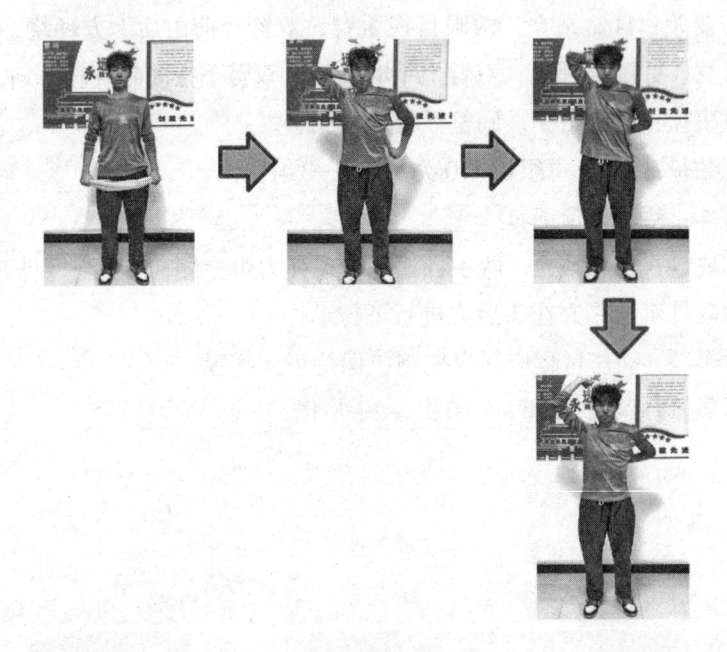

注意事项：动作应缓慢控制，一侧结束后交换至另一侧。

练习数量/组数：每组8—10次，2—3组。

动作四：站姿转体

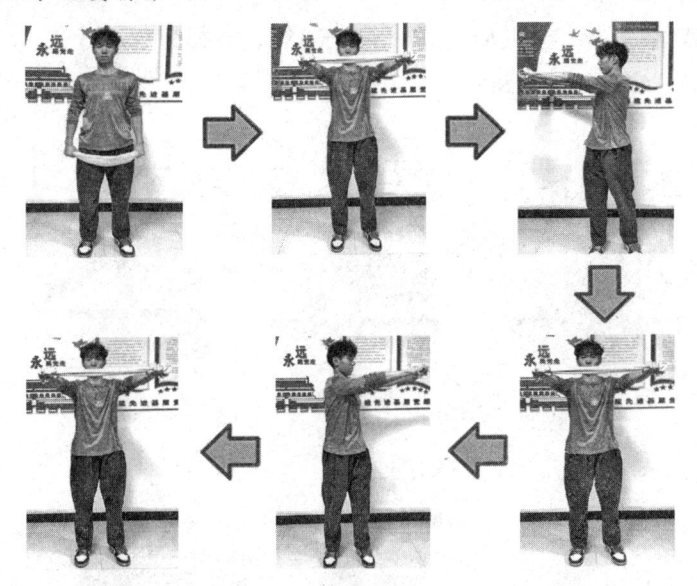

动作要领：自然站立，两手各抓毛巾或弹力带一侧，同时两臂前平举，躯干向左侧以及右侧转动。

注意事项：躯干旋转时，双腿保持自然站立，动作应缓慢控制，避免动作过快造成损伤。

练习数量/组数：每组8—10次，2—3组。

三、下肢肌群锻炼

动作一：弹力带腿屈伸

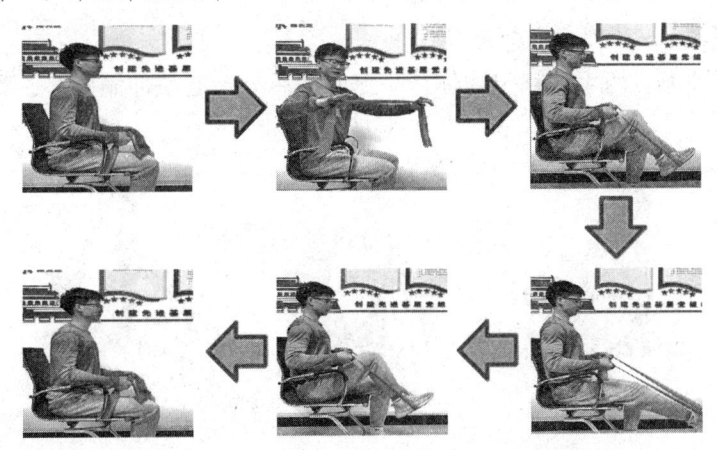

动作要领：保持正确的坐姿，将弹力带套在脚底，两手拉着弹力带两端，做单腿的屈伸。

注意事项：弹力带的阻力适宜，同时弹力带位置放置正确。

练习数量/组数：每组5—8次，共2—3组，两腿交替进行。

动作二：站姿侧向抬腿

动作要领：一手扶稳定物体，同时向侧抬起和回收外侧脚，一侧结束则换至另一侧。

注意事项：动作过程要求缓慢控制，并配合呼吸。

练习数量/组数：每组8—10次，2—3组。

动作三：站姿单腿伸髋

动作要领：两手扶稳定物体，一腿向侧后方抬起呈伸髋姿势，臀部发力

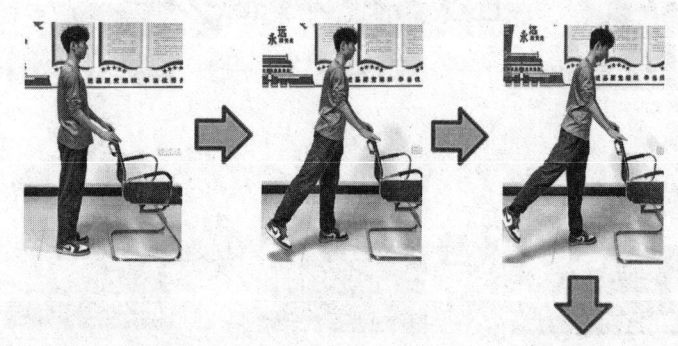

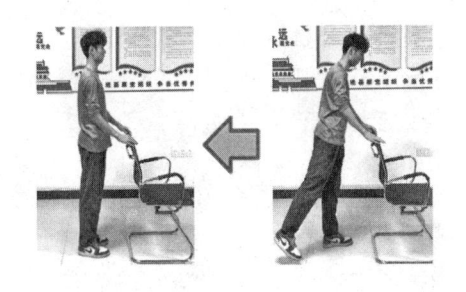

且应有紧绷感。

　　注意事项：呈伸髋姿势而不是弯腰，动作过程应缓慢控制。

　　练习数量/组数：每组8—10次，2—3组。

　　动作四：站姿自重半蹲

　　动作要领：自然站立，抬头挺胸，两脚踩实，下蹲时腰背收紧，三关节同时屈曲，触碰椅子后站起。

　　注意事项：椅子高度适中，两臂自然前伸保持平衡，下蹲时脚掌踩实，膝盖朝向脚尖方向。

　　练习数量/组数：每组8—10次，2—3组。

动作五：髋关节铰链

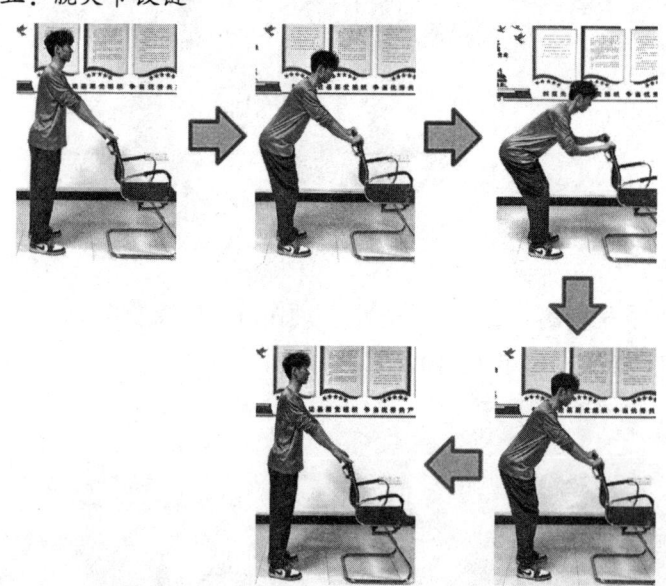

动作要领：双手扶稳定物体，自然站立，双腿略比肩宽，腰背收紧，进行屈伸髋关节运动。

注意事项：动作过程中，应屈伸髋关节，而不是弯腰或屈膝，臀部和后侧肌群应有收缩感。

练习数量/组数：每组8—10次，2—3组。

动作六：站姿双腿提踵

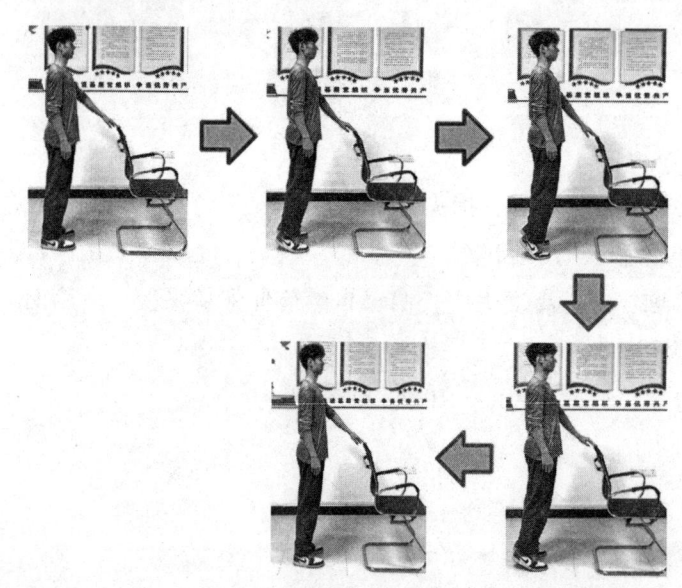

动作要领：一手扶稳定物体，自然站立，双腿与肩同宽，缓慢抬起和放下双脚脚跟。

注意事项：动作过程应缓慢控制，不应过快。

练习数量/组数：每组8—10次，2—3组。

四、核心部位锻炼

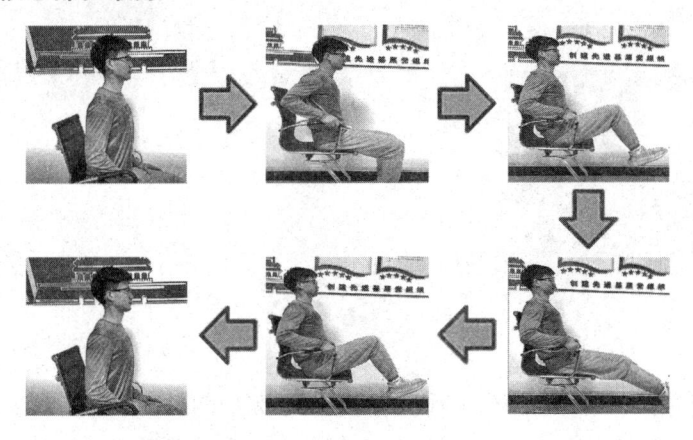

动作要领：保持正确的坐姿，双腿离地并进行前后的屈伸。

注意事项：保持核心稳定，躯干不能左右晃动。

练习数量/组数：每组8—10次，共2—3组。

以上是我和大家交流的科学运动对身体的促进作用，健身中的有氧运动、抗阻运动、拉伸练习的特点以及日常一些健身动作。这些日常的健身动作可以缓解肩颈不适，提高下肢肌肉力量，提高身体的平衡稳定性。通过观看以上图片，可以体会到这些日常的健身动作其实也是我们日常生活中的一些身体活动的动作。这里，我想强调的是运动锻炼是可以融合到我们的日常生活中的。

通过今天的交流，我们了解到如何通过运动锻炼来提升我们自身健康的能力，还了解到科学的运动锻炼可以促进和维护我们的身体健康，甚至可以从源头上帮助我们预防疾病，身体活动和运动锻炼其实是可以融合在我们的生活中。健康生活的理念是运动的生活化和生活的运动化。让运动走进我们的生活，成为我们每个人都可以做到，并且喜欢去做的事情，这样我们可以真正成为自己是健康的第一责任人，在科学运动中收获健康的生活。谢谢大家的聆听，祝愿大家身体健康，平安吉祥，所愿皆所得！

一起向未来
——冰雪运动和冬奥会的历史与展望

◎王润斌

作者简介：王润斌，福建师范大学体育科学学院教授、博士生导师，兼任中国体育科学学会体育社会科学分会委员等社会职务，国家社会科学基金项目通讯评审专家，多家SSCI/CSSCI刊物审稿专家或编委，北京体育大学人文学院等多所院校客座教授或讲座教授。从事奥林匹克运动等领域的研究。入选"福建省高层次人才（C类）"，获得"福建省青年五四奖章"等荣誉称号。

我很荣幸今天来到福建省图书馆，与大家谈论冰雪运动和冬奥会。

一年来，"真正无与伦比"的冬奥盛会持续点燃人们心底的冰雪热情，"带动3亿人参与冰雪运动"成果不断巩固和拓展。冰雪运动有着丰富的历史，并已成为冬奥会的重要组成部分。

首先，我将简要介绍冰雪运动和冬奥会的历史和发展进程。其次，我将向大家展示一些由北京冬奥会组委会制作的视频，让大家清楚地了解如何进行不同的冬季运动，了解如何进行一项运动是激发人们对它的兴趣的第一步。同时，介绍的第三个方面更具理论性和抽象性，我将讨论北京冬奥会是如何申办和组织的，以及它们给我们留下了哪些宝贵的遗产。最后，我将用图片展示福建省冰雪运动的发展情况，包括现状和未来的方向。

我前一段时间去泉州做了一些关于冰雪运动调研,其实得出的结论也是我们值得注意的,就是在习近平总书记提出来"3亿人参与冰雪运动"的背景下,我们福建省的冰雪运动在整体上是相对来说比较落后的,当然这不是我们一个省的情况,因为我们受到运动特有的条件限制和制约。南方人整体上缺少这种氛围和条件,但是我们是不是就不做这样的运动的开展呢?是不是我们的老百姓就不需要这样的知识的普及呢?我想这种答案是否定的,因为随着我们现在科学技术手段的进步,包括一些我们所说的拉动内需的这样一个大环境的影响,有关冰雪运动的逐步发展,包括冰雪运动项目的逐渐旱地化,就是使越来越多的人可以在南方的条件里面,不同的环境当中去接触和从事冰雪运动,未来冰雪运动南方普及化的可能性变得越来越大。

值得注意的是,冰雪运动对我们的青年发展和扩大公众休闲活动有着很多的好处。为此,北京冬奥组委为冬奥会制作了宣传片,帮助人们了解冰雪运动的玩法,并向公众宣传冬奥会。因此,我们应该致力于推广冰雪运动,增加人们对它们的兴趣,尤其是在以前可能没有机会参加这些运动的南方人中。由于国内需求的增加和科学技术的进步,冰雪运动已经变得越来越受欢迎。尽管福建省在开展此类运动方面存在一定的局限性,但人们对在南方地区拓展冰雪运动的兴趣也日益浓厚。

教育在促进和培养冰雪运动的兴趣方面起着至关重要的作用。教学技术的基本项目对于形成参与这些运动的习惯是必要的。大众对项目的了解对于进一步激发对项目的兴趣至关重要。了解项目的规则是知道如何玩和在实践中尝试的必要条件。而在此基础上,青少年群体既是推动建设体育强国的后备力量,也是响应"三亿人参与冰雪运动"号召的坚实基础。如何让更多青少年了解冰雪文化、参与冰雪运动、营造冬奥氛围,进而实现"三亿人参与冰雪运动"的目标呢?最近北师大体育学院前院长毛志明院长在中国教育报刊发表了一篇关于冰雪运动的文章。毛院长认为冰雪运动有着独特的锻炼价值,对青少年的成长有着积极的影响,同时也是一个独特的消费体验,推动了冰雪旅游产业的火爆发展。针对福建的冰雪运动发展,我们可以借鉴北京双奥之城的经验,继续发扬冰雪运动的特色,提高城市形象和吸引力。

北京冬奥组委主席、北京市委书记蔡奇在开幕式上也强调了北京双奥之城的独特性,北京是历史上唯一既办过夏季奥运会又办过冬季奥运会的城市。此外,国际奥委会还设有青年奥林匹克运动会,分夏季和冬季两个系列。南京在2014年已经成功举办过夏季青年奥林匹克运动会,如果有意愿和能力,我们也可以申办青年冬季奥林匹克运动会。总的来说,办奥运会不仅仅是一项体育赛事,更是城市形象提升和国际交流合作的重要机会,北京冬奥会也得到了中国政府的高度关注和支持。

毋庸置疑,在全球疫情期间举办像冬奥会这样的国际活动确实是一项具有挑战性的任务。然而,中国政府已采取严格措施确保运动员、官员和游客的安全。当局为预防新冠肺炎制定了严格的协议,包括定期检测、社交距离措施和强制性口罩。此外,所有参与者在进入中国之前必须遵守严格的隔离政策。

中国的官方媒体,如新华社和《人民日报》,已经播出了多个与冬奥会有关的重大新闻,学者们也对这一事件从申办阶段到前一天晚上的开幕式进行了分析。习近平总书记曾多次出席冬奥会,并对冬奥会的筹备和组织工作作出重要指示。他还关心中国运动员的备战情况,并参与了冬奥会外交,例如他在2014年访问索契冬奥会并与俄罗斯总统普京会面。习近平总书记曾表示,冬奥会符合中国两个世纪以来的目标,体育强则中国强,国运兴则体育兴。习近平总书记高度关心和重视体育事业,始终从中华民族伟大复兴和人民群众的美好生活向往的高度引领体育事业健康有序发展。这就是为什么中国为举办这一赛事投入了大量资源,如建设大型场馆和完成北京—张家口高速铁路的建设,坝上丰富的可再生能源转化成绿电供应北京,京张体育文化旅游带建设等,目的是实现举办冬奥会和地区可持续发展同频共振。

当然还有一个特殊的时间点,在新冠疫情暴发期间,我们都知道东京奥运会原计划应该在2020年举行,因为疫情的原因推迟到2021年,那北京冬奥会办不办?怎么办?疫情给这项赛事带来了许多不确定性,那最终我们形成的一致意见就是"奥运会仍然应该举行"。

与此同时,国际奥委会主席托马斯·巴赫在《光明日报》的一篇文章中这样表示:"冬奥会具有特殊的意义,特别是在这个时期,因为它代表着人类能够团结起来克服危机的希望之光,正如奥林匹克格言"更快、更高、更强——更团结所述"。这也是昨天晚上我们看到开幕式,大家都非常振奋、非常自豪的一个重要原因,因为在这样的情况下,我们还能够邀请世界各国的代表团,包括政要首脑一起来参加北京冬奥会。

开幕式上有一个值得注意的细节,本次北京冬奥会没有以往"点燃"奥运之火的过程，而是直接以接力的最后一棒火炬为主火炬，以圣洁、灵动的小火苗代替以往熊熊燃烧的大火，在百年奥运史上首次以"微火"形式呈现主火炬，以此传递低碳、环保的理念。同时，引发议论的是点燃最后一个火炬的女孩子是维吾尔族，这个细节也具有深刻的意义。中国强调重视保护和发展少数民族的各项权利，促进他们参与冰雪运动，将其作为个人、社会和经济进步的手段。一名维吾尔族运动员点燃最后一把火炬被视为这一信息的象征。北京冬奥会"一起向未来"的主题口号与"更团结"呼应，成为构建人类命运共同体理念在奥林匹克领域的生动诠释，北京冬奥会的"世界大同，天下一家"主题反映了中国在国际紧张局势下团结合作的愿望。

北京冬奥会的脚步越来越近，世界将再次团聚在奥林匹克旗帜下，北京将再次见证竞技体育的荣耀与梦想，凝聚人类社会的团结与友谊。在新冠肺炎疫情依旧肆虐全球的当下，团结变得前所未有地重要。2021年，国际奥委会首次修改奥林匹克格言，在更快、更高、更强的基础上加入更团结。尽管全球当时仍处于新冠疫情流行期间，但来自世界各地的冰雪项目运动员从未停止训练，他们对即将到来的北京冬奥会充满期待。北京冬奥会冬残奥会是新冠疫情下的第一届冬奥会和冬残奥会。体育所拥有的团结一切的力量，就像黑暗隧道尽头的那束光，给予世界继续前行的希望。

2022年新年贺词中，国家主席习近平向世界宣示："我们将竭诚为世界奉献一届奥运盛会。世界期待中国，中国做好了准备。"

"让我们一起向未来！"习近平主席呼吁全世界携手共创美好未来，也为北京2022年冬奥会和冬残奥会的主题口号"一起向未来"做了最好"代言"。习近平主席在2022年新年贺词中强调，让更多人参与到冰雪运动中来，这也是奥林匹克运动的题中之意。

现在切入我们今天的讲座主题——"一起向未来"。

一、冰雪运动起源与冬奥会发展历程

"冰雪运动"是一个通用术语，用于描述在冰雪上进行的各种运动，如滑雪、冰球、花样滑冰和单板滑雪等。另一方面，"冰雪运动"专门指在冰上进行的运动，如冰球和花样滑冰，而"雪上运动"指在雪上进行的体育运动，如滑雪和单板滑雪。为了更好地理解冬季进行的不同运动，区分这些术语很重要。

与此同时，冰雪运动和冰雪运动会是我们所说的冬季运动会，它是两个概念，它们有一个细微的差别，比如说我曾经去加拿大交流访学过，加拿大人他们联合着北冰洋地区的少数民族，或者叫土著人，他们做了一个运动会叫北极运动会，叫 Arctic Games。而他们举办的冬季运动会里面就有夏季运动会的项目，比如乒乓球、排球、滑雪、室内进行的足球赛以及体操等。一些参赛者通过参加这些比赛获得了出战奥运会的资格。北极运动会指的就是在冬天举行的运动会，因为北极圈太冷了，动辄零下四五十度，当地人希望通过运动项目增加大家的交流和切磋。在这种情况下，北极运动会就是促进各地区交流的一个好机会，年轻一辈们可以通过这个赛事了解北极圈内其他地区的文化风俗。和奥运会一样，北极运动会包含着文化交流的作用。而刚才提到的夏季项目开展的话，只能去选择那些室内的场域，那么北极运动会就融合了冰雪项目和夏季的一些运动项目，但是这个地方冰雪运动一般情况下指的是"冰上和雪上进行各种运动"。

同时，还有一点需要注意。随着科学技术的进步，现在有了模拟冰雪条件进行体育运动和比赛的方法，这意味着这些运动不仅限于在冬季举行。我们一般认为，冰雪运动是在冬天举行的，对吧？这种运动项目或者比赛，不管是竞技还是非竞技的，但是呢，随着我们现在科学技术的进步，已经可以做运动条件的改善和改良，比如我们的仿真冰，还有我们所说的仿真雪，这为更多的人提供了体验和参与冰雪运动的机会，无论天气状况和地理条件如何。同样有趣的是，中国有着悠久的冰雪运动历史，尽管人们普遍认为它们起源于北欧。虽然主流观点认为滑雪起源于挪威，滑冰起源于荷兰，但历史研究发现，有证据表明，最早的滑雪运动实际上在中国。就像足球一样，人们认为它起源于山东，古老的冰雪运动也可能起源于中国。不管怎么样，我们就明白一点，就是冰雪运动仍处于萌芽当中，它其实它并不是一个真正意义上的体育运动。

冰雪运动是用来做什么的呢？其实，冰雪运动是从狩猎期间的交通工具和劳动援助演变为休闲和运动形式。冰雪运动的巅峰时期是清朝，尤其是康熙和乾隆时期。在这一时期，各种冰雪运动和活动得到了发展，并在普通民众中流行起来，包括滑冰、冰球、雪橇和冰上钓鱼。朝廷还组织了大型冰雪节，吸引了来自全国各地的参与者。

《冰嬉图》
（乾隆年间宫廷画家张为邦、姚文翰根据当时宫廷冰上表演的盛况绘制。此画现收藏于故宫博物院。）

  同样值得注意的是，冰雪运动在中国有着丰富的文化意义，尤其是在北方少数民族中。这些运动往往与他们的传统生活方式和习俗密切相关，许多运动和活动具有象征意义，是表达文化认同的一种方式。例如，北方许多城市在冬季举行的冰灯节不仅是一个受欢迎的旅游景点，也是人们庆祝冬至和春天到来的一种方式。换句话说，中国冰雪运动的发展受到了中国传统体育活动和西方体育文化的影响。在中国，传统体育活动注重道德启蒙和等级社会制度的延伸。相比之下，现代西方体育强调平等、世俗主义、量化和公平。西方冰雪运动的历史起源于交通和劳动，但也包括游戏和娱乐。

  冰雪运动在中国越来越受欢迎。据报道，截至2021年10月，中国居民参与冰雪运动的人数已达3.46亿，这是一个了不起的数字。然而，需要注意的是，根据标准指标，简单地参观室内溜冰场并短时间比赛并不一定符合参加冰雪运动的资格。标准指标通常包括每周参加三次运动，每次超过30分钟，强度适中。换句话说，我们从调查这一统计数据的来源和用于定义"参与"的标准将是一个有趣的切入点。这一数字可能包括那些只喜欢在冬天户外活动的人，或者至少尝试过一次冰雪运动，而不是积极参与有组织的体育活动。因此，我们需要谨慎地对待这个数字，并考虑如何定义和衡量参与冰雪运动的细微差别。尽管如此，显而易见的是近年来冰雪运动在中国越来越受欢迎，冬季运动设施的增长、冬季运动旅游的发展以及政府在2022年北京冬奥会之前努力推广冬季运动就是明证。

  冬奥会已经有近100年的历史，这一切都始于现代奥运会创始人顾拜旦先生的愿景，随着冰雪运动在欧美慢慢普及起来之后，顾拜旦作为现代奥运会的创始人，建议每年单独举办冬季的奥运会。但是呢，这里边受到很多阻碍，我看过一些历史的书籍，就是讲奥运会历史发展的书籍当中会谈到，北欧就是冰雪运动的创始国，像挪威、瑞典和荷兰这些国家，他们对此嗤之以鼻，说："你们玩的那些东西跟我们玩的东西完全不是一个概念，你们的奥运会来自古希腊的传统，古希腊是温带国家和亚热带国家。那个地方办奥运会的时候是六七月份，是最热的时候，你要谈冰雪运动，无从谈起，所以你们那个奥运会跟我们北欧国家这种冰雪传统八竿子打不着。对不起，我们不参与你的运动"。但是呢，顾拜旦先生其实是一个非常具有开放和包容精神的人，他希望拓展运动项目的边界，让更多人感受奥运的魅力，他才提出来，能不能我们也办冬季运动项目这样的比赛，也就是办一个冬奥会。最开始的时候是与夏季奥运会混合在一起，这个建议终于在1924年成功开始实施起来。

1994年起，冬奥会与夏奥会交替举行。在1994年之前，冬奥会和夏奥会都是在同一年中举办的，也就是说，"奥运年"每四年到来一次。这个规律在1994年被改写，从1994年利勒哈默尔冬奥会开始，冬奥会和夏奥会相隔两年交替进行，人们每隔两年就能迎来一个"奥运年"。这是奥林匹克历史上一项具有划时代意义的改革。2022年轮到北京之前，在举办的冬奥会上，亚洲曾举办过三届，包括1972年的日本札幌和1998年的长野。由此可见，奥运会的亚洲世纪已经开始，许多亚洲人可能比其他国家更欢迎奥运会。关于奖牌榜，有着悠久冬季运动历史的国家会占据优势，这是可以理解的。然而，重要的是要认识到，中国在这方面取得了重大进展，并在过去的冬奥会上取得了显著成功。看到中国2022年在奖牌榜上的表现将是令人兴奋的。

至于理解不同冬奥会项目之间的规则差异，这无疑是一个挑战，尤其是因为每个项目都有自己独特的规则和规定。然而，网上和冬奥会官方网站上都有可用的资源，可以帮助大家更好地了解每一项赛事及其细微差别。很高兴看到人们努力普及和提高冬奥会知识，因为这可以增强观看和欣赏这些运动员及其成就的整体体验。

二、冬奥会运动项目赏析

北京冬奥会设置了7个大项，15个分项，109个小项。大项是指比赛项目的大类别，分项则是指大项下的子类别，小项则是更具体的比赛项目。这些大项、分项和小项的设置旨在让冬奥会更加多样化和精彩。那么，我们想知晓这7个大项到底是什么？其实，冬奥会项目涉及7个国际体育单项组织，因此冬奥会7个分别为滑冰、滑雪、雪车、雪橇、冰球、冰壶和冬季两项。其中滑冰包括速度滑冰、短道速滑和花样滑冰3个分项，滑雪包括越野滑雪、跳台滑雪、北欧两项、高山滑雪、自由式滑雪和单板滑雪6个分项，雪车包括钢架雪车和雪车2个分项，其他分项为冬季两项、雪橇、冰球和冰壶，分项达到了15个。

运动项目

筛选规则：

冬奥会　　　　　　　　　　2022年北京冬奥会

冬季两项	短道速滑	速度滑冰
冰壶	自由式滑雪	钢架雪车
冰球	花样滑冰	雪橇
北欧两项	越野滑雪	雪车
单板滑雪	跳台滑雪	高山滑雪

图为国际奥委会（IOC）官方网站公布的2022年北京冬奥会运动项目（15个分项）

那我们要把这109个小项搞清楚，我相信在场的没有几个人能做到。我待会就挑几个大家容易混的，或者我们感兴趣的几个项目，通过视频展示的方式来看一看这个项目。希望今天参加完讲座回去再看冬奥会转播的时候，大家能够更清楚地知道：这个规则是怎么回事？这个项目它的这个观赛点在什么地方？这个好看的地方是什么？欣赏的点在哪里？可以回答以上问题，我相信就够了。特别是滑雪项目，很多我们都不知道，高山滑雪，越野滑雪。那么大回转平行大回转怎么回事？我们也没必要知道，讲实在话，我们一辈子也玩不了这个项目。我们待会儿会挑一些项目，给大家做一个知识的普及。花样滑冰和冰壶大家更便于直观理解的项目，时间问题我就不多介绍了。今天给大家着重介绍速度滑冰、短道速滑、雪车比赛和雪橇4个项目。

容易混淆的第一个就来了，就是速度滑冰和短道速滑。我相信很多人不太能够分得清楚，我来帮助大家理清速度滑冰和短道速滑冰之间的区别。

第一，速度滑冰，俗称"大道"，是冰雪运动中历史最悠久，开展最广泛的体育项目之一。男子速滑比赛在1924年就被列为冬季奥运会的比赛项目，女子比赛在1960年被列为冬季奥运会的比赛项目。速度滑冰是一种冬季运动，包括使用特殊的冰鞋在冰上比赛。它起源于北欧的滑冰活动，已有800年的历史。这项运动在中国通常被称为"大道"，比赛的赛道周长为400米，跑道内外两道，道宽5米。北京冬奥会共有14枚速度滑冰金牌，采用了最新的环保技术制冰，冰面温度为零下6至15摄氏度，厚度为25厘米。为了最大限度地减少风阻，滑冰运动员穿着紧身衣，使用长刃冰鞋，在椭圆滑冰时可以达到高速并保持平衡。

第二，短道速滑，也称为"短道"，是一项在冰上进行的竞技运动，比赛场地为标准的国际冰球场。运动员需在短时间内完成多圈比赛，比赛距离通常为500米、1000米或1500米。比赛中，运动员需要在高速滑行的同时完成多次转弯和超车，因此技术要求极高。短道速滑是一项非常刺激和观赏性强的运动，也是冬季奥运会的正式比赛项目之一。大家可以看到，在短道速滑的团体起跑比赛中，运动员们排成一排，每排最多六人。确切的排数取决于参加比赛的运动员人数。运动员只能在第一圈与选手一起滑行，然后等待他们再次加速并超越。在短道速滑比赛中，运动员在较小的溜冰场上比赛，转弯较紧，这要求他们快速敏捷。与速度滑冰相比，短道速度滑冰还涉及运动员之间更多的身体接触和碰撞，使其成为一项更令人兴奋和不可预测的运动。

有了前面的介绍，尽管大家对王濛、武大靖、杨扬、叶乔波等滑冰运动员的名字耳熟能详，但你知道他们哪些是速度滑冰选手，哪些又是短道速滑选手吗？相信很多人会搞混速度滑冰与短道速滑，而无论从赛道、器材、场地、规则，甚至所使用的冰刀细节，被俗称为"大道"和"短道"的这两个项目都各不相同。

速度滑冰和短道速滑最显著的区别是赛道。速度滑冰是一项能让运动员不借助外力在平面上达到最快速度的体育项目，奥运冠军们最快速度甚至可以超过每小时60公里。"大道"的比赛是在周长400米的冰道上进行，冰道由两条直线和两条180度的弧线连接而成，分内、外两道，道宽5米。内冰道的内圈半径为25米，外冰道的内圈半径为30米。

而短道速滑的比赛场地面积为30×60米，椭圆形冰道每圈长111.12米，直道宽不小于7米，弯道半径8米，直道长28.85米。场地两端弧形弯道处摆放黑色橡胶块，作为标志线，也增加比赛的安全性，运动员不得滑入标志线内。直道区则没有标志线，可以任意滑行。在装备上，由于"大道"的主要特点是速度快，所以速滑冰刀刀体很长，刀刃窄且平，蹬冰面积大而摩擦阻力小，鞋腰矮以便于降低身体重心，减少空气阻力。而短道速滑冰刀的特点是刀身短、刀刃底部有弧度，与冰面接触面积很小，便于在弯道时滑弧线前进，冰刀的刀身较高，在冰刀倾斜度很大时冰鞋也不会接触冰面。除此之外，速度滑冰主要是拼速度，运动员之间少有身体接触，摔倒很少，判罚也较少。而短道速滑战术安排比较重要，要注意团队配合，战术策略，比赛中意外很多，判罚也比较多，身体接触多。

值得一提的是，短道速滑运动周期相较而言短一些，有部分短道运动员到职业生涯后期转练速度滑冰，从而延长运动周期。

第三个就是雪车比赛，顾名思义，它是一项在雪地上进行的赛车运动。参赛者会驾驶着装有滑雪板的汽车在雪地上飞速行驶，比赛的胜负取决于谁能最先到达终点线。大家留心观察，雪车中使用的赛道与雪橇和钢架雪车相同，并与钢架雪车共享一个起点。赛道长度在1200米到1650米之间，落差在100米到150米之间。雪地摩托车身由钢和玻璃纤维或碳纤维等高科技材料制成，设计为空气动力学车身复合体。雪地摩托配备了把手，骑手必须利用自己的体重和转向技巧来驾驭赛道。这项运动要求速度、灵活性和技巧相结合，是许多国家流行的冬季运动。

运动员俯卧在钢架上，头朝前，利用身体重量和动作来操纵和控制雪橇的速度。雪橇有最大重量限制，运动员必须戴上头盔和防护装备以确保安全。运动员在比赛开始时先用手推离，然后迅速躺在雪橇上以提高速度。雪橇可以达到每小时130公里的速度，使其成为一项激动人心的高速运动。与雪地摩托一样，钢架雪地摩托项目也会产生巨大的力量，需要运动员出色的控制和平衡。撞车和受伤的危险也是一个令人担忧的问题，并且已经采取了安全措施来降低事故风险。钢架雪车项目独特的头部向前俯卧滑行姿势，增加了运动员的兴奋感和挑战性。

最后，让我们谈谈雪橇项目。雪橇是最古老的冬季运动之一，雪橇比赛的记录可以追溯到古代。在现代奥林匹克运动会中，雪橇项目包括两种类型：双人雪橇和四人雪橇。在北京冬奥会上，男子和女子都将参加两种雪橇项目的比赛。雪橇轨道由冰制成，长度为1200米至1650米，落差在100米至150米之间。雪橇没有转向或制动机构，运动员利用自己的体重和动作来控制雪橇。雪橇由金属框架和玻璃纤维或碳纤维外壳组成。运动员在比赛开始时先推雪橇，然后迅速跳上雪橇，驾驶员在前，刹车员在后。雪橇的速度可达每小时150公里，是冬奥会上速度最快的项目之一。雪橇项目需要运动员之间出色的团队合作和协调，驾驶员操纵雪橇，制动员利用他们的体重来调整速度并保持控制。与其他项目一样，雪橇项目给运动员带来了风险，并且采取了安全措施来降低事故的可能性。

总的来说，了解不同的冬季运动及其分类，以及影响我们对它们的理解和欣赏的文化和历史因素是很有趣的。中国体育部门最近宣布，他们将派遣运动员参加即将到来的冬奥会的全部109个项目。这一决定遭到了一些学者的批评，他们认为中国运动员参加所有项目太难，也没有必要。为了实现这一目标，体育部门提出了跨项目选拔的建议。如越野滑雪或高山滑雪经验的运动员可以练习同一个项目。这种方法很有挑战性，但将使中国运动员有机会展示自己的技能，参加最高水平的比赛。

三、北京冬奥会的申办、筹办与遗产

奥运会的开幕式和闭幕式是主办国向世界展示其文化、历史和成就的重要机会。通过融合传统元素和现代技术，主办国可以为运动员和观众创造一个独特而难忘的体验。这些仪式还为不同国家和地区之间的文化交流和沟通提供了一个平台，促进了相互了解和友谊。此外，在海外推广奥运会和组织青年交流营也有助于提高一个国家的软实力和公共外交。

北京冬奥会的筹备工作如火如荼，相关专家对北京降雪模式进行了大量研究，甚至投资了人工造雪技术，以确保有足够的雪用于比赛。自2015年北京赢得申办权以来，北京冬奥会的筹备工作一直在紧锣密鼓地进行。体育之于国家，是国家强盛的一个标识，是民族凝聚力的一个象征。听到关于北京冬奥会灯光仪式的准备工作很有意思，组织者不得不平衡各方面的考虑，如成本、安全、环境影响和审美吸引力。张艺谋的团队不得不想出一个折中的解决方案，既满足他们的创意设想，又满足国际奥委会的要求。随后，张艺谋的团队做出了一个深思熟虑的决定，去西班牙洛桑拜访国际奥委会副主席和冬季奥运会协调委员会主席，以沟通他们提出的灯光仪式设计。设计的主要原因是为了节省燃料成本，并避免使用大火与冰雪主题相冲突。他们提出的折中解决方案是使用一个较小的手电筒，并将其框在雪花设计中，以创造

出视觉上吸引人且可接受的效果。这一决定被视为一种创新,因为在近100年的奥运会和冬奥会历史上,从未有人这样做过。同样值得注意的是,这个点火仪式代表了与已经使用了近一个世纪的传统奥运圣火点火方式的不同。使用较小的火炬和强调冰雪而不是火的决定是一种创新的做法,反映了中国文化的自信和冬奥会的重要性。

通过筹办冬奥会,我们加强了国际之间的交流,展现了中国的软实力和公共外交能力。在海外推介我们的冬奥会、举办青年交流营等活动,能够展示我们冰雪运动项目的国际影响力,这些活动都是公共外交和民间外交的重要内容。举办开闭幕式等仪式化的活动,让我们展示出中国作为大国的风范和开放的姿态。从北京奥运会到冬奥会的开幕式,我们能够看到中国在审美和浪漫方面的独特特色,以及高科技手段展示出国家实力提升的能力。

2022年北京冬奥会一直秉承着"绿色冬奥、科技冬奥"的宗旨,坚持"绿色、共享、开放、廉洁"的办奥理念,无论在场馆建设还是赛事组织和赛会服务方面,都得到了很好的贯彻落实。我今天要谈的是总书记对办奥的关心和他提出的四个办奥理念。这些办奥理念包括"绿色、共享、开放、廉洁",这些都是我研究过的内容。总书记在我们申奥成功之后就提出了这些理念,他认为我们办冬奥会必须贯彻这些理念。最近,在新闻联播上播发了一条习近平总书记关于体育的重要论述的新闻。我有幸承担了其中的一章,讨论如何将习近平新时代中国特色社会主义思想贯彻到体育事业和北京冬奥会的举办中去。总的来说,习近平总书记提出的办奥理念与新发展理念的创新、协调、绿色、开放和共享是一致的,只是在具体细节上有些差别。

我的研究主要集中在这四个办奥理念上,包括绿色办奥、共享办奥、开放办奥和廉洁办奥。我们延续了北京奥运会提出的绿色奥运、科技奥运和人文奥运的理念,并且在办奥过程中注重节能减排、保护自然环境和永续发展。在北京冬奥会组委会的选址方面,我们将首钢工业园区作为办公和比赛场地,这被国际奥委会和媒体高度赞赏。我们创造了一个新的典范,将老的工业园区转化为奥运会的场地,展示了北京和中国对可持续发展的承诺。

在此基础上,我们还做了场馆的研究,并制作了一个列表,列出了我们将要使用的场馆。我们正在为冬奥会进行改造,例如我们的"水立方"现在变成了"冰立方",可以直接用于冰壶比赛。这个场地实现了奥运场馆的多功能转换。我认为这是绿色可持续发展的体现之一,它集约利用资源,实现生态综合治理和修复。这些是历届办奥运会都存在的难题，例如拆迁问题和对当地生态环境的破坏。我们中国在这方面做出了很多努力，例如与京津冀协调发展相结合，实现产业转移，节能减排，退耕还林和绿化等。

在冬奥会场馆建设拆迁时，我们政府会帮助受影响的人解决住房问题，但对于工作问题，会吸引他们到崇礼的滑雪场从事相关工作，例如餐饮业等。当然，也会有一些人担心冬奥会结束后他们的生活会受到影响。因此，我们提出了金章冰雪旅游带的概念，旨在打造可持续发展的冰雪旅游目的地，使冰雪产业得以蓬勃发展。这体现了绿色可持续发展的理念，不仅关注环境问题，也关注人的生活质量和发展。例如，谷爱凌是一位华人，但是我们在办冬奥会的时候，需要聘请国外的专家和代表队，规划运动员，以吸取上几届别国办冬奥会的经验。这也是开放办奥的重要体现。对于运动员的选拔，我们需要符合入籍条件，但是我们也应该考虑他们是否有国家归属感，是否愿意为国家利益着想。在冰雪运动项目中，我们需要以开放的姿态吸引优秀的教练员和运动员来代表中国参加比赛。同时，我们也需要派我们的优秀运动员到国外学习，以提高我们的竞技水平。

以我个人审美的方式看待国旗传递的过程，我发现和北京奥运会时的志愿者和礼仪小姐们相比，这次传递国旗的人身高、体态各异，更加普通平和。这反映了我们看待奥运会的方式已经发生了巨大的变化，更加开放、包容、成熟的大国心态已经深入人心。然而，办奥会在国际社会中仍存在腐败问题，例如雅典奥运会和里约奥运会都因此受到指责。因此，在办奥会过程中，廉洁办奥成为一个重要原则和要求。这不仅仅包括强化财务管理和监督审计，还包括加强预算管理，控制筹办成本。我们需要把奥运会办成一届透明的、经得起检验的奥运会。

四、北冰南展背景下福建省冰雪运动发展态势

福建省发展冰雪运动的三个关键点：首先，冰雪运动场馆的建设相对薄弱，市场需要大量的综合体来填补空白，包括仿真冰场和冰雪运动仿真冰；其次，政策引导和资金补助对于冰雪运动的发展至关重要；第三，将冰雪运动转化为轮滑等仿真项目，通过让青少年感受这项运动来培养爱好，同时也需要大力培训专业人才。福建省目前已经开始尝试建设冰雪场馆和引导政策，但还需要在市场和教育方面加大投入和培养，使冰雪运动得以更好地发展。

当然，这个问题不仅仅是成本问题。冰雪运动可以给更多的孩子提供更多的选择。通过引导，我们可以让老百姓认识到这项运动项目的独特魅力，让他们感受到其中的魅力，从而喜欢上这项运动。这是需要引导的。在学校和群众体育活动中，有一个自由与强制的关系。家长、社会和学校都需要引导孩子们去接触这些运动项目，因为孩子们的眼界并没有打开，他们不知道这项运动是怎么一回事。

我们福建的冰雪运动发展已经得到了央视的报道。最近，福建泉州实验小学洛江校区举办了为期十天的寒假冰雪冬令营，开设了越野滑轮和轮滑冰球两个项目，旨在让南方地区的孩子们也能体验冰雪项目。这次冬令营是学校和泉州轮滑协会共同举办的，目的是方便推广训练。越野滑轮是越野滑雪的旱地训练方式，要求体能和技术难度不高，孩子们训练一周左右就能适应比赛。轮滑冰球训练在学校旱冰场上进行，孩子们具备很强的团队意识。近年来，福建省在冰雪运动的发展中抓住了校园这个关键点，因为只有校园才能提供符合运动项目特点的场地条件，70%的场地都在学校。福建省的推广活动主力军就在校园中，这个结论经得起时间和规律的检验。

发展冰雪运动所需的高成本和高投资，这可能会限制它们的可及性和普及性。然而，大家也看到了通过政策指导、企业合作和学校倡议来推广这些运动的潜在机会。例如，大学与校外公司合作，引进模拟冰壶、冰球和轮滑，这可能比传统的体育教育活动对大学生更有吸引力。我们有理由相信，将更多的孩子引入冰雪运动可以帮助培养对这些活动的热爱，并有可能造就未来一代的运动员。

如果我们能够在今天的交流中提升对冬奥会知识和规则的了解，并激发更多的兴趣，那么这场讲座就将具有最大的意义。非常感谢所有听众的到来，你们的出席代表了真正的热爱。

体育圈儿 法律事儿
——体育活动中的法理

◎李 智

作者简介：李智，法学博士，福州大学法学院教授、博士生导师、副院长；福建省人大常委、法制委委员；民革福建省委副主委；中国法学会体育法学研究会副会长，中国国际私法学会常务理事；中国体育仲裁委员会委员；国家高端智库武汉大学国际法研究所兼职教授、博士生导师；国际体育仲裁院（CAS）仲裁员，中国奥委会奥运备战办法律顾问。

众所周知，体育在人类社会的发展中一直发挥着巨大的推动作用。在现代社会，体育事业的发展规模和水平已经是衡量一个国家综合实力和社会文明的一项重要指标。从1952年中国政府开始争取国际奥委会的一席之地，到2008年北京奥运会、2014年南京青奥会、2022年北京冬奥会的胜利举办，中国在国际体育事务中发挥着越来越重要的作用。

随着国际和国内体育活动日益繁多，与体育相关的一系列社会和法律问题逐渐凸显。竞技体育层面有兴奋剂处罚、参赛资格、裁判问题、赛场暴力等争端；体育产业化层面存在运动员代言、隐性营销、商业赞助、赛事转播等争议；全民健身和学校体育方面，则存在着场馆利用、设施和运动安全、体育教育等法律问题。所以，发展体育运动，增强人民体质，实现体育强国，不仅是一项体育系统工程，也是一项法治系统工程。在建设法治中国、美丽中国的时代进程中，体育作用独特，体育法至关重要。

我国一直以来重视体育法制工作，1995年就制定了《中华人民共和国体育法》，在2022年6月完成了《体育法》的修订工作，新《体育法》已于2023年1月1日开始正式实施。尽管如此，从学科建设的角度来看，学界一直存在着"体育法"和"体育与法"的表述争论，或者说是对体育法是不是一个独立的法律部门有所争议。比如体育代言合同，和一般民商事合同之间有何联系与区别？赛场暴力行为能否成为民法或刑法规制的对象？这些问题在国际上争论了很久，我国学者从20世纪80年代开始进行体育法研究，也一直围绕这些问题展开讨论。

随着体育法律研究和实践的不断发展，学界对体育法内容的独特性已经形成了基本的共识。这种独特性主要表现在两个方面。第一，有独特的规范对象，比如兴奋剂、体育仲裁、裁判问题，也以此形成了体育法特有的法律原则和理论。第二，其他部门法律在体育领域适用时，也会根据体育的特点做出相应的调整，形成体育法律领域中特有的法律关系。体育法独有的内容越来越体系化，体育法与其他部门法交叉的内容，也越来越展示出体育法律关系的特殊性。

本文将从几个典型的案例入手，讨论体育领域中常见的法律问题，并介绍、分析反兴奋剂体系、运动员代言、自甘风险原则等内容。

一、兴奋剂争议：拿"干净的奖牌"

远古时代，便已经出现了以争取胜利为目的的体育比赛形式。竞技体育发展至今，已成为集竞争、刺激、公平、规范等特点为一体的活动。随着体育赛事的国际化和商业化发展，以不正当手段赢得比赛的现象屡见不鲜。其中，违规使用兴奋剂行为就是常见手段。如何以完备的实体规则和程序规范有效防范兴奋剂对体育竞赛公平性的影响，同时又要关照运动员的合法权利，是体育法的重要内容。

（一）中国选手拒检事件

2020年，中国选手孙杨因涉及拒绝配合兴奋剂检查导致兴奋剂违规被处罚禁赛的案件引起了国内外的广泛关注。兴奋剂检查包括赛内检查与赛外检查。赛内检查是指在比赛期间，根据运动员的名次和表现对其进行兴奋剂检查。赛外检查，又称"飞行药检"，是指体育组织在非比赛期间派遣专门的检查人员对运动员进行突击性兴奋剂检查，以确定其是否使用了违禁物质或方法。飞行药检主要是针对著名运动员以及在短时期内成绩有异常提高的运动员。

2018年9月4日，国际游泳联合会在浙江杭州对运动员进行了一次飞行药检。由于运动员对尿检官的操作、尿检官和血检官的资质产生了异议，双方产生了争执，最终采样没有完成。事后，检查官向国际游泳联合会申诉，认为运动员存在拒检的行为。随后国际泳联举办了听证会，并于2019年1月就此事进行裁决，认定其不存在违反《世界反兴奋剂条例》的行为，不对其进行处罚。

两个月后，世界反兴奋剂机构就国际泳联的决定向国际体育仲裁院提出上诉。虽然世界反兴奋剂机构不是拒检案件的当事人，但其具有制定反兴奋剂规则并监督实施的职能。因此，世界反兴奋剂机构行使监督权，向国际体育仲裁院提出上诉，要求认定运动员存在兴奋剂违规行为。经过审理，国际体育仲裁院推翻了国际泳联的决定，对运动员处以禁赛八年的处罚。运动员不服该裁决，上诉至瑞士联邦法院。2020年12月，瑞士联邦法院以程序不当为由撤销国际体育仲裁院的仲裁裁决，发回国际体育仲裁院重审。最终，国际体育仲裁院裁决对运动员禁赛四年零三个月。

1.体育（兴奋剂）纠纷解决机制

案件发生后，国内对兴奋剂问题的重视程度显著提高，除了体育从业人士与体育法学者们在广泛讨论此案外，普通百姓也对案件中涉及的"世界反兴奋剂机构""国际体育仲裁院""兴奋剂违规"等产生了浓厚的兴趣。

世界反兴奋剂权力架构主要由三个部分组成。第一，国际体育仲裁院是独立的国际性仲裁机构，专门解决体育领域纠纷。其审理的仲裁案件涉及普通仲裁、上诉仲裁、反兴奋剂仲裁三个程序，涵盖了体育领域纠纷的各个方面，裁决具有终局效力。第二，世界反兴奋剂机构于1999年成立，专门负责反兴奋剂工作，包括制定反兴奋剂系列规则与标准、审定和调整禁用物品和禁用方法清单、确定药检实验室并定期审查其资质、监督《世界反兴奋剂条例》在全球范围内的统一适用等。2005年，联合国教科文组织颁布《反对在体育运动中使用兴奋剂国际公约》，世界反兴奋剂机构制定及更新的《禁用清单国际标准》与《治疗用药豁免国际标准》开始具有国际法上的约束力。第三，国际奥委会与国际单项体育联合会等体育组织将《世界反兴奋剂条例》纳入章程，行使大部分的兴奋剂检查检测及违规处罚权。近年来，伴随兴奋剂处罚程序的改革，越来越多的体育组织将处罚权交给国际体育仲裁院，国际奥委会与国际单项体育联合会等将只负责兴奋剂检查，由国际体育仲裁院反兴奋剂庭负责兴奋剂违规认定及处罚。

2.案件实体问题与程序规范

在该案件中，有几个问题引起了广泛关注。首先，为什么是国际游泳联合会负责兴奋剂检查？在目前的奥林匹克运动体系下，国际单项体育联合会作为运动员的管理方、服务方、利益代表方，对运动员的行为负责，包括负责对运行员进行兴奋剂检查检测。其次，根据《世界反兴奋剂条例》的规定，拒绝配合兴奋剂检查的处罚措施是禁赛四年，运动员为什么被禁赛八年？原因在于，该运动员已在2014年由于被检测出兴奋剂阳性违规被处罚禁赛3个月。运动员在2008年后出现胸闷、心悸等症状，遵照医嘱一直使用处方药盐酸曲美他嗪，该药物于2014年1月1日起被世界反兴奋剂机构纳入禁用清单，而运动员一方未能及时更换药物，导致在参加国内比赛时被检测出该药物违规，并遭受了禁赛处罚。依据当时适用的2015年版《世界反兴奋剂条例》规定，对第二次违规的运动员或其他当事人，应予以两倍禁赛期。因此，国际体育仲裁院对运动员处以禁赛8年的处罚。再次，为什么可以对该案进行重新仲裁？国际体育仲裁院的裁决是一裁终局，但是当事人可以申请向仲裁地的瑞士联邦法院申请撤销裁决。瑞士联邦法院审理后发现，在该案中，有一位仲裁员曾经发表过对中国人的歧视言论，影响到仲裁庭的中正性，因此撤销裁决，发回重新仲裁。

3.案件争议焦点

该案件无论是争议焦点还是最后的处罚结果，都有很多值得思考、分析的内容。对案件的研究分析不仅可以为我国对运动员的反兴奋剂管理工作提供经验教训，而且还可推动我国体育法治的发展。

案件其中一个争议点在于，对兴奋剂检查官的授权委托书上是否要写明被检查人的名字？事发当晚对运动员进行飞行药检时，授权委托书上只写明了主检官的姓名，并未注明被检查人的名字。世界反兴奋剂机构认为，授权委托书上不登记被检查人姓名，有利于主检官根据实际的被检查人进行调整，提高采样工作的效率。但是，飞行药检与赛内检查不同：赛内检查根据比赛结果选定被检查人，而比赛结果具有不确定性，因此被检查人难以提前确定；但赛外飞行药检的检查地点与被检查人事先明确，授权委托书上应当能够明确记载被检查人。

第二个问题是，尿检官和血检官是否需要具有相应的资质。该案件中，对运动员进行飞行药检的是由三人组成的检测小组，成员中有一位是由IDTM公司委派的、具有资质的女主检官，另外两位是该主检官所选任并带领的血检官与尿检官。依照现场情况与事后调查可知，三人中仅主检官持有IDTM公司的授权委托书。血检官与尿检官的资质的重要性，不仅在于确定运动员拒检的行为是否合理，也关系到世界反兴奋剂机构和国家反兴奋剂中心该如何规范飞行药检，这需要日后进一步明确。

第三，案件中反映出的过于频繁的兴奋剂检测行为，也引发大家思考。据统计，该运动员在2012年至2018年间至少接受过180次兴奋剂检测，其中有上百次是赛外检查。为了维护体育竞赛公平性、保证运动员身心健康，每一位运动员在其职业生涯中都需要接受或多或少的兴奋剂检查，但是这种检查的次数应当如何确定呢？如何规范兴奋剂检测程序，使其在维护比赛公平的同时更有效地保护运动员权益，也是非常值得研究和探讨的。

4.事件经验：理性参与仲裁

从国际体育争端解决机制角度看待该案件，我们可以总结、归纳出参与国际体育仲裁的经验。首先，在体育纠纷中，当事人应对行为与损害作出衡量，找出适当的维权方式。当对方出现错误时，既要及时保留证据以待后续追究，又要尽力防止损失扩大。以本案为例，当发现检测小组成员的行为不当与资质不全时，应及时主动向国际泳联汇报情况、固定证据，尽量避免与检测小组产生进一步的冲突；其次，在参与仲裁或听证会时，当事人应重在阐述事实，向仲裁员表现出冷静、客观的形象。一些主观性表达不仅不利于事实认定，而且可能会影响裁决结果；最后，应全面分析案情，避免因小失大，以偏概全。任何一个案件都不是孤立存在的，案件周期、案件结果等各个因素都会对运动员的职业生涯产生或大或小的影响。在纠纷发生后，应当对事件进行总体判断，理性分析当事人所处的社会环境与可能产生的争议，合理预测事件的发展走向，从而做出对自己最有利的应对策略。

（二）集体处罚下的个人权益保障

实践中，还存在对一个国家运动员整体作出集体兴奋剂处罚的情况，典型案件就是俄罗斯集体禁赛案。

1. 俄罗斯集体禁赛

2014年底，德国一家电视台曝光俄罗斯田径队运动员系统性地、有组织地使用兴奋剂。2015年11月，世界反兴奋剂机构公布了对俄罗斯田径队的调查报告，确认其大规模系统性地服用兴奋剂，国际田联宣布对俄罗斯田径队展开全面禁赛。2016年，世界反兴奋剂机构调查发现，在索契冬奥会期间，俄罗斯奥委会医学科学研究部门安排俄罗斯国家队运动员在赛前统一对尿液进行取样并保存，之后再将可能含有兴奋剂的赛中或赛后待检尿样替换成干净尿样。2019年12月，世界反兴奋剂机构执行委员会决定对俄罗斯禁赛4年。俄罗斯不服，上诉至国际体育仲裁院，2020年12月，国际体育仲裁院裁决禁赛2年。

2. 如何在集体处罚中有效保障个人权益

在俄罗斯集体处罚事件中，出现了这样一种情况：有个别运动员有充分证据证明其并未参与违规行为，但是也受到了禁赛处罚。于是，国际体育仲裁院通过确认"干净运动员"的方式，免除对这些运动员的禁赛处罚。"干净运动员"想要参加比赛，有两种救济方式：一是申诉，撤销集体禁赛处罚；二是通过自证，申请以个人名义参赛。这种在集体处罚之下的个人救济方式，既有效保障了运动员自身参加比赛和维护名誉的权利，又捍卫了体育的纯洁性。

（三）中国反兴奋剂工作成果显著

一直以来，中国致力于在反兴奋剂方面贡献大国力量。1990年，中国开始正式进行兴奋剂检查工作；2004年国务院颁布《反兴奋剂条例》；2006年，中国政府成为《反对在体育运动中使用兴奋剂国际公约》缔约国；2007年，中国反兴奋剂中心正式成立；2014年，中国国家体育总局在《世界反兴奋剂条例》的基础上，结合中国反兴奋剂工作特点制定颁布了《反兴奋剂管理办法》，标志着中国特色反兴奋剂法律体系的正式形成；2020年，《刑法修正案（十一）》首次实现了兴奋剂入刑，中国在反兴奋剂斗争中迈出了意义重大的一步；2022年，中国完成了对《体育法》的又一次修订，增设"反兴奋剂""体育仲裁""体育产业""监督管理"专章，搭建了较为完善的体育法治框架。

习近平总书记强调，要坚决推进反兴奋剂斗争，强化拿道德金牌、风格金牌、干净金牌的意识，坚决做到兴奋剂问题"零容忍""零出现"。中国始终秉承坚决反对使用兴奋剂的立场，不断提升反兴奋剂工作的法治化与科学化水平。近年来，我国兴奋剂检测水平、检测质量、检测数量大幅提高。根据中国反兴奋剂中心《2021年报》显示：2021年反兴奋剂中心共实施检查26320例，开展教育准入767场、教育拓展218场、教育讲座1006场，查处兴奋剂违规31起，召开听证会8人次，接受治疗用药豁免申请135份，批准32份，检测肉食品样本3267例，营养品样本378例。截至2021年底，共有38个国家运动项目管理单位成立了反兴奋剂部门，30个省（区、市）成立了省级反兴奋剂机构，全国共有反兴奋剂工作人员2331人，基本建成"纵横交叉、上下联动"的全覆盖反兴奋剂组织体系。我国反兴奋剂工作取得的成绩，向全世界表明了中国反对在体育活动中使用兴奋剂的坚定立场。

二、归化运动员参赛资格的取得

归化运动员是指在出生籍以外，自愿、主动通过取得他国国籍，取得合法参赛资格，从而代表他国参加国际赛事的运动员。近年来，归化逐渐成为运动员获得国际赛事参事资格以及部分国家借此提升本国竞技水平的重要方式。

（一）天才少女谷爱凌

2022年的北京冬奥会让全世界认识了一位年轻的女孩——谷爱凌。谷爱凌作为在美国出生长大的滑雪运动员，2019年，谷爱凌在她15岁时宣布加入中国国籍，正式成为一名归化运动员。这也是中国归化运动员的代表性事例。

（二）归化运动员产生的双重推动力

产生归化运动员这一特别类型运动员的原因有许多。一方面，部分国家十分擅长某些运动项目，有独特的训练体系。但在另一些国家，由于经济、文化、地理等因素，难以发展这些运动项目。为了在这些项目上获得突破，这些国家通过归化运动员，吸收他国优秀运动员加入，提高比赛成绩，带动本国项目发展。2017年4月，韩国男子冰球队在国际冰联甲级A组的比赛中，以四胜一负的成绩获得了平昌冬奥会的参赛资格。此次进步主要归功于韩国从世界排名第一的加拿大队归化了数名球员。归化运动员实力强劲，也带动了韩国本土运动员水平提高。另一方面，运动员愿意为其他国家效力，也有其自身因素存在，如出于对运动事业或经济利益的追求等。

（三）归化之路道阻且长

得益于本国成绩的提高及运动员受到的良好待遇，归化运动员越来越常见，但归化并不是简单的改变国籍，相反，归化运动员之路存在着诸多障碍。

首先，以中国为例，中国归化入籍的法律门槛较高，一般外籍运动员难以达到要求。《中华人民共和国国籍法》规定了入籍的条件主要有三种：中国人的近亲属、定居在中国的、有其他正当理由。此外，根据《外国人在中国永久居留审批管理办法》，外国人想要获得中国永久居留权的认定条件严苛，入籍审批程序烦琐。近几年，我国归化的运动员中虽然有海外二代或三代华裔移民，如谷爱凌和朱易，但更多的是没有任何中国血缘的外籍运动员入籍，归化困难程度更高。

其次，外籍运动员归化后，并不是立刻就能代表新国家参加比赛。根据《奥林匹克宪章》第41条负责规定，双重或多重国际的运动员可代表新国家参赛。如果之前已代表原国籍国参加国际大赛，可在3年过渡期满后代表新国家参赛。这其中又牵涉到诸多争议，比如，"代表国籍国"的标准是什么？加入过某国的少年队或青年队，是否算代表国籍国？如何界定"国际大赛"？两国之间的友谊赛属于国际大赛吗？热身赛是国际大赛吗？这些都是在归化方面常常引起讨论的问题。

再次，归化运动员，尤其是无本国血缘的归化运动员会面临国民强烈的民族意识冲击。各国的单项国家队都会在奥运会前制定详细的选拔方法，不同国家不同项目的选拔方法各不相同，但普遍会将归化运动员与本土运动员一同进行选拔，导致本土运动员难以在国内选拔赛中赢得参赛资格。这不仅会削弱本土运动员训练和参赛的积极性，也不利于本国储备优秀人才。并且，一些本国国民认为归化运动员代表自己的国家比赛只是一种策略，从心理上难以接受归化运动员是自己的同胞，使归化运动员难以迅速融入当地社会。

即使归化运动员之路困难重重，但毋庸置疑的是，归化运动员的现象是一股不可逆的潮流，不仅有利于体育成绩的提高，而且能够刺激体育产业的发展。

三、运动员代言：个人代言与集体代言

伴随竞技体育的发展壮大，与体育相关的产业也如雨后春笋般兴起，运动员的价值不再限于在赛场上取得优异的成绩，其商业价值也被发掘，运动

员代言应运而生。

（一）运动员代言的特殊之处

运动员代言与大众所熟知的影视明星代言都可以理解为名人代言，但由于运动员身份的特殊性，与一般明星代言有时会存在区别。最常见的就是一般明星代言主要体现为个人代言，而运动员代言则会存在个人代言与集体代言的形式，二者之间可能产生冲突。依据集体代言协议，运动队、体育组织、或赛事参加者都应为集体赞助商代言，而此时，集体赞助品牌可能就会与运动员个人代言品牌之间产生冲突。

（二）个人代言与集体代言之间的冲突

在CBA2016年赛季广东对阵深圳的比赛中，彼时李宁作为CBA的赞助商，要求CBA球员在开幕式、赛前热身、比赛现场、新闻发布会上都不得穿着、使用展示其他竞争品牌的产品。但是在比赛中，易建联由于脚部不适，要求将赞助商李宁球鞋更换为自己个人代言的NIKE球鞋。虽然篮协同意了易建联穿着NIKE球鞋完成比赛，但是赛后对易建联进行了罚款、停赛、通报批评的处罚。

早在20世纪，类似情况就层出不穷，其中较为轰动的是1992年美国梦之队身披国旗遮挡赞助商商标的事件。1992年巴塞罗那奥运会上，由多名NBA顶尖球员组成的梦之队代表美国拿下了奥运会男篮金牌。在颁奖典礼上，由于美国组委会的赞助商是锐步，锐步要求梦之队在颁奖典礼上身着有锐步商标的服装。当时，乔丹是NIKE的代言人，为了避免出现身着竞争品牌服装领奖的情况，乔丹身披美国国旗，遮挡住了服饰上锐步的标志。

（三）个人代言与集体代言的协调与平衡

如何协调个人代言与集体代言之间的冲突一直是体育产业所关心的问题。经过多年的实践，我国提出了细分项目、因地制宜解决等思路。同时，国际上也对该问题有各种解决方案，以NBA为例，经过多年类似事件，解决数次纠纷后，NBA目前统一了运动服品牌，但允许运动员穿着个人代言品牌的运动鞋。

四、隐性营销问题

商业品牌之所以愿意花费高昂的价格请运动员做代言、为比赛做赞助，一方面是看重运动员的知名度，另一方面是商业品牌需要利用体育赛事进行宣传，从而以海报、宣传单、广告、横幅等各种形式不断出现在大众视野。因此，各品牌之间对比赛赞助商的争抢和营销手段层出不穷，这也导致在大型体育赛事中各种隐性营销行为屡禁不止。

（一）隐性营销：暗度陈仓

隐性营销，又称埋伏营销，是指品牌所有者为了利用事件或机构的商誉，在未经授权的情况下，与事件或机构建立联系，并破坏了知识产权人或活动组织者的排他性安排。体育领域中，隐性营销方与体育赛事组织者之间的冲突，实际上就是赛事官方赞助商与个人赞助商或其他广告商之间的冲突。1996年亚特兰大奥运会期间，很多人以为耐克才是奥运会的官方赞助商，但其实真正的官方供应商是锐步公司。正是由于耐克公司在亚特兰大奥运会期间使用了隐性营销的手段，不仅在城市设立耐克体验中心，免费邀请民众在中心运动，还租赁了私人停车场进行营销活动。

（二）国际奥委会对隐性营销的限制与协调

为了避免隐性营销对体育赛事和官方赞助商带来不利影响，《奥林匹克宪章》第四十条附则第三款规定：除非获得国际奥委会执委会的批准，任何参加奥运会的运动员、代表队官员或其他人员，在奥运会期间都不得将其本人、名字、照片或者运动成绩供广告用途。该条规定将有权使用参赛运动员等人员形象的主体限制在了被授权的官方赞助商上。为了更好地适用第40条规定，2015年，国际奥委会发布了《里约奥运会条款40操作指南》，取消对个人赞助商奥运会冻结期进行商业广告宣传的严格限制，在一定程度上开放部分市场。但《里约奥运会条款40操作指南》对运动员的个人赞助仍有很大限制，需在官方网站上提交申请并经过国家奥委会审批，同时设置了严苛的宣传禁用词汇。

上述规定造成了运动员和企业的不满，并引发了纠纷。2019年，德国联邦反垄断局认定，德国奥委会和国际奥委会利用垄断地位限制运动员在奥运会期间的广告活动，使他们失去了在大型赛事中增加知名度及广告收入的机会，这一做法违反德国及欧盟反垄断法，故《奥林匹克宪章》条款40不得在德国境内实施。在来自多个国家和运动员的压力下，国际奥委会出于对奥运会可持续发展的考虑，逐渐放宽了对奥运会广告的限制。2019年7月，国际奥委会修改了《奥林匹克宪章》条款40第三项，修改后的条款为："参加奥运会的运动员、队伍官员和其他工作人员，在遵守国际奥委会执行委员会确定的原则的前提下,可以将其姓名、照片或者体育赛事成绩用于奥运会期间的商业广告宣传。"这一规定使运动员个人赞助在奥运会期间从"绝对不可以"到"有条件的可以",大幅度放开了奥运会期间运动员赞助商使用宣传词语及内容限制,也允许运动员在社交网络上对个人赞助商适当表达谢意。

五、裁判不公问题

竞技体育之所以越来越受到大众的关注与喜爱,原因在于那种分秒必争的紧张感和赢得每一比分的刺激感。在一场比赛中,除了运动员和教练以外,最重要的人莫过于裁判。一位专业技术过硬、品德高尚的、保持中立裁判能够给比赛的观看带来质的提升。相反,一位有心偏颇的裁判会让比赛的公平性大打折扣,与体育道德建设相悖。

(一)裁判争议的典型案例

1.涅莫夫:永远的绅士

体操,作为一项评分高低掌握在裁判手里的运动项目,发生过不少裁判争议事件。2004年雅典奥运会上,来自俄罗斯的体操运动员阿列克谢·涅莫夫在男子体操单杠项目上完成了六个空翻。就在现场所有人都以为他会得到一个高分时,裁判席却给出了9.725的分数,令人大跌眼镜。现场观众发出了嘘声,向裁判席做出不雅手势以示抗议,长时间的倒喝彩令比赛无法正常进行。裁判们迫于压力重新打分,但分数仍然较低。后续美国选手凭借较为保守的动作,得到了9.90的高分,让观众又一次对裁判席爆发了不满情绪。这时,涅莫夫站了起来,向在场观众挥手、鞠躬致谢,才平息了观众们的情绪。

涅莫夫的得分与排名在赛后没有得到补救,主要是由于赛场上的名次一旦发生变动,便容易牵一发而动全身,影响整个赛事。因此,体育裁判机构在解决裁判争端时,往往坚持"不干涉裁判"原则,倾向于维护竞赛场上的裁判结果。但并不是在任何情况下都不改变裁判结果,当出现某些特殊情况时,则会倾向于维持比赛公平。

2.难得一见的双冠军

2002年盐湖城冬奥会的花样滑冰华双人滑比赛中,加拿大选手的表现堪称完美,得到的分数也非常高。后上场的俄罗斯选手表现同样也很优异,只是在中间踉跄了一下。当所有人都认为加拿大选手能摘得桂冠时,俄罗斯选手却获得了更高的分数赢得了比赛。赛后,加拿大代表团提出抗议。比赛结束第三天，一名法国裁判承认，其与俄罗斯裁判作了交易，用他给俄罗斯选手的高分换取俄罗斯裁判在冰舞比赛中对法国选手的偏袒。这一裁判之间的交易行为严重影响了比赛的公平公正。因此，国际奥委会最终向加拿大选手追授金牌，加拿大与俄罗斯选手并列比赛第一。

这一事件的最终结果是改变了比赛名次，但实际上并没有影响其他国家的排名。这是体育史上少有的改变裁判结果的事例。由此可见，当裁判存在恶意、受贿行为，或者不依据正当程序做出裁判时，是可以对比赛结果进行更改的。这一现象并不是对"不干涉裁判"原则的背弃，而是在体育腐败发生的情况下，针对明显不符合公平公正原则的比赛结果进行调整。

（二）科学技术进赛场

1.借助新技术维护裁判公正

随着科学技术的发展，许多有助于公平裁判的技术被运用到体育竞技的赛场上。在网球、击剑、羽毛球等以快速进攻为特色的体育项目中，"鹰眼"作为技术辅助裁判进入赛场。"鹰眼"是借助摄像头与计算机，将比赛中的情形通过慢动作在线，以判定球是否出界等问题。"鹰眼"的使用，有效弥补了人眼在面对高速运动物体时的不足，减少误判和争议。

而在足球领域，则广泛适用视频裁判（Video Assistant Referee，以下简称"VAR"），VAR的出现使视频裁判员能够利用视频回放技术，反复观看和研究在某个瞬间发生的事情，帮助主裁判作出正确的判罚。VAR依靠遍布球场上的多个摄像机镜头、机位、多角度捕捉场上球员的每一个细小动作。VAR主要是在对比赛得分有争议、对犯规行为有争议的情况下，对主裁判的裁判结果予以纠错或确认。

2.绝对客观与相对主观之间的取舍

虽然VAR和"鹰眼"对赛场纠错、明确判罚结果、维护比赛公平有着卓越贡献，但是不可避免地，VAR和"鹰眼"也有着自身的不足。频繁使用"鹰眼"与VAR，不仅会影响比赛的流畅性、拖延比赛的时间，还会降低主裁判的权威性。因此，各单项协会都制定了对"鹰眼"的挑战规则，每位运动员每场比赛使用"鹰眼"的次数都是有限的。这样做既保护了球员的质疑权，又保证了裁判的权威性，还保障了比赛的流畅性，增加了紧张感。所以，在新技术促进比赛公平公正的同时，也应当意识到由于技术的介入给体育竞技带来的影响。

六、赛场暴力："自甘风险"原则

体育活动特有的对抗性、碰撞性、高难度以及本身固有的危险属性，决定了体育竞技中在所难免地会对运动员产生一定的伤害。不仅运动员，教练、裁判、观众等都有可能成为施暴者或受害者，如何保障赛场上人员的人身财产安全一直以来都是保障体育运动健康开展的前提。

（一）"自甘风险"原则减轻加害人责任

针对赛场暴力，主要的处罚方式分为行业处罚、民事赔偿和刑事处罚三种。我国对运动员、教练员、裁判的不当行为，明确了项目协会的处罚权力。对于涉嫌违反《中华人民共和国治安管理处罚法》或触犯刑法的，则依法移交或配合有关机关予以处理或处罚。

在认定赛场暴力是否构成民事侵权时，有一条原则常常被适用以确定各方的民事责任，即"自甘风险"原则。所谓"自甘风险"原则，是指被害人在明知某种具体危险状态存在，并因此遭受损失时，不得请求加害人承担民事赔偿责任。我国《民法典》第一千一百七十六条规定："自愿参加具有一定风险的文体活动，因其他参加者的行为受到损害的，受害人不得请求其他参加者承担侵权责任；但是，其他参加者对损害的发生有故意或者重大过失的除外。"这条原则经常适用于文体活动侵权领域。在认定是否符合"自甘风险"时，主要判断受害人是否自愿、是否事先了解该文体活动的固有风险，以及固有风险的危险程度和其他参加者是否存在故意或重大过失的情节。例如，一位常年以打篮球作为休闲娱乐活动的人，在与朋友组队打比赛时，与他人发生碰撞，导致受伤。在没有证据证明对方存在故意或重大过失的情况下，对方无须承担侵权责任。

（二）"自甘风险"原则促进校园体育发展

"自甘风险"原则的确立，不仅有利于明晰赛场暴力中的民事侵权责任，也对发展全民健身与校园体育活动增添助力。

在《民法典》颁布之前，对无民事行为能力人和限制民事行为能力人在学校或其他教育机构学习、生活期间受到的人身损害，学校或教育机构要承担过错推定责任或过错责任又或者补充责任。因此，学校为了学生人身安全和自身责任承担的考虑，往往选择减少开展体育活动，限制了校园体育活动的发展。"自甘风险"原则也在一定程度上减轻了学校在校园体育活动中承担的不利责任，推动学校积极主动开展体育活动，提高学生身体素质。

七、总结

  2022年对中国和国际体育事业而言是意义非凡的一年。党的二十大报告强调："广泛开展全民健身活动，加强青少年体育工作，促进群众体育和竞技体育全面发展，加快建设体育强国。"对建设体育强国作出战略部署。根据新修订的《体育法》中"体育仲裁"一章，结合我国仲裁经验，借鉴国际体育仲裁院相关制度，我国于2022年正式颁布《中国体育仲裁委员会组织规则》《体育仲裁规则》。2023年2月11日，中国体育仲裁委员会在北京成立。这标志着我国自1995年首次提出构建体育仲裁制度起，历经二十八年拥有了独立的体育仲裁制度。中国将继续在体育事业的各个方面展现中国特色，促进国内国际体育事业蓬勃发展。

民法典与生活同行：侵权责任编重点条文解读

◎杨垠红

> **作者简介**：杨垠红，福建师范大学法学院、纪检监察学院院长、教授，入选2022年度福建省十大法治人物、百千万人才工程省级人选，福建省《民法典》宣讲团专家，福建省八五普法讲师团成员，2016-2020年全省普法工作先进个人，福建省法学会民商法研究会会长等。主持并完成2项国家社科基金项目、1项国家级一流本科课程，主持多项省部级项目等研究，参与多项国家级重大或重点项目研究，在法学权威核心刊物上发表论文80余篇。获多项省部级奖励。近三年19项建言献策被中宣部采纳。

2020年5月28日，十三届全国人大三次会议表决通过了《中华人民共和国民法典》，自2021年1月1日起施行。《中华人民共和国民法典》被称为"社会生活的百科全书"，是新中国第一部以法典命名的法律。这部民法典共七编、一千二百六十条，各编依次为总则编、物权编、合同编、人格权编、婚姻家庭编、继承编、侵权责任编，以及附则。本文将选取民法典侵权编中部分重要条款及其适用进行解读。

一、多部门联动厘清高空抛物责权

随着社会发展和城市化进程的加快,城市人口日趋集中,高层住宅越来越多,随意往外抛掷物品或者坠落物品造成他人损害的事件屡见不鲜,严重危害人民群众生命财产安全,被称为"悬在城市上空的痛"。

2000年,重庆一男子被高楼落下的3斤重烟灰缸砸成重伤;2001年,济南一位老太太被楼上掉落的一块菜板砸中身亡;2006年,深圳一名小学生被高空坠落的一块玻璃窗砸中身亡;2016年,四川遂宁一名女婴被高空坠落的健身铁球砸中死亡;2019年7月,贵阳10岁男孩高空推落灭火器砸死一位女子;2019年8月1日,上海一市民因家庭矛盾争执中,将手边的平板电脑、手机、水果刀等物品从14楼扔出窗外;2020年7月14日富春山居小区某住户从室内将啃食的玉米棒子扔出;2022年11月1日贵州男子因酒后泄愤将瓷碗、电饭锅、电磁炉等物品从五楼家中向外抛至小区道路……截至2022年12月,以"民事案件"及"高空抛物"为关键词,在裁判文书网共检索到2111篇文书。其中2018年共180份,2019年共403份,2020年共550份,2021年共775份,2022共503份,高空抛物民事案件总体呈上升趋势。

出于各种原因,高空抛物、坠物在事发后常常难以及时查清实际加害人。过去对此类案件的处理,在司法实践中存在很大的分歧:有的判决由受害人承担损失,有的依据建筑物责任的规定由该建筑物的所有人承担责任,有的依据共同危险行为规则判决由可能造成损害的部分业主承担连带责任,有的基于公平原则判决受害人和业主各自分担损害后果。

2010年《侵权责任法》出台以后,对抛掷物致人损害的责任问题作出专门规定,统一了审判依据。但是,由于业主的侥幸心理和抵触情绪,当实际加害人不明时,直接强调由其他可能加害的建筑物使用人来共同承担补偿的

责任，在实践中暴露出弊端，执行起来非常困难。同时，《侵权责任法》对高空抛物的规定也弱化了对实际加害人侵权责任的追究，对于消除高空抛物的隐患并无实益。

过去《侵权责任法》的规定是基于当时迫切需要解决的社会问题的无奈之举，强调对被侵权人所受无辜损害的救济，却对真正侵权人的责任规定比较模糊，在实践中带来比较多的争议。而《民法典》第一千二百五十四条①对高空抛物的侵权责任规则作出修正完善，进一步明确各方责任，将大大减少"一人抛物、全楼买单"的"连坐"状况。

（一）新增关于高空抛物的禁止性规定

《民法典》第一千二百五十四条首次在法律中明确"禁止从建筑物中抛掷物品"，将一项社会公德明确为一种法律义务，向公众明确高空抛物属于违法行为，有助于使社会公众充分认识到高空抛物行为严重的社会危害性。

（二）明确实际侵权人的责任和补偿人的追偿权

《民法典》第一千二百五十四条第一款强调了抛掷、坠落物品的实际加害人的侵权责任，明确了"可能加害的建筑物使用人"在承担补偿责任后，有权向实际侵权人追偿。本条明确规定从建筑物中抛掷物品或者从建筑物上坠落的物品造成他人损害的，由侵权人依法承担侵权责任，由此对真正的责任主体进行了明确，改变了以往责任主体不清的状况。只有当被侵权人无法证明具体的侵权人，法院也无法查明具体的侵权人时，被侵权人的损害才由可能加害的建筑物使用人给予补偿。

如果按照社会生活实践经验、科学手段、监控手段、侦查措施等方法，可以推测认为抛掷物、坠落物有可能是从某人使用的建筑物中抛落的，这些人就是"可能加害的建筑物使用人"。通常来说，加害的建筑物使用人能够证明以下事项，就可以免责：一是发生损害时，自己并不在建筑物中；二是证

---

① 《民法典》第一千二百五十四条　禁止从建筑物中抛掷物品。从建筑物中抛掷物品或者从建筑物上坠落的物品造成他人损害的，由侵权人依法承担侵权责任；经调查难以确定具体侵权人的，除能够证明自己不是侵权人的外，由可能加害的建筑物使用人给予补偿。可能加害的建筑物使用人补偿后，有权向侵权人追偿。

物业服务企业等建筑物管理人应当采取必要的安全保障措施防止前款规定情形的发生；未采取必要的安全保障措施的，应当依法承担未履行安全保障义务的侵权责任。

发生本条第一款规定的情形的，公安等机关应当依法及时调查，查清责任人。

明自己根本没有占有造成损害发生的物;三是证明自己所处的位置客观上不具有造成抛掷物致人损害的可能性。

而在不能证明自己不是侵权人的情况下,就要对被侵权人受到的损害进行补偿。事后如果查清责任人的,可以向真正的侵权人进行追偿。事后追偿制度有助于弥补可能的加害人承担责任的不正当性,保护无辜业主的合法权益。

(三)明确物业服务企业等建筑物管理人的管理责任

《民法典》第一千二百五十四条第二款要求建筑物管理人应当采取必要的安全保障措施防止此类情形的发生。其中特别明确了建筑物管理人主要是指物业服务企业。

对于物业服务企业的职责,《民法典》第九百四十二条[①]作出明确规定,督促物业服务企业负起责任,及时检查、维修、加固高楼外部设施,加强对业主的宣传教育,在必要的地方安装能够拍摄高空抛物坠物的摄像头等设备,为有关部门及时调查高空抛物坠物事件提供证据等。如果没有采取必要的安全保障措施的,应当依法承担未履行安全保障义务的侵权责任。

(四)明确公安机关等部门的调查责任

《民法典》第一千二百五十四条第三款明确要求公安等有关机关应当及时调查、查清责任人。依据该款规定,在追究高空抛物行为的民事责任时,应尽力查清真实的责任人。在法律中明确对公安等有关机关承担先行调查义务的要求,能够有效避免或者减少公安等有关机关的不作为,有助于查清真正的侵权人。

二、违反场所安全保障义务责任

安全保障义务是指宾馆、商场、银行、车站、机场、体育场馆、娱乐场所等经营场所、公共场所的经营者、管理人或者群众性活动的组织者所负有的,在合理限度范围内保护他人人身和财产安全的义务。

---

① 《民法典》第九百四十二条 物业服务人应当按照约定和物业的使用性质,妥善维修、养护、清洁、绿化和经营管理物业服务区域内的业主共有部分,维护物业服务区域内的基本秩序,采取合理措施保护业主的人身、财产安全。

物业服务区域内违反有关治安、环保、消防等法律法规的行为,物业服务人应当及时采取合理措施制止、向有关行政主管部门报告并协助处理。

《民法典》第一千一百九十八条①对安全保障义务的规定有以下亮点：一是明确了安全保障义务人的范围；二是明确了安全保障义务的保护对象为"他人"；三是明确了未尽到安全保障义务的责任承担方式；四是明确了经营者、管理者或者组织者承担相应补充责任后的追偿权；五是明确了因第三人的行为造成他人损害的，由第三人承担侵权责任。

（一）第三人侵权与场所安全保障义务

在实践中，存在不少第三人的侵权行为和安全保障义务人未尽到安全保障义务两个因素结合在一起而造成他人损害的情形。在此情况下，对于安全保障义务人的补充责任，有两点需要注意：一是第三人的侵权责任和安全保障义务人的补充责任有先后顺序。实施直接侵权行为的第三人应当承担第一顺位的责任，受害人的请求权只有在直接责任人之处无法被满足之时，其才能够请求第二顺位补充责任人承担赔偿责任；二是侵权责任法并未规定经营者、管理者或者组织者承担补充责任后的追偿权，而民法典规定经营者、管理者或组织者承担补充责任后，可以向第三人追偿。

（二）合理保护措施中"合理"的解读

经营场所、公共场所的经营者、管理人或者群众性活动的组织者负有在合理限度范围内保护他人人身和财产安全的义务，如果未尽到合理限度的保护义务，需承担侵权责任。判断经营场所、公共场所的经营者、管理人或者群众性活动的组织者是否需要承担侵权责任的关键，就在于"合理限度"的认定。

1."合理限度"的判断标准应当是第三人标准。即一个合理的、谨慎第三人的行为标准。如果法律法规没有明文规定的标准、该行业或同类行业没

---

① 《民法典》第一千一百九十八条　宾馆、商场、银行、车站、机场、体育场馆、娱乐场所等经营场所、公共场所的经营者、管理者或者群众性活动的组织者，未尽到安全保障义务，造成他人损害的，应当承担侵权责任。

因第三人的行为造成他人损害的，由第三人承担侵权责任；经营者、管理者或者组织者未尽到安全保障义务的，承担相应的补充责任。经营者、管理者或者组织者承担补充责任后，可以向第三人追偿。

有可参照的标准,则安全保障义务人应谨慎保护场所出入人员的人身财产安全。

2."合理限度"的具体要求应当就不同场所的具体情形而有所不同。以VR游戏和极限运动直播为例:VR游戏消费者戴上VR眼镜后极易失去对现实世界的感知,对身体周围的空间感知能力明显下降,考虑到这一特性,VR游戏经营者就负有比一般游戏经营者更高要求的场所保护义务,应当采取更加全面、更高标准的保护措施,避免发生危害消费者人身安全的情况;网络直播服务平台对直播内容负有审查义务,应当根据网络直播的内容、对象等进行审查。在极限运动直播中,行为人时刻出于高度危险环境且随时可能失去生命,虽然主播从事何种极限运动是他的自由,但是在直播过程中获取收益的平台也应承担相应的安全保障义务:提醒注意义务和适当的保护义务。

(三)当事人对事发事实存在争议时举证责任分配

"谁主张,谁举证"是一般民事纠纷中的举证责任分配规则,但在违反安全保障责任义务纠纷中,原告既不能提供现场监控视频,又很难做当场证据采集,证明被告违反安全保障义务的举证难度过高,而经营场所、公共场所的经营者、管理人或者群众性活动的组织者更容易搜集、获取、保存相关证据。因此,在这种情形下,应由场所安全保障义务人承担事发情况的举证责任。

三、将自甘风险作为免责事由

《民法典》第一千一百七十六条①是《民法典》与《侵权责任法》相比新增加的规定,通常被称为"自甘风险"规则。有关自甘风险,我国在这之前已然积累了一定的理论基础和司法实践经验。《民法典》为自甘风险之适用提供了全新的规范依据。

以适用《民法典》"自甘冒险"条款的首例民事案件为例。2020年4月,74岁的北京男子宋某和周某与其他4人在朝阳区红领巾公园进行羽毛球3V3比赛。比赛过程中,宋某被周某击出的羽毛球击中右眼,右眼受伤。本案中

---

① 《民法典》第一千一百七十六条 自愿参加具有一定风险的文体活动,因其他参加者的行为受到损害的,受害人不得请求其他参加者承担侵权责任;但是,其他参加者对损害的发生有故意或者重大过失的除外。

活动组织者的责任适用本法第一千一百九十八条至第一千二百零一条的规定。

周某是否应当赔偿以及如何赔偿,涉及自甘风险方面的问题。

在民法典出台之前,司法实践对于这类案件的处理,主要有三种观点:第一种观点认为,参加者均有过错,其他参加者应向受害人予以赔偿,但可适用过错相抵原则;第二种观点认为,其他参加者对损害结果无过错,无须赔偿,但根据公平原则给予受害人适当补偿;第三种观点认为如果其他参加者无过错,则无须赔偿。因此在实践中会导致有些裁判依据过错责任原则或公平原则判决被告承担一定的责任,一定程度上不利于文体活动的开展,也限制了人们的正常交往。

因此,民法典侵权责任编一千一百七十六条第一款新增"自甘风险"原则,填补了法律空白。本条所限制的"具有一定风险的文体活动",一方面将范围限于"文体活动",即仅有文化、体育类活动方能够适用于自甘风险之规则,剩余没有牵涉文化、体育方面的行为不属于本条规定的"文体活动"。至于探险活动有较高之风险性,还需考虑能否通过扩张解释来适用。另一方面如果其他参与者存在故意或者重大过失的,则并不免责。"自甘风险"的认定与理解需要注意以下三点:

(一)自愿参加具有一定风险的文体活动

受害人作出了自愿承受危险的意思表示,通常是将自己置于可能性的危险状况之下,且这种危险不是法律、法规所禁止的,也不是社会公序良俗所反对的。"具有一定风险"应当理解为风险性较高,对自身条件有一定要求,对抗性较强的文体活动。最后,行为人明知该行为存在风险,仍自愿参加。

(二)损害是由其他参加者的行为造成的

此项条件主要有两层含义。一方面,损害由其他参加者的行为造成,如打球过程中,因抢球、射球、运球、传球致球员受伤。损害非因其他参加者行为造成的,而是因山洪暴发、泥石流、飓风等非人为原因导致的,其他参加者无须承担侵权责任;另一方面,该其他参加者对损害发生无故意或重大过失,其他参加者对损害发生有故意或重大过失的,应根据"过错原则"承担侵权责任。如打球过程中,球员A有意绊倒球员B,致球员B受伤的,球员A应当承担侵权责任。

(三)"活动组织者"的责任划分问题

活动组织者跟一般的参与人不同,活动组织者一定要尽到相应的安全保障义务。法条特意将"活动组织者"的责任引至《民法典》其他条款进行适用,表明对于具有一定风险的文体活动的组织者，其造成受害人损害是否承担侵权责任，应当适用违反安全保障义务侵权责任和教育机构损害责任的规定，而并不适用受害者自甘风险原则从而免责的规定。在一些情况下如固有风险，活动组织者可以不承担责任，例如，参加马拉松活动，正常跑步过程中的晒伤、膝关节损伤、碰撞等运动伤害，是不需要活动组织者特别告知的，也不需要活动组织者承担责任。判断活动组织者是否尽责，要考虑是否尽到了必要的安全保障义务，采用了足够安全的措施，设计了突发情况的预案，损害发生后是否及时采取了合理措施，还要考虑受害人是否有过错以及过错程度等。

在宋某诉周某案中，法院一审认为，羽毛球运动是典型的对抗性体育运动项目，除扭伤、拉伤等风险外，较为突出的风险即为参赛者易被羽毛球击中。原告作为多年参与羽毛球运动的爱好者，对于自身和其他参赛者的能力以及此项运动的危险，应当有所认知和预见，但仍自愿参加比赛，应认定为自甘冒险的行为。在此情况下，只有被告存在故意或重大过失时，才需承担侵权损害赔偿责任，否则无须担责。

原告在庭审中不主张被告对其受伤存在故意，而关于被告对原告受伤是否存在重大过失，法院认为，被告回球时并无过多考虑、判断的时间，且高度紧张的比赛氛围会导致参赛者注意力集中于运动，很难要求参赛者每次行为都经过慎重考虑，故应将此情形下的注意义务限定在较一般注意义务更为宽松的体育道德和规则范围内。被告杀球进攻的行为属于该类运动的正常技术动作，并不存在明显违反比赛规则的情形，故不应认定其存在重大过失。

关于此案是否可以适用公平责任分担损失。此前在双方都无过错又难以判定责任的情况下，公平责任被法院广泛适用，但在很多情况下公平责任的滥用也会有违公平正义。法院认为，公平责任是指双方当事人对于损害的发生均无过错，且法律又未规定适用无过错的情形下，基于公平的观念，由双方对损失予以分担。但其适用范围应受到严格限制。本案并不具备依据《侵权责任法》第二十四条适用公平责任的条件,《民法典》第一千一百八十六条更是明确规定了公平原则的适用必须是法律规定的情形,而现行法律并未就本案所涉情形应适用公平责任进行规定。相反,案涉情形该如何定责已由《民法典》第一千一百七十六条第一款予以明确规定,故案件不具有适用公平责任的条件。

四、肯定好意同乘应减轻责任

《民法典》第一千二百一十七条[①]对于好意同乘情形下产生的交通事故责任作出了规定。社会生活中,好意施惠行为非常普遍,很多人基于亲友情谊、邻里之交,甚至是陌生人之间,在对方有需要时都会伸出热情援手,然而,一些好意施惠行为由于疏忽或其他意外情况,可能会导致受惠人遭受损害。

在民法典编纂之前,我国每年发生大量的好意同乘案件,但是由于缺乏实证规范,裁判尺度并不统一。好意同乘行为(给别人搭便车行为)仅仅作为民法中的好意施惠行为存在,属于一种情谊行为,即行为人以建立、维持或者增进与他人相互关切、爱护的感情为目的而从事的,不具有受法律约束意思的,后果直接无偿利他的行为。其虽不会产生合同上的义务,但在一定情况下也会产生侵权责任问题。如果要求帮助人承担无偿利他行为下产生的全部侵权责任,则不利于日常的互惠互利,故司法机关在实践中针对此类案件大多采取减轻责任的做法。

早在2009年制定《侵权责任法》时立法者就起草过好意同乘条款,该条款得到大多数学者的支持,但也有部分学者不太赞成,例如梁慧星教授认为"金钱利益不应和生命健康利益等量齐观,无偿搭乘只是没有付出微薄的交通费,但却因此损失数额巨大的损害赔偿金,从价值上看,两者并不平衡。"之后,立法机关基于多方因素考虑便将好意同乘条款从2009年的草案中删除。

现今,鉴于此类案件的频发以及对社会统一管理的需要,民法典编纂时,不少专家学者与法官都提出,在《民法典》中应当对于好意同乘作出规定,立

---

① 《民法典》第一千二百一十七条 非营运机动车发生交通事故造成无偿搭乘人损害,属于该机动车一方责任的,应当减轻其赔偿责任,但是机动车使用人有故意或者重大过失的除外。

法机关接受了这些合理建议并在第一千二百一十七条作出相应规定："非营运机动车发生交通事故造成无偿搭乘人损害，属于该机动车一方责任，应当减轻其赔偿责任，但是机动车使用人有故意或者重大过失的除外。"

该条是关于好意同乘的规则。所谓好意同乘，也称无偿搭乘、搭便车，是指非营运性车辆的驾驶人基于亲情或者友情在上下班、出游途中无偿搭载自己的亲朋好友、邻居同事的情形。好意同乘可以缓解交通压力、实现资源最大化利用、节约资源等益处。该条文适用时要注意有以下五个要点：

（一）搭乘车辆为非营运机动车

如果搭乘人乘坐的是以营运为目的的机动车辆，即使是无偿搭乘营运车辆，双方的权利义务关系也可能被定性为无偿的客运合同。好意同乘也不同于网络顺风车，网络顺风车的合乘者分摊部分合乘出行成本属于共享出行方式，是有偿、营运性的。

（二）该搭乘行为是无偿的

无偿性是判断好意同乘的重要标准，搭乘人必须是无偿乘坐驾驶人所驾驶的车辆，亦即驾驶人不与搭乘人之间存在其他利益关系。如果乘车人向驾驶人支付报酬，应该认为是双方的一种"有偿"合同关系。此外，关于如何认定无偿的问题，应结合交易习惯及社会生活实际，判断该搭乘行为是否具有商业性，双方是否进行了等价交换等。如搭乘人基于礼貌或答谢而给予驾驶人一些不构成等价交换的物品，一般也应认定为符合好意同乘的无偿性。

（三）必须发生了交通事故，且该交通事故的发生应属于该机动车一方的责任

如果事故是由无偿搭乘人故意造成的，可以免除驾驶人的赔偿责任。另外，交通事故造成无偿搭乘人损害，该机动车一方对此次事故没有责任的，搭乘人所遭受的损失应当由对方车辆责任人作出相应赔偿。

（四）交通事故并非提供好意同乘的机动车使用人故意或重大过失造成的。

如果驾驶人没有故意或重大过失，也就是说驾驶人尽到了一般人注意义务的情况下，根据事故责任确定赔偿比例后，可以在一定程度上再次减轻驾驶人的赔偿比例。在未尽到一般人的注意义务，存在故意或重大过失的情况下，仍要承担侵权责任，这很好地体现了法律保护同乘人生命财产安全，以及在保护受害人权益和鼓励善良风俗之间寻求平衡的价值取向。

（五）好意同乘的法律后果是减轻机动车使用人的责任

出现交通事故后，往往驾驶人自己受伤、车辆受损，此时还要求驾驶人对无偿搭乘乘客尽到过多的注意义务，完全赔偿无偿搭乘乘客损失，有些苛求。这样会导致驾驶人拒绝无偿搭乘，造成社会的冷漠，不符合公序良俗。

司法实践中，法官一般还会综合以下几个方面来认定好意同乘：第一，搭乘人和驾驶人通常存在一定的彼此熟知关系；第二，搭乘行为多发生于日常生活中，而非商业、职务或受雇活动；第三，搭乘人经驾驶人同意或邀请而乘坐机动车；第四，搭乘人和驾驶人在目的地、时间、路线等方面存在一定的一致性。

五、认可自助行为的救济效力

在《物权法》起草时就有学者提出要将自助行为纳入正式法律规定的范畴，但无论是《物权法》还是后来的《侵权责任法》都未对这一私力救济行为进行明确规定，然而实践中有关自助行为的案件却频频发生，司法机关往往只能通过法理学理论对自助行为进行判断，不利于统一裁判尺度、维护受害人合法权益。故在本次民法典修订过程中，全国人大常委会宪法和法律委员会经研究后认为，"自助行为"制度赋予了自然人在一定条件下的自我保护权利，是对国家机关保护的有益补充，故于《民法典》第一千一百七十七条[①]明

---

① 《民法典》第一千一百七十七条　合法权益受到侵害，情况紧迫且不能及时获得国家机关保护，不立即采取措施将使其合法权益受到难以弥补的损害的，受害人可以在保护自己合法权益的必要范围内采取扣留侵权人的财物等合理措施；但是，应当立即请求有关国家机关处理。

受害人采取的措施不当造成他人损害的，应当承担侵权责任。

确规定"自助行为"制度，首次确定了自助行为的适用范围、构成要件以及相应的法律后果。

（一）适用范围

民法上的自助行为，即当自己合法权利受到外来不法侵害时或者自己的合法权益面临着将要受到损害的危险状态时，为了保护自己的合法权益，通过自己的力量，运用合法的手段，保护自己的合法利益的一种行为。

（二）构成要件

民法自助行为是一种私力救济行为，是出于自然人的一种本能自我保护的行为。行为人实施自助行为时，必须符合以下要件：第一，必须发生在自己的合法权益遭受不法侵害之时，为保护权利人的合法权益。民事自助行为只能针对权利人本人的人身、财产权益，不包括无关第三人；第二，必须情事紧迫而又不能及时请求国家机关予以救助。情事紧迫是指权利处于危险状态，将来权利不能实现或者实现有明显困难，或者国家机关因为时间上或空间上的限制，无法为行为人提供及时救济；第三，采取的强制措施是必要的、合理的，为法律和社会公德所认可；第四，必须符合比例原则，不得超过必要限度，超过必要限度的，会构成侵权行为；第五，事后应当及时提请有关部门处理。因为自助行为系因行为人来不及请求公力救济不得已而为的方法，故实施民事自助行为后，应及时向法院或者公安机关请求保障，以从私力救济回归到公力救济。

（三）法律后果

如果自助行为完全合法、得当，那么对于此行为造成对方当事人财产损失的不承担责任。其次，出于对自助行为的公权力限制，错误自助行为的当事人应当对对方当事人造成的损失承担赔偿责任。如果救济行为超出自助行为限度，行为人则要在其自助行为造成损失的范围内履行赔偿责任。

六、扩大精神损害赔偿范围

《民法典》中有关精神损害赔偿的规定主要体现于第九百九十六条[①]和第

---

① 《民法典》第九百九十六条　因当事人一方的违约行为，损害对方人格权并造成严重精神损害，受损害方选择请求其承担违约责任的，不影响受损害方请求精神损害赔偿。

一千一百八十三条①，在传统人格权侵权领域，扩大了精神损害赔偿范围。

（一）新增违约行为侵害人格权的精神损害赔偿

在我国《民法典》编纂之前，有关精神损害赔偿的范围主要限于因为权利主体的人身权利遭受损害的侵权责任领域形，而不包括基于合同关系而导致的精神方面的损害。而侵害人格权的情形中，经常会产生违约责任和侵权责任竞合，受害人因此遭受严重的精神损害。若允许受损害方在违约责任请求中主张精神损害赔偿，有利于为受害人提供不同救济渠道，拓展此类情形下的救济方法，符合加强人格权保护的比较法发展趋势。

《民法典》第九百九十六条虽属于人格权编中的内容，但与侵权责任编中的精神损害赔偿有着莫大关联。《合同法》并没有规定精神损害赔偿，现根据本条规定，因违约行为造成的精神损害也可以直接主张精神损害赔偿救济。

以医疗机构误诊的精神损害赔偿案为例。张某到某医院做体检检查，血样经当地疾控中心送检至省疾控中心检测，检测通知张某感染艾滋病毒。单位在得知张某患艾滋病后立即将其辞退，其妻子也认为张某生活不检点，带着孩子跟张某离婚了。面对多重打击，张某也对人生绝望了，带着一点积蓄四处漂泊。又过一段时间，张某接到了出具检验报告医院的电话，并被告知，当初的体检结果弄错了，张某并没有患艾滋病，而是同期和张某一起做检查的另一个人患艾滋病了，而且已经死亡。张某虽然知道自己没有患艾滋病而感到庆幸，但因为医院的误诊导致自己失去了一切，随即委托律师起诉该家医院，要求医院赔偿经济损失和精神损失并公开道歉。但是医院则称，我们只能按照合同承担违约责任，赔付你的医疗费，不存在精神损害赔偿问题。

---

① 《民法典》第一千一百八十三条　侵害自然人人身权益造成严重精神损害的，被侵权人有权请求精神损害赔偿。

因故意或者重大过失侵害自然人具有人身意义的特定物造成严重精神损害的，被侵权人有权请求精神损害赔偿。

本案中，根据民法典规定，医疗机构与患者张某之间有医疗合同关系，因医疗机构误诊侵犯了其人格权（人格尊严）造成严重精神损害时，张某可主张违约责任和精神损害赔偿。张某可以要求医院返还所有医疗费用，并支付精神抚慰金。

（二）新增侵害"人格物"的精神损害赔偿

《民法典》第一千一百八十三条中关于侵害人身权益部分的适用条件，要求"造成严重精神损害"才能获得精神损害赔偿。关于造成财产损失的适用条件，要求侵权人由于故意或者重大过失且侵害了他人具有人身意义的特定物从而给其造成严重精神损害。"具有人身意义的特定物"，即"人格物"，是指能给物品所有人带来寄托、慰藉、怀念、纪念、愉悦等精神利益的物品，这些物品除了本身的价值之外，还承担着更为重要的情感价值内容，当此类特定物遭受不可挽回性的损毁或灭失时，侵权人应当对此承担赔偿责任。

以婚礼影像资料丢失的精神损害赔偿案为例。周某某、肖某举行婚礼，聘请某演艺公司为其做婚庆服务。两位在某演艺公司处订购婚庆服务，包括主持、摄影、摄像、婚车装饰、灯光租赁、音响、花艺师、婚礼现场、运费等。婚礼结束后，周某某、肖某支付了全部服务费，但某演艺公司将婚礼过程的摄像资料丢失，无法向周某某、肖某交付该资料，周某某、肖某遂要求法院判决返还服务费并赔偿精神抚慰金。

本案中，诉争的摄像资料记载了周某某、肖某夫妇人生中的重要时刻，有着特殊的纪念意义，由于婚礼过程是不可重复和再现的，该摄影资料记载的内容对于周某某、肖某来说，属于具有人格象征意义的特定纪念物品，演艺公司永久性灭失该影像资料的行为侵害了对当事人具有人身意义的特定纪念物品，对当事人造成了严重的精神损害，应当承担精神损害赔偿责任。

除了在本案中提及的婚礼影像资料，在实践中还涉及的物品类型有：与近亲属死者相关的特定纪念物品，如遗像、墓碑、骨灰盒、遗物等；与家族祖先相关的特定纪念物品，如祖坟、族谱、祠堂等。这些物品对被侵权人具有"人身意义"。根据上述规定，如果因为他人的侵权行为造成损毁或者永久性的灭失，特定物所有者可以向侵害者索取精神赔偿。

积极应对人口老龄化：国家战略与个人行动

◎严志兰

> **作者简介**：严志兰，曾为中共福建省委党校福建行政学院教授，现为浙江红船干部学院教授，共同富裕研究中心主任，福建省老年学学会副会长，两岸关系和平发展协同创新中心研究员，淮南师范学院客座教授，福建省哲学社会科学领军人才。主持并完成国家社会科学基金项目两项，国家社科基金重大项目子课题、教育部重点课题子课题、福建省哲社科基金项目、民政部等各级各类课题十余项，出版个人专著两部，发表专业学术论文60余篇。

各位省图书馆的朋友们，还有各位关心老龄社会问题的朋友们，大家早上好，很荣幸能有这样一个机会给大家分享我这几年来对老龄问题的思考，以及最近我对"实施积极应对人口老龄化国家战略"的一些思考。

我就从"实施积极应对人口老龄化国家战略"与我们的养老方式的选择，从这里破题，给大家讲讲我的理解和思考。实施积极应对人口老龄化国家战略对养老方式到底有怎样的影响呢？是不是说去养老机构是我们唯一的选择？如果不去养老机构，那么是不是我们就是只能居家社区养老？居家社区养老是不是又适合每一个人？如果我们家里有空巢的老人，有独居的老人，有高龄的老人，有失能的老人，那么怎么能够让他们安心居家养老？如果这类老人选择居家养老，我们是不是还能够指望养儿防老？如果养儿不防老，国家管不管？如果孩子不管，能不能抱团养老。这些问题既是我关心的，我相信大家都会跟我有同感，国家的政策会不会关照到我们养老方式的选择，会不会减缓我们对未来养老问题的担忧。对这些问题的答案呢，也会在最后揭晓。

首先，我们来看看"积极应对人口老龄化国家战略"是怎么提出来的，从中我们体会提出这一国家战略的背景和目的。

一、"积极应对人口老龄化国家战略"的提出过程——习近平引领下，"中国式养老方案"初具雏形

习近平总书记去年有四次亲自到社区去调研养老的问题，有11次对养老问题做出批复。在党的全面领导下，发展老龄事业作为社会建设的重要内容，被纳入统筹推进"五位一体"总体布局和协调推进"四个全面"战略布局，"积极应对人口老龄化国家战略"由此形成，并大致经历了四个发展阶段。

第一阶段，习近平总书记2016年"5·27"讲话，"积极应对人口老龄化"就此破题。2016年5月27日，在中共中央政治局就我国人口老龄化的形势和对策举行第三十二次集体学习。习近平总书记主持学习时强调，"要着力增强全社会积极应对人口老龄化的思想观念。要积极看待老龄社会，积极看待老年人和老年生活……有效应对人口老龄化，不仅能提高老年人生活和生命质量、维护老年人尊严和权利，而且能促进经济发展、增进社会和谐。"习近平总书记在讲话中，就着力完善老龄政策制度、着力发展养老服务业和老龄产业、着力健全老龄工作体制机制，作出了框架性、方向性的指示。

第二阶段，2019年11月中共中央、国务院印发《国家积极应对人口老龄化中长期规划》，"积极应对人口老龄化"顶层设计更加健全。2017年10月18日，习近平总书记在中国共产党第十九次全国代表大会上的报告中，围绕"提高保障和改善民生水平，加强和创新社会治理"，在"实施健康中国战略"框架下，提出"积极应对人口老龄化，构建养老、孝老、敬老政策体系和社会环境，推进医养结合，加快老龄事业和产业发展。"《规划》正是根据十九大决策部署出台，近期至2022年，中期至2035年，远期展望至2050年，成为"到本世纪中叶我国积极应对人口老龄化的战略性、综合性、指导性文件。"这一《规划》明确了积极应对人口老龄化的战略目标，从5个方面部署了应对

人口老龄化的具体工作任务。此外，从产业发展角度健全"积极应对人口老龄化"的支撑体系，整个"十三五"期间，累计安排中央预算内资金186亿元支持养老服务体系建设，基本养老保险覆盖近10亿人；各部委就老龄产业出台专项政策，共同形成较为完备的宏观调控制度体系。

第三阶段，2021年3月《中华人民共和国国民经济和社会发展第十四个五年规划和2035年远景目标纲要》正式发布，"积极应对人口老龄化"的国家战略成形。在《"十四五"规划纲要》之前，2020年10月29日闭幕的党的十九届五中全会就通过了《中共中央关于制定国民经济和社会发展第十四个五年规划和二〇三五年远景目标的建议》，提出"实施积极应对人口老龄化国家战略"，其中"实施积极应对人口老龄化国家战略"被单列出来，这表明积极应对人口老龄化在党和国家全局工作中的地位进一步提升。从国家战略角度讲，老龄工作被放在"人口长期均衡发展"大格局中，嵌入到"一老一小"人口服务体系中去实施。《"十四五"规划纲要》第四十五章第三节"完善养老服务体系"更是从11个方面具体阐述了着眼于积极应对人口老龄化，应构建什么样的养老服务体系。

第四阶段，2021年11月《中共中央 国务院关于加强新时代老龄工作的意见》公布，"积极应对人口老龄化国家战略"的行动纲领出台。2021年5月31日，中共中央政治局召开会议，听取"十四五"时期积极应对人口老龄化重大政策举措汇报，强调要贯彻落实积极应对人口老龄化国家战略，加快建立健全相关政策体系和制度框架。11月24日，新华社全文播发《中共中央 国务院关于加强新时代老龄工作的意见》。《意见》开宗明义："为实施积极应对人口老龄化国家战略，加强新时代老龄工作，提升广大老年人的获得感、幸福感、安全感，现提出如下意见"。《意见》分八个部分，提出了24条具体举措，都是围绕老龄工作，着眼积极应对人口老龄化的体系制度建设，成为新时代实施"积极应对人口老龄化国家战略"的行动纲领。《意见》吹响了"积极应对人口老龄化"的克难攻坚号角。

接下来，我们详细了解下"实施积极应对人口老龄化国家战略"提出的原因、内容、成绩和近期工作重点。"实施积极应对人口老龄化国家战略"，是中国特色养老服务体系建设的动力之源。

二、"积极应对人口老龄化的国家战略"提出的原因、内容、成绩与近期工作重点——走中国特色养老之路

党中央提出实施"积极应对人口老龄化国家战略"有两个原因。第一个原因是我们正面临从轻度老龄化社会向中度老龄化社会过渡的窗口期，以及从中度老龄化社会向重度老龄化过渡的窗口期。我们国家整体正式进入老龄化社会的时间是2000年，这一年全国65岁及以上人口的比重超过了7%，各个省进入老龄化社会的时间不一致，最早是上海，20世纪70年代就进入老龄化社会，跟日本同步。到了全国第七次人口普查的时候，65岁及以上人口是1.9亿，占比13.5%，各省里面65岁及以上人口超过500万的，有16个省份。福建省不在这16个省里，我省现在65岁及以上人口有300多万，将近400万。正处在轻度老龄化社会向中度老龄化社会过渡的窗口期。截至2021年，福州65岁以上人口92.3万，占比13.6%。福州市离进入中度老龄化社会也只有一步之遥了。2022年1月份，人口抽查数据显示65岁及以上人口比重已经达到14.2%，也就是说，全国范围内，已经从中度老龄化社会过渡到了重度老龄化社会。

第二个原因是因为我们要化危为机，积极利用老龄化社会的长寿红利。2019年，我国人均预期寿命达到77.3岁，"十四五"规划到2025年人均预期寿命要达到78.3岁。我们现在进入了长寿时代，这既是机遇，也是挑战。要化危为机，就要用长寿红利代替劳动人口红利。在长寿时代，获得长寿红利，有四个关键。一是优化生育政策，促进人口长期均衡发展，提高人口素质。这是积极应对人口老龄化、持续保持社会活力的治本之策。二是积极开发老龄人力资源，发展银发经济，推动养老事业和养老产业协同发展。这是积极对待人口老龄化、创造"长寿红利"的关键之举。三是推进基本养老服务，构建居家社区机构相协调、医养康养相结合的养老服务体系，健全养老服务综合监管制度。这是积极应对人口老龄化、做到老有所养的重要基础工程。四是弘扬优秀传统文化，支持家庭承担养老功能，发挥家庭养老基础作用。这是积极应对人口老龄化的重要力量源泉，也是适应我国实际、顺应广大老年人意愿的必然选择。

"积极应对人口老龄化国家战略的内容"，核心内容主要在《十四五规划纲要》第四十五章"实施积极应对人口老龄化国家战略"第三节"完善养老

服务体系"中，总共11句话，542个字，形成两个层面制度框架。宏观层面，从基本养老保障体系建设、积极老龄化社会和法制环境建设、养老保障制度改革、养老产业发展四个方面着力；中观层面，从居家社区养老服务体系建设、农村养老服务体系建设、机构养老服务体系建设、医养康养结合、护理型养老人才队伍建设五个方面着力。其中，护理床位占比达到55%，是唯一一个数字型目标指标。

举几个例子来理解这些"积极应对人口老龄化国家战略"具体制度实施情况。第一个例子，"检察官说法"关注了吉安市赡养领域第一例支持起诉案件公开听证会，老年人权益保障要随着经济社会发展不断完善提高，人大有关老年人权益保障的修法要不断与时俱进。第二个例子，大家看这张"养老服务体系建设政策演变"表，我们能感受到十年来养老服务体系建设政策架构的细微变化和巨大变化。大家可以重点看机构、居家、社区在养老服务体系建设中的政策定位的变化、老年健康服务体系建设的政策发展。第三个例子，还有一个值得关注的点是提出了"基本养老服务体系"这个概念，它和"养老服务体系"有什么区别？理解"基本养老服务体系"这个概念，要联系《十四五规划纲要》第四十六章的内容，这里提出了创新公共服务提供方式，区分了"非基本公共服务""基本公共服务"和"普惠性规范性服务"三种类型服务的提供方式。"基本养老服务体系"对政府应该承担的职责有了明确的规定。在这之外的养老服务，则可以由市场和社会来分类分级供给。这一块，就有很大的创新空间。比如，鼓励物业公司做居家养老服务。养老服务产业有了发展的动力和空间，老百姓多样化、个性化的养老服务需求才有可能得到有效满足。

养老服务体系建设政策演变

政策发布时间	政策名称	养老服务体系建设政策内容
2011年	1.《中华人民共和国国民经济和社会发展第十二个五年规划纲要》 2.《国务院关于印发中国老龄事业发展"十二五"规划的通知（国发〔2011〕28号）》 3.《国务院办公厅关于印发社会养老服务体系建设规划（2011-2015年）的通知》（国办发〔2011〕60号）	建立以居家为基础、社区为依托、机构为支撑的养老服务体系

续表

2016年	《中华人民共和国国民经济和社会发展第十三个五年规划纲要》	建立以居家为基础、社区为依托、机构为补充的多层次养老服务体系
2017年	《国务院关于印发"十三五"国家老龄事业发展和养老体系建设规划的通知》（国发〔2017〕13号）	"十二五"时期我国老龄事业和养老体系建设取得长足发展。以居家为基础、社区为依托、机构为补充、医养相结合的养老服务体系初步形成
2017年	《关于印发"十三五"健康老龄化规划的通知》（国卫家庭发[2017]12号）	加快推进整合型老年健康服务体系建设
2019年	《国家积极应对人口老龄化中长期规划》	健全以居家为基础、社区为依托、机构充分发展、医养有机结合的多层次养老服务体系
2021年	《中华人民共和国国民经济和社会发展第十四个五年规划和2035年远景目标纲要》	推动养老事业和养老产业协同发展，健全基本养老服务体系，大力发展普惠型养老服务，支持家庭承担养老功能，构建居家社区机构相协调、医养康养相结合的养老服务体系
2021年	《中共中央 国务院 关于加强新时代老龄工作的意见》	构建居家社区机构相协调、医养康养相结合的养老服务体系和健康支撑体系，大力发展普惠型养老服务，促进资源均衡配置。推动老龄事业与产业、基本公共服务与多样化服务协调发展，统筹好老年人经济保障、服务保障、精神关爱、作用发挥等制度安排

积极应对人口老龄化的国家战略，有实施的现实基础，那就是十年来，我们在养老服务体系建设方面取得的跨越式进展。尤其是2017年，应该是福建省养老事业发展的关键性一年，这一年发布了促进居家养老和机构养老服务发展的"双十条"。这几年，福建省在养老服务体系建设方面有了长足进展，大家可以关注几个关键的数据。包括：每千人拥有养老床位数、养老机构和社区养老服务照料设施数量、公办和民营养老机构比重变化、护理型床位比重、社区居家养老服务照料中心城乡覆盖率等等，此外，养老机构内服务专业化分工的普遍进展，也值得称道。到现在为止，我们全省的养老机构1000多家，民营机构占80%，这个比重在全国也算是比较高的。

最后，我们来看看"积极应对人口老龄化国家战略"的近期工作重点。2021年5月31日，习近平总书记在中共中央政治局会议上听取"十四五"时期积极应对人口老龄化重大政策举措汇报，指出"积极应对人口老龄化，事关国家发展和民生福祉，是实现经济高质量发展、维护国家安全和社会稳定的重要举措。"在这次会议上，提出了近期积极应对人口老龄化的七大重大政策举措：一是要稳妥实施渐进式延迟法定退休年龄；二是要积极推进职工基本养老保险全国统筹，完善多层次养老保障体系；三是探索建立长期护理保险制度框架；四是加快建设居家社区机构相协调、医养康养相结合的养老服务体系和健康支撑体系；五是发展老龄产业，推动各领域各行业适老化转型升级；六是大力弘扬中华民族孝亲敬老传统美德，切实维护老年人合法权益；七是各级党委和政府要健全完善老龄工作体系，加大财政投入力度，完善老龄事业发展财政投入政策和多渠道筹资机制，为积极应对人口老龄化提供必要保障。

《福建省"十四五"民政事业发展专项规划》里，提出了推进养老服务健康发展十大工程。其中，尤其值得一提的是以下五大工程：1.特殊困难老年人家庭适老化改造；2.养老机构护理能力提升；3.城企联动普惠养老专项行动；4.老年人养护院建设；5.长者食堂和老年人助餐点建设。"十四五"期间，福建省推出了不少养老服务政策创新举措，比如推广养老服务"中央厨房"、长者食堂和老年人助餐点；培育普惠型养老服务等为主责主业的公共服务功能国有企业；基本医保纳入机构养老、居家养老服务范畴（对养老机构设置的医疗机构，符合条件的按规定纳入基本医疗保险定点范围。根据医保基金水平，积极探索将符合条件的家庭病床、安宁疗护等医疗费用纳入基本医疗保险支付范围）；配置康复辅助器具服务（租赁）站点：在社区和机构配置；开发利用全省养老服务综合信息平台，提供"点菜式"就近便捷养老服务。

我相信，这些政策的推出和实施，大家会越来越多对养老公共服务的可及性有感。还是举几个例子吧。大家应该有感觉，就是身边的长者食堂越来越多了。据我了解，我们省的长者食堂从2019年开始试点，每个试点单位给40万建设经费。到2020年底，全省的长者食堂达到822个。今年省两会提出的目标是，再新建300个长者食堂。按照省委省政府的部署，要在2025年实现全覆盖。我认为长者食堂建设的意义非常大，它体现了养老服务普惠化趋势，养老服务能否走公益性和市场性结合之路，从长者食堂切入，算一个压力测试。承载老年人就餐服务需求的长者食堂,怎么实现推广普及,需要体制机制创新。"培育普惠型养老服务等为主责主业的公共服务功能国有企业",就是其中方式之一。福州知名国有餐饮企业聚春园集团旗下"安泰楼"餐饮门店在南街街道开设长者食堂,利用餐饮企业拥有中央厨房的专业优势,为周边社区长者提供价廉物美的餐饮服务。政府依靠行政力量动员国有企业提供养老服务,但国有企业的运营也要符合市场规律,"安泰楼"长者食堂的服务供给模式到底能不能做到可持续发展,我想还需要破解更多阻碍服务供给的难题,比如送餐上门服务的成本可能就是一个挑战,如何帮助企业化解这个送餐成本难题,还需要各级政府动员更多资源。

在家庭养老床位建设和长照险试点方面,福州市作为全省居家社区养老集成改革试点城市,取得的进展也可圈可点。福州市是全国首批15个长照险试点城市之一,到2020年,全国实行长期护理保险的城市达到49个。福州市现在已经签约了148个家庭养老床位,经评估可享受政府服务补贴的老人,每床每月最高可拿到1000元补贴。

在开发利用全省养老服务综合信息平台方面,福州市投入三千万,建起了福州市智慧养老服务平台,能够为老年人提供"点菜式"就近便捷养老服务。这个信息平台2021年5月建成,11月投入试运行,是全国首个由政府全额投资建设,集服务和监管于一体的综合性养老服务平台。该平台实现了全市养老资源一站集合,在功能设计上聚合老年人所需的专业化养老服务项目清单,让市民可足不出户预约享受养老服务。后台能对家庭床位进行远程监控和动态管理,甚至能根据老年人或家庭需要,将智能手环、跌倒雷达、智能可燃气体报警器、智能睡眠带等的智能设备接入平台,提升居家养老保障能力。老人及其家属、政府相关部门都能通过平台对服务商的服务质量进行评估和监管,服务支付也是通过第三方完成。应该说,福州市智慧养老服务平台建设是走在了全省乃至全国前列。我把它看作是发展现代养老服务业的基础设施,有望为形成一个公平竞争的养老服务市场,在技术上提供一个基本环境保障。

福建省的养老服务体系建设还要服务于两岸融合发展大局,福建省不仅在GDP指标方面超过台湾,将来还要在民生福祉建设、社会文明程度方面不断缩小与台湾的差距。实施积极应对人口老龄化战略,我省提出,构建幸福养老服务体系,应该有更高的要求和政治站位。《新时代加强老龄工作的意见》

提出，老龄工作坚持党政主要负责人亲自抓，负总责，提出了"四个纳入"，即：将老龄工作重点任务纳入重要议事日程，纳入经济社会发展规划，纳入民生实事项目，纳入工作督查和绩效考核范围。这是一个非常重要，也非常有必要的制度安排，也是实施积极应对人口老龄化国家战略顺利实施推进的重要保障。

老年文化教育服务需求也成了新的服务需求增长点。老年人需要的养老服务从以前的"一床难求"，现在不知不觉变成了"一座难求"，很多老年人上了老年大学，几十年不退学、不毕业。老年大学所承载的老年教育，如此蓬勃兴盛，那么，老年文化教育服务是坚持公益化，由政府主导提供，还是走向社会化、市场化，这也是我们应该去思考的。包括文化教育服务在内的多样化、多元化老年服务，必须激发社会参与积极性，只有这样才能满足不同层次老年人群服务需求。

走中国特色养老服务发展之路，关键还是推进养老事业和养老产业协同发展，让更多的老年人共享改革发展成果，安享幸福晚年。政府保障兜底性、基础性养老服务供给，推动基本养老公共服务向普惠均衡可及方向发展。更高层次、更多个性化的养老服务需求，还得整合市场资源，依靠市场的力量来满足。包括老年用品、老年食品、老年旅游、老年教育、养老金融、老年地产等，这些都是养老产业将来的拓展方向。最近我比较关注商业养老保险的发展，目前我们还只有基础养老保险和企业年金或职业年金，第三支柱的个人养老金制度还没有完全建立起来，但从2018年5月开始试点，随着老龄化日益加深，补齐第三支柱养老金短板迫在眉睫。培育合适的国有企业提供普惠养老服务应该也是一个令人期待的养老业发展方向，国有企业成长为为养老产业和养老事业协同发展的主体，也有助于构建中国特色养老服务体系。

最后我谈谈对发展养老产业的个人理解。养老产业到底是朝阳产业，还是夕阳产业？可能既不是朝阳，也不是夕阳。养老业成为政府和社会各界关注的热点、焦点，并不意味着服务于夕阳人群的养老产业，就是朝阳产业。政策越来越多地将社会资源向老龄人群和养老领域集中，能不能真的实现社会发展成果让每一个老年人共享，最根本的还是大多数老年人能够用他手上的钱，买到他想要的服务，这就是养老服务的有效需求与有效供给的有效衔接。如何做到这点，除了发展养老事业，让基本养老服务均衡化可及性普惠化可持续，还要将巨量的养老服务内需市场释放出来，通过发展健康的养老产业市场，让服务成本不断降低，让服务质量不断提高，让不同消费能力的老年人群，都能在市场上购买到不同层次的养老服务。发展理想的养老产业，要有源源不断的优质资本和优质人才愿意进入这个产业。没有大的资本，没有好的融资渠道，养老产业的发展就没有动力；没有优质的人才，特别是大学生，愿意进入这个行业就业，养老产业的发展就不会欣欣向荣。投资投身养老产业到底有没有前途，可能还要继续观察。但我认为养老产业发展的春水正在涌动，我们应对用乐观的态度对待养老产业的发展，也只有养老产业真正发展壮大起来，社会中每一个人才有更高质量的老有所养、老有所乐。

最后，我们来看看积极应对人口老龄化与个人养老方式选择的关系。可以说，正是实施积极应对人口老龄化国家战略，个人和家庭选择适合自己的养老方式，个人多层次、多样化养老服务需求得到充分满足，才有了更多的可能。

三、积极应对人口老龄化的个人行动——从机构养老到居家社区养老

积极应对人口老龄化，个人应该怎么做，怎么选择适合自己的养老方式？我想从三个方面分享下我的思考。

首先是在家庭层面积极应对人口老龄化，营造老少合顺的良好家风。在儒家看来，尽孝有四个层次：孟懿子问孝。子曰："无违。"这是第一层次；孟武伯问孝。子曰："父母唯其疾之忧。"这是第二层次；子游问孝。子曰："今之孝者，是谓能养。至于犬马，皆能有养；不敬，何以别乎？"这是第三层次；子夏问孝。子曰："色难。"这是第四层次。尽孝，是要用温言良语关心父母长者，关注他们的身体健康，不管自己与他们地位、收入、知识、见识差距如何，都能平等对待他们，敬重他们，但这个孝不是愚孝，最难的就是第四层次，不能分担父母长者的身体疾病，至少不要在言语上冷暴力攻击他们。要做到对待父母长者始终能和颜悦色，靠的还是个人自己的修养，自己以身作则，孝敬父母，示范晚辈，良好家风也就是这样形成的。

其次是在个人层面积极应对人口老龄化，积极面对人生老年期。《礼记·大学》中说"苟日新，日日新，又日新"。这句话被商汤王刻在他洗澡盆上，提醒自己每天要不断反省和自我革新，持续精神洗礼，品德修炼。这种

求"新"的态度,就是一种积极的养老观。那怎么做到"日日新"呢,孔子的学生子路说他的老师,"其为人也,发愤忘食,乐以忘忧,不知老之将至云儿",学习让人常新。终身学习,持续自我"三生"教育:自我生存教育,学会与老病和谐相处,从储蓄金钱到储蓄健康;自我生活教育,学会与他人和谐相处,终身学习,享受生活;学会自我生死教育,与自我和谐相处,活出自主的生命,活出诗意的人生。

最后,积极应对人口老龄化,选择适合自己的养老方式。一提起养老,大家可能觉得,养老院就是我们最后的归宿,有时还是不得不去的选择。养老院适合养老吗?从整体上看,目前养老机构提供的养老服务让社会还不敢完全信任。这也不能完全怪养老机构。随着老龄化程度的日益加深,养老服务供需匹配面临的压力只会越来越大。与时俱进,适应老年群体日益增长的需求水平,不断提升养老机构服务能力也迫在眉睫。在市场和政府提供的各类养老服务无法满足自身养老需求的时候,个人就要发挥主动性,提前谋划,尽量创造好的身体条件和居住条件,让自己能留在社区和居家养老。截止到现在,福州市居家社区养老服务设施已经在城区实现了全覆盖,但社区能提供的养老服务还有个发展的过程,现在政府需要做的就是不断丰富基本养老服务清单的内容,让长照服务能够在更多城市落地实施。老年群体需要的多种多样居家社区养老服务,更多还是要靠商业化方式去提供,这一块需要商业模式创新,目前进入居家社区养老服务领域的企业大多是小微企业,生存困难。政府通过土地、税收、融资政策,支持鼓励在居家社区养老服务领域的小微企业扎根发展,并不断壮大,向连锁经营和联合经营方向发展。培育出以居家养老服务为主营业务的大企业,鉴于养老服务业的特殊性,这个责任,政府应该承担起来。大多数人能选择居家社区养老,还需要通过公共政策,不断增强家庭的养老功能。此外,自发的自助养老、抱团养老方式,也跟居家社区养老生活环境类似,是多样化养老需求的体现,在公共政策上,也应该给予支持和规范。

以上对机构养老和居家社区养老方式的思考,有兴趣的朋友可以参阅我去年出版的专著《城市社会养老服务递送:基于福建的田野调查》。

"双减"政策下,如何给孩子高质量的家庭教育

◎郑晓生

> **作者简介：** 郑晓生，福建幼儿师范高等专科学校副校长、教授，福建省巾帼标兵，福建省先进教育工作者，福建省高职名校长培养人选，教育部普通高校师范专业认证专家，教育部"国培计划"专家库专家，福建省基础教育教师培训专家库首批专家，福建省妇联家庭建设专家智库成员，福建省家庭教育研究会副会长。

2021年教育互联网的热词，"双减""鸡娃""普职比""职教本科""有质量的教育公平""家庭教育促进法"等，给家长带来的是什么？随着"双减"政策落地，孩子们从各类课外培训和繁重的作业中挣脱出来，有了更多的锻炼、休息和娱乐的时间。但是也带来了新的问题，一些家长产生了新的焦虑，这些"多出来"的时间，家长和孩子要做什么？

一、"双减"：家长准备好了吗？

（一）充分认识"双减"政策的意义与价值

"双减"势在必行，三年见成效。"双减"政策打破了原来的家庭教育"送教、送培"模式。一直以来，家长带着孩子在学校与培训机构来回穿梭，只有这样家长才觉得他们尽到责任了。"双减"政策下，很多家长感到慌乱，原因是原来倚仗的培训和补习一夜之间消失了，而中考、高考依然存在。所以，原有的教育平衡被打破，来自父母的各种教育焦虑出现了。

双减政策是《关于进一步减轻义务教育阶段学生作业负担和校外培训负担的意见》的简称，是2021年7月，中共中央办公厅、国务院办公厅印发，针对义务教育阶段学生的减负减压政策。这次双减政策的目的，就是要解决义务教育阶段，学生过重作业负担和校外培训负担、家庭教育支出和家长相应精力负担，促进学生全面发展、健康成长，意见提出减负要在3年内有显著成效。《关于进一步减轻义务教育阶段学生作业负担和校外培训负担的意见》，"减"的是学生的额外负担，"增"的是学生素质的全面提升。"减"学生的负担，但不减学校、社会和家庭的教育责任。让学生在课堂上学会、学足、学好，"双减"最直接的受益人是家长和孩子。孩子正常的锻炼、休息、娱乐、阅读时间得到保障，身心健康成长得到保障。避免过量的作业和校外培训，侵占孩子大量的课余时间。对于培养良好的学习习惯，合理开拓个性化兴趣等有重要意义，有利于孩子的长远发展。家长们一定要对"双减"要有足够的认知，要知道真正优秀的孩子不是补习出来的。要把提升认知水平作为每个家长的必修课，孩子的未来藏在父母的认知里。不要被"内卷"迷失了双眼，不要生出"鸡娃"的焦虑，不要"抢跑"或"超前赶跑"。

（二）良好的教育心态是"金钥匙"

1.接受孩子的普通和平庸

良好的教育心态是教育成功的前提。从某种意义上来说，家庭教育的成功与否取决于父母良好的心态。哪一个父母不希望自己有一个优秀的孩子？能够拥有一个有天赋的孩子是父母的幸运也是父母的幸运和骄傲。有数据表明：85%的家长，希望自家孩子成为优秀的前15%。现实是：每年全国报名高考的人数，在一千万左右，数据统计显示：能考取一本大学的孩子，只有前6%。能考上211大学的只有2.41%。能考上985大学的只占0.79%，能进清华北大的孩子必须是全国的0.03%。那可真是万里挑一。即使是学霸的父母也未必能保证，自家的孩子，可以一直赢得那前百分之几的概率。网络上北大教授因吐槽自己的女儿走红："我奋力托举你当学霸，你势不可挡成学渣"。记者采访北大教授："您可以接受自己的孩子是一个平庸的小孩吗？"教授回答："完全接受，必须接受，认清楚这一点，对谁都好。"这个回答很扎心却很现实。父母再成功，下一代也很有可能只是个平凡得不能再平凡的普通人。

因此，父母要调整自己的心态，学会接受自己孩子的平庸，这也是父母非常重要的功课，我们要让孩子成为一个优秀的普通人。在这里，要特别说明，我不是让家长们放弃孩子变优秀，而是家长要充分认识和接纳孩子所有的一切，无论是好的还是不足的。现实是很多父母，不接受或不愿意接受孩子的平庸和普通，一种是高学历有成就的父母，希望孩子也优秀，另一种是自己很普通想要让自己的孩子不普通。家长期望值过高，而实际上孩子达不到，这样不切实际的期望带给孩子很大的压力，影响了孩子的健康成长。因此，家长要调整心态，冷静地想一想，"你无法接受自己孩子的普通（平庸），你看重的是孩子本身？还是因为无法接受自己的孩子不如别人的孩子？"你的孩子不是衡量你是否成功的砝码，更不是家庭关系的筹码。孩子因我们而来，但却不属于我们，他（她）只是他（她）自己。每一个孩子都带着自己的使命，奔向属于他们自己的远方。作为家长的责任是奋力托举自己的孩子，让每一个孩子都展开翅膀，飞向属于自己的那片天地。如果父母怀着攀比心态、急于求成心态等，用透支了孩子童年的方式，榨取孩子游戏、阅读、锻炼、娱乐的时间，将会得不偿失。请学会与孩子的平凡和解！

2.选择合适自己孩子的"赛道"

首先，家长一定要了解，教育本就是不断分流的过程。我国的教育制度设计，幼儿园、小学、中学（普通高中、职业中学）、大学（985、211、普通本科、职业本科、职业专科等）。学生在初中毕业之后就面临着选择，普高、职业中专、五年制大专等有多种升学路径。但是，家长们眼中只有一条路，那就是考上普通高中，然后考上好大学。而事实是，现在初中毕业升学的普职比是50%，也就是说，只有50%的孩子可以上普高，显然理想与现实的冲突非常突出。有的家长总觉得孩子初中学习不好是因为不懂事、心智不成熟、不知道学习的重要性，只要给他们上高中的机会就有可能逆袭。我想告诉家长的是，现实中初中成绩差上高中逆袭的例子很少，初中是高中的基础，基础都打不好，上高中的结果就是跟不上，然后成绩倒退越来越严重，学生开始出现自我怀疑、自我否定，对学习失去信心。开始逃避学习、逃避学校。曾经一个初三学生的家长对我说"她的孩子太可怜了，很早就背着书包去上学，她每天的任务是按时到学校，进入教室放下书包，遵守纪律等下课。因为她听不懂老师的课"，这是多么可悲的事情啊，对孩子就是一种折磨，在这样的折磨下长大的孩子会是怎样的？我认为这样的学习活动本身就是不健康的。有的孩子初中就不学习,上了高中更跟不上,继续升普高既浪费教育资源也浪费孩子的时间。那么,为什么一定要去挤"普高"这座"独木桥"呢?这也是中考分流本身的意义所在,而"双减"其实是在推动中考分流。据我了解,"双减"之后,许多家长对中考分流有了新的认识,家长的心态也从慌乱到逐渐平和。既然普高这条"赛道"不适合你的孩子,倒不如改变策略,引导、帮助孩子选择适合自己发展的"赛道"。选择"弯道超车"或者"变道超车",何况是条条道路通罗马。

因此,家长要了解孩子、理解孩子、接受孩子、支持孩子。我在咨询过程中发现,一些家长对"双减"缺乏了解,对中考分流"赛道"设计不理解。盲目跟风"上普高""考重点大学"等,造成亲子关系紧张,甚至一些孩子出现心理健康问题,家长后悔莫及的例子比比皆是。我想告诉家长们,谁说职业院校不好,谁说上职业院校没前途?我是专科学校的教师,我的学生毕业后有考上本科大学的、也有考上硕士研究生的,还有毕业后在工作岗位表现很优秀成为能工巧匠的。现在国家的教育制度设计架构了高等教育的立交桥,职业教育不仅培养能工巧匠,也照样可以升本考研。

3.学会等待"慢教育"

有效陪伴最忌急功近利,教育孩子绝不是一朝一夕之功,一定要有"慢工出细活"的心态。正所谓十年树木百年树人。教育孩子是"三分教,七分等"的工作,这是父母一定要明白的一个道理。生活中很多父母望子成龙太过心切,容忍不了孩子的暂时落后和普通的学习成绩,常常把自己急躁的情绪展露在孩子面前,殊不知这样的压迫感会传导给孩子。咨询中,一个妈妈急得直跳脚"一道数学题,别的孩子怎么一学就会,我的孩子教了三遍还不会,我和他爸爸也不笨呀""孩子的同桌一样上课、一样爱玩,可成绩就是比我的孩子好"……有的父母当孩子考60分或70分或接到教师告状电话,家里就免不了鸡飞狗跳。亲爱的家长朋友,要知道生命之间是无法比较的,每一个孩子都是这个世界的"唯一",不可替代。当你急不可耐时,想想我们自己小时候,是不是每次都能考第一?是不是也一样不听父母的话?是不是也经常想偷懒不想做作业?……以我为例,小时候也很普通,也很平凡,学习也不是最好的,中学时很努力学物理,还老是考不及格,有一段时间都快抑郁了,后来选择了文科。今天想来学不好物理也没什么大不了的,照样可以找到发展的方向,可是当年我的父母也愁死了。

当然，有的家长可能会说，现在的压力比过去大多了，因为孩子身边围绕的都是"鸡娃"。3岁就能背几十首唐诗，5岁写一手好字，6岁成伦巴芭蕾高手……这样的"内卷"对一些暂时处于弱势的孩子的家长就更焦虑了。但是，孩子的成长是有规律的，就像一棵树都有开花的时候，他开在不同的季节，有的早些、有的晚些。等属于她的时候到了，不要说几十首唐诗，甚至一百首也不是难事。因此，即使孩子现在还不能让你满意，家长也不要太着急。要多想孩子的好处，感谢孩子来到这个世界陪伴你，感谢他们让你成为父母，感谢孩子给你带来的幸福和快乐。以宽容的心，耐心等待孩子的成长。很欣赏一个作家的话："我，坐在斜阳浅照的石阶上，望着这个眼睛清亮的小孩专心地做一件事。是的，我愿意等上一辈子的时间，让他从从容容地把这个蝴蝶结扎好，用他五岁的手指。孩子，你慢慢来，慢慢来。"

现在越来越多的人，开始接受教育是"慢"事业。教育需要等待，家长不要受那些"不能输在起跑线上"的蛊惑，用"虎妈狼爸"式的教育压榨孩子的童年。人生是一场长跑，对一生来说讲起点上的细微差距算不了什么。家长的急功近利，不切实际地让孩子"超前赶跑"，会钝化孩子的成就认知。孩子无法从父母那里获得足够的能量，便会产生自卑的情绪和无力感，使其想逃避、想放弃。家庭教育需要家长不着急，不抱怨，不放弃！我常常对家长说，在这个世界上，谁都可以放弃，但是父母不可以。如果连父母都放弃的话，那这个孩子就完了！谨记："家庭教育不是看到希望才坚持，只有坚持才能看到希望"！

二、有效陪伴：给孩子最好的教育

（一）什么是有效陪伴

养育与陪伴已经入法，我国《家庭教育促进法》提出要合理运用陪伴与有效陪伴。陪伴是家庭教育最基本最常用的一种方式。儿童健康成长来说，陪伴的重要性毋庸置疑。我这里讲的有效陪伴是指陪伴的质量，陪伴的有效性。有的父母可能会说，我是专职妈妈，每天都在家，坐在孩子旁边，哪里都没去，我一直都在陪伴。有的家长只陪孩子学习，陪孩子写作业，陪孩子上课外班，而一些父母甚至把陪伴变成监督孩子学习的手段等。家长的陪伴主要体现在对孩子的照料和抚养之中，有效陪伴是与孩子一起捉迷藏，一起玩积木，一起做运动，一起唱歌，一起角色扮演，一起阅读绘本等。陪伴过程中，父母扮演参与者、支持者、引导者、保护者等角色。生活中许多父母当旁观者或者在陪伴中心猿意马，形在神不在，人在孩子身边，但是大人孩子各玩各的。我有一个朋友的孩子夫妻俩陪孩子吃饭，还将手机架在饭桌旁边，边吃边看，时而喂两口饭。试想，这样场景中长大的孩子对手机的依恋会到什么程度？有效陪伴是聆听孩子内心的声音，参与孩子的生活、关注孩子的情绪、走进孩子的世界，体会孩子成长中的各种收获，分享孩子的快乐、烦恼和孩子一起成长。我们多数人是第一次为人父母，都希望培育一个优秀的孩子，但却无从下手。也有人认为，孩子小的时候需要陪伴，长大了就不需要陪伴了，我的观点是："孩子"永远需要父母的陪伴。我希望父母带给孩子一生的陪伴（包含精神陪伴）。希望每一个孩子在开心和快乐、痛苦与烦恼、成功与失败时，都会想到的都会出父母，父母要成为孩子一生的精神脊梁，因为无论孩子长多大，永远都是父母的孩子。

（二）如何实现有效陪伴

1.有效沟通——提升陪伴的质量

有一句话："关系第一，教育第二。"良好的亲子关系是家庭教育的基础，亲子关系的基础是沟通，沟通使父母了解孩子，让孩子感受家庭的温暖和父母的爱，从而获得足够的安全感。父母与孩子的沟通是双方思想和情感的交流，其中家长决定沟通的质量与成效。生活中，一些家长忙于工作，疏于孩子的交流沟通；一些家长认为孩子只要与学校的老师沟通交流就可以了；一些外出务工的家长甚至长时间没有与孩子交流沟通；还有一些家长不懂得与孩子交流沟通。如何提高陪伴的质量？实现父母与子女的双向奔赴的情感交流呢？

（1）倾听与共情：有效沟通不是只表达家长的想法，沟通时不能只是家长对孩子提要求或讲道理。家长要学会当"听众"倾听孩子内心真正的想法，还要学会设身处地从孩子的角度看去理解孩子的感受，学会共情。例如，当孩子想偷懒时。父母常常这样"你怎么这么懒，赶紧起来做！"如果换一种说法会不会更好？"孩子你累啦？那先休息一会儿，大概需要休息多久再开始？"再如：当孩子不想去做一件事情的时候，妈妈可能会说"磨蹭啥，快点去做"！可以这样说"妈妈注意到你好像不是很想去做这件事，是不是有困难？你可以和妈妈说说看。"共情是一种能力，孩子出现消极情绪或抗拒行为时，家长一定要保持"冷静"的情绪状态，要多一些耐心，避免将孩子缺点或负面情绪扩大化，更不能过于激动或武断指责，请尊重和理解孩子的感受，学会和孩子的不舒服站在一起。

（2）创设机会：家长要创设与孩子沟通交流的机会，积极主动与孩子沟通交流。有的家长说"每天事情那么多，没有时间和精力去和孩子沟通"，难道还有什么事比教育孩子更重要吗？因此，有条件的家长每天都要抽出陪伴孩子，创设与孩子共处的机会，一起运动、阅读、游戏、做家务等多一些亲子共处的时间，提升与孩子相处的能力。形成孩子喜欢说，家长愿意听的良性互动，听一听孩子一天的生活体验，当孩子不开心时，听孩子的倾诉，密切家长与孩子的关系，拉进父母与孩子的距离，养成沟通交流的习惯。一些家长哪怕工作再忙、距离再远，也要用电话、微信、视频等保持与孩子的联系和交流，实现精神陪伴，让孩子感受到自己是关心关爱和被关注的。

2.抓住关键——态度与习惯培养

有一句名言"态度决定一切"。从心理学角度，态度是孩子对生活学习的稳定的心理倾向，积极的态度会支持学生的行为开展。一个孩子的成功有天资和能力的因素，还有其他因素的影响，而态度是核心因素之一。积极健康的态度，会让孩子战胜困难，超越自我。有一种态度是积极乐观"我能行"，和孩子一起积极面对学习和生活中遇到的问题和困难，做到不回避，不放弃。保持孩子对学习和生活的期待，充满期待的心是探索世界的动力。我给大家讲一个关于"漂亮铅笔"的故事……这个故事中，孩子的要求被拒绝了，但她不气馁，不像其他孩子一样通过苦闹，不达目的不罢休。而是独自思考找理由说服妈妈，从而达到自己的目的，这就是积极解决问题的态度，同时还养成了讲道理的习惯。因此，遇到困难或挫折，有正确的认识和态度，要和孩子一起面对，寻求解决问题的办法。孩子通过亲身经历和体验到解决问题的快乐，增强了信心，也树立了自信。积极的人生态度是成功的催化剂，要认识培养孩子积极态度所蕴含的教育价值。态度不是先天的，是通过长期积淀形成的。家长应在陪伴中激发孩子对生活的热情，教孩子学会努力！

习惯是人的第二天性，选择了一种习惯，也就选择了生活与行为的方式。一旦习惯养成，做任何事情就显得很自然，就不会觉得太辛苦了。众所周知，犹太人很重视教育，犹太人父母会在孩子们还很小的时候，就帮助他们建立起阅读的习惯。那么，能否也让学习成为一种习惯，成为孩子生活中不可或缺的部分？我是老师，每天备课、上课、辅导学生，我的生活离不开读书学习。

从小生活在我的身边，在孩子的认知里，读书学习本来就是生活构成的一部分，她已经习惯了。妈妈在学习，她也在学习，天经地义，毋庸置疑。反之，不学习才是不正常的事。因此，家长要从小营造学习的氛围，创设学习的环境，把学习习惯的养成融入孩子的生活和游戏。建议在家里设里孩子的学习区和游戏区。孩子要有独立的学习区域，减少干扰，保持注意，养成用心投入的习惯。对待孩子的学习，我还有一个观点，就是孩子小的时候，不建议把百分之百的精力都放在学习上。如果小学就用了百分之百的精力，那到中学、大学还有什么精力去应对更复杂、难度更高的学习呢？孩子就是要多动、多玩、多看、多积累，发现孩子兴趣点，鼓励他、引导他玩。我的孩子从小喜欢日本动漫书，小学时还因为上课看动漫绘本，被老师罚站。我了解情况后，没有武断地压制，而是和她商量约定，我定期给她买动漫绘本，她只能在课余时间和完成作业后看。后来我去台湾学术研讨，帮她背回40本日本原版动漫书，孩子欣喜若狂。后来，她一直保持这个兴趣，因为这个兴趣，她自学日语，达到很高水平。再后来，她创作了几十万字的日本动漫小说，成了网络博主。

还要培养其他习惯如：按时完成作业的习惯、订正作业的习惯、整理学具的习惯、讲道理的习惯、与父母分享快乐与烦恼的习惯、诚实的习惯等等。

后 记

东南周末讲坛是福建省社会科学界联合会、福建省图书馆于2006年5月18日共同创办的公益性讲座。开办17年来，讲坛秉承"让学术走进百姓、让知识开阔视野、让文明净化心灵、让文化丰富生活"的服务宗旨，解读时事政治、关注社会热点，宣传和阐释习近平新时代中国特色社会主义思想，培育和践行社会主义核心价值观，传承和弘扬中华优秀传统文化。讲坛先后荣获中宣部基层理论宣讲先进集体、文化部群星奖、全国人文社会科学普及基地等荣誉称号，《东南周末讲坛选粹》一书被评为全国优秀社会科学普及读物。

2022年，东南周末讲坛举办了时政热点、经济法律、文艺赏析、教育科普、健康生活等系列讲座，适时开展"奋进新征程·喜迎二十大""学习贯彻党的二十大精神""中华传统文化百部经典""福建历史文化名人""朱子文化的传承与发展""福文化"等专题讲座，继续推动讲坛讲座进企业、进农村、进机关、进校园、进社区、进军营、进网络，免费为社会公众提供高质量、高水平的社科文化知识盛宴。为进一步扩大和延伸讲坛成果的影响，我们从中选出部分精彩讲座内容，编辑出版了本书，以飨社会各界和广大读者。

本书内容主要根据录音整理，并经作者本人审改，编排以专题内容为序。福建省委党校李永杰教授、福建社科院刘小新研究员、曲鸿亮研究员对书稿进行了认真审读。若有不足之处，恳请广大读者批评指正。

编 者
2023 年 9 月